普通高等教育"十三五"规划教材
土木工程类系列教材

工程项目管理
（第3版）

张建新　杜亚丽　鞠蕾　李楠楠　编著

清华大学出版社
北京

内容简介

本书针对我国经济体制转型环境下的工程项目管理，结合国内外工程项目管理的理论、方法与实例，系统地阐述了工程项目的生命周期、工程项目系统分析、工程项目管理、工程项目组织结构等基本概念和基础理论，概述了工程项目策划、勘察设计管理、人力资源管理等工程项目管理的基本流程和方法，重点论述了工程项目的范围管理、招投标管理、合同管理、计划管理、控制与协调管理、风险管理、竣工验收与投产准备以及信息管理等工程项目管理的核心内容，并对BIM技术和网络技术在工程项目管理中的应用进行了专题论述。

本书可作为高等院校工程管理、工程造价、房地产、土木工程、建筑学等相关专业的教材或参考书，也可供房地产、工程建设等领域的专业人员作为参考资料。

版权所有，侵权必究。举报：010-62782989，beiqinquan@tup.tsinghua.edu.cn。

图书在版编目(CIP)数据

工程项目管理/张建新等编著. —3版. —北京：清华大学出版社，2019（2024.8重印）
（普通高等教育"十三五"规划教材·土木工程类系列教材）
ISBN 978-7-302-49245-0

Ⅰ. ①工… Ⅱ. ①张… Ⅲ. ①工程项目管理－高等学校－教材 Ⅳ. ①F284

中国版本图书馆CIP数据核字(2018)第004837号

责任编辑：张占奎
封面设计：陈国熙
责任校对：刘玉霞
责任印制：刘　菲

出版发行：清华大学出版社
网　　址：https://www.tup.com.cn, https://www.wqxuetang.com
地　　址：北京清华大学学研大厦A座　　　　邮　编：100084
社 总 机：010-83470000　　　　　　　　　　邮　购：010-62786544
投稿与读者服务：010-62776969, c-service@tup.tsinghua.edu.cn
质量反馈：010-62772015, zhiliang@tup.tsinghua.edu.cn

印 装 者：天津鑫丰华印务有限公司
经　　销：全国新华书店
开　　本：185mm×260mm　　印　张：24　　字　数：581千字
版　　次：2006年1月第1版　　2019年8月第3版　　印　次：2024年8月第5次印刷
定　　价：69.80元

产品编号：073446-02

前　言

近年来,国内外工程管理方面的学术研究与实践取得了新的成就和发展,我国建设领域发生的巨大变化也令世人瞩目,有许多新的管理理论和方法在工程项目管理中得到了广泛的应用。本书作为工程管理领域的专业教材,多年来得到了广大读者的厚爱和支持,为使教材内容更加完善,吐故纳新势在必行。经过业界相关专家、老师及编辑们的共同努力,修订再版工作终于完成。

本书基本上保持了第2版的结构,同时对书中的内容进行了部分调整,对一些错误进行了勘误。本书在编写时,既考虑了理论体系的完整性,又突出了其中的重点和难点,同时兼顾了工程项目管理的最新发展和前沿知识。

本书第3版主要进行了如下几项工作。

(1) 在保持第2版教材涵盖内容的基础上,有所突破。传统的工程项目管理教材习惯于重点阐述项目实施阶段的管理,而本书则注重项目的全生命周期管理,从项目前期的策划、决策、设计,项目组织、范围管理、实施控制与协调,项目竣工验收和投产以及项目后评价等方面均进行了较为全面的论述。

(2) 在传统的管理控制目标方面,本书延续了前一版教材的特点,并尽可能做到有所创新和突破。传统的工程项目管理教材习惯于集中探讨项目实施阶段的控制,并重点探讨三大控制目标。本书立足于强调基于工程全生命周期的项目管理,论述健康的工程观、工程建设目标的设置、设计管理、工程采购管理、工程施工管理、运行维护管理及项目后评价等,并对其实施管理控制。同时,强调绿色建设、人性化管理以及对环境健康与安全的动态控制等。

(3) 在项目管理观察和描述方面,本书力求从"多维"视角进行突破。针对现代工程项目的运作实质上是"人流、物流和信息流"的互动,传统的工程项目管理教材较多关注"物流"方面。本书在编写过程中,增加了项目管理组织结构理论及常见的组织结构类型、人力资源管理的人员招聘等方面的内容,引入国际人力资源管理中的"六大模块"内容,重新撰写了工程项目信息管理的全部内容,使读者站在"多维"的视角来观察和思考工程项目管理的问题。

（4）在保持旧版教材内容的基础上，本书修正、梳理并整合了部分内容，补充了一些示例和图表。例如，在第9章中增加并梳理了工程项目进度计划的分类、表示方法等内容，增加了横道图、单代号网络计划、单代号搭接网络计划等内容，并辅以公式及图表以达到更加形象的表述效果；在第7章中修正了可以不进行招标的工程项目范围、评标中的废标情况，增加了可以采用邀请招标的项目及招标投标的典型违法行为等内容。

（5）扩充了许多工程管理的最新发展和前沿知识。例如，增加了建筑信息模型（BIM）、项目的全生命周期特征、项目管理现代化、项目后评价的程序及项目回访与保修等内容。

（6）对教材中相对复杂、难以理解以及陈旧知识部分进行了适当取舍和删减，对在实际工程项目中普遍运用的部分进行了适当增加。例如，删减了工程项目信息管理的大部分陈旧知识、工程监理的章节；增加了项目选址、合同风险的防范措施、工程保险的内容以及工程担保的模式等相关内容。在语言表达方面进行了修改，力求更加通俗易懂、深入浅出。

本书由梁世连担任主审，张建新总纂定稿，杜亚丽、鞠蕾、李楠楠参与了编写工作。各章编写分工如下：第1、2、3、6、9、10章由张建新编写，第7、8、13章由杜亚丽编写，第4、5章由鞠蕾编写，第11、12章由李楠楠编写。

在本书的编写过程中，得到了本书前两版作者梁世连教授的无私奉献和帮助，以及王立国教授的关心与支持，在此表示感谢。同时，也非常感谢张悦溪、李雷和张菲菲同学，他们为本书的资料收集、整理和绘图等付出了辛勤劳动。

本次修订参考了国内外许多学者的论著，并尽可能在文后的参考文献中一一列出。但由于本书的内容涉及广泛，资料较多，难免疏漏，在此衷心感谢相关参考文献的作者。

由于作者水平有限，书中难免存在不足和纰漏，敬请有关专家、学者及广大读者不吝指正。

编　者

2018年12月

目 录

第1章 工程项目管理概论 ………………………………………… 1
  1.1 工程项目 …………………………………………………… 1
    1.1.1 项目 ………………………………………………… 1
    1.1.2 工程项目的概念及特点 …………………………… 2
    1.1.3 工程项目的分类 …………………………………… 4
  1.2 工程项目的生命周期 ……………………………………… 4
    1.2.1 工程项目生命周期的概念 ………………………… 4
    1.2.2 工程项目的周期运行 ……………………………… 5
  1.3 工程项目系统分析 ………………………………………… 8
    1.3.1 工程项目的工程系统 ……………………………… 8
    1.3.2 工程项目的目标系统 ……………………………… 9
    1.3.3 工程项目的关联系统 ……………………………… 10
    1.3.4 工程项目的系统特点 ……………………………… 12
  1.4 工程项目管理 ……………………………………………… 12
    1.4.1 工程项目管理的概念及职能 ……………………… 12
    1.4.2 工程项目管理方式的演化 ………………………… 13
    1.4.3 工程项目管理理论在我国的发展 ………………… 16
    1.4.4 若干相关概念辨析 ………………………………… 16
    1.4.5 工程项目管理的任务 ……………………………… 17
    1.4.6 工程项目管理现代化 ……………………………… 18
  1.5 结语 ………………………………………………………… 19
  思考题 …………………………………………………………… 20

第2章 工程项目策划与投资决策管理 …………………………… 21
  2.1 概述 ………………………………………………………… 21
    2.1.1 基本概念 …………………………………………… 21
    2.1.2 策划与投资决策的关系 …………………………… 22
  2.2 工程项目策划 ……………………………………………… 22
    2.2.1 工程项目策划的分类 ……………………………… 22
    2.2.2 工程项目策划的基本原则 ………………………… 23

　　　　2.2.3　工程项目策划的方法 …………………………………………… 25
　　　　2.2.4　工程项目策划的程序 …………………………………………… 33
　　2.3　工程项目投资决策 …………………………………………………………… 34
　　　　2.3.1　投资决策的原则与一般程序 …………………………………… 34
　　　　2.3.2　投资机会研究与项目初选 ……………………………………… 36
　　　　2.3.3　项目建议书的编制 ……………………………………………… 37
　　　　2.3.4　工程项目可行性研究工作 ……………………………………… 38
　　　　2.3.5　设计任务书的编制 ……………………………………………… 43
　　　　2.3.6　项目的评估与决策 ……………………………………………… 44
　　2.4　结语 …………………………………………………………………………… 47
　　思考题 ……………………………………………………………………………… 47

第3章　工程项目的勘察设计管理 …………………………………………………… 48
　　3.1　概述 …………………………………………………………………………… 48
　　　　3.1.1　基本概念 ………………………………………………………… 48
　　　　3.1.2　工程设计的基本依据 …………………………………………… 49
　　　　3.1.3　工程设计的原则 ………………………………………………… 49
　　　　3.1.4　勘察设计单位的资格审查 ……………………………………… 50
　　3.2　工程勘察管理 ………………………………………………………………… 50
　　　　3.2.1　工程项目勘察内容 ……………………………………………… 50
　　　　3.2.2　工程地质勘察的步骤 …………………………………………… 52
　　　　3.2.3　勘察成果审查 …………………………………………………… 53
　　3.3　工程设计管理 ………………………………………………………………… 54
　　　　3.3.1　工程设计的内容 ………………………………………………… 54
　　　　3.3.2　工程设计的目标 ………………………………………………… 57
　　　　3.3.3　工程设计管理的职责划分 ……………………………………… 59
　　　　3.3.4　对初步设计的管理 ……………………………………………… 59
　　　　3.3.5　对技术设计的管理 ……………………………………………… 61
　　　　3.3.6　对施工图设计的管理 …………………………………………… 62
　　　　3.3.7　设计协调 ………………………………………………………… 63
　　3.4　结语 …………………………………………………………………………… 66
　　思考题 ……………………………………………………………………………… 66

第4章　工程项目组织管理 …………………………………………………………… 67
　　4.1　概述 …………………………………………………………………………… 67
　　　　4.1.1　工程项目组织的必要性 ………………………………………… 67
　　　　4.1.2　工程项目管理的组织制度 ……………………………………… 68
　　4.2　组织结构理论 ………………………………………………………………… 70
　　　　4.2.1　组织结构设计的原则 …………………………………………… 70
　　　　4.2.2　传统组织结构类型 ……………………………………………… 72
　　4.3　工程项目的组织机构 ………………………………………………………… 74

目录

	4.3.1 项目甲方组织机构的演化与发展	74
	4.3.2 项目乙方组织机构的常见类型	76
4.4	工程项目实施的组织模式	82
	4.4.1 平行承发包模式	84
	4.4.2 设计/施工总承包模式	85
	4.4.3 项目总承包模式	86
	4.4.4 承包联营模式	88
	4.4.5 CM 承包模式	90
	4.4.6 Partnering 模式	92
4.5	结语	93
	思考题	94

第 5 章 工程项目人力资源管理 ... 95

5.1	概述	95
	5.1.1 工程项目人力资源管理的概念	95
	5.1.2 组织人力资源管理与工程项目人力资源管理	96
	5.1.3 工程项目人力资源管理的特点	98
5.2	项目经理	99
	5.2.1 项目经理负责制	99
	5.2.2 项目经理的设置	99
	5.2.3 项目经理的任务和职责	100
5.3	工程项目管理团队	101
	5.3.1 项目管理团队的一般特点	101
	5.3.2 工程项目管理团队的阶段性管理	102
5.4	工程项目中的人员管理	105
	5.4.1 工程项目中的人员招聘	105
	5.4.2 工程项目中的人员选拔	106
	5.4.3 工程项目中的人员培训	109
5.5	工程项目中的绩效管理和员工激励	113
	5.5.1 工程项目中的绩效管理	113
	5.5.2 工程项目中的员工激励	115
5.6	结语	116
	思考题	116

第 6 章 工程项目范围管理 ... 118

6.1	概述	118
	6.1.1 工程项目范围管理的基本概念	118
	6.1.2 工程项目范围管理的内容	119
6.2	工程项目范围的确定	119
	6.2.1 工程项目范围确定的基本概念	119
	6.2.2 项目范围说明文件的内容	121

- 6.3 工程项目结构分析 …… 122
  - 6.3.1 工程项目结构分析的定义和内容 …… 122
  - 6.3.2 工程结构分析的实现 …… 124
  - 6.3.3 工作分解结构 …… 126
- 6.4 工程项目范围变更控制 …… 129
  - 6.4.1 工程项目范围变更控制的概念 …… 129
  - 6.4.2 工程项目范围变更的影响 …… 130
  - 6.4.3 工程项目范围变更控制的实施 …… 130
- 6.5 工程项目范围的确认 …… 131
  - 6.5.1 工程项目范围确认的依据 …… 132
  - 6.5.2 工程项目范围确认的基本步骤 …… 132
  - 6.5.3 工程项目范围确认的工作成果 …… 132
- 6.6 结语 …… 133
- 思考题 …… 133

第7章 工程项目招标投标管理 …… 134

- 7.1 概述 …… 134
  - 7.1.1 工程项目招标投标的基本概念 …… 134
  - 7.1.2 工程项目招标投标应遵循的原则 …… 135
  - 7.1.3 工程项目招标投标的范围和规模标准 …… 135
  - 7.1.4 工程项目招标投标一般程序 …… 137
- 7.2 工程项目招标 …… 137
  - 7.2.1 工程项目招标的条件 …… 138
  - 7.2.2 工程项目招标的方式 …… 138
  - 7.2.3 工程项目招标的程序 …… 140
  - 7.2.4 工程项目招标工作机构的组织 …… 140
  - 7.2.5 工程项目招标文件和标底的编制 …… 141
  - 7.2.6 投标人资格预审 …… 142
  - 7.2.7 组织现场勘察和文件答疑 …… 144
- 7.3 工程项目投标 …… 144
  - 7.3.1 工程项目投标工作机构 …… 144
  - 7.3.2 工程项目投标程序 …… 145
  - 7.3.3 工程项目投标决策 …… 147
  - 7.3.4 工程项目投标报价的确定 …… 149
  - 7.3.5 工程项目投标的报价技巧 …… 149
- 7.4 工程项目开标、评标与中标 …… 151
  - 7.4.1 工程项目开标 …… 151
  - 7.4.2 工程项目评标 …… 152
  - 7.4.3 工程项目中标 …… 154
- 7.5 招标投标过程中的典型违法行为 …… 156

7.6 结语 ··· 157
思考题 ··· 158

第8章 工程项目合同管理 ·· 159
8.1 概述 ··· 159
8.1.1 工程项目合同的概念 ··· 159
8.1.2 工程项目合同的特点 ··· 159
8.2 工程项目合同的主要内容、形式和组成 ······································ 160
8.2.1 工程项目合同的主要内容 ··· 160
8.2.2 工程项目合同的形式 ··· 162
8.2.3 工程项目合同文件的组成和解释顺序 ······························· 162
8.3 工程项目合同的谈判、签订、审批与履行 ···································· 163
8.3.1 工程项目合同的谈判 ··· 163
8.3.2 工程项目合同的签订 ··· 164
8.3.3 工程项目合同的审批 ··· 166
8.3.4 工程项目合同的履行 ··· 166
8.4 工程项目合同的变更、解除和终止 ·· 167
8.4.1 工程项目合同的变更、解除 ·· 167
8.4.2 工程项目合同的终止 ··· 169
8.5 解决工程项目合同纠纷的主要方式 ·· 170
8.5.1 协商解决 ··· 170
8.5.2 调解解决 ··· 171
8.5.3 仲裁解决 ··· 171
8.5.4 诉讼解决 ··· 172
8.6 工程项目合同的索赔 ·· 172
8.6.1 概念及特征 ·· 172
8.6.2 索赔的分类 ·· 174
8.6.3 索赔的起因 ·· 175
8.6.4 承包商索赔的一般内容 ··· 175
8.6.5 建设单位(业主)索赔的一般内容 ································· 176
8.6.6 索赔工作程序 ··· 176
8.6.7 索赔的证据 ·· 178
8.6.8 索赔报告 ··· 179
8.6.9 索赔技巧和艺术 ·· 181
8.6.10 反索赔 ·· 181
8.7 结语 ··· 183
思考题 ··· 184

第9章 工程项目计划管理 ·· 185
9.1 概述 ··· 185
9.1.1 工程项目计划管理的概念 ··· 185

9.1.2　工程项目计划管理的主要任务 …………………………………… 185
　　　9.1.3　工程项目计划管理的主要作用 …………………………………… 186
　　　9.1.4　工程项目计划管理的特点 ………………………………………… 186
　9.2　工程项目的计划系统及主要内容 ………………………………………… 187
　　　9.2.1　工程项目的计划系统 ……………………………………………… 187
　　　9.2.2　工程项目计划的主要内容 ………………………………………… 187
　9.3　工程项目计划的编制 ……………………………………………………… 192
　　　9.3.1　计划编制的原则 …………………………………………………… 192
　　　9.3.2　计划编制的程序 …………………………………………………… 192
　9.4　工程项目的进度计划 ……………………………………………………… 195
　　　9.4.1　工程项目进度计划种类及表示方法 ……………………………… 195
　　　9.4.2　网络计划技术的基本概念 ………………………………………… 197
　　　9.4.3　双代号网络计划 …………………………………………………… 198
　　　9.4.4　双代号时标网络计划 ……………………………………………… 212
　　　9.4.5　单代号网络计划 …………………………………………………… 215
　　　9.4.6　单代号搭接网络计划 ……………………………………………… 218
　　　9.4.7　网络计划的优化 …………………………………………………… 223
　9.5　结语 ………………………………………………………………………… 224
　思考题 …………………………………………………………………………… 225

第 10 章　工程项目的控制与协调 …………………………………………… 226

　10.1　概述 ……………………………………………………………………… 226
　　　10.1.1　工程项目控制与协调的概念 …………………………………… 226
　　　10.1.2　工程项目的控制原理 …………………………………………… 227
　　　10.1.3　工程项目控制的步骤 …………………………………………… 229
　　　10.1.4　工程项目控制的主要内容 ……………………………………… 229
　10.2　工程项目的费用控制 …………………………………………………… 229
　　　10.2.1　工程项目的投资控制 …………………………………………… 230
　　　10.2.2　工程项目的施工成本控制 ……………………………………… 233
　10.3　工程项目的进度控制 …………………………………………………… 244
　　　10.3.1　影响工程项目进度的因素 ……………………………………… 244
　　　10.3.2　工程项目进度控制的内容 ……………………………………… 245
　10.4　工程项目的质量控制 …………………………………………………… 249
　　　10.4.1　工程项目质量的特点 …………………………………………… 249
　　　10.4.2　工程项目质量的形成过程 ……………………………………… 249
　　　10.4.3　工程项目质量控制的过程 ……………………………………… 250
　　　10.4.4　工程项目质量控制的原则 ……………………………………… 250
　　　10.4.5　工程项目质量控制的任务 ……………………………………… 251
　　　10.4.6　工程项目质量影响因素的控制 ………………………………… 253
　　　10.4.7　质量控制的方法 ………………………………………………… 255

10.5 工程项目的环境与安全控制 ……………………………………………… 258
   10.5.1 概述 ……………………………………………………………… 258
   10.5.2 工程项目环境控制 ……………………………………………… 259
   10.5.3 工程项目安全控制 ……………………………………………… 262
10.6 工程项目的协调管理 …………………………………………………… 269
   10.6.1 工程项目协调管理的内容 ……………………………………… 270
   10.6.2 工程项目协调管理的范围 ……………………………………… 270
   10.6.3 工程项目协调管理技术 ………………………………………… 271
10.7 结语 ……………………………………………………………………… 271
思考题 ……………………………………………………………………………… 272

第11章 工程项目风险管理 …………………………………………………… 273
11.1 概述 ……………………………………………………………………… 273
   11.1.1 风险 ……………………………………………………………… 273
   11.1.2 工程项目风险 …………………………………………………… 276
   11.1.3 工程项目风险管理 ……………………………………………… 277
11.2 工程项目风险的识别与分析 …………………………………………… 279
   11.2.1 风险的识别 ……………………………………………………… 279
   11.2.2 风险衡量 ………………………………………………………… 280
   11.2.3 风险分析 ………………………………………………………… 281
11.3 工程项目风险的防范与处理 …………………………………………… 283
   11.3.1 风险防范的可能性 ……………………………………………… 283
   11.3.2 合同风险的防范措施 …………………………………………… 284
   11.3.3 风险的处理 ……………………………………………………… 286
11.4 工程项目的保险 ………………………………………………………… 290
   11.4.1 工程保险的特点与类别 ………………………………………… 290
   11.4.2 保险公司的选择 ………………………………………………… 292
   11.4.3 办理保险合同 …………………………………………………… 293
   11.4.4 预防事故和索赔 ………………………………………………… 293
11.5 工程担保 ………………………………………………………………… 294
   11.5.1 实行工程保证担保制度的意义 ………………………………… 295
   11.5.2 工程保证担保制度的理论依据 ………………………………… 296
   11.5.3 工程保证担保的形式 …………………………………………… 298
   11.5.4 工程保证担保的一般程序 ……………………………………… 300
   11.5.5 工程担保的模式 ………………………………………………… 301
   11.5.6 工程保证担保与工程保险的比较 ……………………………… 302
11.6 结语 ……………………………………………………………………… 303
思考题 ……………………………………………………………………………… 304

第12章 工程项目竣工验收与投产准备 …………………………………… 305
12.1 概述 ……………………………………………………………………… 305

12.1.1 概念 ... 305
12.1.2 竣工验收的作用 ... 305
12.1.3 竣工验收的主要任务 ... 306
12.1.4 工程项目竣工验收的条件 ... 306
12.1.5 工程项目竣工验收的依据 ... 306
12.1.6 工程项目竣工验收的标准 ... 307
12.2 竣工验收的内容、质量核定及程序 ... 308
12.2.1 竣工验收的内容 ... 308
12.2.2 竣工验收的质量核定 ... 309
12.2.3 竣工验收的程序 ... 310
12.3 工程档案与竣工图移交 ... 311
12.3.1 工程档案的移交 ... 311
12.3.2 竣工图移交 ... 313
12.4 竣工决算 ... 313
12.4.1 竣工决算的内容 ... 313
12.4.2 竣工决算与竣工结算的区别 ... 314
12.5 工程项目的投产准备 ... 314
12.5.1 概念 ... 314
12.5.2 投产准备工作的步骤 ... 315
12.5.3 投产准备工作的内容 ... 315
12.5.4 试生产 ... 316
12.6 工程项目的后评价 ... 317
12.6.1 后评价的依据 ... 317
12.6.2 后评价的内容 ... 317
12.6.3 后评价的程序及管理 ... 318
12.6.4 工程项目后评价的作用 ... 319
12.7 项目回访与保修 ... 319
12.7.1 保修 ... 319
12.7.2 回访 ... 320
12.8 结语 ... 320
思考题 ... 321

第13章 工程项目信息管理 ... 322
13.1 概述 ... 322
13.1.1 项目中的信息流 ... 322
13.1.2 项目中的信息 ... 323
13.1.3 信息的特征 ... 324
13.1.4 信息管理 ... 324
13.1.5 工程项目信息管理 ... 326
13.1.6 工程项目信息管理的任务 ... 326

- 13.2 工程项目信息管理系统 ………………………………………………… 327
  - 13.2.1 概述 ……………………………………………………………… 327
  - 13.2.2 项目管理信息系统的建立过程 ………………………………… 328
  - 13.2.3 项目管理信息系统总体描述 …………………………………… 329
- 13.3 工程项目文档管理 ……………………………………………………… 331
  - 13.3.1 文档资料概念与特征 …………………………………………… 331
  - 13.3.2 建设项目档案资料管理职责 …………………………………… 333
  - 13.3.3 建设项目档案资料编制质量要求与组卷方法 ………………… 334
  - 13.3.4 建设项目档案资料验收与移交 ………………………………… 335
  - 13.3.5 建设项目档案资料的分类 ……………………………………… 336
- 13.4 工程项目管理信息化的实施 …………………………………………… 339
  - 13.4.1 工程项目管理信息化的内涵 …………………………………… 339
  - 13.4.2 工程项目管理信息化的发展趋势 ……………………………… 340
  - 13.4.3 建设项目管理信息化的实施 …………………………………… 342
  - 13.4.4 建设项目管理信息化实施的手段 ……………………………… 355
- 13.5 BIM 和网络技术在项目管理中的应用 ………………………………… 356
  - 13.5.1 建筑信息模型(BIM)的基本概念 ……………………………… 356
  - 13.5.2 BIM 技术在国内外的应用 ……………………………………… 357
  - 13.5.3 BIM 的技术特征及实践特质 …………………………………… 358
  - 13.5.4 BIM 与工程项目的信息互用 …………………………………… 361
  - 13.5.5 网络平台上的信息管理 ………………………………………… 361
- 13.6 结语 ……………………………………………………………………… 367
- 思考题 ………………………………………………………………………… 368

参考文献 ……………………………………………………………………… 369

第1章

工程项目管理概论

■ 学习目标

本章着重阐述工程项目、工程项目的生命周期及工程项目管理的相关概念,要求学生掌握并辨析工程项目管理的相关概念,对工程项目管理有初步的认识。

■ 关键概念

项目　工程项目　工程项目的生命周期　工程项目管理

1.1 工 程 项 目

1.1.1 项目

1. 项目的概念

所谓项目是指在一定约束条件下,具有特定目标的一次性任务。项目是为创造独特的产品、服务或成果而进行的一次性(或临时性)工作。项目的一次性是指项目具有明确的起点和终点。

从人类开始有组织的活动起,就执行着各种规模的项目。史前人类为了生存进行的狩猎活动可能是人类最早的项目,中国的万里长城是古代人类完成的最复杂的项目之一,美国为研制原子弹而实施的"曼哈顿计划"是现代项目管理的成功范例。项目可大可小,无处不在。在社会经济生活中,符合上述定义的事物极为普遍。例如,一项科技攻关可以被称作科研项目,某项污染的治理可以称为环保项目,而建设一座学校可以称为工程建设项目。当前,项目的概念已渗入社会的各个领域,成为使用频率最高的词汇之一。随着社会经济的发展,项目涉及的范围越来越广泛,其管理的成功与失败不仅事关企业的盈亏,而且直接关系到国家和地区的兴衰。

尽管项目所涉及的范围广泛、内容千差万别,但透过不同项目的具体内容可以发现项目的共同特征。

2. 项目的特征

项目作为被管理的对象,具有以下特征。

(1) 项目的单件性

项目的单件性又称任务的一次性,是项目的最主要特征。它指的是任何项目都有自己的任务内容、完成的过程和最终的成果,不会完全相同。项目不同于工业生产的批量性和生产过程的重复性,每个项目都有自己的特点,每个项目都不同于其他项目,只有认识项目的单件性,才能有针对性地根据项目的特殊情况和要求进行有效的科学管理。

(2) 项目的目标性

任何项目都是为完成一定的目标而设立的,围绕这一目标必然形成其约束条件,而且只能在约束条件下完成目标。一般来讲,约束条件为限定的时间、限定的质量和限定的投资等(工程项目还应有限定的空间要求)。这就要求项目实施前必须进行周密的策划,例如制定项目的工作量和质量标准,规定项目的时间界限、空间界限、资源(人力、资金、材料、设备等)的消耗限额等。项目实施过程中的各项工作都是为完成项目的目标而进行的。

(3) 项目的系统性

在现代社会中,一个项目往往由许多个单体组成,由成千上万个在时间和空间上相互影响制约的活动构成,同时可能需要几十、几百甚至上千个单位共同协作完成,尤其是随着社会的发展和大型项目、复杂项目的日益发展,这种特征更加明显。每一个项目不仅是其子系统的母系统,而且是其更大的母系统中的子系统,这就要求在项目的运作中,必须全面、动态、统筹兼顾地分析并处理问题,以系统的思想指导工作。

(4) 项目的生命周期性

项目的单件性是项目生命周期属性的主要根源,项目也如组织体一样,具有生命周期。由于项目中广泛存在的不确定性,从易于管理的角度出发,按照时间维度可以将项目的生命周期分为若干阶段,项目的生命周期可以为管理项目提供基本框架。项目生命周期中的阶段数量、阶段名称,取决于参加项目的一个或多个组织的管理与控制需要、项目本身的特征及其所在的应用领域,如项目启动阶段、组织与准备阶段、实施阶段、结束阶段等。

(5) 项目组织的临时性

项目的组织都是临时性的组织,在项目开始之前组建一个专业的项目管理团队,这个团队为这个项目负责,等项目结束后,组织随之解散。项目管理者应考虑如何将来自不同岗位的成员凝聚在一起,以保证项目的顺利实施。另外,应保持组织的弹性和灵活性,以适应不断变化的外部环境。

1.1.2 工程项目的概念及特点

1. 工程项目的概念

工程通常是指人类为了解决一定的社会、经济和生活问题而建造的,具有一定功能或一定价值的技术系统(固定资产)。例如,"鸟巢"和"水立方"工程是为举办2008年北京奥运会而建造的;住宅小区和工厂是为满足人们生活及生产的需要而修建的。从最简单的房屋建筑到大型的宇宙探索工程,人类一直在建造着各种各样的工程。

我们所说的**工程项目**是指在一定条件约束下,以形成固定资产为目标的一次性事业。也就是说,工程项目是为达到预期的目标,投入一定量的资本,在约束条件下经过一定的程序,从而形成固定资产的一次性投资建设活动。

大家知道，工程项目是最为常见和典型的项目类型，属于投资项目中最重要的一类，是一种既有投资行为又有建设行为的项目决策与实施活动。一般来讲，投资与建设是分不开的，投资是项目建设的起点，没有投资就不可能进行建设，而没有建设行为，投资的目的也无法实现，所以，建设过程实质上是投资的决策和实施过程，是投资目的的实现过程，是把投入的货币转换为实物资产的经济活动过程。

当然，投资的内涵要比建设的内涵宽泛得多。在某些情况下，投资与建设是可以分开的，可以有投资行为而不一定有建设行为，也可以不通过建设实现投资的目的，但本书所要研究的主要是指既有投资行为又有建设行为的项目决策与实施活动。

2. 工程项目的特点

工程项目一般具有如下几个特点。

(1) 目标的明确性

任何工程项目都具有明确的建设目标，包括宏观目标和微观目标。政府有关部门主要审核项目的宏观经济效果、社会效果和环境效果等。企业则较多地重视项目的盈利能力等微观财务目标。

(2) 条件的约束性

在实现其建设目标过程中，工程项目会受到多方面条件的制约：①时间约束，即工程要有合理的工期时限；②资源约束，即工程要在一定的人力、财力和物力条件下完成建设任务；③质量约束，即工程要满足预期的生产能力、技术水平、产品等级的要求；④空间约束，即工程要在一定的施工空间范围内通过科学合理的方法来组织完成；⑤安全约束，即工程在实施过程中，应采取必要的措施保障人员、设施的安全，避免意外事故的发生。

(3) 实施的不可逆性

工程项目建设地点是一次性确定的，其建成后的不可移动性、设计的单一性、施工的单件性，使得它不同于一般商品的批量生产，项目一旦建成，想改变是非常困难或者损失巨大的。

(4) 影响的长期性

工程项目一般建设周期长，投资回收期长，工程生命周期长，工程质量好坏影响面大，作用时间长。

(5) 投资的风险性

由于工程项目建设是一次性的，建设过程中各种不确定因素很多，因此，工程项目投资的风险性很大。

(6) 管理的复杂性

工程项目管理是一项非常复杂的工作，其工作过程可以说是一个不断解决和协调各种冲突和矛盾的过程。工程项目管理的复杂性主要表现在：工程项目涉及的单位多，各单位之间关系的协调难度和工作量大；工程技术复杂性不断提高，新技术、新材料和新工艺在运用的过程中复杂性凸显；社会、政治、经济及生态环境对工程项目的影响，特别是对一些跨地区、跨行业的大型、巨型工程项目的影响更为复杂。

(7) 受环境的影响大

这里的环境不仅指自然环境，还包括社会环境。工程项目一般是露天作业，必然受到施工所在地的地质、气候、水文、交通等条件的制约，在进行项目设计、施工技术选择和施工组织设计时必须充分考虑上述因素。此外，工程项目还受到社会环境的影响，如相关的政策规定、法律法规、国内外的经济状况等都能对工程项目产生重大影响。

1.1.3 工程项目的分类

由于工程项目种类繁多，为便于科学管理，可以从不同角度对工程项目类型进行划分。

（1）按投资的再生产性质划分

工程项目按投资的再生产性质可分为基本建设项目和更新改造项目两类。其中，基本建设项目包括新建、扩建、改建、迁建、重建项目等；更新改造项目包括技术改造项目、技术引进项目、设备更新项目等。

（2）按建设规模划分

按国家相关标准规定，基本建设项目可划分为大型、中型、小型项目三类。技术改造项目可分为限额以上项目以及限额以下项目。

（3）按建设阶段划分

工程项目按建设阶段可以划分为预备项目（投资前期项目）或筹建项目、新开工项目、施工项目、续建项目、投产项目、收尾项目和停建项目等。

（4）按投资建设的用途划分

工程项目按投资建设的用途可以划分为生产性建设项目和非生产性建设项目。

生产性建设项目是指直接用于物质生产或为满足物质生产需要，能够形成新的生产能力的工程建设项目，如工业建设项目、运输工程项目、农田水利项目、能源项目等，即用于物质产品生产的建设项目。

非生产性建设项目是指能够满足人们物质文化生活需要的项目，如住宅、文教、卫生和公共事业建设项目等。非生产性建设项目又可分为经营性项目和非经营性项目。

（5）按资金来源划分

按资金来源，工程项目可以分为国家预算拨款项目、银行贷款项目、企业联合投资项目、企业自筹项目、利用外资项目和外资项目等。

1.2 工程项目的生命周期

1.2.1 工程项目生命周期的概念

项目的生命周期是按顺序排列，而有时又相互交叉的各阶段集合。与项目的生命周期不同，产品生命周期通常包含顺序排列但不相互交叉的一系列产品阶段，它的最后阶段是产品的退出。一般而言，项目生命周期包含在一个或多个产品生命周期中，要注意区分项目生命周期与产品生命周期。工程项目的产品是工程，因此，从一般意义上来说，工程的生命周期通常是以工程的拆除为最后阶段，而工程项目的生命周期通常是以工程项目结束作为最后的阶段，要注意区分二者。

工程项目生命周期通常是指一个工程项目由筹划立项开始，直到工程竣工投产、收回投资并达到预期投资目标的整个过程。这个过程对每个工程项目来说是一次性的，而对整体来说，则是依次连接、周而复始进行的，是一个循环过程。

工程项目生命周期是人们在长期的工程建设实践、认识、再实践、再认识的过程中,对理论和实践的高度概括和总结。我们知道,每个工程项目的实施是一次性的,任务完成,投资结束,项目随之撤销。但是在整个国民经济活动中,项目又是不断出现的,一个项目建成投产了,又会出现新的项目。这种情况,从宏观管理机构和银行的角度来看更加明显,整个态势一方面表现为交错出现,另一方面又表现为一个项目的结束和新项目的继起,即周期性。

按照项目自身的运动规律,工程项目将首先经过投资前期,然后进入投资建设期,最后进入生产运行期,每一个时期又分为若干阶段。不同时期、不同阶段需要投入不同的资源,有着不同的目标和任务,面临不同的约束条件,因此有不同的管理内容、要求和特性。

一些发达国家和世界经济组织在投资活动领域总结出一系列科学、严密的项目周期理论和方法。每一项投资活动都应尽量按照科学的项目周期依次进行,以便减少投资失误和风险损失。例如,世界银行基于自身投资活动的历史经验和研究,建立了一套科学的、适应自己投资活动特征的项目周期理论和方法,在国际投资活动中被广泛采用。世界银行在任何一个国家,对所贷款的投资项目都要经过项目选定、项目准备、项目评估、项目谈判、项目执行和项目总结评价等步骤,这种科学的方法使他们在各国的投资项目保持了很高的成功率。

1.2.2 工程项目的周期运行

我国项目周期理论和方法的建立及发展较长且较为曲折,改革开放以来,我们总结以往工程项目建设的经验教训,在引进外资的同时,吸收国外先进的项目周期理论和方法,根据我国国情,特别是工程建设实际,开始了科学的项目周期探索。在原来投资建设程序上,逐步改进和发展,形成了目前的项目投资前期—项目投资建设期—项目生产运行期三个时期多个环节的项目周期。

1. 项目投资前期

项目投资前期指从投资意向形成到项目评估决策这一时期。其中心任务是对工程项目进行科学论证和决策,是项目管理的关键时期。项目的成立与否,规模大小、产品的市场前景、资金来源和利用方式、技术与设备选择等重大问题,都要在这一阶段完成。它是项目的研究决策时期,该时期分为下列四个阶段(图1-1)。

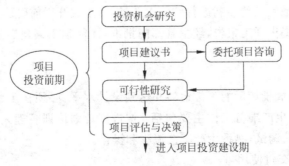

图1-1 项目投资前期

(1) 投资机会研究——项目选择

投资机会研究是对项目内容的预见性描述和概括,其目的是找准投资领域和方向。投资机会研究主要是市场需求研究和资源研究,将投资意向构思成项目概念。

(2) 项目建议书——立项

项目建议书是投资机会研究的具体化表现,它以书面形式申述项目建设的理由和依据,其主要表述内容包括项目建设的目标、规模及实施建议等。

(3) 可行性研究——项目决策的依据

可行性研究是投资前的关键环节,它需要对项目的选址、市场、工程技术、环境及经济等方面的可行性进行科学、客观、详细的研究论证,编制可行性研究报告,作为项目评估和决策的依据。

其中,项目的选址是非常重要的工作之一。项目的选址从宏观上应考虑国家、地区的发展规划、产业布局、产业之间的关联状况、地区产业的集聚程度以及城市建设规划和环境保护等因素;从项目自身需求来看,应考虑项目场址的自然状况、原材料供应、地质、水文、气候、交通运输条件、燃料动力供应、土地资源等条件。项目选址是否适宜会对项目的建设以及工程投产后的生产经营活动产生至关重要的影响。

(4) 项目评估与决策

项目评估是对可行性研究报告的真实性、可靠性进行评价,是项目决策的最后依据。完成此阶段后,项目即将进入项目投资建设期。

2. 项目投资建设期

项目投资建设期是指项目决策后,从项目选址到项目竣工验收、交付使用这一时期。其主要任务是通过投资建设使项目成为现实,一般要形成固定资产。投资建设期包括下列几个阶段(图1-2)。

(1) 设计准备及工程设计

工程项目一般要下达设计任务书,根据设计任务书进行初步设计和施工图设计。初步设计是项目可行性研究的继续和深化。施工图设计是建设施工的依据。

(2) 施工准备与工程施工

施工准备的主要内容有:设备和建筑材料的订货与采购,根据施工图纸、施工组织设计和施工图预算,组织建筑工程的招标以及征地、拆迁等工作。施工是把项目设计图纸变为实物的关键环节,为保证施工的顺利进行和施工质量,在正式开工前要认真审查施工的准备工作和施工条件,然后提出开工报告,经主管部门批准,才能动工兴建。工程施工结束后要进行竣工验收。

(3) 生产准备

为使工程项目建成投产后能正常运转并达到设计水平,必须在工程竣工验收之前做好各项生产准备工作。生产准备工作主要包括:按进度计划培训管理人员和生产工人,组织人员参加设备的安装、调试,熟悉生产工艺流程和操作。

(4) 竣工验收并交付使用

竣工验收是为了保证工程项目建成后达到设计要求的各项技术经济指标。竣工验收一般是先进行单项工程交工验收,然后进行全部工程整体验收。验收合格后,办理固定资产交

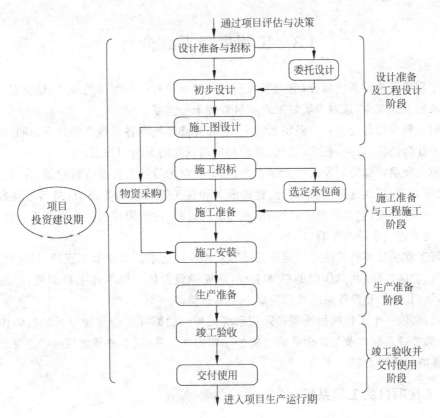

图 1-2　项目投资建设期

付使用和转账手续。完成此阶段后,项目即将进入项目生产运行期。

3. 项目生产运行期

项目交付使用后便进入项目生产运行期,经过生产运行可实现项目的生产经营目标、归还贷款、收回投资并实现资金增值,以便使再生产继续进行。这一时期包括下列工作(图 1-3)。

(1) 项目后评价

项目后评价是在经过一段时间的生产运行后,对项目的立项决策、设计、竣工验收、生产运营全过程进行综合评价,建设项目后评价工作应遵循客观、公正、科学的原则,以便总结经验,解决遗留问题,提高工程项目的决策水平和投资效果。

(2) 实现生产经营目标

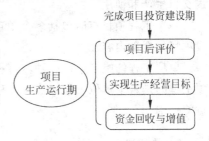

图 1-3　项目生产运行期

实现生产经营目标包括尽快生产出合格的产品,并达到设计所规定的生产能力,按计划实现年利润指标。这里最重要的是做好产品的市场开发。

(3) 资金回收与增值

项目能否按计划归还贷款、收回投资并达到资金增值的目的,这是项目建设的根本出发点。

1.3 工程项目系统分析

对工程项目进行系统划分,有助于我们对管理对象有一个整体的观念,建立起适应现代管理要求的系统观点,这对于搞好工程项目管理十分重要。

任何工程项目都处在社会经济系统中,它和外部环境有各种各样的联系,项目的建设过程渗透着社会经济、政治、技术、文化、道德和伦理观念的影响和作用。

任何工程项目都需要投入巨大的人力、物力和财力等社会资源进行建设,并经过项目的策划、决策立项、厂址选择、勘察设计、建设准备和施工安装活动等环节,最后才能提供生产或使用。也就是说,它有自身的产生、形成和发展过程,这个构成的各个环节相互联系、相互制约,并受到建设条件的影响。

任何工程项目都有其特定的建设意图和使用功能要求。大中型工程项目往往包括诸多形体独立、功能关联、共同作用的单体工程,形成建筑群体。就单体工程而言,一般也由基础、主体结构、装修和设备系统共同构成一个有机整体。

因此,实施一个工程项目管理必须用系统工程学的原理去研究和分析项目的内部系统构成、外部关联系统以及与这个系统有关的一切内外关系,以求得系统目标的总体优化以及与外部环境的协调发展。

1.3.1 工程项目的工程系统

工程项目的工程系统由单项工程、单位工程、分部工程和分项工程等子系统构成。

1. 单项工程

单项工程一般是指具有独立设计文件的、建成后可以独立发挥生产能力或效益的一组配套齐全的工程项目。单项工程从施工角度看是一个独立的系统,在工程项目总体施工部署和管理目标的指导下,形成自身的项目管理方案和目标,按其投资和质量的要求,如期建成交付生产和使用。

一个工程项目有时包括多个单项工程;也有时仅有一个单项工程,该单项工程就是建设项目的全部内容。

单项工程的施工条件往往具有相对的独立性,一般单独组织施工和竣工验收。构成单项工程的是若干单位工程。单项工程是工程项目的主要建设内容和新增生产能力或工程效益的基础。

2. 单位工程

单位工程是单项工程的组成部分。一般情况下,单位工程可以指一个单体的建筑物或构筑物;民用建筑工程也可以是包括一栋及以上的同类设计、位置相邻、同时施工的房屋建筑,或是由一栋主体建筑及其辅助建筑物共同构成的一个单位工程。房屋建筑的单位工程通常可以由建筑工程和建筑设备工程组成;住宅小区或工业厂区的室外工程,可以按照工程施工质量统一验收标准,划分为包括道路、围墙、零星建筑在内的室外建筑单位工程,电缆、线路、路灯等的室外电气单位工程,以及给水、排水、供热、煤气等的建筑采暖卫生与煤气工程组成的单位工程。

一个单位工程往往不能单独形成生产能力或发挥工程效益。只有在几个有机联系、互为配套的单位工程全部建成竣工后才能提供生产和使用。例如,民用建筑物单位工程必须与室外各单位工程构成一个单项工程系统;工业车间厂房必须与工业设备安装单位工程以及室外各单位工程配套完成,形成一个单项工程系统,才能投入生产使用。

3. 分部工程

分部工程是工程按单位工程部位划分的组成部分,即单位工程的进一步分解。一般工业与民用建筑工程划分为以下分部工程:地基与基础、主体结构、建筑装饰装修、建筑屋面、建筑给水排水及采暖、建筑电气、智能建筑、通风与空调、电梯等。

4. 分项工程

分项工程一般是按工种划分的,也是形成项目产品的基本部件或构件的施工过程,如模板、钢筋、混凝土、砖砌体等。分项工程是施工活动的基础,也是工程用工、用料和机械台班消耗计量的基本单元,是工程质量形成的直接过程。分项工程既有其作业活动的独立性,又有相互联系、相互制约的整体性。

此外,按照工程的性质和作用,工业建设项目还可分为主要生产系统、附属、辅助生产系统以及行政办公与生活福利设施系统等。

1.3.2 工程项目的目标系统

工程项目的目标系统是工程项目所要达到状态的描述系统,包括功能目标、管理目标与影响目标等。

(1) 功能目标

功能目标是指工程完成后应达到的目标,包括使用目标、经济目标、技术目标、安全目标、环境目标等,其中以使用目标为主。

(2) 管理目标

管理目标是指在工程项目管理中,通过管理活动达到的目标。这些目标的高低好坏对工程项目的功能目标产生影响。管理目标包括质量目标、进度目标、费用目标、安全目标、资源目标、现场目标等,管理的效果决定了这些目标的水平。

(3) 影响目标

影响目标是指工程项目对环境、社会、经济、文化、政治及国际等方面所造成的影响。这些影响既是管理过程中得到的,又是工程项目完成后所产生的。进行工程项目管理,既要对项目本身的影响负责,又要对项目建成后的影响负责;既注重近期影响,又不能忽视远期影响。

对每种目标来说,其本身也是一个系统。在该系统中,既有总目标,又有分目标;从实施的顺序来分析,既有最终目标,又有阶段性目标。

对工程项目目标系统进行分析是为管理服务,以便用目标管理方法进行系统的管理,以小目标的完成保大目标的完成,以分目标的实现保总目标的实现。

1.3.3 工程项目的关联系统

工程项目的建设是一项有计划有组织的系统活动,也是人的劳动和建筑材料、构配件、机具设备、施工技术方法以及工程环境条件等有机结合的过程。因此,从物质生产角度看,就是劳动主体和劳动手段、劳动资料的结合过程。这就必然涉及建筑市场,包括建设工程市场和建筑生产要素市场的各方主体,通过一定的交易方式形成以经济合同,包括工程勘察设计合同、施工承发包合同、工程技术物资采购供应合同等为纽带的种种经济关系或责权利关系,从而构成了工程项目与其外部各相关系统的关联关系。

正确认识、把握和处理好工程项目关联系统的关系,对于工程项目管理显然是十分必要的。这些关联系统主要包括项目业主、项目使用者、科研单位、设计单位、施工单位、生产厂商、建设监理单位、政府主管与质量监督机构、质量检测机构、地区与社会等。

1. 项目业主

项目业主,即项目的投资者,由业主代表组成项目法人机构,取得项目法人资格。从投资者的利益出发,根据建设意图和建设条件,对项目投资和建设方案做出既符合自身利益又适应建设法规和政策规定的决策,并在项目的实施过程中履行业主应尽的责任和义务,为项目的实施创造必要的条件。业主的决策水平、业主行为的规范性等,对项目的建设起到重要的作用。

2. 项目使用者

非生产性建设项目包括公共项目、办公楼宇、民用住宅等,它既作为广义的物质手段,又作为人们生活的消耗资料,因此,随着社会生产力的发展和经济水平的提高,消费观念和要求会发生新的变化,使用者对工程项目的使用功能和质量要求不断提高。也就是说,工程项目质量的潜在需要是发展变化的,这对工程项目的策划、决策、设计以及施工质量的形成过程提出了更高要求,从质量管理的角度来说,要把"用户第一"作为基本的指导方针,并且以使用者的最终评价作为评价工程建设质量的重要依据。

3. 科研单位

一个工程项目的实施往往是新技术、新工艺、新材料、新设备以及新的管理思想、方法和手段等自然科学和社会科学最新成果转化为社会生产力的过程。因此,研究机构是工程项目的后盾,它为项目的建设策划、决策、设计、施工等各个方面提供社会化的、直接或间接方式的技术支援。无论在项目运行的哪个阶段,项目管理者都必须充分重视社会生产力发展的最新动向和最新成果应用,它不但对项目的投资、质量、进度目标产生积极的影响和作用,而且对项目建成后的生产运营、使用和社会效益都有极为重要的意义。

4. 设计单位

设计单位是将业主的建设意图、政府建设法律法规要求、建设条件作为输入,经过设计人员的专业知识、设计经验等投入进行项目方案的综合创作,编制出用以指导项目活动设计文件的机构。工程项目的设计联系着项目决策和项目建设施工两个阶段,设计文件既是项目决策方案的体现,也是项目施工方案的依据。因此,设计过程是确定项目总投资目标和项目质量目标的过程,包括建设规模、使用功能、技术标准、质量规格等。设计先于施工,然而设计单位的工作还责无旁贷地延伸于施工过程中,指导并处理施工过程中可能出现的设计变更或技术变更,从而保障各项施工结果与设计要求的一致性。

5. 施工单位

施工单位是以承建工程施工为主要经营活动的建筑产品生产者和经营者,在市场经济体制下,施工单位通过工程投标竞争取得承包合同后,以其技术和管理的综合实力,通过制定最经济合理的施工方案,组织人力、物力和财力进行工程的施工安装作业技术活动,保证在规定的工期内全面完成质量符合发包方明确标准的施工任务。通过工程交付,取得预期的经济效益,实现其生产经营目标。因此,施工单位是将工程项目的建设意图和目标转变成具体工程目的物的生产经营者,是项目实施过程的主要参与者。

6. 生产厂商

生产厂商包括建筑材料、构配件、工程用品与设备的生产厂家和供应商。他们为项目实施提供生产要素,其交易过程、产品质量、价格、服务体系等,直接关系到项目的投资、质量和进度目标。通过市场机制配置建设资源,是项目管理按经济规律办事的重要方面。在项目管理目标的制定,物资资源的询价、采购、合约和供应过程中,都必须充分注意生产厂商与工程项目之间的这种技术、经济上的关联性对项目实施的作用和影响。

7. 建设监理单位

我国实行建设监理制。建设监理单位是指依法登记注册取得工程监理资质,承接工程监理任务,为项目法人提供高层次项目管理咨询服务,实施业主方的工程项目管理的经济组织。其工作包括项目策划和投资决策阶段的咨询服务和项目实施阶段的合同管理、信息管理和项目目标控制。因此,监理单位的水平和工作质量,对项目建设过程的作用和影响也是非常重要的。

8. 政府主管与质量监督机构

建筑产品具有强烈的社会性,政府代表社会公众利益,对建设行为要进行法规监督与管理,以保证工程建设的规范性及质量标准。政府主管通过执行基本建设程序,对建设立项、规划、设计方案进行审查批准;政府主管派出工程质量监督站,实施工程施工质量监督,因此,在工程项目的决策和实施过程中,和政府主管部门及其派出机构等的联络沟通是非常密切的。在执行建设法规和质量标准方面取得政府主管部门的审查认可,是工程项目管理过程必须遵守的规矩,不能疏忽和违背。

9. 质量检测机构

我国实行工程质量检测制度,由国家技术监督部门认证批准的国家级、省、市、自治区级以及地区级工程质量检测中心,按其资质依法受委托承担有关工程质量的检测试验工作,出具有关检测试验报告,为工程质量的认定和评价、质量事故的分析和处理、质量争端的调解及仲裁等提供科学的测试数据和权威性的证据。由此可知,工程项目和质量检测机构同样存在密切的关系。

10. 地区与社会

工程项目与所在地区有许多系统的接口配套,需要有关部门的协作配合才能得以妥善安排和解决,如项目内部交通与外部的衔接、供电、供气、给水、排水、消防、环卫、通信等,都必须和市政管理的有关方面进行联络、沟通和协商,使项目的各个子系统能够按照规定的要求和流程与外部相应系统衔接,为项目提交生产或使用创造运行条件。

此外,在工程项目的全面施工过程中,还必须得到周边近邻单位,包括附近社区居民及过往人员、车辆等各方面的配合与理解,以创造良好的安全施工环境,顺利完成项目,这都需要在项目管理中充分注意公共关系及做好沟通协调工作。

1.3.4 工程项目的系统特点

由工程项目的系统构成可以看出,工程项目不仅具有一般的系统特点(如结合性、相关性、目的性、环境适应性等),而且还具有自身的系统特点:它属于一个社会技术系统,项目过程靠行为主体实施,需要投入各种机械、设备、材料等,以及各种工程专业的知识、技术、方法和数据等;它具有开放性,与环境之间有直接的信息、材料、能源、资金交换,并完成上层系统的任务,向上层系统输出信息、产品、服务等;它还具有动态性,在项目实施过程中,按变化了的要求和新的情况自动修改目标,调整实施过程。

随着社会经济技术的发展,现代工程项目正日益显现其更新的特点。

(1) 创新性

在项目设计和实施及运行过程中,需要新的知识,使用新的工艺,这是市场竞争对企业的要求造成的,所以现代工程项目的技术含量越来越高,高科技、开发型、研究型项目越来越多。

(2) 复杂性

现代工程项目的规模大、投资大、参加单位多,国际性的合作越来越多,合同条件越来越复杂,所需要的各种专门知识也越来越精深繁杂。

(3) 不确定性

现代工程项目包含许多风险,由于外界经济、政治、法律及自然等因素的变化造成对项目的外部干扰,使项目的目标、项目的成果、项目的实施过程存在很大的不确定性。

(4) 严格性

由于市场竞争激烈,现代工程项目常常采用合作的形式,各投资者对项目计划的准确性要求越来越高,对项目的投资、进度、质量和安全等的要求也越来越严格。

1.4 工程项目管理

1.4.1 工程项目管理的概念及职能

1. 工程项目管理的概念

所谓管理就是指人们为达到一定的目的,对管理的对象所进行的决策、计划、组织、控制、协调等一系列工作。工程项目管理的对象是工程项目,其管理的概念及职能在道理上同其他管理是相通的,但由于工程项目的特点,要求其管理更强调程序性、全面性和科学性,要运用系统工程的观点、理论和方法进行管理。

所谓工程项目管理就是为使工程项目在一定的有限资源约束条件下,为最优地实现工程建设项目目标和达到规定的工程质量标准,根据工程项目建设的内在规律性,运用现代系统的理论和方法,对工程项目从策划、决策到竣工交付使用的所有活动实施的决策与计划、组织与指挥、控制与协调、教育与激励等一系列工作的总称。

2. 工程项目管理的具体职能

工程项目管理的具体职能是决策与计划、组织与指挥、控制与协调、教育与激励等。这一点,在工程项目管理实践中已得到充分的体现。

(1) 决策与计划

决策是计划的重要依据之一,是决策者对工程项目相关重大问题所做出的选择和决定。计划就是根据决策制定科学的奋斗目标,来指导项目的施工生产经营活动。计划要有明确规定需要达到的目标以及完成目标所应采取的措施和方法,实施的地点、时间和负责人,需要消耗的原材料,会带来的效果等。一个工程项目如果没有正确的决策和科学的计划,就不可能实现其目标。

(2) 组织与指挥

组织就是根据计划目标,合理安排人力、物力和财力,把工程项目的各个方面、各个阶段,按计划的要求严密地组织起来,使计划规定的措施及方法落到每个部门、每个环节乃至每个成员。指挥就是为达到计划目标而实行的有效领导,使工程项目的各个职能部门和各个基层单位都能按照一个统一的意志协调、有序地运行。

(3) 控制与协调

控制就是通过信息反馈系统,对工期目标、质量目标、成本目标及其他目标和实际完成情况及时进行对比,发现问题立即采取措施加以解决。所谓协调就是及时调整解决各过程、各环节和各职能部门之间的矛盾,做到人尽其才,物尽其用,以期实现工程项目的目标。

(4) 教育与激励

进行有效的思想政治工作,坚持精神鼓励和物质鼓励相结合的原则,调动广大职工的积极性、创造性,共同为实现项目的总目标而努力。

上述各种具体职能是一个紧密联系的有机整体,共同围绕工程项目这个中心发挥其各自的独立作用。通过决策与计划,明确奋斗目标;通过组织与指挥,实现项目的有效运转;通过控制与协调,建立正常的秩序,及时解决不协调因素;通过教育与激励,调动职工积极因素,从而保证工程项目既定目标的顺利实现。

1.4.2 工程项目管理方式的演化

工程项目的管理方式是伴随社会经济的发展、科学技术的进步所引起的生产专业化和协作综合化而不断演变、不断丰富、不断发展的。

1. 国外工程项目经营管理方式的演化

在国外,建筑工程经营管理方式发展演化最典型的国家是英国,其管理方式发展演化已经历了多个阶段。

第一阶段,业主直接雇用并组织工匠进行工程的营造,14世纪以前均为这种方式。

第二阶段,由于建筑工程形体、结构、功能已变得比较复杂,加上社会分工及技术的进一步发展,14—15世纪,社会中出现了营造师,他们负责工程的设计、购买材料、雇用工匠等,并作为业主的代理人管理并监督工匠的建造工作。

第三阶段,15—17世纪,随着科学技术的进一步发展,建筑工程本身日益复杂,社会分工也逐步形成并细化,营造师队伍中开始形成了分工,一部分作为建筑师担任设计工作,而另一部分作为营造师主要负责管理业主雇用的工匠、组织施工。在这一阶段,逐步形成了设计和施工的分离。

从以上三个阶段的特征来看,17世纪之前,工程项目的建设管理方式均是以业主自营方式进行工程建设活动的。

第四阶段,17—18世纪出现承包企业,形成了业主,即发包者;顾问,即建筑师、工程师,负责规划调查、施工监督;承包者,即施工者。三者相互独立又相互协作,用经济合同联系起来。设计者除进行施工监督外,还承担业主与施工者之间纠纷的调解人。承发包方式出现后,自营方式在国外就几乎不存在了。因为自营方式需要兼管一支较大的施工技术队伍及大量的建筑机械,这与雇用拥有丰富经验和专门技术的承包企业完成建筑任务相比,存在很多弊端。

第五阶段,进入19世纪后,随着现代化大工业的发展和科学技术的进步,工程项目日益复杂且规模越来越大,建筑业进一步分工。从事工程设计和管理的除了建筑师、结构工程师以外,还有从事水、暖、电等设计的设备工程师以及从事工程量测定、合同管理的工料测量师。此外,从事施工的承包商往往也难以单凭自己的力量去完成一项复杂的工程,因而出现了总包企业下存在分包企业的模式。进入20世纪后,工程的承发包模式进一步完善,形成了多种经营方式。

进入20世纪60年代以后,科学技术及社会发展迅速,工程项目更呈现出技术复杂且大型化的特征,管理科学的理论及工具、手段也不断进步,在西方一些发达国家出现了项目管理理论并应用到工程项目的管理中去。此时,在项目的建设中,除了业主、设计者和承包商三者之外,又出现了代替业主进行工程项目管理的咨询公司。咨询公司之所以出现,是由于在这之前为业主进行工程管理的是以设计为主的专业人员,其业务知识不足以对数目众多且技术相当复杂的专业承包商进行有效管理,这与过去仅仅进行施工监督的情况不同。这是今天在工程建设中最为广泛应用的一种经营管理方式。

2. 我国工程项目管理组织形式的发展

新中国成立以来,我国工程项目管理组织形式不断发展,大体上可分为计划经济时代和社会主义市场经济时代两个发展阶段。

在计划经济时代,根据经济形势及国家建设要求,我国工程项目管理组织形式主要有以下几种形式。

(1) 由生产企业自行组织力量建设

这种方式在国民经济恢复时期比较多。那时项目建设主要是为恢复原有企业的生产,建设与生产结合,同时各部门还没有建立专门的设计施工机构。因此,当时采用的办法是各企业抽调人员自行设计、组织施工。小部分工程量较大且由旧中国留下私人营造商的地方,则采用部分发包,委托施工。

(2) 独立筹建处

进入"一五"计划期间,国家开始大规模经济建设,采用自营的办法已不能适应需要,投资项目的组织机构开始与企业生产指挥系统脱离,独立成立筹建处。那时,凡列入计划建设的新项目一般在上级主管部门的领导下,设立一个单独的筹建处作为项目的建设单位。改建、扩建项目的筹建处也同企业指挥生产的机构分开,小型项目的筹建处由原有企业领导,大型项目的筹建处直接由上级主管部门领导。这种组织形式对保证大规模建设任务的完成起到重要作用。为了加强宏观调控,中央各部设立了专门的投资项目管理机构(基建司、局)。

(3) 工程建设指挥部

20世纪50年代末期,投资规模急剧膨胀,设计、施工、设备材料供应全面紧张,建设单位、施工单位、设计单位间的矛盾日益增多。筹建处难以协调上述三方矛盾,为保证重点工程建设进度,上级领导机关指派负责人到现场坐镇指挥,成立工程建设指挥部。这种组织形式后来应用到区域建设上,如1964年开始的"三线建设"就采取了这种形式。

在计划经济体制下,在当时的社会条件下,指挥部的管理体制对于保证重点工程建设项目的顺利实施,发展国家经济,起到非常重要的作用。但后来,这种管理体制也暴露出越来越多的弊端,归结起来包括:①使用行政权力、命令方式代替科学管理;②非稳定、非专业的领导班子进行项目管理;③工程建设指挥部管理体制普遍缺乏建设期和经营期的综合考虑。

(4) 建设单位自行组织项目建设

这是很多单位进行项目建设较为普遍的一种组织管理模式。它是由业主自己筹集资金,选择建设地点,编制计划任务书,组织项目的设计、施工和材料、设备的供应,并进行工程建设的监督与管理。这就是很多单位设立常设基建管理部门的原因。但作为一个单位的基建部门,其专业技术人才的数量、人才结构、水平等往往不能满足工程建设的需要,而且由于工程建设任务不多,工作经验难以积累,最终造成项目的管理不善和低效率。

我国从20世纪80年代后期开始试行项目业主责任制,项目业主从建设项目的筹划、筹资、设计、建设实施直至生产经营、归还贷款本息以及国有资产的保值、增值实行全过程负责,并承担相应的风险。在试点取得经验的基础上,全国有几十个大中型基本建设项目曾实行了多种形式的业主责任制。实践证明,这种方式取得了一定效果,但仍然存在项目业主的身份不清、业主班子不规范、业主难以行使法律权利等问题。这些问题的存在是与我国投资领域和管理体制存在的弊病分不开的,问题的解决只有依靠改革。

在总结了之前几年实行项目业主责任制经验并借鉴国外做法的基础上,我国于1983年由国家计划委员会提出并推行项目前期的项目经理负责制;1988年,开始推行建设工程监理制;1993年,通过了《中共中央关于建立社会主义市场经济体制若干问题的决定》,提出了推行法人投资责任制,即项目法人责任制;1995年,建设部颁发了《建筑施工企业项目经理资质管理办法》,推行项目经理负责制;2003年,建设部发布了"关于建筑业企业项目经理资质管理制度向建造师执业资格制度过渡的有关问题通知",鼓励并规范"按照有关资质管理规定在其资质等级许可的工程项目范围内开展相应的工程项目管理业务"。

随着改革开放的不断深入、社会经济的持续高速发展,我国逐步引入国外的先进管理模式,目前已经形成了以招标投标制、合同管理制、项目法人责任制和建设监理制为标志的管理体系。

1.4.3 工程项目管理理论在我国的发展

现代工程项目管理理论最初是从德国和日本传入我国的。在改革开放起步阶段开始并向纵深发展,探求工程项目管理与改革相结合,在改革中发展我国的工程项目管理科学,是当时我们所面临的现实问题。此后,由于世界银行等国际金融组织贷款和外商投资建设的工程项目大量增加,以及国际文化交流的进一步发展,工程项目管理理论和实践经验在我国进一步得到推广应用。尤其是国际金融组织贷款建设的项目,按其贷款规定,必须按国际惯例实行项目管理,这对我国从20世纪80年代初期开始引进工程项目管理起到了重要的推动作用,加速了工程项目管理理论在我国的推广应用,也促进了我国建筑业管理体制、投资体制等方面的进一步改革。

鲁布革水电站引水系统工程是我国第一个利用世界银行贷款,并按其规定进行国际竞争性招标和运用现代项目管理的工程。在项目进行的四年间,创造了著名的"鲁布革项目管理经验",使该项目的投资额度将低了40%,工期也大大缩短,在我国的投资建设领域产生了很大的震动。以此为契机,我国首先在施工企业中推行项目管理,并于1987年在全国推行项目法施工,目的是建立以施工项目管理为核心的现代企业经营体制。

在国际通行的惯例和模式中,工程项目建设的主要当事人为三方,即业主、咨询工程师和承包商,其中的咨询工程师为业主进行工程项目的设计,并可代理业主进行工程管理。整个工程项目的管理是以咨询工程师为中心的专家管理。我国在开始推行施工企业的项目管理后,原建设部又推行了建设监理制,就是国际上通行的由项目管理公司或咨询公司代理业主进行的项目管理。近年来,国家又先后颁布了一大批政策法规,使得工程管理有法可依,并举办了大批系列培训班,系统讲述有关项目管理的理论和方法,培训了一大批工程管理人才,为工程项目管理在我国的推行和发展打下了坚实的基础。

项目管理制度在我国已推行几十年,它的应用为我国大量工程项目建设的成功实施发挥了巨大作用,但回顾走过的路程,现阶段我国在工程项目建设领域仍存在许多问题。这些问题需要以发展的眼光,在经济体制改革不断深入的过程中逐步加以解决。

1.4.4 若干相关概念辨析

1. 工程项目管理与企业管理

工程项目管理与企业管理同属于管理活动的范畴,但两者有着明显的区别。

(1) 管理对象不同

工程项目管理的对象是一个具体的工程项目——一次性活动(项目);而企业管理活动的对象是企业,即一个持续稳定的经济实体。工程项目管理的对象是工程项目发展生命周期的全过程,需要按项目管理的科学方法进行组织管理;企业管理的对象是企业综合的生产经营业务,需要按企业的特点及经济活动的规律进行管理。

(2) 管理目标不同

工程项目管理面向具体项目的目标,是一种以效益为中心、以项目成果和项目约束实现为基础的目标体系,其目标是临时的、短期的;企业管理的目标则是以获取持续稳定的利润为目标,其目标是稳定的、长期的。

(3) 运行规律不同

工程项目管理是一项一次性多变的活动,其管理的规律性是以工程项目发展生命周期和项目内在规律为基础的;企业管理是一种稳定持续活动,其管理的规律性是以现代企业制度和企业经济活动内在规律为基础的。

(4) 管理内容不同

工程项目管理活动局限于一个具体项目设想、决策、实施、总结后评价的全过程,主要包括工程项目立项、论证决策、规划设计、采购施工、总结评价等活动,是一种任务型的管理;企业管理则是一种职能管理和作业管理的综合,本质上是一种实体型管理,主要包括企业综合性管理、专业性管理和作业性管理。

(5) 实施的主体不同

工程项目管理实施的主体是多方面的,包括业主、业主委托的咨询公司、承包商等;而企业管理实施的主体仅指企业自身。

2. 工程项目管理与施工项目管理

工程项目管理与施工项目管理相比有许多不同点。

(1) 实施的主体不同

工程项目管理的主体是业主及受其委托的监理(或咨询)单位,主要是由他们组建的项目管理班子来实施管理;施工项目管理的主体是施工企业,主要由其所组成的项目管理班子来实施对施工过程的管理。

(2) 目的不同

在工程项目管理中,业主是为取得符合要求的、能发挥应有效益的固定资产而进行管理,监理方是为完成业主所委托的项目管理任务从而取得相应报酬而进行管理;施工企业是为完成建筑产品的建造并取得利润而进行管理。

(3) 内容不同

工程项目管理的内容涉及资本运转和项目建设的全过程;而施工项目管理的内容仅涉及从投标开始到交工为止的项目的施工组织、生产管理及维修。

(4) 时间范围不同

工程项目管理的时间范围是项目建设的全生命周期,即由项目的评价开始,到项目立项、设计、施工、项目竣工、交付使用和维护;而施工项目管理的时间范围仅限于项目的施工和维修阶段。

1.4.5　工程项目管理的任务

工程项目管理的任务总的来说就是在科学决策的基础上对工程项目实施全方位、全过程的管理活动,使其在一定约束条件下,实现费用、进度、质量和环境及安全等目标的最佳实现。具体来讲,有以下几个方面。

(1) 建立项目管理组织

明确本项目各参加单位在项目实施过程中的组织关系和联系渠道,并选择合适的项目组织机构及实施形式;做好项目各阶段的计划准备和具体组织工作;建立本单位的项目管理班子;聘任项目经理及各有关职能人员。

(2) 费用控制

编制费用计划(如业主编制投资分配计划、施工单位编制施工成本计划等),采用一定的方式、方法将投资及成本控制在计划目标内。

(3) 进度控制

编制满足各种需要的进度计划,把那些为达到项目目标所规定的若干时间点连接成时间网络图,安排好各项工作的先后顺序和开工、完工时间,确定关键线路的时间;经常检查计划进度执行情况,处理执行过程中出现的问题,协调各有关方面的工作进度,必要时对原计划做适当调整。

(4) 质量控制

规定各项工作的质量标准,对各项工作进行质量监督和验收,处理质量问题。做好质量控制是保证项目成功的关键任务之一。

(5) 环境及安全控制

实施绿色施工,保护环境,保护生产者和使用者的健康与安全;不同的企业根据自身的实际情况制定不同的安全方针,并为实施环境及安全控制建立组织机构、策划活动、明确职责、遵守有关法律法规和惯例、编制程序控制文件,实施环境及安全控制并提供相应的资源;正确处理安全事故。

(6) 合同管理

起草合同文件,参加合同谈判,签订修改合同;处理合同纠纷、索赔等事宜。

(7) 信息管理

明确参与项目的各单位以及本单位内部的信息流,相互间信息传递的形式、时间和内容;确定信息收集和处理的方法、手段。

工程项目管理任务的核心问题是控制,项目管理组织的建立、合同管理和信息管理的实施都是为了进行有效的控制,确保项目目标的实现。

1.4.6 工程项目管理现代化

1. 概念

所谓工程项目管理现代化就是适应现代社会要求,依照项目内在的客观规律,运用现代科学管理手段和方法,对工程项目实行有效管理。

工程项目管理现代化是一个动态的概念,它所包含的内容和要求是在人们不懈探索和实践中随着科学技术和生产力的发展而不断发展变化的。

2. 工程项目管理现代化的内容

工程项目管理现代化涉及面广、内容丰富,主要有以下六方面的内容。

(1) 管理思想现代化

这是工程项目管理现代化内容中最重要的一条,要将现代管理思想和理论运用于项目管理,如系统论、信息论、控制论、行为科学等。它们是现代项目管理理论体系的基石,体现了当代最新的管理思想。此外,在管理中,要树立市场观念、服务观念、竞争观念、革新观念等,用以指导工程项目的进行。

(2) 管理组织高效化

管理组织高效化就是根据现代管理组织理论，采用开放系统模式，并用科学的法规和制度规范组织行为，确定组织功能和目标，协调管理组织系统内部各层次之间及其同外部环境之间的关系，提高管理组织的工作效率。

(3) 管理方法科学化

管理方法科学化应该具有一整套适合现代化大生产要求的科学管理方法，如预测技术、决策技术、数学分析方法、数理统计方法、模糊数学、线性规划、网络技术、图论、排队论等，用以解决项目管理中的各种复杂问题。

(4) 管理信息技术模型化

信息技术的高速发展为工程项目管理提供了强大而先进的管理工具和手段，极大地提高了工程项目的管理效率，提升了管理水平。近年来，建筑信息模型（building information modeling，BIM）作为一种以三维数字技术为基础的先进技术或是一种新的生产方式得到了广泛的关注，BIM可以使项目各参与方共同创建、分析、共享和集成模型，它的应用是对传统的以图纸为信息交流媒介的生产范式的颠覆。

(5) 管理人员专业化

现代化施工活动规模大、机械化程度高、质量要求严、经济核算要求准确、计划要求周密，施工管理、质量管理、预算管理、机械设备管理、财务管理等专业管理逐渐发展成为独立的学科，并采用了现代科学管理方法，这就需要专业化的项目管理公司，提供全套的专业化咨询和管理服务，也要求项目经理及其管理组织的各项专业管理人员不仅要熟悉业务，同时要学会应用现代管理方法和手段，成为各项专业管理的内行。

(6) 管理方式民主化

现代工程施工是成千上万人的活动，只靠少数人是不行的。这里所说的民主化是指在项目经理统一指挥下充分发挥广大职工的积极性和创造性，共同搞好管理。

上述工程项目管理现代化的六个方面是密切联系、相互促进和缺一不可的。就其本身的内在联系来说，管理思想是核心，管理组织是保证，管理方法是基础，管理人员是条件，管理手段是工具，管理方式是因素。

1.5 结 语

本章从项目的概念入手，引出工程项目的基本概念。通过对工程项目的特点分析、项目分类为管理客体形象地绘制了一幅肖像；通过描述项目运行周期三个时期多个环节的运行轨迹，使我们了解了项目的全生命周期；通过对项目的工程系统、目标系统以及关联系统的描述，使我们对工程项目建立起一个系统的概念。项目阐述了工程项目管理的概念及职能，回顾了项目管理理论的历史演化过程以及这一理论在我国的发展，并通过对工程项目管理与企业管理、施工项目管理等易产生混淆的概念进行辨析，使得工程项目管理的概念更加清晰、明确。在此基础上，本章提出了工程项目管理的任务及工程项目管理现代化的概念，并阐述了工程项目管理现代化六项主要内容及其相互关系。

思 考 题

1. 什么是工程项目？它有哪些特点？
2. 什么是工程项目全生命周期？简述工程项目的周期运行。
3. 如何理解工程项目的系统划分？它有哪些特点？
4. 什么是工程项目管理？它与企业管理、施工项目管理有何不同？
5. 简述工程项目管理现代化的内容及其相互关系。

第 2 章

工程项目策划与投资决策管理

■ **学习目标**

本章着重阐述工程项目策划和投资决策管理的基本概念及编制要点,要求学生掌握工程项目策划与投资决策的概念及方法。

■ **关键概念**

工程项目策划　工程项目投资决策　可行性研究　项目评估

2.1 概　述

2.1.1 基本概念

1. 策划

古人云:"凡事豫则立,不豫则废。"这里的"豫"讲的就是事前的策划。工程建设项目也是如此,只有经过周密的策划,对投资项目有比较大的把握,才能实施投资。

策划,是一种程序,其本质是一种运用脑力的行为。策划是围绕某个预期的目标,根据现实的情况与信息,判断事物变化的趋势,对所采取的方法、途径、程序等进行周密而系统的构思设计,选择合理可行的行动方式,从而形成正确决策和高效工作的活动过程。显然,策划是在现实所提供的条件的基础上进行的、具有明确的目的性、按特定程序运作的系统活动,是一种超前性的人类特有的思维过程。它是针对未来发展及其发展结果所做的决策的重要保证,也是实现预期目标、提高工作效率的重要保证。

工程项目策划是把工程项目建设意图转换成定义明确、系统清晰、目标具体且富有策略性运作思路的高智力系统活动。工程项目策划的目标是在工程项目实施活动的时间、空间、任务的三重关系中选择最佳的结合点,有效地利用各种资源并开展项目运作,以确保实现项目的目标并获得满意的经济效益、社会效益和环境效益。它包括建设前期项目系统构思策划、建设期间项目管理策划和项目建成后的运营策划等。工程项目策划以项目管理理论为指导并服务于管理的全过程。

2. 决策

决策，一般是指为了实现某一目标，根据客观的可能性和科学的预测，通过正确的分析、计算以及决策者的综合判断，对行动方案的选择所做出的决定。决策是整个项目管理过程中一个关键的组成部分，决策的正确与否直接关系项目的成败。

工程项目投资决策是指投资主体（国家、地方政府、企业或个人）对拟建工程项目必要性和可行性进行技术经济评价，对不同建设方案进行比较选择，以及对拟建工程项目的技术经济指标做出判断和决定的过程。工程项目投资决策是投资决策中的微观决策，它不像宏观决策那样是国家和地区对投资的总规模、方向、结构、布局等进行评价和决定。

2.1.2 策划与投资决策的关系

一般来说，项目投资决策都建立在项目可行性研究的分析评价基础上，其重要的决策依据是项目财务评价和国民经济评价的结论，然而这两者评价的前提是建设方案本身及其所赖以生存和发展的社会经济环境和市场，而建设方案的产生并不是由投资主体的主观愿望和某种意图的简单构想就能完成的，它必须通过专家的总体策划和若干重要细节的策划（如项目定位、系统构成、目标测定及管理运作等的具体策划），并进行实施可能性和可操作性的评价分析，才能使方案建立在可运作的基础上。也只有在这个基础上进行项目详细可行性研究所提供的经济评价结论才具有可实现性。因此，只有经过科学缜密的项目策划，才能为可行性研究和项目投资决策奠定客观而具有运作可能性的基础。

2.2 工程项目策划

2.2.1 工程项目策划的分类

按项目建设程序，项目策划可分为工程项目构思策划和工程项目实施策划。

1. 工程项目构思策划

工程项目构思策划是在项目构思阶段所进行的总体策划，它的主要任务是提出项目的构思、进行项目的定义和定位，对一个待建项目进行全面构思。一般来说，项目的最初提出，都是提出者从其经营、生产、生活的实际需要出发，根据国际和国内的经济、社会发展状况和近远期规划、预测结果而推出的。因此，项目构思策划必须以国家及地方法律、法规和有关政策方针为依据，并结合国际国内经济、社会发展变化和实际的建设条件进行。项目构思策划的主要内容包括：项目性质、用途、建设规模、建设水准的策划；项目在社会经济发展中的地位、作用和影响力的策划；项目系统的总体功能、系统内部各单项单位工程的构成及各自作用和相互联系，内部系统与外部系统的协调、协作和配套的策划；其他与项目构思有关的重要环节的策划等。

2. 工程项目实施策划

工程项目实施策划是指把体现建设意图的项目构思付诸实施，变成有实现可能性和可操作性的行动方案，提出带有策略性和指导性的设想。工程项目实施策划通常又分为以下几方面。

(1) 项目组织策划

对于大中型建设项目,国家要求实行项目法人责任制,因此投资者应该按照现代企业组织模式组建管理机构并进行人事安排,显然这既是项目总体构思策划的重要内容,也是对项目实施过程产生重要影响的实施策划内容。

(2) 项目融资策划

资金是实现项目的物质基础,工程项目投资大、周期长。资金的筹措和运用对项目的成败起重大作用。建设资金的来源渠道广泛,各种融资手段有其不同的特点和风险因素,融资方案的策划是控制资金使用成本,进而控制项目投资、降低项目风险所不可忽视的环节。项目融资具有很强的政策性、技巧性和策略性,它取决于项目的性质和项目实施的运作方式。

(3) 项目目标策划

工程项目必须具备明确的使用目的和要求、明确的建设任务量和时间界限、明确的项目系统构成和组织关系,才能作为项目管理对象,才需要进行项目的目标控制,也就是说确定项目的费用目标、质量目标、进度目标和环境及安全目标是项目实施的前提。这几大目标的内在联系和制约使目标的设定变得复杂和困难,因此,在项目系统构成和定位策划的过程中力争做到项目投资和质量的平衡,即在一定投资限额下,通过策划寻求达到满足使用功能要求的最佳质量规模和档次,然后再通过项目实施策划寻求节省项目投资和缩短项目建设周期的途径和措施,以确定项目目标的总体综合优化,做到"费用省、质量高、周期短"。也就是说,目标的具体确定和修正也是项目策划课题的一部分。

(4) 项目管理策划

这是对项目实施的任务分解和任务组织工作的策划,包括设计、施工、采购任务的招标投标,合同结构,项目管理机构设置、工作程序、制度及运行机制,项目管理组织协调,管理信息收集、加工处理和应用等的策划。项目管理策划视项目系统的规模和复杂程度,分层次分阶段地展开,从总体的轮廓性、概略性策划到局部的实施性详细策划逐步深化。

(5) 项目控制策划

项目控制策划是指对项目实施系统及项目实施全过程的控制策划。

另外,工程项目策划按其策划的范围也可分为项目总体策划和项目局部策划。项目总体策划一般是指在项目前期立项过程所进行的全面策划;项目局部策划可以是对全面策划任务进行分解后的一个单项性或专业性问题的策划。根据策划工作的对象和性质的差异,策划的内容、依据和深度要求也不一样。

2.2.2 工程项目策划的基本原则

1. 系统策划原则

任何工程项目都是一个系统,与客观外界环境有着千丝万缕的联系,系统的原理要求项目的策划遵循全面性、动态性和统筹兼顾的原则,充分考虑局部与全局、眼前与长远的关系,尤其是在现代项目规模越来越大,影响因素越来越多的情况下,工程项目策划的系统性原则显得更为重要。

2. 切实可行原则

任何策划方案都必须切实可行,否则,这种策划毫无意义。项目策划可行性分析贯穿策划的全过程,即在进行每一项策划时都应充分考虑所形成的策划方案的可行性,重点分析策划方案可能产生的利益、效果、风险程度等,全面衡量,综合考虑。为准确弄清策划方案是否科学可行,必要时可对策划方案进行局部可行性试验,以检查策划方案的重心是否放在了最关键的现实问题上,是否与客观外界环境有根本性冲突。

3. 慎重筹谋原则

由于人们在策划活动中要受到种种主客观因素的制约,不可能尽善尽美。主观上,策划人员的经验胆识、思维方法等各有长短;客观上,纷繁复杂的外部环境情况不以人们的意志为转移。因此,策划不可能百分百地求全,只能在慎重之中求周全。这就要求我们善于把握主要矛盾,在策划工作中去粗取精,去伪存真,分清主次,把握重心,努力把握好决定事物发展的关键点,以避免可能带来的风险。

4. 灵活机动原则

工程项目策划是一种处于高度机动状态的活动,必须深刻认识策划的这一本质特征,增强策划的动态意识,自觉地建立起灵活机动的观念,在策划过程中及时准确地掌握策划对象及其环境变化的信息,以随时调整策划目标并修正策划方案。这就要求策划工作人员要正确把握随机应变的限度,这种限度可以从三个方面来把握:①看变化信息的可靠程度,以决定是否对策划进行调整、修正;②看变化的程度,以决定调整和修正的幅度;③充分估计调整和修正后将会产生的实际效益和损失而决定取舍。

5. 出奇制胜原则

工程项目策划贵在"奇"字,出奇制胜才能策划成功。要做到这一点,参与策划的各级人员的基本素质及其对项目和客观条件的总体把握是极为重要的。这就要求策划人员努力学习,提高自身素质,同时要尽量全面、深入地了解和掌握项目的基本情况,这是项目策划的出发点和立足点。具备了这些,才能为策划的出奇制胜打下坚实的基础。

6. 时机效果原则

策划方案的价值将随着时间的推移与条件的改变而变化,这就要求策划工作人员在策划过程中把握好时机,处理好时机与效果之间的关系。在高速发展的现代社会,客观情况变化迅速,利益竞争更为激烈,最佳时机往往稍纵即逝,时机与效果又具有紧密的联系,失去时机必然会严重影响效果,甚至完全没有效果。因此,项目策划一旦敲定,就要尽可能缩短策划到实施的周期。当然,这不应理解为策划活动以及从策划到实施越快越好,因为策划的周密性与时间的长短密切相关;同时,策划方案的实际效果还与客观条件是否成熟有关,只有当客观条件成熟时,策划方案的实施才能取得预期效果。

7. 民主策划原则

现代工程项目的规模越来越大,涉及的相关因素越来越多,策划活动所要处理的数据资料愈加复杂,要求也越来越高。许多策划活动已非个人或少数人所能胜任,这就要求在项目策划中采取民主策划方式,把各个方面有关专家组织起来,针对目标和问题,集中众人智慧进行策划工作,民主策划是实现科学策划的重要条件和保证。事实表明,民主策划产生的方案,在实践中往往更具有科学性、合理性、可行性和操作性,策划方案的实施也能取得更好的效果。

2.2.3 工程项目策划的方法

1. 工程项目策划方法的类型

工程项目策划的方法是在实践中不断发展的,现代的工程项目策划方法大致可以划分为以事实为依据的项目策划方法、以技术为手段的项目策划方法以及以规范为标准的项目策划方法等。这些方法各有特点,但也各有其明显不足,为调整和修正其各自的偏颇,应运用综合性的项目策划方法将它们综合统一起来。综合性的项目策划方法是从事实的实态调查入手,以规范的既有经验、资料为参考依据,运用现代技术手段,通过项目策划人员进行综合分析论证,最终实现整个项目策划的目标。

其实,任何正确的项目策划方法都必须遵从两个重要规定:①操作概念的规定;②现象类型化的规定。

操作概念的规定是指导项目策划过程中对相关社会环境、经济模式、使用空间、使用方式、使用者构成的概念化的描述,说明人对物质环境的客观反映和直觉感受,是进行项目策划的起点,项目实态的调查目标、调查表格的拟定都是由此开始的。例如,对房地产开发项目进行策划时,项目策划人员要对空间进行建筑美学调查,通常对相关物理量和心理量进行规定。物理量如建筑面积、空间尺度等,心理量如明暗、开敞、封闭等,以此作为策划操作中实态调查和分析的依据。这些概念的拟定,应具有明确的可判定性,同时还要有一定的可度量性,以此保证在项目策划中对各信息量的采集和交换时进行描述。

类型化的规定是指项目策划对目标实态、性质、特点的认识,它是对技术策划可行性的探讨。类型化的规定不是对共性、普遍性的说明,而是对个别性、必要性的说明。项目可以根据项目使用性质的差异区分为民用建筑项目、工业项目、基础设施项目等类型;从项目使用对象的差异区分为国家项目、地方项目、公共项目、私人项目等类型;从项目使用目的的差异区分为居住项目、文化教育项目、体育项目、医疗项目、交通项目等类型。调查可从实态的角度、规范的角度、技术的角度去进行,它是项目策划方法的基本步骤之一。它与前者共同构成项目策划方法的最基本内容,并在此基础上进行构想、预测、评价,最终达到项目策划的目标。

2. 工程项目策划的开展

1) 环境调查与分析

环境调查与分析是项目策划工作的第一步,也是最基础的一环。因为决策需要充分占有信息和资料,没有充分的资料和信息,策划就成为无源之水。策划的第一步必须对影响项目策划工作的各个方面进行调查,并进行认真分析,找出影响项目建设与发展的主要因素,为后续策划工作提供较好的基础。

对工程项目环境调查,既包括对项目所处的建设环境、建筑环境、当地的自然环境、项目的市场环境、政策环境以及宏观经济环境等的客观调查,也包括对项目拟发展产业及其载体的概念、特征、现状与发展趋势、促进或制约其发展的优势或缺点进行深入分析。

环境调查的工作范围为项目本身所涉及的各个方面的环境因素和环境条件,以及项目实施过程中可能涉及的各种环境因素和环境条件。环境调查主要包括以下几个方面的内容：①项目周边自然环境和条件；②项目开发时期的市场环境；③项目经济环境；④项目所在地政策环境；⑤建设条件环境（能源、基础设施等）；⑥历史、文化环境,包括风土人情等；⑦建筑环境,如建筑风格、主色调等；⑧其他相关问题。

2）项目构思

(1) 需求识别与项目的提出

随着社会的发展,各种需求日益增长,人民生活、社会发展和国防建设的种种需要,常常要通过项目来满足,需求是产生项目的基本前提。一般来讲,这种需求和对应的项目有两类：公共需求与公共项目,民间需求与民间项目。

从经济学角度讲,公共需求就是对公共物品的需求。所谓公共物品,一般来说是由政府或社会提供的产品,这种产品具有两个特性,即非排他性和非竞争性。公共项目起源于公共需求,公共需求又起因于经济和社会的发展进步。社会发展必然产生众多新的需求,需求有力地拉动着项目的建设,项目的建设进一步推动了社会的发展。

与公共需求相对应的是民间需求,或称私人需求。民间需求的主体包括个人、家庭、社会团体、组织、企业、事业单位等,民间需求产生民间项目或称私人项目。

① 需求识别

需求识别是项目启动阶段首要的工作。需求识别始于需求、问题或机会的产生,结束于需求建议书的发布。

需求识别是一个过程,需求产生之时也就是开始识别需求之始,因为这时尽管产生了需求,但这只是一种朦胧的概念,还不能真正知道什么具体的东西才能满足这种愿望,所期望的东西可能还只是一个范围,于是就要收集信息和资料,进行调查和研究,从而最终确定到底是什么样的产品或服务才能满足自己的要求。当然在需求识别的过程中还需要考虑到一系列的约束条件,当需求界定之后,便开始着手准备需求建议书了,即从自身的角度出发,全面详细地论述、表明自己所期望的目标,这种期望目标实际上就是项目的雏形。

需求的识别过程无疑十分重要,它意味着从开始就避免了项目投资的盲目性。一份良好的需求建议书是使项目取得成功的关键所在。

② 需求建议书

需求建议书就是客户向承包商发出的文件,用来说明如何满足已识别需求的建议书。一份良好的需求建议书主要包括：对满足需求的项目的工作陈述、对项目的要求、期望的项目目标、客户供应条款、付款方式、契约形式、项目时间、对承包商项目申请书的要求等。

一份好的需求建议书能让承包商精准地把握客户所期待的产品或服务是什么,或客户所希望得到的是什么,只有这样,承包商才能准确地进行项目识别、项目构思等,从而向客户提交一份具有竞争力的项目申请书。为此,客户的需求建议书应当是全面的、明确的,并提供足够的信息,使承包商能够在把握客户主体思想的前提下准备出一份优秀的项目申请书。

(2) 项目识别与项目的构思

在许多情况下,需求虽然已经清楚了,但是如何实现需求、选用什么类型的项目来满足需求却难以明确。出现这种情况往往是由于需求与项目的关系不能一目了然,需要人们深入分析,找出适合的项目来满足需求。

① 项目识别

所谓项目识别就是面对客户已经识别的需求,承包商从备选的项目方案中选出一种来满足这种需求。项目识别与需求识别的不同之处是：需求识别是客户的行为，而项目识别是承包商的行为。

项目识别是承包商及项目管理人员应当解决的重要问题。他们不应仅仅是接受别人的委托，而且应将其想法变成现实。在飞速发展的市场环境中，要以新的项目来满足客户需要，识别新项目显得非常重要。

② 项目构思

工程项目实施往往是由项目构思开始的。项目构思，就是提出实施项目的各种各样的实施设想，寻求满足客户需求的最佳项目方案。项目构思又称项目创意，项目的构思在很大程度上可以说是一种思维过程，是对所要实现的目标进行的一系列想象和描绘，因此，项目构思是对未来投资项目的目标、功能、范围以及项目设计的主要因素、总体设想的初步界定。项目构思是一种创造性的探索过程，是项目投资的基础和首要步骤。通过项目构思，最终要向客户提出令其满意的产品或服务。从某种意义来说，项目构思水平的高低直接影响项目实施的成败，决定着项目的目标能否最终圆满实现。

由此可见，客户的需求是项目构思的源泉，拟实现的目标是项目构思的方向，客户至上、令客户满意的理念是项目创新的关键所在。

项目识别阶段不仅要提出项目目标，同时也需要识别有关的制约和限制条件。明确制约项目目标实现的因素是非常重要的，许多项目失败的原因就是项目发起人和管理者有意或无意地忽略了制约因素。项目的制约因素多种多样，如水文地理、气候、自然资源、人文环境、政治体制、法律规定、技术能力、人力资源及时间期限等，上述这些都可能制约项目的实现，成为项目实施过程中的障碍。

(3) 项目构思的内容和构思的过程

进行项目构思要考虑的内容及其范围有哪些呢？一般来说，进行项目构思时，需要考虑如下内容：项目的投资背景及意义；项目投资方向和目标；项目投资的功能及价值；项目的市场前景及开发潜力；项目建设环境和辅助配套条件；项目成本及资源约束；项目所涉及的技术及工艺；项目资金的筹措及调配计划；项目运营后预期的经济效益；项目运营后社会、经济、环境的整体效益；项目投资的风险及化解方法；项目的实施及管理。

一个令客户满意的项目构思不是随随便便就能成功的，它需要一个逐渐发展的递进过程。项目的构思通常要经过准备、酝酿和调整完善三个阶段。

① 准备阶段

项目构思的准备阶段即进行项目构思的各种准备工作，一般来说它包括如下工作和内容：明确拟定构思项目的性质和范围；调查研究、收集资料和信息；进行资料、信息的初步整理，去伪存真，去粗取精；研究资料和信息，通过分类、组合、演绎、归纳、分析等多种方法，从所获取的资料和信息中挖掘有用的信息或资源。

② 酝酿阶段

酝酿阶段一般包括意识潜伏、创意出现和构思诞生三个过程。

意识潜伏是指把所拥有的资料和信息与所要构思的项目联系起来，经过全面系统的反复思考，进行比较分析的过程。

创意出现是将在大量思维过程所出现的与项目有关的崭新独特但又不完全成熟或全面的某些想法或构思，以大脑中的信息、知识和智力为基础，通过综合、类比、借鉴和推理而得出的某些想法和构思的逻辑思维过程。只不过在这一逻辑思维过程中,某些细节还不十分清晰,或只是稍纵即逝的一闪念,不易被人的意识所捕获。因此,创意出现是项目构思者有意活动中逻辑思维和非逻辑思维共同作用的一种结果。

构思诞生是指经过多次多方面的创意出现和反复思考,形成了项目的初步轮廓,并用语言、文字、图形等可记录的方式明确地表现出来。许多经验证明,这种一闪念往往决定了整个项目的蓝图或者为整个项目的构思指明了方向。

③ 调整完善阶段

调整完善阶段是从项目初步构思的诞生到项目构思逐步完善的过程,一般包括发展、评估、定型三个过程。

发展就是将诞生的构思进行分析和设计,在外延和内涵上作进一步补充,使整个构思趋于完善。

评估就是对已形成的项目构思进行分析评价,或是对形成的多个构思方案进行评价筛选。在这一过程中,可能需要聘请一些有关方面的专家顾问参加,进行集体的会商和研究,力求使已形成的项目构思尽可能地完善或符合客观实际条件。

定型则是对已通过发展和评估的项目构思,做进一步的调查分析,如是否能达到客户的满意,是否适合实际环境,资源是否充足、成本是否合理,实施后的项目能否取得预定的经济效益等。在此基础上,将项目的构思细化成具体可操作的项目方案。在细化过程中,如发现有不完善或不合理之处,应立即进行改进、修正和完善,至此,整个项目构思得以定型。

项目构思的如上三个过程体现出其渐进发展的过程,只有每一个阶段、每一个步骤的工作做得扎实了,才能达到理想的目标。

3) 项目目标系统设计

(1) 项目目标系统设计的内容

工程项目的目标系统设计是项目决策策划的重要内容,也是工程项目实施的重要依据。工程项目的目标系统是由一系列的工程项目目标构成的。按照性质不同,工程项目的目标可以分为工程建设投资目标、质量目标和进度目标等;按照层次不同,目标又可以分为总目标和子目标。工程项目的目标系统设计需要按照不同的性质、不同的层次定义系统的各级目标,工程项目的目标系统设计是一项复杂的系统工程。

项目目标是可行性研究的尺度,经过论证和批准后作为项目设计和计划、实施、控制的依据,最后作为项目后评估的标准。准确地设定项目目标是整个策划活动能解决问题、取得理想效果的必要前提。项目目标设计包括项目总目标体系设定和将总目标按项目、项目参与主体、实施阶段等进行分解的子目标设定。

进行项目总体目标设定,首先应该了解项目业主的基本情况,正确把握项目业主的发展战略目标。项目业主的发展战略目标是业主根据自身的资源条件、经济实力、社会经济环境所制定的长期发展方向和预期目标,根据这些发展战略目标来设定项目目标才对业主有吸引力。其次,进行环境信息的收集和策划环境的分析。要进行成功的策划必须有真实、完整的数据资料,为此应进行内外环境的调查。环境调查的方法有很多,如询问法、观察法、实验法、统计分析法等。项目策划环境分析就是分析策划项目的约束条件,包括技术约束、资源约束、组织约束、法律约束等环境约束。最后,项目目标因素的提出和建立目标系统。项目目标因素是指项目目标的构成要素,通常包含三种类别。第一类是反映工程项目解决问题程度的目标要素，如工程项目的建成能解决多少人的居住问题，或工程项目建成后能解决多大的交通流量问题等；第二类是工程项目本身的目标因素，如工程项目的建设规模、投资收益率和项目的时间目标等；第三类是与工程项目相关的其他目标因素，如工程项目对自然和生态环境的影响、工程项目提供的就业岗位数等。

在项目目标因素确立后，经过进一步的结构化即可形成目标系统。工程项目的建设目标不是唯一的，工程项目的建设过程是工程项目系统多目标优化的过程，工程项目的各种目标构成了项目的目标系统。具体地说，目标系统是由工程项目的各级目标按照一定的从属关系和关联关系而构成的目标体系。工程项目目标系统的建立是工程项目实施的前提，也是项目管理的依据。

工程项目目标系统是由不同层级的目标构成的体系，可以根据项目的实际情况将目标分成若干级。工程项目的目标可以分成不同的类型。按照目标的控制内容进行分类，可以分为投资目标、工期目标和质量目标等。投资、进度和质量目标被认为是工程项目实施阶段三大目标；按照目标的重要性分类，可以分为强制性目标和期望性目标等。强制性目标一般是指法律、法规和规范标准规定的工程项目必须满足的目标，如工程项目质量必须符合工程相关的质量验收规范要求等。期望性目标则是指尽可能满足的可以优化的目标；按照目标的影响范围进行分类，可以分为项目系统内部目标和项目系统外部目标。项目系统内部目标是直接与项目本身相关的目标，如工程项目的建设规模；项目系统外部目标则是为了控制项目对外部环境影响而制定的目标，如工程项目的污染物排放控制目标等。按照目标实现的时间进行分类，可以分为长期目标和短期目标。按照目标的层次进行分类，可以分为总目标、子目标和操作性目标等。

(2) 项目目标系统设计的主要方法

① 项目目标规模的构想方法

项目目标规模的构想是一个十分重要的问题。工程项目通常可分两大类：一类是生产性、商业性项目，如工厂、酒店等；另一类是非生产性、非商业性项目，如学校、文化纪念性建筑等。生产性和商业性项目经济效益对规模有直接的影响，此类项目的规模确定主要由经济因素决定。

就一般性项目规模构想的方法而言，目标规模的构想有两个含义，一是以满足使用为前提，二是避免不切实际的浪费与虚设。

目标规模的构想研究常常分为静态研究和动态研究。以工程项目来说，其静态研究就是确定项目目标空间大小、高低尺寸、面积及容积等物理参数，通过运用科学的原理对空间体量、尺度、与相关物的距离、对周围环境的影响等方面因素进行研究，以确定建筑空间的最佳物理参数。动态研究则是通过对使用者构成、使用时间、同类项目使用情况、使用者民意调查、市场分析等调查和项目建设者运营设想的研究，分析并确定项目的规模大小和运行方式。当项目的物理参数和运营方式确定后，就要考察项目在社会环境中运转负荷的参数，如给排水、燃气、电力、通信、交通及其他配套设施的使用负荷，通常项目运转负荷的考证及参数的设定与项目规模的设定有极其密切的联系。作为进行项目策划的人员应当对这些条件有较深入的调查，在有关部门的配合下取得这些重要的参数，并依据这些参数，结合已取得的其他项目参数，综合考虑并确定项目的规模。

应该指出的是，上述确定的项目规模是初步指导性的理论参数，它只是为了进行下面各研究步骤而拟定的。显然,目标规模还与经济损益、未来发展等因素有关。而对规模的经济预测、项目成长的构想都是在初步确定了规模以后对照这一规模大小而进行的。换言之,就是先拟定一个定量的目标,为以后各环节分析研究和反馈修正提供一个比较和修正的参量标准。尽管这不是最终的结果,但它却是工程项目策划的开端,这种拟定—考察—反馈—修正的过程程序,正反映了工程项目策划程序的开放性和逻辑性。

在项目规模确定的同时要对项目的性质进行论证,因为同一类项目的性质不同,其内容和空间组成、风格造型将大相径庭。通常,项目性质的确定多是由投资者和城市规划师一起制定的。项目策划人员在项目策划中只是对既定的项目的性质进行论证和修改,或是在未定性质时通过对城市环境进行调查、模拟,以判断项目的性质。项目性质同规模一样,是决定项目策划各个环节的关键,是项目策划为项目实施制定依据不可缺少的前提之一,项目策划人员在进行项目策划时一定要首先考虑这两个方面。

项目规模、性质确定后,下一步就是对项目的外部条件进行调查研究和分析,以反馈、修正目标的规模、性质等,同时也为下一步空间构想做好准备。

② 项目外部条件把握的方法

项目策划的外部条件主要包括市场情况、竞争者情况、企业形象、地理条件、地域条件、社会条件、人文条件、景观条件、技术条件、经济条件、工业化标准化条件以及总体规划条件和城市设计、详细规划中所提出各种规划设计条件和现有的基础设施、地质资料直至该地区的相关历史文献资料等。对这些条件的调查和分析是对前一步所确定的项目规模及性质的印证和修改的客观依据,也为下一步把握项目的内部条件提供方向和范围。

市场情况的调查对象是消费者、本项目或类似项目的经营者,主要调查目标市场的背景资料和划定标准、产品的占有率及覆盖程度等,调查消费者对产品的评价、品牌的看法、产品的期望目标等,调查经营者的背景状况、企业形象等,调查项目的历史信息、定位信息、功能信息等。竞争者情况调查对象是指同本项目生产同类产品,并有着共同目标市场的那些生产者,主要包括产品状况、市场经营状况、市场占有率及产品市场覆盖情况、市场形象、公众反映及竞争者的发展前景等。企业形象调查,主要是调查社会公众对本项目所属企业或相关企业的总体印象和评价。地理条件调查是指与项目设计、建筑施工、项目运营有关的地理条件,包括用地的地理位置、地理特征等。地域条件调查是指用地所处城市的行政区域的性质,行政区域的划分级别、等级及与周围行政区的关系。社会条件调查是指用地周围的社会生活环境的状况、城市配套设施的现状、各社会组成的比例分配、社会治安状况及社会秩序的现状。人文条件调查是指区域内或附近人口构成的特征、人口文化素质的比例现状、年龄构成段划分、职业构成等,还包括历史文化背景、人文特色等。景观条件调查是指区域的景观效应、景观资源及景观特征等。技术条件调查是指用地范围内大型现代技术机械的使用水平、道路及交通状况、城市基础设施近期和远期的配备状况等。经济条件调查是指建设项目的总投资、投资的各分配比例、城市土地价值,以及用地区域内公共资金的状况、经济结构的基本模式、用地规划后的经济合理性及经济效益等。工业化标准化条件调查是指用地与周围建筑材料加工厂及构件厂的关系、标准化生产的条件、大型建筑材料的生产能力,以及大型建筑构件的运输能力与吊装能力等。

此外,还有城市总体规划的文献资料,包括对用地的性质、等级、使用意向、未来发展等方面的书面文件,以及投资者的主观设想和经有关上级主管部门正式批准的立项计划任务书,还有各种设计规范资料集等。

项目策划的外部相关条件可概括为直接条件和间接条件。

直接条件是属于客观资料型的条件,如地理条件、地域条件、总体规划条件和有关设计规范资料集以及特殊要求的项目,它们多属于其相对应部门和机构特别研究的范畴,这些部门的研究成果文件即构成对应项目策划的外部条件的资料文件。对于这些文件和资料,项目策划可以直接引用,无须再进行调查和研究。

间接条件则是属于调查研究型的条件,如经济条件、市场情况、竞争者情况、企业形象、人员构成、文化构成、年龄构成、职业构成、社会条件、配套设施、技术条件等,它们没有直接或明确的资料来源,需要项目策划人员去进行调查研究和分析把握。在考察这些间接条件时,又可以将它们分为客观条件和主观条件。客观条件即客观存在的、有普遍认同性的物质现实,可以通过项目策划人员直接进行实地采访,拍摄照片、录像,汇集有关资料而获得。调查的结果可以用图表的方式表达出来,也可以建立起模型。主观条件即通过对主观心理判断的调查分析而获得的条件,它必须通过对不同调查者的心理调查而综合获得。可以简单地通过民意测验以直接问答形式获得调查结果,也可以通过对项目外部条件进行模拟,建立相应的模型,分析、掌握其条件特征,如在对景观条件的把握时,可以对用地及周围环境进行模拟,制作环境模型,按比例做出周围主要参照物,再在模型上进行分析。

③ 项目内部条件把握的方法

项目策划的内部条件主要指项目自身的条件,它包括项目的功能要求、使用者的使用要求及方式、建设者的设计要求、管理条件、设备条件,以及地质、水电、气、热、排污、交通、通信、绿化等条件。在内部条件中,项目的功能条件、使用者的使用要求及方式是最为重要的因素之一。它们的获取方法通常可以分为三种:一是使用者提供;二是代理人提供;三是通过预测的方法获得。由于上述三种获取方式都直接或间接地与使用者有关,因此在通常情况下,调查、了解使用者的特征(如年龄、家庭组成、职业、收入状况、行为特征等)至关重要。

在项目策划的内部条件中,对项目功能的把握是一项重要任务,即要求考察项目的用途。项目用途是多种多样的,为满足这些,通常结合三个条件进行考虑。条件一是指满足使用功能的条件,即构成满足人类活动的要素,它是形成建筑物、构筑物的基本条件。条件二是指满足人们心理感观的条件,即具有一定的心理舒适度的要求。通常情况下,上述两方面条件要求需要同时满足,例如餐厅中,用餐活动的功能要求与用餐时的环境气氛的心理感观两者相适应。条件三是指满足文化的条件,即社会形成的传统、习惯等文化模式的要求条件,以此来决定行为方式和项目形式。文化条件一般在举行集体仪式的公共项目(如影视、歌舞剧院、会堂等)中表现得比较充分,而在使用功能较强的项目(如车站码头、医院等)中,由于使用功能要求过强大大超出了文化的要求,文化条件往往被人们所忽略。因此,项目的文化因素在所有项目中都是存在的,是不容忽视的客观因素。

随着现代项目,特别是住宅项目设计个性化需求的增加,使用者介入设计越来越多,对项目提出各种各样个性化需求,可是从经济性的视角考虑投资者希望项目尽量标准化,以提高项目的经济效益,协调两者间的矛盾是项目策划的重要任务之一。

工程项目策划的内部条件除了项目的功能要求、使用者条件、使用方式、设计要求之外,还包括项目具体的物质条件,即设备、地质、供水、电气、排污、交通、通信等条件。这些物质条件通常直接由建设单位以书面报告的形式提供。项目策划人在进行项目策划时，依据上述条件进行考察和论证，作为下一步项目构想的依据。

至于对内部空间使用方式和使用者要求条件的把握，如果认为直接由业主、使用者提供的条件不甚完善和客观，则项目策划人员有必要进行调查和分析。首先按照确定的目标，拟定操作概念——使用方式的描述语言，设定评价尺度，制成调查表，对各组成成分的使用者进行调查，而后用多因子变量分析法进行分析，推断出其使用方式的特征加以把握。

此外，项目规模的大小与项目自身建设周期相关。建设规模过大，投资总额多，建设期长，资金占用期也长；反之，建设规模小，投资总额少，建设期短，资金占用期也短。这些都是需要策划者把握的。

无论是直接由建设单位、使用者、经营者获得内部条件，还是由项目策划人员通过多因子变量分析获得内部条件，其宗旨都是为了对项目构想进行最全面、最客观的把握，所以项目策划人员可以分段、分类、分目标地选择不同的方法，以求用高效率和经济的手段来完成项目构想前的这一准备工作。

4）项目定位和定义

(1) 项目定位

项目定位是指在项目构思的基础上，确定项目的性质、地位和影响力。项目定位首先应明确项目的性质。例如同样是拟建一座机场，机场是用于民航运输还是用于军事，其性质显然不同。项目的性质不同也就决定了今后项目的建设目标和建设内容的迥异。

其次，项目定位需要明确项目的地位。项目的地位可以说是项目在企业发展中的地位，也可以是在城市和区域发展中的地位，或者是在国家发展中的地位。项目地位的确定应该与企业发展规划、城市和地区发展规划以及国家发展规划紧密结合。例如，某城市交通基础设施建设项目被列为城市发展的重点建设项目，是城市发展战略实施的重要内容。据此明确了项目建设的重要性，也明确了项目的地位。在确定项目地位时，应注意分别从政治、经济、社会等不同角度加以分析。

另外，项目定位还需要确定项目的影响力。例如，某拟建机场将成为具有国际影响力的世界一流的国际机场，某影城拟被建设成为亚太地区规模最大、技术最先进、设备最完备的国际影城等。对于某些房地产开发项目而言，确定项目的影响力也就明确了项目的市场影响范围，即明确了市场定位。例如，某住宅开发项目明确了未来的市场影响范围是在该城市工作的外籍成功人士，从而明确了项目未来建设的目标和内容应围绕满足此类人群的需求而设计。

(2) 项目定义

项目定义就是描述项目的性质、用途、建设范围和基本内容等，具体包括以下内容：①项目的名称、范围和构成定界；②拟解决的问题以及解决问题的意义；③项目目标系统说明；④项目的边界条件分析；⑤关于项目环境和对项目有重大影响的因素的描述；⑥关于解决问题的方案和项目实施过程的建议；⑦关于项目总投资、运营费用的说明等。

可以看出，项目定义是对项目构思和项目目标设计工作的总结和深化，也是项目建议书的前导，是项目决策策划的重要环节。

为保证项目定义的科学性和客观性，必须对其进行审核和确认。一般项目定义的审查包括以下内容：①项目范围与拟解决问题的一致性；②项目目标系统的合理性；③项目环境和各种影响因素分析的客观性;④解决问题的方案和实施过程的建议的可操作性。

项目定义审核可以作为提出项目建议书的依据,当项目审核过程中发现不符合要求的项目定义时,要重新进行项目的定义,项目定义完成后再进行审核,经过反复确认后,才能据此提出项目建议书。

5) 项目系统构成

将经过定义与定位的项目在时间、空间、结构、资源多维关系中进行运筹安排,找出实施的最佳结合点,形成项目策划的实施系统。项目系统应能详细描述项目的总体功能、项目系统内部各单项单位工程的构成以及各自的功能和相互关系、项目内部系统与外部系统的协调和配套关系、实施方案及其可能性分析。

6) 项目策划报告

项目策划报告的拟定是将整个策划工作逻辑化、文件化、资料化和规范化的过程,它的结果是对项目策划工作的总结和表述。项目策划报告书不但应具有丰满、翔实的内容,能够完全表达项目策划人的意图,而且需要简洁、生动、吸引人的表达方式。

2.2.4 工程项目策划的程序

工程项目策划的核心思想是通过对项目的多次系统性分析和策划,逐步实现对项目有目标、有计划、有步骤地全面和全过程控制。

项目实施系统可划分为决策领导层和项目实施基层两个层次。从项目管理工作的角度,还可以将项目实施基层的管理工作划分为两个层次:中间管理层和技术管理层。后者负责项目实施各方面的具体技术内容,而前者则在此基础上负责协调技术核心与其他方面及其他层次的冲突。

在工程项目策划过程中,工作内容基本上应按如下步骤展开。

① 在项目初步设想的基础上进行项目的基本目标策划。工作主要由中间管理层承担,决策领导层可能参与部分策划工作,但其主要工作是决策、指导。来自决策领导层的决策意见或指导性意见对目标策划工作产生极大影响,往往决定了项目的根本方向。

② 在项目基本目标策划的基础上,对项目构成、项目过程、项目环境进行分析和策划,策划成果将作为项目实施工作的纲领性文件。项目的决策领导层并不参与这一部分的工作,但需要对有关的关键环节进行决策,对重要文件进行认可。

③ 在上述工作的基础上,对项目的总体控制方案进行策划。其中,部分关键工作需要项目决策领导层的积极参与,并对有关的问题进行决策和指导。

④ 随着项目实施工作的逐步展开和深入,在有关工作的基础上需要进行详细的目标分解和控制工作计划等的策划,策划工作虽然仍由中间管理层承担,但需要技术管理层参与其中部分工作,因为此时的策划工作涉及很多技术性的细节问题。

以上对工程项目策划程序的叙述,只包含主要的项目策划工作步骤。在实际工作中,往往是在上述基本步骤的基础上,各环节的工作可能会同时、交替并循环进行,不同的策划内容之间需要互相考虑、参照及协调。由于项目实际情况的不同,在项目策划的工作步骤和方式上存在很大的差异,很难得出统一不变的工作程序。迄今为止,实际工作中大部分的项目并没有进行严格全面的项目策划,而仅仅是对项目的某些方面或某些阶段的策划给予重点考虑和安排,其项目策划的工作安排显然缺乏系统性。正是由于这些原因,在一些实际工作中的项目策划往往未采用如前文所述的系统性很强的名称，而是根据部门的不同、具体内容的差异或者仅由于习惯而采用多种名称（如项目目标策划中有投资规划、进度规划，项目控制策划中有项目管理工作规划，项目环境策划中有融资计划、项目宣传企划等）。

项目策划工作不是固定不变的，随着工作的逐渐展开和深入，一步步地趋于详细、深入和精确。项目策划的工作内容或工作成果在项目建设过程中呈现动态性的特点。这种动态性主要表现在两个方面：一方面，项目策划的工作内容（或成果）是逐步发展深入的。随着项目工作面的扩大和工作内容的深化，项目策划的内容也根据项目需要和实际可能性而不断丰富和深化，直至涉及项目工作的各个角落和所有阶段；另一方面，项目策划的工作内容（或成果）是逐步修正精确的。项目早期的策划工作是在许多经验性阶段假设的基础上进行的，所做出的许多分析结果也是粗略的估计。随着项目的推进，原来的假设结果被证实或被推翻，粗略的估计会逐渐趋于详细和精确。早期项目策划中的一些偏差得以修正，内容的精确性也得以提高。

工程项目策划内容的动态性特点既是策划工作的一种基本状态，也是项目管理工作人员必须充分理解的一个特性。在以项目策划的内容为依据进行项目管理工作时，工作人员必须灵活掌握这种动态性，既要以项目策划为工作指导，又不拘泥于项目策划内容的局限性。

2.3 工程项目投资决策

2.3.1 投资决策的原则与一般程序

1. 投资决策的原则

工程项目投资决策是对一个复杂的多因素投资系统进行逻辑分析和综合判断的过程。为保证投资决策成功，避免失误，在决策过程中必须遵循下列原则。

（1）科学化决策原则

投资决策要尊重客观规律，要按科学的决策程序办事，要运用科学的决策方法。这是当今科学技术发展对项目管理的要求。

（2）民主化决策原则

投资决策应避免单凭个人主观经验决策，应广泛征求各方面的意见，在反复论证的基础上，由集体做出决策。民主决策是科学决策的前提和基础。

（3）系统性决策原则

投资决策应根据系统论的观点，全面考核与投资项目有关的各方面信息。为此，要进行深入细致的调查研究，包括市场需求信息、生产供给信息、技术信息、政策信息、自然资源与经济社会基础条件等信息，还要考虑相关建设和同步建设，项目建设对原有产业结构的影响，项目的产品在市场上的竞争能力与发展潜力等问题。

（4）合理性决策原则

投资决策需要通过多方案的分析比较。定量分析既有其反映事物本质的可靠性和确定性的一面，也有其局限和不足的一面。当决策变量较多、问题较复杂时，要取得定量分析的最优结果往往需要耗费大量的人力、资本或时间。如果缺乏完善的分析方法和一定的原始数据,就很难得出可靠的结果。另外,有些因素(如社会的、政治的、心理的和行为的因素)虽较难进行定量分析,对事物的发展却具有举足轻重的影响,因此,在进行定量分析的同时,也要注重定性分析。

定量分析和定性分析相结合,在很多情况下要求人们决策时兼顾定量与定性的要求,选择"最适"的方案,这就是说,应该以"最适"代替"最优",以"合理"的原则代替"最优"的原则。

(5) 反馈原则

做出了决策,并不意味着决策过程的终止,若要决策符合客观实际,就必须根据情况的变化和实践反馈的情况做出相应调整,使得决策更合理、更科学。

2. 投资决策的一般程序

做出正确决策的前提条件之一是必须充分认识和遵循决策的科学程序。这个程序就是:提出问题—确定目标—搜集加工整理信息—拟定多种备选方案—分析比较多种方案—选优抉择—组织决策方案的实施—检验决策实施效果,详见图2-1。

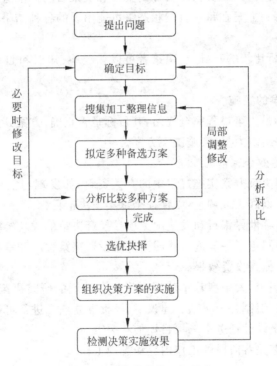

图2-1 投资决策的一般程序

(1) 提出问题

决策是为了解决某个问题,这就要求根据实际情况提出要决策的问题,并搞清其性质、特征、范围、背景、条件及原因等。

(2) 确定目标

目标是决策者所追求的对象,它决定了选择最优方案的依据,而方案的提出也是以目标要求为依据的。决策目标与决策方案相互依赖,关系紧密。缺乏明确的目标,就无法拟定行动方案,方案的比较选择更无从谈起。确定的目标,在时间上可分为近期、中期、远期等不同阶段;在数量上可分为低限、中限、高限等不同层次。

(3) 搜集加工整理信息

正确的决策必须依赖大量准确的信息资料。有了较丰富完备的资料,经过加工整理,使之成为符合使用要求的信息。工程项目信息来源很广泛,从内容上看,包括经济、技术、社会情报资料;按时间状态分,有历史资料、现状资料和预测资料;按空间范围分,有企业内部信息和企业外部信息;按表现形式分,有书面信息和口头信息;按加工程度分,有资源信息(原始记录及统计资料)和管理信息(经加工整理后的数据、情报资料)。

(4) 拟定多种备选方案

有了明确的目标及丰富的信息资料就可据此拟订备选方案。所拟定的方案应多于两个,每个方案应明确提出被采用后会得到什么效果,花费多大代价,尚存在什么问题等。要尽可能深入地分析各方案的一切细节,包括措施、资源、人力、经费、时间等,通过周密的思考、精确的计算而做出细致的规定,以确定技术上可行的方案作为备选方案。

(5) 分析比较多种方案

对拟定出的多个可行方案,要根据目标的要求和决策者的标准进行定性分析、定量分析及综合分析,要估计每一方案在每一自然状态下可能出现的各种结果,权衡利弊,汰劣留良。

(6) 选优抉择

在各可行方案分析比较的基础上,决策者可以凭经验、知识和胆识,从评价结果中选出一个最合适的方案。

(7) 组织决策方案的实施

方案抉择后,并不是决策过程完全终结,其目标是否正确,方案到底如何,都要在贯彻执行中予以验证,因此要组织力量,实施决策方案。

(8) 检验决策实施效果

要及时收集、整理决策方案实施过程中的有关资料,如发现与预计效果有差异,要立即查明原因,采取措施加以修正或调整,以保证全部实现决策目标。

改革开放以来,借鉴世界银行和发达国家项目投资决策的成功经验,结合我国的实际情况,国家有关主管部门制定了一套适合我国国情的投资决策程序和审批制度,目的是减少和避免投资决策的失误,提高投资效果。

按照国家的有关规定,大中型基本建设项目投资前期的研究决策基本程序如下:投资机会研究与项目初选—编制并上报项目建议书,经批准立项—进行可行性研究,提交可行性研究报告—编制并上报设计任务书—项目评估和决策。

以下将分别介绍有关各阶段的工作内容和管理工作。

2.3.2 投资机会研究与项目初选

1. 投资机会研究

投资机会研究又称投资机会鉴别,其主要任务是提出工程项目投资方向的建议,即在一个确定的地区和部门内,根据自然资源、市场需求、国家产业政策及国际贸易情况,通过调查、预测和分析研究选择项目,识别最有利的投资机会。投资机会研究是相当粗略的,它所使用的技术经济数据主要靠笼统估计,而不是详细估算。投资机会研究可以分为一般机会研究、具体项目机会研究两种类型。

一般机会研究通常是由国家机关和公共机构进行的,其目的是提供投资的方向性建议,包括地域性投资机会、部门性投资机会和资源利用性投资机会的方向性建议。地域性投资机会是指某一特定地区内的投资机会；部门性投资机会是指投资于某一特定部门或行业的机会；资源利用性投资机会是指以利用某种自然矿藏、水力或工农业等资源为目的投资机会。

通过一般机会研究初步确定某个具体项目后，尚需进行具体项目的机会研究。

具体项目机会研究是由企业在一般机会研究的基础上针对特定产品进行的。企业为了自身的生存和发展，制定发展规划，并在此基础上捕捉投资机会，提出具体的项目设想，对其进行概略的分析。对于有前途的项目，留做进一步研究。经机会研究认定没有前途的项目则终止研究。

不同投资主体由于投资的动机不同，对投资机会研究的内容以及项目选择的标准会有很大差别。比如国家投资选择的重点是涉及国计民生的基础设施和基础产业项目；地方政府投资选择的方向是地方的公益项目；而企业投资是为了获取最大利润，必然会选择有市场竞争优势的投资项目。

就企业或个人投资者而言，所谓投资机会研究，就是通过市场需求与供给调查，为自己选择最有利于获得利润的投资领域和投资方向，并通过构思形成项目初步概念的过程，问题的核心是寻找最有市场发展前景的投资机会。

机会研究的主要内容是：投资项目选择；投资机会的资金条件、自然资源条件和社会地理条件；项目在国民经济中的地位和对产业结构、生产力布局的影响；拟建项目产品在国内外市场上的需求量及替代进口的可能性；项目的财务收益和国民经济效益的大致预测等。

进行市场调查发现新的需求、确定投资方向、构思投资项目、选择投资方式、拟定项目实施的初步方案、估算所需投资和预期可能达到的目标，是投资机会研究的主要工作。

2. 项目初选

经过投资机会研究认定有前途的项目，可进入项目初选阶段。

项目初选是介于机会研究和可行性研究之间的一个重要阶段，一般也称为初步可行性研究或预可行性研究阶段。进入这一阶段的项目通过了机会研究的认定，值得继续研究，但一般又不能肯定是否值得进行详细可行性研究。在这个阶段，需进一步判断项目是否有较高的经济效益，决定对项目中哪些关键性问题需要做进一步辅助研究，如市场调查、实验室试验、工业性试验等。

项目初选研究的结果需要明确两个方面的问题：①工程项目的概貌，包括产品方案、生产规模、原料可能的来源、可供选择的技术、比较满意的厂址、建设进度安排等；②比较精确地估算出经济指标，从而做出经济效益评价。经项目初选后认为可行的工程项目可进行下一步工作，即编写项目建议书。

2.3.3 项目建议书的编制

1. 项目建议书及其作用

项目建议书是拟建项目的承办单位根据国民经济和社会发展的长远目标、行业和地区的规划、国家的经济政策和技术政策等因素，以及企业的经营战略目标，结合本地区、本企业的资源状况和物质条件,经过市场调查,分析需求、供给、销售状况,寻找投资机会,构思投资项目概念,以文字的形式对投资项目的轮廓进行描述的文件。项目建议书从宏观上应对项目建设的必要性和可能性提出预论证,进而向政府主管部门推荐项目,形成主管部门选择项目的法定文件之一。编制项目建议书的目的是提出拟建项目的轮廓设想、分析项目建设的必要性,说明技术上、市场上、工程上和经济上的可能性,向政府推荐项目,供政府选择。

2. 项目建议书编制的内容

项目建议书编制的主要内容包括以下几方面。

① 项目的名称、承办单位、项目负责人。

② 项目提出的目的、必要性和依据。

对于技术引进项目还需要说明拟引进技术的名称、内容,国内外技术的差异,技术来源的国别、厂商等。进口设备项目需要说明拟进口设备的理由,生产条件,设备的名称、规格、数量、价格等。

③ 项目的产品方案、市场需求、拟建生产规模、建设地点的初步设想。

④ 资源情况、建设条件、协作关系和引进技术的可能性及引进方式。

⑤ 投资估算和资金筹措方案及偿还能力预计。

⑥ 项目建设进度的初步安排计划。

⑦ 项目投资的经济效益和社会效益的初步测算。

目前,我国除利用外资的重大项目和特殊项目之外,一般项目不需要编制国外通行的初步可行性研究,这是由于我国的项目建议书的编制深度与国外的初步可行性研究基本相同。

项目建议书经过标准程序被批准后,又被称为项目"立项",即可纳入项目建设前期工作计划,列入前期工作计划的项目可开展可行性研究。"立项"是初步的,因为审批项目建议书可否决一个项目,但不能肯定一个项目。立项仅说明一个项目有投资的必要性,但不明确,尚需进一步开展研究工作。

2.3.4　工程项目可行性研究工作

按照批准的项目建议书,项目承办单位委托工程咨询单位,按照国家的有关规定进行项目的可行性研究。**可行性研究**是一种系统的投资决策分析研究方法,是项目投资决策前,对拟建项目的所有方面(工程、技术、经济、财务、生产、销售、环境、法律等)进行全面的、综合的调查研究,对备选方案从技术的先进性、生产的可行性、建设的可能性、经济的合理性等方面进行比较评价,从中选出最佳方案,为项目投资决策提供依据的研究方法。

可以说,投资机会研究和初步可行性研究是为解决是否下决心进行项目建设提供科学依据,而可行性研究则是为如何进行项目建设提供科学依据。一般来说,对大中型项目先要做投资机会研究,获得"可行"的结论,再进行初步可行性研究;如认为不可行,则就此作罢。若经初步可行性研究认为项目可行,则再进行项目的可行性研究;如认为项目不可行,则针对项目的工作到此为止。但是,这一程序并不是绝对的,主要看有关工程项目建设诸问题的明朗程度,对其把握性如何。如果对项目的把握很大,那就可以越过投资机会研究和初步可行性研究阶段,直接进行可行性研究。

1. 可行性研究的作用

可行性研究是投资项目建设前期研究工作的关键环节,从宏观上可以控制投资的规模和方向,改进项目管理;从微观上可以减少投资决策失误,提高投资效果。可行性研究的具体作用如下。

① 可以作为投资项目决策的依据。投资主体决定是否实施一个项目,主要依据可行性研究提出的研究结论。

② 可以作为投资项目设计的依据。项目设计应严格按批准的可行性研究报告的内容进行,不得任意修改。

③ 可以作为向银行贷款的依据。银行通过审查可行性研究报告,判断项目的盈利能力和偿还能力,决定贷款与否。

④ 可以作为向当地土地、环保、消防等主管部门申请开工建设手续的依据。

⑤ 可以作为项目实施的依据。项目被列入年度实施计划后,项目的实施计划、施工材料、设备采购都要参照可行性研究报告提出的方案进行。

⑥ 可以作为项目评估的依据。

⑦ 可以作为科学试验和设备制造的依据。

⑧ 可以作为项目建成后,企业组织管理、机构设置、职工培训等工作的依据。

⑨ 可以作为项目后评价的依据。建设项目的后评价工作是在项目竣工验收并经过一段时间的运行后进行的,主要评价项目实际运营效果是否达到预期效果。

2. 可行性研究应遵循的原则

在可行性研究工作中应遵循如下原则。

(1) 科学性原则

要求按客观规律办事,这是可行性研究工作必须遵循的基本原则。因此,可行性研究单位要做到:用科学的方法和认真负责的态度来收集、分析和鉴别原始的数据和资料,以确保数据、资料的真实性和可靠性;要求每一项技术与经济指标都是依据科学的原则,经过认真分析计算得出;可行性研究报告和结论不能掺杂任何主观成分。

(2) 客观性原则

要求坚持一切从实际出发、实事求是的原则。可行性研究要根据项目的要求和具体条件进行分析和论证,以得出可行或者不可行的结论。因此,建设所需条件必须是客观存在的,而不是主观臆造的。

(3) 公正性原则

可行性研究工作中应排除各种干扰,尊重事实,不弄虚作假,这样才能使可行性研究正确、公正,为项目投资决策提供可靠的依据。

目前,在可行性研究工作中确实存在不按科学规律办事,不尊重客观实际,为得到批准而任意编造数据,夸大有利条件,回避困难因素,故意提高效益指标等不良行为。虚假的可行性研究报告一害国家,二害投资者自己,是不可取的。

3. 可行性研究的工作程序

可行性研究的工作程序可分为以下六个步骤。

(1) 筹划准备

在项目建议书得到批准后,建设单位即可委托工程咨询机构对拟建项目进行可行性研究。双方签订合同协议,明确规定可行性研究的工作范围、目标意图、前提条件、进度安排、费用支付方法及协作方式等内容。可行性研究承担单位在接受委托时,需获得项目建议书和有关项目背景资料和指示文件,厘清委托者的意图、目标和要求,收集有关的基础资料、基本参数等基准依据。

(2) 调查研究

调查研究的内容通常包括投资项目的各个方面,如市场需求与市场机会、产品选择、需要量、价格与市场竞争;工艺技术路线与设备选择;原材料、能源动力供应与运输;建厂地区、地点、工程建设场址的选择,建设条件与生产条件等。每个方面需要进行深入的调查,全面地收集资料,并进行详细的分析评价。

(3) 方案选择和优化

将项目各方面的情况综合研究,设计出几种可供选择的方案,然后对备选方案进行详细讨论、比较,做到定性分析与定量分析相结合,论证技术上的可行性,确定产品方案、生产规模、工艺流程、设备选型、组织机构和人员配备等,最后推荐一个最佳方案,或对少数优秀方案进行推荐排序,并准确表述各个方案的优缺点,供业主抉择。

(4) 财务分析和经济评价

对选取的方案做更具体更详细的编制,确定具体的范围,估算投资、经营成本和收益,做出项目的财务分析和经济评价。为达到预期的目标,可行性研究必须论证选择的项目在技术上是可行的、建设条件是能实现的、资金是能筹措到的、财务和经济分析项目是可以接受的,并分析说明项目能承受风险的大小。

(5) 编制可行性研究报告

经过项目技术经济论证,证明项目建设的必要性、技术上的可行性和经济上的合理性后,即可编制详尽的可行性研究报告。对于可行性研究报告的编制内容,国家有具体而详细的规定,如工业项目(新建项目)的、技术改造项目的、技术引进和设备进口项目的、利用外资项目的、新技术新产品开发项目的等。每一项具体工程还要结合自己的特点,依据一般规定编制自己的可行性研究报告,供决策部门决策。

(6) 可行性研究报告的审批

可行性研究报告编制完成后,即可正式上报审批。如果经进一步工作后,发现项目的可行性研究报告有原则性错误,或可行性研究报告的基础依据不准确,或项目所依托的社会环境条件有重大变化,应对可行性研究报告进行修改和复审。目前我国对不使用政府投资的项目实行核准和备案两种批复方式,其中核准项目向政府部门提交项目申请报告,备案项目一般提交项目可行性研究报告。同时,对某些项目仍保留行政审批权,投资主体仍需向审批部门提交可行性研究报告。

可行性研究报告应有编制单位的行政、技术、经济负责人的签字,并对报告的质量负责;可行性研究的预审主持单位对预审结论负责;可行性研究的审批单位对审批意见负责。

4. 可行性研究报告的内容

1) 总论

总论通常包括四个部分,即项目提出的背景和依据、投资者概况、项目概况及可行性研究报告编制依据和研究内容。

(1) 项目提出的背景和依据

项目提出的背景是指项目是在什么背景下提出的,包括宏观和微观两个方面,也就是说项目实施的目的。

项目提出的依据是指项目依据哪些文件而成立的,一般包括项目建设书的批复、选址意见书及其他有关各级政府、政府职能部门、主管部门、投资者的批复文件和协议(或意向)等,以考察该项目是否符合规定的投资决策程序。

(2) 投资者概况

投资者概况包括投资者的名称、法定地址、法定代表人、注册资本、资产和负债情况、经营范围和经营概况(近几年的收入、成本、利税等),投资者建设和管理拟建项目的经验,以考察投资者是否具备实施拟建项目的经济技术实力。

(3) 项目概况

项目概况包括项目的名称、性质、地址、法人代表、占地面积、建筑面积、覆盖率、容积率、建设内容、投资和收益情况等,使项目的有关部门和人员对拟建项目有一个概括性的了解。

(4) 可行性研究报告编制依据和研究内容

可行性研究报告的编制依据一般包括:有关部门颁布的关于可行性研究的内容和方法的规定、条例;关于技术标准和投资估算方法的规定;投资者已经进行的前期工作和办理的各种手续;市场调查研究资料;其他有关信息资料等。

可行性研究报告的内容一般包括市场、资源、技术、经济和社会五大方面。具体地讲,包括建设必要性分析、市场研究、生产规模的确定、建设和生产条件分析、技术分析、投资估算和资金筹措、财务数据估算、财务效益分析、不确定性分析、国民经济评价、社会评价、结论与建议等。

2) 项目建设必要性分析

项目建设必要性分析从两方面进行,即宏观必要性分析和微观必要性分析。宏观必要性分析包括:项目建设是否符合国民经济平衡发展和结构调整的需要;项目建设是否符合国家的产业政策。微观必要性分析包括:项目产品是否符合市场的需求;项目建设是否符合地区或部门的发展规划;项目建设是否符合企业战略发展的要求,能否给企业带来效益。

3) 产品市场分析与结论

产品市场分析是指对项目产品供求关系的分析。通过科学的方法预测项目产品在一定时期的供给量和需求量,并对其关系进行定量和定性分析,最后得出结论,即项目产品是否有市场。

4) 生产规模的确定

首先分析影响拟建项目生产规模的因素,然后依据这些因素,用科学的方法确定项目的生产规模,并分析拟建项目的规模经济性。

5) 建设条件分析与结论

项目的建设条件主要有:物质资源条件,即自然资源条件、原材料和动力条件;交通运输条件,主要指厂外的交通运输;工程地质和水文地质条件;厂址条件和环境保护条件等。

建设条件分析主要是分析资源条件的可靠性,原材料供应的稳定性,燃料、动力供应和交通运输条件的保证性,厂址选择的合理性和环境保护的可行性。结论是对建设条件总的评论,即资源是否分配合理,是否得到充分和有效的利用;原材料来源渠道是否畅通,供应是否能保证及时和稳定,价格是否基本合理;燃料和动力是否有保证,是否可以节约使用;交通是否经济合理,同步建设投资是否落实;厂址的选择是否有利于生产、销售,方便生活;"三废"治理有无相应的措施,能否满足有关部门的要求;工程地质和水文地质的资料是否可靠等。

6) 技术条件分析与结论

技术条件包括拟建项目所使用的技术、工艺和设备等条件。其中,技术分析包括技术的来源、水平;工艺分析包括工艺过程、工艺的可行性和可靠性;设备分析包括设备的询价、先进程度和可靠性。技术条件分析的结论是:所用技术是否先进、适用、成熟,有无必要从国外引进;工艺是否科学合理,有无改进的可能;设备是否先进,是否可靠,选择国内制造还是从国外引进。

7) 财务数据估算

财务数据是进行财务效益分析和国民经济效益分析的原始数据,是指在现行的财税制度下,用现行价格计算的投资成本、产品成本费用、销售收入、销售税金及附加、利润及利润分配等。投资成本估算包括投资估算与资金筹措方案等(在可行性研究报告中,往往把投资估算与资金筹措专门作为一部分来安排);产品成本费用估算包括对产品的生产成本和期间费用的估算;销售收入和销售税金及附加估算包括项目产品的销售收入、增值税、消费税、营业税、城乡建设维护税、资源税和教育费附加的估算;利润及利润分配估算包括所得税的计算及税后利润的分配比例和顺序安排等。

8) 财务效益分析

财务效益分析就是根据财务数据估算的资料,编制一系列表格,计算一系列技术经济指标,对拟建项目的财务效益进行分析和评价。评价指标有反映项目盈利能力和清偿能力的指标。反映项目盈利能力的指标包括动态指标和静态指标。动态指标包括财务内部收益率、财务净现值、动态投资回收期等;静态指标包括投资回收期(静态)、投资利润率、投资利税率、资本金利润率和资本金净利润率等。反映项目清偿能力的指标包括借款偿还期和"财务三率",即资产负债率、流动比率和速动比率。

在进行财务效益分析时,可以根据需要对上述指标进行选择,可以计算出全部指标,也可以选择其中的一部分指标,但一般情况下,要选择财务内部收益率、投资回收期、借款偿还期(如果有建设投资借款的话)等指标。如果是属于出口或替代进口的拟建项目,财务效益分析还要求进行外汇效果分析,即计算财务外汇净现值、节汇成本或换汇成本等指标,用以反映项目的财务外汇效益。

在财务效益分析中,计算出的评价指标要与有关标准或规定,或历史数据、经验数据等进行比较,以判断项目的盈利能力和清偿能力,确定项目财务角度的可行性。

9) 不确定性分析

不确定性分析用来判断拟建项目风险的大小,或者说用来考察拟建项目抗风险能力。进行可行性研究,一般要进行盈亏平衡分析和敏感性分析,有时根据实际情况也用概率分析方法。盈亏平衡分析是一种静态分析方法,主要是通过计算盈亏平衡时的产量和生产能力利用率来考察拟建项目适应市场变化的能力和抗风险能力。敏感性分析是通过对拟建项目经济效益影响比较大的因素(如产品价格、经营成本、建设投资、建设周期等)的变化给评价指标所带来的变化,考察哪些因素对拟建项目经济效益影响最大和拟建项目的抗风险能力。

10) 国民经济效益分析

国民经济效益分析是站在整个国民经济的角度来考察和分析拟建项目的可行性。一般来说,凡是影响国民经济宏观布局、产业政策实施,或生产有关国计民生的产品的大中型投资项目,都要求进行国民经济效益分析。

国民经济效益分析的关键:一是对外部效果(外部效益、外部费用,也叫间接效益和间接费用)的鉴别和度量;二是对不合理的产出物和投入物的现行价格进行调整(调整成影子价格)。

11) 社会效益分析

社会效益分析是比国民经济效益分析更进一步的分析。它不但考虑经济增长因素,而且还考虑收入公平分配因素。它是站在整个社会的角度分析、评价投资项目对实现社会目标的贡献。

社会效益分析的关键是价格调整,即把效率影子价格调整为社会影子价格。

$$社会影子价格 = 效率影子价格 + 收入分配影响 \qquad (2-1)$$

社会影子价格的确定关键又是对分配权数的估算。分配权数包括积累和消费分配权数、地区之间的分配权数。另外,社会效益分析还要在社会折现率的基础上确定计算利率作为折现率。社会效益分析所用指标是社会内部收益率和社会净现值。

一般的拟建项目不要求进行社会效益分析,只有那些对社会公平分配影响很大的大型投资项目才要求进行社会效益分析。

12) 结论与建议

结论与建议通常由两部分组成:①拟建项目是否可行或选定投资方案的结论性意见;②问题和建议。在结论与建议中,主要是在前述分析、评价的基础上,针对项目所遇到的问题,提出一些建设性意见和建议。如果这些问题不予以解决,项目则是不可行的。

拟建项目的问题可分为两大类:一类是在实施过程中无法解决的;另一类是在实施过程中通过努力可以解决的。这里讲的问题是指后一类,建议也是针对后一类问题提出来的。

针对项目的问题和建议包括政策和体制方面的问题和建议。拟建项目的资源、经济等方面的分析和评价都与一定时期内的政策和体制有关,如资源开发、投资、价格、税收等无不受制于国家的矿产资源开采政策、投资政策、价格政策和税务政策,项目产品的销售、物料投入的来源、厂址选择等无不受制于国家的经济管理体制。如果这些政策是灵活的,可以变通的,体制是可以改革的,可行性研究人员可在问题和建议中提出影响项目可行的政策和体制方面的问题,并根据项目的特点和要求提出合理的改进意见。

此外,项目的问题和建议还包括项目本身的问题和解决措施,如销售渠道的选择、资金筹措方案、出口比例的确定、贷款偿还方式等。

2.3.5 设计任务书的编制

设计任务书又称计划任务书,是大中型基本建设项目、限额以上技术改造项目进行投资决策和转入实施阶段的法定文件,是进行工程设计的依据和工程建设的大纲。大中型基本建设项目、限额以上技术改进项目要在编写出可行性研究报告之后编制设计任务书。

根据可行性研究报告的内容,经过研究,选定方案之后编制设计任务书。设计任务书要

对拟建项目的投资规模、工程内容、经济技术指标、质量要求、建设进度等做出规定,其主要内容如下:

① 项目建设的依据和目的。

② 确定项目建设的规模及生产纲领(生产大纲、产品方案),如:市场需求情况,预测结果;国内外同行业的生产能力估计及供应情况预测;市场销售量预测、价格分析、产品竞争状况,国外市场情况、进入国际市场的前景及渠道;项目建设的规模、产品方案及产品的发展方向;生产方法及工艺路线。

③ 资源、原材料、燃料动力、供水、运输、协作配套、公用设施的落实情况,包括所需资源、原材料、辅助材料、燃料动力的种类、数量、来源及供应的可能性和条件,所需公用设施的数量、供应方式和供应条件等,还有资源的综合利用和"三废"治理的要求。

④ 建设条件和征地情况,包括厂区布置和征地,交通运输,供水、电、气的现状及发展趋势。

⑤ 生产技术、生产工艺主要设备选型,建设标准及相应的技术指标。引进技术的还要说明技术、设备的来源国别。

⑥ 项目的主要单项工程、辅助工程及协作配套工程的构成,全厂的布置方案和土建工程量估算。

⑦ 环境保护措施方案。

⑧ 组织机构、劳动定员和人员培训。

⑨ 实施进度与建设工期。

⑩ 投资估算、资金筹措和财务分析。包括:主体工程和辅助配套工程所需投资(利用外资项目应包括外汇款);生产流动资金;资金来源、筹措方式、偿还方式、偿还年限。

⑪ 经济效果和社会效果。

⑫ 附件。主要包括:可行性分析和论证资料;项目建议书批准文件;其他附件,例如,厂区总平面布置图;征地和外部协作配套条件的方向性协议;环保部门关于"三废"治理措施的审核意见;劳动部门关于劳动保护措施的审核意见;消防部门关于消防措施的审核意见。

2.3.6 项目的评估与决策

1. 项目评估的概念及意义

项目评估是基于可行性研究,在最终决策之前,对项目市场、资源、技术、经济和社会等方面的问题进行再分析与评价,以选择最佳投资项目(或投资方案)的一种科学方法。项目评估是投资前期对工程项目进行的最后一项研究工作,也是建设项目必不可少的程序之一。

项目评估是由项目的审批部门委托专门评估机构及贷款银行,从全局出发,根据国民经济发展规划和国家的有关政策、法律,对可行性研究报告或设计任务书提出的投资项目方案,就项目建设的必要性及技术、财务、经济上的可行性等进行多目标综合分析论证,对可行性研究报告或设计任务书所提供材料的可靠性、真实性进行全面审核,最后提出项目"可行"或"不可行"或"重新研究"的评估报告。如认为项目可行,即批准该项目。至于项目何时纳入年度计划、何时动工实施,则由计划部门综合权衡之后确定。

项目评估工作具有十分重要的意义。首先,项目评估工作是项目决策的重要依据。项目评估虽然以可行性研究为基础,但由于立足点不同,考虑问题的角度不一致,往往可以弥补和纠正可行性研究的失误。其次,项目评估工作是干预工程项目招标投标的依据。通过项目评估,有关部门可以掌握项目的投资估算、筹资方式、贷款偿还能力、建设工期等重要数据,这些数据正是干预项目招标投标的依据。最后,项目评估工作是防范信贷风险的重要手段。我国工程建设项目的投资来源除了预算拨款(公益性项目、基础设施项目)、项目业主自筹资金之外,大部分为银行贷款。因此,项目评估对银行防范信贷风险具有极为重要的意义。

2. 项目评估与可行性研究的关系

项目评估实际上是对可行性研究的再研究和再论证,但不是简单的重复,两者既有共同点又有区别。

项目评估与可行性研究的共同点是:都对投资项目进行技术经济论证,以说明项目建设是否必要,技术上是否可行,经济上是否合理,因此采用的分析方法和指标体系也相同。

项目评估与可行性研究的区别如下:第一,编制单位不同。项目评估是项目审批单位委托评估机构和银行进行评估,而可行性研究则是由项目承办单位委托有关机构来编制。第二,时间不同。项目评估是在项目可行性研究报告之后、设计任务书批准之前进行,而可行性研究是在项目建议书批准之后进行的。第三,立足点不同。可行性研究往往从部门、建设单位的局部角度考虑问题,而项目评估则站在国家和银行的角度考虑问题。第四,研究的侧重点不同。可行性研究侧重于项目技术的先进性和建设条件的论证,而项目评估则侧重于经济效益和项目的偿还能力。第五,作用不同。可行性研究主要是为项目决策提供依据,而项目评估不仅为项目决策服务,对银行来说也是决定贷款与否的依据。

3. 项目评估分类

根据需要,项目评估分为项目主管部门评估、贷款银行评估,另外环保部门、劳动部门和消防安全部门也要对可行性研究的有关内容进行评估,因为不同部门评估的角度、立足点不同、评估的侧重点不一致。

(1) 审批部门评估

通常意义上,项目评估指的是项目审批单位在审批项目之前,对拟建项目的可行性研究所做的再分析、再评价。按照有关规定,大中型项目由国家发展和改革委员会委托中国国际工程咨询公司对项目的可行性研究报告进行评估。评估机构应根据国家的有关规定对可行性研究报告编制的依据,基本的数据资料,分析计算方法的真实性、可靠性和科学性进行审查,在分析审查的基础上提出评估报告。

在我国现行投资管理体制下,多数承担可行性研究的机构隶属于项目的主管部门,再加上其他因素的影响,可行性研究报告难免有一定的局限性。项目评估可以避免受主管部门和建设单位的影响,提高了评估的客观性。

(2) 贷款银行评估

根据现行规定,项目的贷款银行必须参与项目评估,非贷款银行的评估不能代替贷款银行的评估。参照世界银行的办法,一般应从以下几个方面进行。

① 审查项目在执行过程中是否有足够的资金保证。这就是说,除银行贷款外,国家规定的项目资本金来源是否已经落实,否则将不予贷款。

② 对项目未来的收益是否有偿还本息及一切债务的能力做出评估。这项工作通过审核编制的预测资产负债表、损益表和现金流量表来进行。

③ 对项目的经济效益和投资回收年限做出评估。如农田灌溉项目,应审查项目是否可以从受益者收回项目投资及经营费用,若收费标准定得太低,就会影响项目的投资收益。

(3) 环境保护部门评估

按我国的现行规定,那些对环境影响较大的项目,如排放大量污染物(废渣、废气、废水)的基本建设项目、技术改造项目(如造纸、冶金、电镀、化工、纺织等行业),大规模开垦荒地、围海围湖造田和采伐森林的建设项目,应由环境研究机构对拟建项目做出《环境影响评估报告》。对小型基建项目和限额以下技术改造项目,也需要填报《环境影响报告》。

当前,我国规定由各级环保部门负责本地区建设项目的环境保护措施的审查,要对建设项目"三同时"(指治理"三废"的工程与主体工程要同时设计、同时施工、同时验收投产)措施的执行进行审查监督,要提出环境保护的各项要求和措施,如防止污染的工艺流程及其预期的治理效果。对资源开发引起的生态变化、环境绿化设计、环境监测手段、环境保护措施的投资进行监督、审查。

4. 项目评估的内容

项目的评估机构应遵循客观公正、实事求是的原则,认真科学地进行项目审查和评估。审查是基础,在审查的基础上才能进行科学的评估。

(1) 对可行性研究报告的审查

审查分为一般审查和详细审查。评估机构和银行在收到项目的可行性研究报告之后,应进行一般性审查和核实,以判断可行性研究报告的编写程序和内容是否符合要求,数据资料是否齐全,编写报告的经济、技术人员是否具备相应的资格,可行性研究报告是否客观地、科学地、公正地反映了项目的本来面目。

详细审查第一应对编制可行性研究报告的单位进行审查。可行性研究报告一般由主管部门或建设单位委托的设计部门或工程咨询单位编制,通常先对编制单位的资格进行审定,未经资格认定的单位不能承担可行性研究报告任务。国家重点建设项目的可行性研究报告要由省级以上的设计机构编制。第二,应审查编写人员的任职资格及其签字盖章是否真实。第三,要审查拟建项目是否为重复建设项目,产品有无销路。第四,应审查技术水平是否可靠,拟建项目的原材料供应有无可靠来源。第五,对环境保护措施进行审查,对那些污染严重,破坏生态平衡,危害人民身心健康,又没有采取有效治理措施的项目,可以不必继续评估;另外还要审查厂址的环境情况,项目施工和投产后正常生产时对环境的影响以及"三废"治理措施;第六,要对项目的经济效益进行审查,一方面对投资、产品成本、价格、利息等指标和计算公式的正确性进行检查,另一方面要审核项目的财务评价和国民经济评价是否正确。

(2) 对可行性研究报告的评估

银行项目评估的内容是:企业资信评价;建设的必要性评估;建设条件评估;技术评估;企业经济效益评估;国民经济效益评估;不确定性评估;对有关政策和管理体制的建议;总评估和后评估等。

2.4 结　　语

　　任何成功的工程项目都是精心策划的结果,本章在对项目策划的概念、内涵和原则简要介绍后,重点阐述了工程项目策划的基本方法和程序,通过对项目构思、项目目标规模、项目外部条件把握和项目内部条件把握等方面的分析,以期大家对工程项目策划的基本内容有比较深刻的理解。

　　项目投资决策的正确与否直接关系到项目的成败。要做到决策正确,必须遵循决策的原则,按照科学的程序进行。因此,我们首先对决策的原则和程序做了一般性的阐述,而后按照国家有关投资前期决策的程序规定进行了分阶段介绍。然后重点介绍了可行性研究工作的相关知识和项目评估的有关内容,并对两者异同进行了分析。对决策管理的介绍,目的是引起大家对项目管理前期工作重要性的高度重视。

思　考　题

1. 什么是工程项目策划?
2. 策划的基本原则是什么?
3. 简述项目策划的基本方法。
4. 什么是工程项目投资决策?
5. 简述项目投资前期的研究决策程序。
6. 工程项目可行性研究报告的主要内容是什么?
7. 什么是项目评估? 项目评估与可行性研究有什么关系?

第 3 章

工程项目的勘察设计管理

■ 学习目标

本章着重阐述工程项目的勘察和设计管理的内容,要求学生掌握工程勘察管理的内容,工程设计管理的主要内容、目标、职责以及设计管理的协调工作。

■ 关键概念

工程勘察　工程设计　勘察设计管理　工程设计的目标　设计协调

3.1 概　　述

3.1.1 基本概念

工程勘察是依据项目选址意见书和相关法律、法规,运用多种科学技术方法,为查明工程项目拟建地点的地形地貌、地层土壤岩性、地质构造、水文条件等自然条件而进行的测量、勘探、试验,做出鉴定和综合评价等工作,其目的是为工程设计和施工提供可靠的依据。

工程设计是根据批准的设计任务书,按照国家的相关政策、法规、技术规范,在规定的场地范围内对拟建工程进行详细规划、布局,将可行性研究中推荐的优选方案具体化和明确化,形成图纸、文字等设计文件,为工程施工提供依据。工程项目设计阶段是工程建设项目全生命周期中非常重要的一个环节,工程设计过程是实现策划、建设和运营衔接的关键性环节。

工程的勘察设计是集社会、经济、技术和管理为一体的复杂的、特殊的系统性生产过程,它不是勘察设计单位的个体创造,而是业主、设计单位、政府主管部门和其他项目参与方共同参与协作的成果。工程项目勘察设计阶段管理工作的核心并不是对勘察设计单位的工作进行监督,而是通过建立一套沟通、交流和协作的系统化管理制度,帮助业主和设计方去解决工程勘察设计阶段中设计单位与业主、政府有关建设主管部门、承包商以及其他项目参与方的组织、沟通协作问题,实现工程项目建设的艺术、经济、技术和社会效益的平衡。

工程项目勘察设计管理是指做好工程勘察设计的管理和配合工作,组织协调勘察设计单位之间以及与其他单位之间的工作配合,为设计单位创造必要的工作条件,以保证其及时提供设计文件,满足工程需要,使项目建设得以顺利进行。

一般情况下,建设单位勘察设计管理的具体工作有如下几方面。

① 选定勘察设计单位,招标发包勘察设计任务,签订勘察设计协议或合同,并组织管理合同的实施。

② 收集、提供勘察设计基础资料及建设协议文件。

③ 组织协调各勘察与设计单位之间以及设计单位与科研、物资供应、设备制造和施工等单位之间的工作配合。

④ 主持研究和确认重大设计方案。

⑤ 配合设计单位编制设计概算、预算,并做好概算、预算的管理工作。

⑥ 组织上报设计文件,提请国家主管部门批准。

⑦ 组织设计、施工单位进行设计交底、会审施工图纸。

⑧ 做好勘察、设计文件和图纸的验收、分发、使用、保管和归档工作。

⑨ 为勘察、设计人员现场服务,提供工作和生活条件。

⑩ 办理勘察、设计等费用的支付和结算。

3.1.2 工程设计的基本依据

依据我国现行的《建设工程勘察设计管理条例》的规定,编制建设工程勘察、设计文件,应当以下列规定为依据:①项目批准文件;②城市规划;③工程建设强制标准;④国家规定的建设工程勘察、设计深度要求。

铁路、交通、水利等专业建设工程还应当以专业规划的要求为依据。

对于民用建筑项目(如住宅小区、学校等)来说,设计依据除了包括建设基地内外环境条件、政府规划管理部门的区域规划以外,还应提出拟建项目的设计原则和标准、建设规模和项目组成以及未来发展规划、用户的组织管理模式等,上述内容一般用建设项目任务书来表示。

3.1.3 工程设计的原则

工程设计应遵循技术先进、安全实用、经济合理、确保质量的基本原则,确保依据设计文件建设的工程能够适用、安全、经济和美观。

具体来说,工程设计应贯彻下列指导思想。

(1) 工程设计应符合国家的经济建设方针、政策

工程设计应遵守国家的经济建设方针及政策,如产业政策、技术政策、能源政策、环保政策等。正确处理各产业之间、长期与近期之间、生产与生活之间等方面的关系。

(2) 工程设计应坚持安全可靠、质量第一的原则

工程建设投资大,一旦在运作中出现质量事故,造成生产停顿或人身伤亡事故,损失巨大。不仅要保证工程建设期的安全可靠,更应该注重项目建成投产后的安全可靠,树立"百年大计,质量第一"的思想。同时,从我国的实际情况出发,防止追求过高的设计标准,合理

确定设计标准。

(3) 工程设计应甄选先进适用的技术

在工程设计中,设计人员应从实际出发,尽量采用符合我国国情的先进而适用的工程技术,积极吸收国外的先进技术和经验,并确保其符合我国现有的管理水平和消化能力。引进国外新技术及进口国外设备的工程应与我国的技术标准、原材料供应、生产协作配套、维修零部件的供给条件相协调。

(4) 工程设计应坚持经济合理的原则

工程项目的经济合理性是衡量设计水平的主要标准之一。在我国现有资源和财力条件下,使项目建设达到投资的目标(产品方案、生产规模),取得投资省、工期短、技术经济指标最佳的效果,是非常重要的原则。

(5) 工程设计应充分考虑可持续发展的要求

工程设计应反映时代的要求,随着社会时代的发展,当今人们更关注人与环境、自然的和谐关系,提出"既满足当代人的需要,又不损害后代人满足其需要的能力的发展"的可持续发展思想。工程设计应根据技术上的可能性和经济上的合理性,对矿藏、能源、水源、农、林、牧、土地等资源进行综合利用。设计中注重节约土地、节约用水、能源和原材料,特别是稀缺资源。严格控制项目建设可能对环境带来的损害,尽可能采取行之有效的措施,防止工业生产对环境的污染。

工程设计是设计人员的一种创造性思维实践活动,设计原则不仅要反映原则性要求,而且应反映对设计的导向性要求,供设计单位在具体工作中参考。对于一般性的民用建设项目,设计一般应考虑:①设计的主题和整体风格;②相关建筑和周围环境的协调关系;③建筑内部各功能区域的联系;④人与环境的关系;⑤主要景观意向等。

3.1.4 勘察设计单位的资格审查

勘察设计单位是指依照国家规定经批准成立,持有国家规定部门颁发的工程勘察、设计资格证书,从事工程项目勘察设计活动的单位。国家对从事工程项目勘察、设计活动的单位实行资质管理制度。凡列入国家计划的建设项目,建设单位在选择勘察设计单位时,必须采用招标方式发包给有资格的勘察设计单位。勘察设计单位应当按照其拥有的注册资本、专业技术人员、技术装备和勘察设计业绩等条件申请资质,经审查合格,取得建设工程勘察、设计资质证书后,方可在资质等级许可的范围内从事建设工程勘察、设计活动。

国家根据勘察、设计单位的设计能力、技术和管理水平、专业配套、设计经验等条件,分等级颁发勘察设计证书,明确规定其业务范围。建设单位委托勘察设计任务时,要严格审查勘察设计单位证书的等级。

3.2 工程勘察管理

3.2.1 工程项目勘察内容

由于建设项目的性质、规模、复杂程度以及建设地点的不同,工程设计所需的技术条件千差万别,设计前所做的勘察项目也各不相同。大量的调查、观测、勘察探测、环境研究、模型试验和科学研究等工作归纳起来可以分为以下类别。

1. 自然条件观测

自然条件观测主要是对拟建项目所在地区气候、气象条件的观测，陆上和海洋的水文观测（及与水文有关的观测），特殊地区（如沙漠和冰川）的观测等项目，建设地点如有相应的测站并已有相当的累积资料，则可直接收集采用。如无测站、资料不足或从未观测过，则需要建站观测。

2. 资源探测

资源探测是一项涉及范围非常广的调查、观测、勘察和钻探任务。资源探测一般由国家设立机构进行，业主需要进行一些必要的补充。

3. 地震安全性评价

大型工程和地震地质复杂地区，为了准确处理地震设防，确保工程的地震安全，一般需要在国家地震区划的基础上进行建设地点的地震安全性评价，习惯称之为地震地质勘察。地震安全性评价应阐明场地不良地质现象，分析论证静力条件下场地和地基的稳定性。在抗震设防烈度 6 度或大于 6 度的地震区，应对场地土类型、建筑场地类别做出判定；7 度或大于 7 度的强震区，应对断裂错动、液化、震陷等进行分析、论证和判定，对整个场地的适宜性给出明确结论。

4. 环境评价和环境基底观测

环境评价和环境基底观测通常与陆上环境调查、海洋水文观测等工作同时进行，以减少观测费用。但在实际工作中，许多项目需要单独对环境进行观测，环保措施往往也需要经过精确的试验研究才能最终确定。

5. 岩土工程勘察

岩土工程勘察也称工程地质勘察，其任务在于为建设项目的选址（选）、设计和施工提供工程地质方面的详细资料。工程地质勘察是工程勘察工作中工作量大、不可或缺的，也是最重要的工作环节。

工程地质勘察常与工程水文地质勘察同期进行，并为不做地震安全性评价的中小型工程的地震地质勘测提供数据资料。按工程性质不同，它有建（构）筑物岩土工程勘察、公路工程地质勘察、铁路工程地质勘察、海滨工程地质勘察和核电站工程地质勘察等。

岩土工程勘察是为查明建设地区的工程地质条件，提出建设场地稳定性和地基承载能力的正确评价而进行的工作，主要包括：工程地质测绘、勘探（钻探、触探等）、测试（荷载试验、剪力试验等）、长期观测（地下水动态观测、建筑物沉降观测、滑坡位移观测等）及勘察资料整理（内业）等。

工程地质勘察阶段一般分为选址勘察、初步勘察、详细勘察及施工勘察。选址勘察阶段应对拟选厂址的稳定性和适宜性做出工程地质评价，并为确定建筑总平面布置和各主要建筑物地基基础工程方案以及对不良地质现象的防治工程方案提供地质资料，以满足初步设计的要求。详细勘察阶段应对建筑地质做出工程地质评价，并为地基基础设计、地基处理、加固与不良地质条件的防治工程提供工程地质资料，以满足施工图设计的要求。对工程地质条件复杂或者具有特殊施工要求的大型建设工程,还应进行施工勘察。

6. 工程水文地质勘察

水文地质勘察是查明建设地区地下水的类型、成分、分布、埋藏量,确定富水地段,评价地下水资源及其开采条件的工作。其目的是解决地下水对工程造成的危害,为合理开发利用地下水资源,解决项目生产和生活用水,得出供水设计和施工的水文地质资料。一般需进行的水文地质勘察工作包括:水文地质测绘、地球物理勘探、钻探、抽水试验、地下水动态观测、水文地质参数计算、地下水资源评价和地下水资源保护区的确定等。

水文地质勘察工作应满足各设计阶段的要求。例如,选址阶段应初步评价厂区附近的水文地质条件,提出能否满足建厂所需水源的资料;初步勘察阶段应在几个富水地段查明水文地质条件,初步评价水资源丰富程度,论证开采条件,进行水源地方案比较;详细勘察阶段,应在拟建水源地详细查明水文地质条件,进一步评价水资源,提出合理的开采方案。

7. 工程测量

工程测量成果和图件是工程规划、总图布置、线路设计以及施工的基础资料。工程测量工作必须与设计工作密切配合以满足各设计阶段的要求,并兼顾施工的一般需要,尽量做到一图多用。在工程测量工作开始之前,应获取当地的高程控制及三角网点资料,便于将工程测量成果与当地已有的测量文件联系起来。工程测量的主要工作包括:平面控制测量、高程控制测量、1:500 至 1:1500 比例尺地形测量、线路测量、建筑方格网测量、变形观测、绘制测量图等。

8. 模型试验和科研项目

许多复杂的大、中型项目及特殊项目,其建设条件必须经过模型试验和科学研究方能解决。也就是说,仅仅依靠上述各项观测、勘察等环节,仍不足以揭示拟建工程复杂的建设条件,将上述实测的基础资料作为试验模型研究的边界条件,通过模型试验和科学研究,发现其客观规律,用以指导工程设计、实施及生产。例如,大型的水利枢纽工程,在其工程设计前,通常需要进行泥沙模型试验;大型的港口及航道工程,在工程设计前通常需要进行港池和航道的淤积研究等。并非每项工程都需要做模型试验和科学研究,而是有些工程若缺少了试验和研究的环节就无法科学地进行设计工作。

3.2.2 工程地质勘察的步骤

工程勘察是一项技术性很强的工作,勘察过程由浅入深、逐渐细化,通常分三个阶段进行,即可行性研究勘察阶段、初步勘察阶段、详细勘察阶段。

1. 可行性研究勘察阶段

可行性研究勘察阶段的主要任务是:搜集、分析地形、地质等档案资料;进行现场踏勘、工程地质测绘;在认为存在重要的地质影响因素时,可进一步布置少量勘探工作;对场址稳定性和适宜性做出岩土工程评价,进行技术经济论证和方案比较,推荐最优方案。

2. 初步勘察阶段

初步勘察阶段的主要任务是:初步完成建筑稳定性地段的岩土工程评价;查明场地不

良地质现象的成因、对场地稳定性的影响和发展趋势；对抗震设防烈度为7度及7度以上的建筑物,应判定场地和地基的地震效应。

3. 详细勘察阶段

详细勘察阶段简称详勘阶段,其主要任务是查明建筑物范围内地层结构、岩土性质,并对地基的稳定性及承载力做出评价;提供不良地质现象防治工程所需的计算指标及资料;判定地基土和地下水在建筑物施工和使用期间可能产生的变化及影响,并提出防治办法及建议。

工程地质条件复杂或有特殊施工要求的重要工程还应进行施工勘察,施工勘察的主要任务有：施工验槽;深基础施工勘察和桩应力试验;地基加固处理勘察和加固效果检验;施工完成后的沉陷监测工作;其他有关环境工程地质的监测工作。对地基基础设计、地基处理与加固、不良地质现象的防治工程进行岩土工程计算与评价,满足施工图设计的要求。

3.2.3 勘察成果审查

业主对勘察任务的实际操作分情况不同进行。如地震安全性和环境观测两项评价,已在可行性研究勘察阶段完成;勘察任务包括地形测量、自然条件观测、岩土工程勘察和水文地质勘察,一般由一个综合勘察单位一次性完成;科研和试验任务,因为工程复杂、技术因素悬殊、专业分工不同,一般由几个科研单位和院校分别进行研究,得出成果。

对特殊重要的工程、地质特别复杂的工程和大型海洋港湾工程的测量和地质勘察,必要时业主可组织专家进行评审。评审专家由主管部门和设计单位协商提出。

科研、试验研究报告一般要做评审。科研、试验研究的大部分工作是在可行性研究勘察阶段完成的,它们作为可行性研究报告的附件,随可行性研究报告一起评审。在设计阶段所做的科研只是对可行性研究阶段所得的科研成果的补充和提供设计所需的具体参数。

对勘察和科研成果的评审程序如下所示。

① 成立评审委员会：由业主组织,邀请建设主管部门和有关专业主管部门成立评审委员会和评审工作小组,由评审工作小组负责筹备、评审、报告修改完善、上报备案等项工作。

② 成立专家小组：由评委会邀请相关主管部门代表,相关学科专家、教授、专业人员组成专家小组,并产生专家小组组长。组长负责技术评审的环节,负责给出专家意见和评审意见。

③ 会审程序：业主主持开会,宣布评委和专家组成,宣布专家组长、与会成员,介绍项目概况和评审内容要求,组织报告编制单位的专家就报告的编制和内容进行介绍。

④ 由专家组长主持评审,组织与会代表和专家对报告进行评审、讨论、咨询,若存在重大争议问题则要求组织编制单位出示问题相关的依据,包括理论根据、理论推演、录像资料、模拟原则、试验概况、实测场地概况等,并组织专家讨论。

⑤ 专家组长根据会审情况,草拟专家意见和评审意见,交与会代表和专家们讨论。

⑥ 专家组长宣布评审专家意见,业主宣布评审结论,评审会议结束。

⑦ 业主组织编制单位根据专家意见修改或完善成果报告。对有原则错误或结论为重大错误的成果应宣布重做。

⑧ 业主将修改完善后的报告上报主管部门备案,副本交设计单位进行设计。

3.3 工程设计管理

3.3.1 工程设计的内容

从项目管理角度出发,工程项目的设计工作往往贯穿了工程建设的全过程,从工程选址、可行性研究、决策立项,到设计准备、方案设计、初步设计、技术设计、施工图设计、招标投标及施工,一直延伸到项目的竣工验收、投入使用以及回访总结为止。在实际工作中,由于采用的工程承发包模式及工程项目管理模式的不同,设计过程及施工过程的划分难以泾渭分明,在整个施工过程中设计图纸存在大量的修改和细化工作,因此在工程设计管理工作中,应充分考虑相关工作的协调问题。

工程设计按工程进程和深度的不同,一般可分为:方案设计、初步设计和施工图设计等。不同工程项目的设计阶段划分有所不同,详见图 3-1。例如,对大型复杂的工程项目,应首先进行方案设计,通过设计方案选优,再进行初步设计、技术设计、施工图设计;小型工程项目则可以直接按初步设计、施工图设计两个阶段进行。国际上,在施工图设计阶段后,还要进行详细设计,即深化施工图设计阶段。

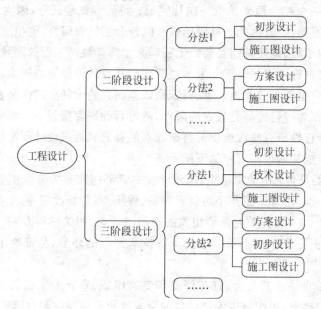

图 3-1　不同设计阶段的分类

工程设计的具体内容如下。

1. 产品生产工艺设计

产品生产工艺设计是工业项目设计的核心和关键,决定了项目的生产技术水平是否先进,生产是否安全可靠。在民用建筑设计中,往往不需要产品工艺设计的环节。

工艺设计是具体确定建设项目的产品方案、产品生产和工艺流程、设备选型和设备制造的方案,工艺设计水平的高低不仅直接影响到投资的大小和建设的进度,而且也决定了项目建成后产品的质量、原材料能源消耗、产品成本和利润等各项技术经济指标。因此,生产工艺应尽可能选用生产效率高、技术先进适用、生产安全可靠、经济合理的工艺路线,设备选型应与工艺流程相适应,并尽可能选用标准化、通用化、系列化的通用设备,同时要考虑原材料的性质和供应情况。

工艺设计一般包括以下三项内容。

(1) 确定产品方案

如产品的名称、规格、型号、数量、质量;原材料、燃料、水、电、劳动力的需要量、种类、来源等;生产的协作条件;生产能力;经济效益。

(2) 制定生产工艺流程

如生产工艺名称,主要生产设备及辅助生产设备的名称、数量、规格、型号、来源、技术先进程度;从工艺上确定车间等建筑物的面积、高度、跨度、车间内设备的布局;工时定额和劳动生产率;动力的需要量及解决办法;原材料及相关成品的需要量及解决办法;车间的通风、运输、通信、照明、环保、安全、消防、劳动卫生。

(3) 全厂及各车间的组织管理系统设计

如劳动定员、岗位责任、管理系统、机构设置等。

2. 土木建筑设计

项目的土木建筑设计主要包括总平面设计(总图设计)、建筑设计、结构设计和设备安装设计(配套专业设计)四部分。

1) 总平面设计(总图设计)

总平面设计是在确定的厂区范围内,按照城市规划的要求,根据项目生产的性质、规模和生产工艺要求,保证生产运输合理的前提下,设置一定数量的生产车间、辅助生产设施和生活用房,结合建厂地区的自然、气候、地形、地质,以及厂内外运输、公用设施和厂际协作等具体条件,按照原料进厂到成品出厂的整个生产工艺过程,经济合理地布置厂区内的建筑物和构筑物,统筹安排好平面与竖向关系,组织好厂内外交通运输等总平面布置的设计工作。工业项目的总平面设计主要包括全厂分区布置方案和厂内外运输方案两方面。

工业项目总平面布置不仅要表示建筑物、构筑物、交通路线、地上地下工程技术管线及绿化、美化设施的相互配置,而且要创造符合该项目生产特性的统一建筑整体。总平面设计方案关系到整个建设场地的土地利用、建筑物的位置和工程管网的长度。正确合理的总平面设计方案,应做到工艺流程合理、总体布置紧凑,减少建筑工程量,节约用地,节省投资,加快建设进度,为项目创造良好的生产组织、经营条件和生产环境,创造完美的建筑艺术整体,还能使项目建成后较快地投入正常生产,发挥良好的投资效果,节省经营管理费用。

2) 建筑设计

建筑设计通常利用平面图、立面图和剖面图之间的有机联系来表达一栋三维空间的建筑整体。

建筑平面表示的是建筑物在水平方向上房屋各部分的组成关系,并集中反映建筑物的使用功能关系,是建筑设计中的重要一环。因此,建筑设计通常从建筑平面设计的分析入手,建筑平面图是立体空间的平面化表达。同样,空间的第三维度(即高度)也是由平面视图来表现的,这就是剖面图、立面图的设计内容。建筑的形体和立面受到建筑内部使用功能和技术经济条件的制约,并受场址环境、整体规划等外界因素的影响。

建筑类别与功能的不同,也决定了建筑设计的主要内容,民用建筑的建筑设计更多侧重其居住、办公或生活等方面的需求,而工业建筑的建筑设计则更多侧重其生产、工艺等方面的需求。

以工业厂房为例,工业建筑的立面、平面设计通常包括下列主要内容。

(1) 厂房的层数选择

工业厂房根据生产性质和生产工艺要求,可分为单层和多层厂房。单层厂房对于需要大跨度和层高较高、生产时振动大和散发大量热气,以及有重型生产设备、超重设备的车间是经济合理的,如钢铁联合企业中的铸工、锻工、轧钢、装配等车间。

(2) 厂房的高度选择

单层厂房的高度主要取决于车间内部的运输方式。多层厂房的高度应综合考虑生产工艺、采光、通风以及建筑经济各方面的因素进行选择。因此,正确选择车间内部运输方式,对减少厂房的高度、降低工程造价有重要意义。多层厂房的高度与车间宽度有关,在一定高度范围内,加大宽度也能降低建筑造价。

(3) 厂房(车间)的平面布置与柱网布置

在工艺流程、技术参数和主要设备选择确定后,应本着达到物料流向最经济、操作控制最有利、检测维修最方便的原则,采用多方案比较,选择经济实用的厂房(车间)的平面布置方案。厂房(车间)的平面布置主要应满足生产工艺的要求,保证生产线的合理布置,使设备布置与生产有一定的空间;各个工序之间有最短、最直接的联系;车间之间和车间内部运输方便,并适应全厂的工艺流程。同时要充分利用车间平面面积和空间,在保证生产安全和良好的工作环境条件下,尽量节省厂房(车间)面积。

工业厂房(车间)的平面布置中最关键的是合理确定柱网,即确定柱子的跨度和间距。柱子跨度的大小经常根据设备的布置情况、产品运输及生产操作所需的空间来决定。柱子的间距是根据结构方案的技术经济合理性和现实条件的可能性来确定,即根据设备外形、前后位置、各种物料的投入和流向、操作要求、公用动力的投入位置、产出物的输出方向等进行整体考虑。

(4) 厂房的体积和面积

在不影响生产能力的前提下,尽量减少厂房(车间)的体积和面积,以降低建筑造价。要尽量减少单位产品产量的建筑面积,这是衡量先进生产技术水平和建筑设计水平的重要技术经济指标。

3) 结构设计

为保证土木建筑在各种自然、人为作用下保持其自身工作状态(跨度、高度及稳定性等),必须有相应的受力及传力体系,这个体系就是结构。建筑结构是构成建筑物(或构筑物)并为其使用功能提供空间环境的支承体系,承担着建筑物的重力、风力、撞击及振动等作用下所产生的各种荷载,是建筑物的骨架。

建筑结构设计应根据安全适用、经济美观的原则,建筑设计的要求以及生产工艺等方面的需要进行。其主要内容包括建筑结构体系的选型、建筑结构构件的材料选用、形式、尺寸及构造,并将结构设计的结果绘制成图样等。

以工业厂房为例,工业建筑结构设计除了应依据安全适用、经济美观的原则外,还应该根据拟建厂房的生产工艺需要、厂房的大小和建设场地的具体条件,合理选用厂房的建筑结构形式。按照建筑结构的主要承重材料分类,一般有砖混结构、钢筋混凝土结构(包括预应力钢筋混凝土结构)、钢结构以及混合结构(如劲性混凝土结构)等形式。按照建筑结构受力特点分类,一般有承重墙结构、框架结构、框架剪力墙结构等。

结构的造型必须因地制宜,因工程制宜的选用,要就地取材,充分利用当地的建材资源,降低运输费用,切实做到技术先进、经济合理、安全适用、施工方便。在满足生产使用要求的前提下,广泛采用新结构、新构件、新材料,充分利用地方材料和工业废料,节省"三材",促进工程设计的标准化、构件预制工厂化、施工机械化,逐步提高建筑工业化水平。对于某些特殊要求(如恒温防震等)的厂房,应根据具体情况做特殊考虑。

4) 设备安装设计(配套专业设计)

在一套完整的土木建筑工程设计中,除了建筑和结构设计以外,还包括相应的设备安装设计(配套专业设计)。设备安装设计主要包括:给排水设计、电气设施、暖通设施、通信设施、生产工艺设施等。这些配套专业的设计是依据房屋建筑的使用要求而进行的专业性设计,用以指导其专业设备的安装和实施。

3.3.2 工程设计的目标

工程设计的目标是指业主对项目安全可靠性、适用性和经济性的要求。业主根据这些目标要求,向设计单位提供设计要求、设计背景资料及相关文件等,全面控制和管理设计成果的质量。

1. 安全可靠性——对设计标准的控制

工程设计标准的选择是为了保证工程的安全可靠。所谓安全可靠性就是要保证工程项目的大部分或全部的使用价值不致丧失、投资不致浪费。

(1) 设计标准的内容

建设规模、占地面积、工艺装备、建筑标准、配套工程、劳动定员、环境保护、安全防护、卫生标准及防灾抗灾级别等的标准或指标。

(2) 设计标准类别

① 规范、规程、标准、规定:在总结前人实践的基础上,经过国家各级主管部门用规范、规程或设计标准、规定等规范形式提出的标准。

② 业主标准:业主根据工程的性质、规模、使用期限、企业形象等规划条件提出的宏观标准,及根据设备类型、性能、备件配置、操作特点等生产条件提出的微观标准。

③ 厂方标准:设备生产厂家订立的与设备有关的标准。

(3) 设计标准与设计目标的相互关系

工程设计的各项目标是相互制约、相辅相成的。所以,业主要求设计单位对设计标准的选定要将各项目标通盘考虑,严格控制。既不能为了降低造价而降低设计标准,又不能为了安全而片面追求高标准。对于非规范性标准,业主要经过详细调查、试验,并结合设计的三大目标,综合平衡后,监督设计单位采用。

业主对工程可靠度的要求应主要着眼于三个方面:①生产使用上要有效和耐久;②建筑结构上保证强度、刚度和稳定性;③总体规划上要满足防灾、抗灾的安全要求。

2. 适用性——对使用功能的控制

(1) 适用性概念

工程的适用性就是工程项目要具有良好的使用功能和美观效果,既方便生产,又方便生活。工程项目的使用功能当然是第一位的,但优美的生产和生活环境,有利于提高生产效率和产量及质量,两者不可偏废。

(2) 业主对适用性的控制

工程的适用性主要是在项目决策阶段和初步设计阶段形成的。业主应抓住以下环节:总体布置上,要便于运输和联系,避免干扰和矛盾;车间内部布置则要求工艺和运输流程衔接通顺,有必要的操作面积和空间,有必要的通风、照明、空调、防尘、防毒、防煤气、防火等设施,保证生产人员的身体健康;工程的形象处理要统一而有序,要有合适的体形,比例要适宜,装饰要明快,与外部空间和环境要协调,给人以庄重大方和充满时代气息的感受。

(3) 使用功能

工程的适用性又表现为土木建筑的使用功能。使用功能包括基本使用功能和外部使用功能。以港口工程为例,基本使用功能是物资和人员的运输(吞吐量),要保证飞机和船舶的升降和靠泊,要保证货物和乘客的使用方便;其外部使用功能则是货物的集疏运条件,如地面运输、水上运输和空中运输的条件、能力,以及满足环境和社会的使用要求。使用功能必须满足市场需求,不然就失去了建设的意义。从这个意义上讲,货物运输和乘客旅游就是市场需求。

3. 经济性——对主要参数的选择

(1) 经济性概念

经济性是指在保证工程安全可靠和适用的前提下,做到建设周期短、工程投资低、投产使用后经济效益高。

经济性的主要内涵是:节约用地、能源;回收期短,内部收益率高(与国内同类建设项目以及国际常规相比);投资省、工期短;成本低、维修简单、使用费低。

(2) 经济性与设计参数的选择

决定投资和产品成本的关键因素是设计参数的正确选择。设计参数有些是客观的自然条件决定的,应按实际情况采用,如波浪高度、最大风速等;有些是人为决定的,如工作制度、管理方式等。业主提供的原始数据必须准确、有根据且经过检验;设计单位选定的参数必须先进、合理,具有科学性,关键参数应由业主代表应负责审定。设计参数的来源主要是:勘探和科研部门提供的资料;国家的规范、规程、标准、规定;业主(及设备厂家)提供的资料。

(3) 经济性的评价标准

采用先进技术、降低造价是设计部门的职责。然而,投资低的设计并不等同于经济性好的设计。只有结合产品成本进行综合评价,才能科学地评价设计的经济性。

通常情况下,设计单位应对设计方案进行技术经济分析,用投资回收期和内部收益率等指标来综合评价项目设计的经济性优劣。项目的经济评价不仅要评价建设单位自身的效益,还要进行社会效益评价,从对国民经济和整个社会的受益或受损(包括环境污染等)来正确评价。认真审查设计单位的经济性评价文件是不容忽视的重要工作。

3.3.3 工程设计管理的职责划分

拟建项目经过决策立项后,工程设计就成为工程建设的关键工作,其工作的优劣直接影响工程建设的质量、投资回报及效益。工程设计应满足功能性、安全性、耐久性及经济性等方面的要求。

通常情况下,工程设计阶段历经方案设计、初步设计、施工图设计三个逐步深化的阶段,与此同时,建设项目的工程概算、工程预算也逐步深化和细化,因此设计阶段的工程造价管理是整个工程造价管理的决定性环节。

设计管理的首要任务是将不同阶段的设计任务进行分析,明确各阶段的目标并将其逐步细化,绘制详细的任务分解表,保证各阶段的设计管理工作都有明确的责任主体。

工程设计管理各参与方的职责分配详见表 3-1。

表 3-1 工程设计管理各参与方的职责分配

工作任务 \ 参与单位		设计单位	发包人	审图机构	监理单位	咨询单位	招标投标代理机构
方案设计阶段	设计任务书		负责				
	方案招标		组织				负责
	方案设计文件	负责	管理				
	方案优化	负责	管理				
初步设计阶段	设计任务书		负责				
	初步设计招标		组织				负责
	初步设计文件	负责	管理				
	设计概算	负责	管理			审查	
施工图设计阶段	设计任务书		负责				
	施工图设计招标		组织				负责
	施工图设计文件	负责	管理	审查	配合		
	施工图预算	负责	管理			审查	

若招标人只要求中标人承担方案设计部分,而不再委托中标人承接或参加后续阶段的工程设计业务,则初步设计、施工图设计任务仍需要另行招标。

3.3.4 对初步设计的管理

1. 开展初步设计的必备条件

(1) 委托初步设计的必备条件

① 项目可行性研究报告经过审查,业主已获得可行性研究报告批准文件。

② 已办理征地手续,并已取得当地规划局和国土资源局提供的建设用地规划许可证和建设用地红线图。

③ 业主已取得当地规划局提供的规划设计条件通知书。

(2) 初步设计完成时的必备条件

在初步设计过程中,业主要办理各种外部协作条件的取证工作,完成科研、勘察任务,并转交设计单位作为设计依据(工程设计和编制概算)。

2. 业主对初步设计的原则要求

业主对初步设计的原则要求可作为委托书的附件,直接提交给设计承包商,作为设计条件之一。内容主要包括以下几方面。

① 建设项目远景与近期建设相结合,加快建设进度的要求。
② 对资源和原料要充分利用和综合利用的要求。
③ 产量种类和质量方面的要求。
④ 装备水平、机械化自动化程度的要求;采用先进技术工艺、设备的要求。
⑤ 环保、安全、卫生、劳动保护的要求。
⑥ 合理布局和企业协作的要求。
⑦ 合理选用各种技术经济指标的要求。
⑧ 工业建筑、民用福利设施标准的要求。
⑨ 节约投资、降低生产成本的要求。
⑩ 建设项目扩建、预留发展场地的要求。
⑪ 贯彻上级或领导部门的有关指示。
⑫ 其他有关的原则要求。

3. 初步设计的深度

初步设计应满足下列要求。

① 多方案比较。在充分细致论证设计项目的效益、社会效益、环境效益的基础上,择优推荐设计方案。
② 建设项目的单项工程要齐全,主要工程量误差应在允许范围内。
③ 主要设备和材料明细表,要符合订货要求,可作为订货依据。
④ 总概算不应超过可行性研究估算投资总额。
⑤ 满足施工图设计的准备工作的要求。
⑥ 满足土地征用、投资包干、招标承包、施工准备、开展施工组织设计以及生产准备等项工作的要求。

经批准的可行性研究报告中所确定的主要设计原则和方案,如地点、规模、方案、生产方法、工艺流程、主要设备、主要建筑标准等,在初步设计中不应有较大变动。若有重大变动时,则要申明原因,报请原审批主管部门批准。

4. 初步设计的主要内容

① 设计原则为可行性报告及审批文件中的设计原则,设计中遵循的主要方针、政策和设计的指导思想。
② 建设规模、分期建设及远景规划、企业专业化协作和装备水平、建设地点、占地面积、征地数量、总平面布置和内外交通、外部协作条件。
③ 生产工艺流程及特点,即与生产相关的各专业的主要设计方案、工艺流程及特点。
④ 产品方案,主要产品和综合回收产品的数量、等级、规格、质量;原料、燃料、动力来源、用量、供应条件;主要材料用量;主要设备选型、数量、配置。
⑤ 新技术、新工艺、新设备采用情况。

⑥ 主要建筑物、构筑物、公用、辅助设施、生活区建设；抗震和人防措施。
⑦ 综合利用，环境保护和"三废"治理。
⑧ 生产组织，如工作制度和劳动定员。
⑨ 各项技术经济指标。
⑩ 建设顺序、建设期限。
⑪ 经济评价，如成本、产值、税金、利润、投资回收期、贷款偿还期、净现值、投资收益率、盈亏平衡点、敏感性分析、资金筹措、综合经济评价等。
⑫ 总概算。
⑬ 附件、附表、附图，包括设计依据的文件批文、各项协议批文、主要设备表、主要材料明细表、劳动定员表等。

5. 业主对初步设计的审查

业主对初步设计文件的审查围绕着所设计项目的质量、进度及投资进行。总目录和设计总说明审查，查核设计质量是否符合决策要求，项目是否齐全，设计标准、装备标准是否符合预定要求。针对业主所提供的委托条件和设计要求，逐条对照，审核是否均已满足。初步设计中所安排的施工进度和投产时间是否可能实现，各种外部因素是否考虑周全。投资审查主要是审核总概算。要审核外部投资是否节约，外部条件设计是否经济，方案比较是否全面，经济评价是否合理；设备投资是否合理，主要设备订货价格是否符合当前市场价格，能否用国产设备，订制国外设备的条件和费用是否合理，有无替代途径等。

对初步设计图纸的审查重点是审查总平面布置、工艺流程，车间、厂房组成和交通运输组织。厂区运输组织是采用公路还是铁路，要求技术经济方案的论证和比较。总图布置要方便生产，获得最佳的工作效率，同时要满足环境保护、安全生产、防震抗灾、生活环境等要求。总平面布置要充分考虑方向、风向、采光、通风等要素。工艺设备、各种管线和道路的关系应相互无矛盾。

要审查初步设计是否创造出良好的生产和生活环境，能否在此环境中创造高效、低耗和充满生机的条件。这主要体现在建筑设计的标准、平面和空间的处理及环保要求等方面。一个工业区或新兴城市要有完美、和谐、统一的建筑风格。

3.3.5 对技术设计的管理

1. 开展技术设计的条件

首先是初步设计已被批准。另外，对于特大规模的建设项目，或工艺极为复杂，或采用新工艺、新设备、新技术而且有待试验研究的新开发项目，某些援外项目及极为特殊的项目，经上级机关或主管部门批准需要做技术设计者。

2. 技术设计的深度和主要解决的问题

技术设计是根据已批准的初步设计，对设计中比较复杂的项目、遗留问题或特殊需要，通过更详细的设计和计算，进一步研究和阐明其可靠性和合理性，准确地决定各主要技术问题。设计深度和范围基本上与初步设计一致。

3.3.6 对施工图设计的管理

1. 开展施工图设计的条件

① 上级文件,包括业主已取得经上级或主管部门对初步设计的审核批准书、批准的国民经济年度基本建设计划和当地规划局核发的施工图设计条件通知书。

② 初步设计审查时提出的重大问题和初步设计的遗留问题,诸如补充勘探、勘察、试验、模型等已经解决;施工图阶段勘察及地形测绘图已经完成。

③ 外部协作条件,水、电、交通运输、征地、安置的各种协议已经签订或基本落实。

④ 主要设备订货基本落实,设备总装图、基础图资料已收集齐全,可满足施工图设计的要求。

2. 施工图设计深度

施工图设计应满足下列要求。

① 设备材料的安排。

② 非标准设备和结构件的加工制作。

③ 编制施工图预算,并作为预算包干、工程结算的依据。

④ 施工组织设计的编制应满足设备安装和土建施工的需要。

3. 施工图的内容

施工图的内容主要包括工程安装、施工所需的全部图纸,重要施工、安装部位和生产环节的施工操作说明,施工图设计说明,预算书和设备、材料明细表。

在施工总图(平面图、剖面图)上应有设备、房屋或构筑物、结构、管线各部分的布置,以及它们的相互配合、标高、外形尺寸、坐标;设备和标准件清单;预制的建筑配构件明细表等。在施工详图上应设计非标准详图,设备安装及工艺详图,设计建筑物、构筑物所有构件及配件的建筑和结构详图,材料明细表及编制预算。图纸要按有关专业配套出齐,如建筑、结构、工艺设备、给排水、电气、暖通、通信等。

4. 施工图设计审查

施工图是对设备、设施、建筑物、管线等工程对象物的尺寸、布置、选材、构造、相互关系、施工及安装质量要求的详细图纸和说明,是指导施工的直接依据,也是设计阶段质量控制的重点。审查重点是:使用功能是否满足质量目标和水平。

(1) 总体审核

首先要审核施工图纸的完整性和完备性及各级的签字盖章。其次审核工程施工设计总布置图和总目录。总平面布置和总目录的审核重点是:工艺和总图布置的合理性,项目是否齐全,有无子项目的缺漏,总图在平面和空间的布置上是否交叉无矛盾;有无管线打架、工艺与各专业相碰,工艺流程及相互间距是否满足规范、规程、标准等的要求。

(2) 总说明审查

工程设计总说明和分项工程设计总说明的审核重点是:所采用的设计依据、参数、标准是否满足质量要求,各项工程做法是否合理,选用设备、仪器、材料等是否先进、合理,工程措施是否合适,所提技术标准是否满足工程需要。

(3) 具体图纸审查

图纸审查的重点是：施工图是否符合现行规范、规程的要求；图纸是否符合现场和施工的实际条件，深度是否达到施工和安装的要求，是否达到工程质量的标准；对选型、选材、造型、尺寸、关系、节点等图纸自身的质量要求的审查。

(4) 其他及政策性要求

这部分的审查重点是：审核是否满足勘察、观测、试验等提供的建设条件；外部水、电、气及集疏运条件是否满足；是否满足和当地政府签订的协议书，是否满足环保措施和"三废"排放标准；是否满足施工和安全、卫生、劳保的要求。

(5) 审查施工预算和总投资预算

审查预算编制是否符合预算编制要求，工程量计算是否正确，定额标准是否合理，各项收费是否符合规定，汇率计算、银行贷款利息、通货膨胀等各项因素是否齐全，总预算是否在总概算控制范围内。

5. 施工图的设计交底和图纸会审

设计交底和图纸会审的目的是：进一步提高质量，使施工单位熟悉图纸，了解工程特点和设计意图，明确关键部位的质量要求，发现图纸错误进行改正。

具体程序是：业主组织施工单位和设计单位进行图纸会审，先由设计单位向施工单位进行技术交底，介绍工程概况、特点、设计意图、施工要求、技术措施等有关注意事项；然后由施工单位提出图纸中存在的问题和需要解决的技术难题，通过三方协商，拟定解决方案，写出会议纪要。

图纸会审的主要内容如下。

① 设计资格审查和图纸是否经设计单位签署，图纸与说明是否齐全，有无续图供应。

② 地质与外部资料是否齐全，抗震、防火、防灾、安全、卫生、环保是否满足要求。

③ 总平面和施工图是否一致，设计图之间、专业之间、图面之间有无矛盾，标志有无遗漏；总图布置中工艺管线、电气线路、设备位置、运输通路等与构筑物之间有无矛盾，布局是否合理。

④ 地基处理是否合理，施工与安装有无不能实现或难以实现的问题，或易于导致质量问题、安全及费用增加等方面的问题，材料来源有无保证、能否代换。

⑤ 标准图册、通用图集、详图做法是否齐全，非通用设计图纸是否齐全。

3.3.7 设计协调

1. 设计协调的内涵

工程设计阶段是一个由多家单位、多个部门和众多人员共同参与的复杂的生产过程，为了使这个复杂系统中的众多复杂因素顺利高效地协同运作，必须进行有效的组织和管理协调。

依据需协调的对象和工作内容划分，设计协调环节主要包括以下六方面的内容。

(1) 业主方与设计方的协调

在设计阶段，业主方和设计方必须进行深入而大量的沟通，将业主方的想法和意见及时传递给设计方，并针对其具体建议进行必要的设计调整和修改。在工程设计前，业主对功能的要求应尽可能明确,在设计过程中,业主对设计应及时予以确认和决策,并尽可能减少设计变更。

(2) 设计方与施工方的协调

设计方与施工方的协调是工程项目实施永恒的话题。在设计阶段,应充分考虑设计的可建造性,尤其是应基于施工单位的能力和技术特点来考虑。在施工过程中,设计单位应充分考虑和负责解决可能出现的各种技术问题,并配合施工方以确保工期和质量。因此,做好设计方和施工方二者的协调工作,才能确保实现与施工的顺利衔接。

(3) 设计方与材料设备供应方的协调

在设计阶段,应考虑工程材料、设备订货周期以及一些细部或专项设计所需要的专业设备采购问题。设计方在设计阶段,应该提供材料设备采购清单,制定采购计划,同时应该根据工程实施的需要,安排设计方与材料设备供应方的沟通和协调,以保障工程的顺利实施。在采购之前,设计单位应参与设备材料的询价;在采购过程中,要提出采购清单和技术要求,参与技术谈判;在确定设备选型后,要负责完善设计。因此,设计方与材料设备供应方的协调也是设计阶段项目管理中一项重要的协调工作。

(4) 主设计方与其他设计方的协调

现代工程设计专业分工呈现越来越细化的趋势,同时建筑材料和建造技术发展也日新月异,所以所有设计工作不可能由一家设计单位来完成,需要有其他设计方参与细部设计。这些细部设计还可能涉及物资供应单位、加工制作单位和施工安装单位,因此,与这些细部设计单位之间的协调也是很重要的。协调工作通常取决于主设计单位的设计管理能力,同时,业主方也可能参与。

(5) 设计内部各专业工种的协调

工程设计是一项非常复杂且专业化、系统化的特殊生产过程,它需要各设计工种互相协调和配合,例如建筑、结构、电气、机电专业的配合等。因此,只有在设计方内部之间进行良好的协调,才能保证工程设计的顺利进行。

一般情况下,设计各专业工种的协调属于设计单位内部的事情,主要通过设计单位自身的质量保证体系来实现,然而对于一些技术复杂的大型项目或工期要求比较紧张的复杂项目,业主方也应该参与各设计工种的协调工作,以保证工程设计的顺利进行。

(6) 中方设计单位与外方设计单位的协调

当前,由于中外合作设计模式在我国的应用日益广泛,因此,中外方设计单位协调是一项非常重要的工作。由于国内、国外双方在技术上、工作方式以及对项目的理解等方面存在较大差异,可能会导致各种误会。若不及时处理这些误会,日积月累之后,可能会在合作中引发更大的矛盾,再加上双方在语言、文化和制度上的差异等方面的因素,甚至可能造成双方难以继续合作,造成重大的损失。因此,在中外合作设计模式的项目管理工作中,业主方项目管理者一定要重视双方的协调合作问题,双方的任务分工和责任必须在合作设计合同中予以明确规定,在设计的过程中及时发现问题,并及时解决和化解双方的矛盾。

当然,选择好的设计单位更容易获得优秀的设计,并可以避免许多后期隐患。因此在挑选合作的设计单位阶段,应让合作的设计公司提供项目团队的人员组成和简历,并尽量进行面对面的会谈沟通,作为最终决定的必要参考因素。

2. 设计协调的工作任务

在设计阶段,业主方或其聘请的项目管理公司应通过设计协调,协助和确保设计单位做好以下主要工作。

① 编制和及时调整设计进度计划。
② 督促各工种人员参加相关设计协调会议、施工协调会议。
③ 及时进行设计修改和变更,满足施工要求。
④ 协助并参与材料、设备采购以及施工招标。
⑤ 如果需要,尽量完成综合管线彩色安装图的绘制,以确保各专业工种的协调。
⑥ 若工程需要,可以进行现场设计,并及时提供施工所需图纸。
⑦ 如果工程需要且具有条件的情况下,成立工地工作组,及时解决施工中出现的问题。

3. 设计协调的方法

设计协调方法主要包括设计协调会议制度、工程项目管理函件及设计报告制度三种方式。

(1) 设计协调会议制度

对于设计协调工作,可以建立定期设计协调会议制度。按照设计协调内容的差异,设计协调会议制度主要包括三种类型:①设计方与业主方设计协调会议;②设计方与施工方现场协调会议;③设计方与材料设备供应方设计协调会议。

上述三种类型的会议解决了不同方面的协调问题。例如,设计方与业主方设计协调会议主要用于设计方与业主方的定期交流和沟通,通过协调会议,将业主方对设计方工作的想法和意见反馈给设计方;设计方与施工方现场协调会议主要用于施工过程中出现的设计问题的解决,通过协调会议及时解决施工过程中出现的技术问题;设计方与材料设备供应方设计协调会议主要处理材料设备采购中出现的、需要设计方去解决和确认的问题。

通常情况下,设计协调会议是由业主代表或是业主方项目管理公司主持召开的。设计协调会议的参加人员、召开时间、讨论内容、主持人员以及记录人员等都应该在设计过程中事先以书面的形式明确规定,形成规章制度。此外,设计协调会议制度还应做好协调会议的记录管理和文件流转工作,保证会议上通过的各项决议能够及时、准确地传递给相关各方。

(2) 工程项目管理函件

工程项目管理函件除了根据工程项目管理手册要求用于对工程日常事务进行记录和确认以外,还可以用于对工程设计中突发问题的解决。工程项目管理函件是业主方项目经理的书面指令,是对于设计协调会议制度的重要补充。

工程项目管理函件可以按照函件发出人或接收人进行分类。例如,对于业主方而言,可以将工程项目管理函件分为设计方、承包商、供应商、政府部门、自行发出以及其他六大类。此外,对于工程项目管理函件的格式、书写内容、收发流程以及管理归档都应当在设计阶段形成书面制度予以明确规定。

(3) 设计报告制度

设计报告制度在设计阶段主要是指设计方向业主方提交的月报,它主要包括每个月的工作进度报告等。

3.4 结　　语

工程设计意义重大,它将项目由无形的意向变成有形的图纸文件,同时又是指导建设施工、将蓝图变为现实的依据。本章从工程勘察和工程设计这两个概念入手,提出了勘察设计管理的概念及工作内容。在对设计的原则、作用、阶段划分等做了较详细的介绍后,又分别讲述了工程勘察和工程设计两方面内容,其中,对工程设计的内容做了详细阐述。重点论述了工程设计的安全可靠性、适用性和经济性等目标,并从初步设计、技术设计和施工图设计三个不同阶段对业主所应做的主要工作进行了详细分析。

思　考　题

1. 什么是工程勘察？其主要内容是什么？
2. 什么是工程设计？其主要内容是什么？
3. 工程设计的原则是什么？有什么作用？其阶段如何划分？
4. 工程设计的目标是什么？
5. 设计协调的主要任务包括哪些内容？

第 4 章

工程项目组织管理

■ 学习目标

本章着重阐述工程项目的组织管理,要求学生理解工程项目组织的必要性;了解现阶段我国的项目组织制度及其历史演变;熟知项目甲、乙双方的组织机构及工程项目实施的组织模式。

■ 关键概念

项目法人责任制　工程项目组织机构　工程项目实施的组织模式

4.1 概　　述

4.1.1 工程项目组织的必要性

工程项目管理的一切工作都要依托组织来进行,科学合理的组织制度和组织机构是项目成功建设的组织保证。其必要性主要体现在以下几方面。

① 工程项目的建设过程并非孤立存在的单体运行过程,而是存在于一个非常复杂的环境之中的项目运作过程。在建设的过程中,会产生许多项目管理班子与企业部门,项目经理与设计方或施工方等交界面,这就决定了要有组织地工作。

② 项目管理人员必须编制施工组织设计,加之在实施过程中的协调,要求有效科学地组织,才能避免潜在的因缺乏安排中间断档而造成的工期拖延、进度延误以及管理不利造成的资源浪费和工程质量问题;在工程项目的建设中,甲方与乙方是一对必然的矛盾体,具体体现在,甲方总是希望以低成本及短工期来换取高质量,而乙方一般则会希望在工程质量合格的前提情况下,实现其利润的最大化。这些实际存在的矛盾只有通过有效的组织协调才能缓和。

③ 工程项目建设过程中,涉及施工人员的技能、知识等的合理搭配;涉及大量的物质流、设备、信息流。要合理有序地组织工作,必然要求有科学地组织。

4.1.2 工程项目管理的组织制度

1. 项目法人责任制

项目法人责任制是将投资所有权和经营权分离,对项目规划、设计、筹资、建设实施直至生产经营,以及投资保值增值和投资风险负全部责任,实行自主经营、自负盈亏、自我发展、自我约束的经营机制。

项目法人是指由项目投资者代表组成的对项目全面负责并承担投资风险的项目法人机构,它是一个拥有独立法人财产的经济组织。项目法人责任制是一种项目管理组织制度,它源于业主责任制,业主是西方国家对项目投资人的称谓。项目法人责任制符合现代企业制度的要求,是西方市场经济国家普遍采用的一种项目管理组织制度。1992年国家计划委员会颁发了《关于建设项目实行业主责任制的暂行规定》,同年党的十四届三中全会改称项目法人责任制。我国政府规定:从1992年起,新开工和进行前期工作的全民所有制单位的基本建设项目原则上都要实行项目法人责任制。

项目法人责任制与投资项目的传统管理体制在管理上最大的不同之处在于:传统体制下独立建设的项目是先有项目,后有法人,即只有项目建成后,投产之时才到工商局登记,取得法人资格;而项目法人责任制是指项目由法人筹建和管理,因而对任何项目都是先有法人,后有项目。

2. 项目法人责任制的特点

(1) 产权关系明晰

项目法人责任制是以现代企业制度为依据的,产权所有者与管理者的职责范围明确。

(2) 具有法人地位

项目法人责任制是先有法人,后有投资项目。因此,在项目筹划、筹资、设计、建设过程中,能够以具有独立法律地位法人的资格与各有关单位和个人开展业务,建立经济关系等,从而能彻底改变过去的工程项目不具备法人地位而依附主管部门的被动局面,直接受到法律保护。

(3) 有利于建立责、权、利相一致的约束机制

现代企业制度中,对产权关系中各当事人的责、权、利都有明确的规定,并以章程或契约确定下来,实行项目法人责任制正是遵循现代企业制度的办法,把股东与享有法人财产权的企业区分开来,并根据现代企业制度的法规(如《中华人民共和国公司法》)和公司章程互相履行责任义务、互相监督和取得各自的利益;在企业内部,董事会和其聘任的项目经理或运营经理之间同样可以根据现代企业制度的原则建立相应的责、权、利约束机制,经理与其下属的职工之间也是如此。这样可使项目从建设到建成投产后的运营都建立起责任网,明确各自的分工、权利、责任和义务。

(4) 有利于保证工程项目实行资本金制度

投资项目资本金制度是指项目总投资中必须包含一定比例的由各出资方实缴的资本金的制度,该部分资本金对项目法人来讲是一笔非负债资金。按照"先有法人,后有项目"的原则,在各出资方同意参加建设某一项目后,必须根据公司组建原则达成出资协议,并缴足所承诺数额的资本。资本总额达到注册总资本后,公司才能获准注册成为企业法人,此时股东

的地位才能落实;有了垫底资金,才能成为自负盈亏、自担风险、自我发展、自我约束的法人。实行项目法人责任制有利于保证工程项目实行资本金制度,而实行资本金制度又是推行项目法人责任制和现代企业制度的基本前提。

(5) 有利于解决投资项目的建设和运营统一管理

项目法人责任制投资责任主体明确,先有法人,再有项目,由法人对投资项目的筹划、筹资、人事任免、招标定标、建设实施,直至生产经营管理、债务偿还以及资产的保值增值实行全过程负责,避免了对投资活动的割裂管理。

3. 项目法人的职责

项目法人责任制是项目管理责任的主体。作为项目财产的所有者——项目法人应承担下列职责。

① 负责项目的科学规划与决策,以确定合理的建设规模和适应市场需求的产品方案。

② 负责项目融资并合理安排投资使用计划。

③ 制定项目全过程的全面工作计划,并进行监督、检查,组织工程设计、施工,在计划的投资范围内,按质、按期完成建设任务。

④ 建设任务分解,确定每项工作的责任者及其职责范围,并进行协调。

⑤ 组织工程设计、施工的发包招标,严格履行合同,对项目的财务、进度、工期、质量进行监督、检查、控制,并进行必要的协调工作。

⑥ 做好项目生产准备和竣工验收,按期投入生产经营。

⑦ 负责项目建成后的生产经营,实现投资的保值和增值,审定项目利润分配方案。

⑧ 按贷款合同规定,负责贷款本息偿还。

4. 项目法人与项目有关各方的关系

一个工程项目在其整个运行周期内,将与众多有关部门(如政府、银行、设计、施工、监理等单位或部门)发生许多经济关系和行政关系。

政府与项目法人的关系是领导与被领导的关系。如果政府是项目的出资人,则政府还是项目财产的终极所有者。政府对工程项目应严格区别两种关系:①作为政府部门,依法对工程项目享有审批权和监督权,这是政府的社会经济管理职能;②作为投资者,享有重大决策权和收益权,但要把所有权与经营权分离。总之,要按照现代企业制度的要求,实行政企分开和政资分开,给企业以自主经营权和发展权,要尊重项目的法人财产权。

根据国家的有关法规规定,工程项目的勘察设计、施工应实行工程承发包制,招标投标制、合同管理制和建设监理制,其目的是规范建设市场,降低工程造价,提高工程质量,合理利用社会资源。这样,在项目的实施过程中就与勘察设计单位、施工企业、设备材料供应商、工程监理机构发生许多经济关系,这些关系大都通过经济合同形式予以处理。

实行工程承发包、招标与合同制是对项目法人责任制的重要补充。它通过引入市场竞争机制,一方面强化了投资风险约束机制,分散了项目法人的风险,减轻了项目法人组织项目建设的工作量,可集中精力从事监督、协调、服务;另一方面保证了工程项目顺利实施和实现项目建设的目标,这是微观投资管理体制改革的重大措施。项目法人责任制、工程承发包制、招标投标制和合同管理制的密切结合,对提高我国工程项目的管理水平有着重要的意义。

4.2 组织结构理论

4.2.1 组织结构设计的原则

工程项目的组织机构是依据项目的组织制度,支撑项目建设工作正常运转的组织机构体系,是项目管理的骨架。在进行组织机构设置时,应遵循以下几条原则。

1. 任务目标原则

任何一个组织都有其特定的任务和目标,每一个组织及其每一个人都应当与其特定的任务目标相关联;组织的调整、增加、合并或取消都应以是否对其实现目标有利为衡量标准;没有任务目标的组织是没有存在价值的。

根据这一原则,在进行组织设计时,首先应当明确该组织的发展方向及经营战略等,这些问题是组织设计的大前提。这个前提不明确,组织设计工作将难以进行。根据这一原则,首先要认真分析,为了保证组织任务目标的实现,必须做的工作是什么、有多少,设什么机构、什么职能才能做好这些事。然后,以工作为中心,因工作建机构,因工作设事务,因工作配人员。根据这一原则,就要反对简单片面地搞"上下对口",也即不顾项目实际工作是否需要,上级设什么部门,项目就设相应的科室;也要反对因人设职、因职找事的做法。

2. 管理跨度原则

管理跨度是指一个领导者所直接领导的人员数量。如1名经理配备2名副经理和3名总师(总工程师、总经济师、总会计师),那么经理的管理跨度就是"5"。现代管理学家已经证明,管理跨度增加一个,领导与下级之间的工作接触成倍增加。英国管理学家丘格纳斯就认定:如果下级人数以算术级数增加时,其领导者同下属人员之间的人际关系数将以几何级数增加,其公式为

$$C = n(2^{n-1} + n - 1) \tag{4-1}$$

式中:C 为可能存在的人际关系数;n 为管理跨度。

例如,1个领导者直接领导2个人共同工作,其可能存在的人际关系数是6,如果直接领导下级人数由2人增加为3人,则其人际关系数就由6增加为18。当然,按式(4-1)计算,当管理跨度增为十几人时,人际关系数就非常大,但实际情况可能并不那样严重,跨度太大的确常常会出现令人应接不暇、顾此失彼的现象。那么跨度多少为宜呢?一些研究结果认为,跨度大小与相关各因素有关,见表4-1。

表 4-1 管理跨度与影响因素的关系

决定管理跨度的因素	跨度小	跨度大
1. 一次接触所需时间	长	短
2. 处理例外性事务	多	少
3. 授权程度	大	小
4. 领导者和被领导者的工作能力	弱	强
5. 业绩的评价	难	易

一般认为,跨度大小应是个弹性限度。上层领导为3～9人,以6～7人为宜;基层领导为10～20人,以12人为宜;中层领导则居中。

为使领导者控制适当的管理跨度,可将管理系统划分为若干层次,使每一层次的领导者可集中精力在其职责范围内实施有效的管理。管理层次划分,应根据部门事务的繁简程度和各层次管理跨度的大小加以确定。如果层次划分过多,信息传递容易发生失真及遗漏现象,可能导致管理失误。但是,若层次划分过少,各层次管理跨度过大,会加大领导者的管理难度,也可能导致管理失误。

科学的管理跨度加上适当的管理层次划分和适当的授权,正是建立高效率组织机构的基本条件。

3. 统一指挥原则

统一指挥原则的实质就是在管理工作中实行统一领导,建立严格的责任制,消除多头领导和无人负责现象,保证全部活动的有效领导和正常进行。统一指挥原则对管理组织的建立具有下列要求。

① 确定管理层次时,要使上下级之间形成一条等级链。从最高层到最底层的等级链必须是连续的,不能中断,并明确上下级的职责、权力和联系方式。

② 任何一级组织只能有一个负责人,实行首长负责制。

③ 正职领导副职,副职对正职负责。

④ 下级组织只接受一个上级组织的命令和指挥,防止出现多头领导的现象。

⑤ 下级只能向直接上级请示工作。下级必须服从上级命令和指挥,不能各自为政、各行其是。如有不同意见,可以越级上诉。

⑥ 上级不能越级指挥下级,以维护下级组织的领导权威,但可以越级检查工作。

⑦ 职能管理部门一般只能作为同级直线指挥系统的参谋,但无权对下属直线领导者下达命令和指挥。

4. 分工-协作原则

分工与协作是社会化大生产的客观要求。组织设计中要坚持分工-协作的原则,就是应做到分工要合理,协作要明确。对于每个部门和每个职工的工作内容、工作范围、相互关系、协作方法等都应有明确规定。

根据这一原则,首先要解决好分工的问题。分工时,应注意分工的粗细要适当。一般来说,分工越细,专业化水平越高,责任划分明确,效率也较高,但也容易出现机构增多、协作困难、协调工作量增加等问题。分工太粗,则机构可较少,协调可减轻,易于培养多面手,但是专业化水平和效率比较低,容易产生推诿责任的现象。两者各有千秋,具体确定时,就要根据实际情况(如人员素质水平、管理难易和繁简程度)来确定,做到一看需要,二看可能。

5. 精干高效原则

精干指在保证工作按质按量完成的前提下,用尽可能少的人去完成工作。之所以强调用尽可能少的人,是因为根据大生产管理理论,多一个人就多一个发生故障的因素。另外,人多容易助长推诿拖拉、相互扯皮的风气,造成效率低下。为此,要坚持精干高效的原则,力求人人有事干,事事有人管,保质又保量,负荷都饱满。这既是组织机构设计的原则,又是组织联系和运转的要求。

6. 责权利相对应原则

有了分工,就意味着明确了职务,承担了责任,就要有与职务和责任相等的权力,并享有相应的利益。这就是责、权、利相对应的原则。这个原则要求职务要实在、责任要明确、权力要恰当、利益要合理。

根据这一原则,在设置职务时,应当实实在在,不能成为虚员,做到有职就有责,有责就有权。因为有责无权和责大权小会导致负不了责任并且会束缚管理人员的积极性、主动性和创造性;而责小权大甚至无责有权,又难免造成滥用权力。

4.2.2 传统组织结构类型

1. 直线制组织结构

直线制组织结构来自于军事组织系统,是最简单、最基础的组织结构形式,也是目前最常用的组织结构。直线制组织结构特点是各级单位自上而下垂直领导,呈金字塔形结构。

直线制组织结构的优点是一个下级只受一个上级领导管理,上下级关系简明清晰,层级制度严格明确,保密程度好,决策与执行工作有较高效率;管理沟通的信息来源与基本流向固定,管理沟通的渠道也简单固定,管理沟通的速度和准确性在客观上有一定的保证。

直线制组织结构的缺点是管理无专业分工,各级管理者必须是全能管理者,各级管理者负担重,但企业较大时,难以有效领导与管理;管理沟通的信息来源与基本流向被管理者牢牢控制,并且管理沟通的速度和质量严重依赖于直线中间的各个点,信息容易被截取或增删,造成管理沟通不顺畅或失误。

2. 职能制组织结构

职能制组织结构是各级行政单位除主管负责人外,还相应地设立的一些职能机构。如在厂长下面设立职能机构和人员,协助厂长从事职能管理工作。这种结构要求行政主管把相应的管理职责和权力交给相关的职能机构,各职能机构就有权在自己业务范围内向下级行政单位发号施令。因此,下级行政负责人除了接受上级行政主管人指挥外,还必须接受上级各职能机构的领导。

职能制组织结构的优点是能适应现代化工业企业生产技术比较复杂、管理工作比较精细的特点;能充分发挥职能机构的专业管理作用,减轻直线领导人员的工作负担。

职能制组织结构的缺点是形成了多头领导,不利于建立和健全各级行政负责人和职能科室的责任制,在中间管理层容易出现抢功和推卸责任的现象;另外,在上级行政领导和职能机构的指导和命令发生矛盾时,下级无所适从,影响工作的正常进行,容易造成纪律松弛,生产管理秩序混乱。

3. 直线-职能制组织结构

直线-职能制也叫生产区域制或直线参谋制。它是在直线制和职能制的基础上,取长补短,吸取这两种形式的优点而建立起来的。目前,我们绝大多数企业都采用这种组织结构形式。该形式把企业管理机构和人员分为两类：一类是直线领导机构和人员，按命令统一原则对各级组织行使指挥权；另一类是职能机构和人员，按专业化原则，从事组织的各项职能管理工作。直线领导机构和人员在自己的职责范围内有一定的决定权和对所属下级的指挥权，并对自己部门的工作负全部责任。职能机构和人员则是直线指挥人员的参谋，不能对直接部门发号施令，只能进行业务指导。

直线-职能制的优点是既保证了企业管理体系的集中统一，又可以在各级行政负责人的领导下，充分发挥各专业管理机构的作用。

直线-职能制的缺点是职能部门之间的协作和配合性较差，职能部门的许多工作要直接向上层领导报告请示才能处理，加重了上层领导的工作负担，也造成办事效率低。为克服这些缺点，可以设立各种综合委员会或建立各种会议制度，以协调各方面的工作，起到沟通作用，帮助高层领导出谋划策。

4. 事业部制组织结构

事业部制组织结构就是按照企业所经营的事业，包括按产品、地区、顾客（市场）等来划分部门，设立若干事业部。事业部是在企业宏观领导下，拥有完全的经营自主权，实行独立经营、独立核算的部门，既是受公司控制的利润中心，具有利润生产和经营管理的职能，同时也是产品责任单位或市场责任单位，对产品设计、生产制造及销售活动负有统一领导的职能。

事业部制组织结构的主要优点如下。

① 每个事业部都有自己的产品和市场，能够规划其未来发展，也能灵活自主对市场出现的新情况迅速做出反应，所以，这种组织结构既有高度的稳定性，又有良好的适应性。

② 权力下放，有利于最高领导层摆脱日常行政事务和直接管理具体经营工作的繁杂事务，而成为坚强有力的决策机构，同时又能使各事业部发挥经营管理的积极性和创造性，从而提高企业的整体效益。

③ 事业部经理虽然只是负责领导一个比所属企业小得多的单位，但是由于事业部自成系统、独立经营，相当于一个完整的企业，所以，它能经受企业高层管理者面临的各种考验。显然，这有利于培养全面管理人才，为企业的未来发展储备干部。

④ 事业部作为利润中心，便于建立衡量事业部及其经理工作效率的标准，进行严格的考核，易于评价每种产品对公司总利润的贡献大小，用以指导企业发展的战略决策。

⑤ 按产品划分事业部，便于组织专业化生产，形成经济规模，采用专用设备，并能使个人的技术和专业知识在生产和销售领域得到最大限度的发挥，因而有利于提高劳动生产率和企业经济效益。

⑥ 各事业部门之间可以有比较、有竞争，由此而增强企业活力，促进企业的全面发展。

⑦ 各事业部自主经营，责任明确，使得目标管理和自我控制能有效地进行，在这样的条件下，高层领导的管理幅度便可以适当扩大。

事业部制的主要缺点如下。

① 由于各事业部利益的独立性，容易滋长本位主义。

② 一定程度上增加了费用开支。

③ 对公司总部的管理工作要求较高，否则容易发生失控。

5. 矩阵式组织结构

矩阵式组织结构形式是在直线-职能式垂直形态组织系统的基础上,再增加一种横向的领导系统,它由职能部门系列和完成某一临时任务而组建的项目小组系列组成,从而同时实现了事业部制与职能制组织结构特征的组织结构形式。矩阵式组织结构也可以称为非长期固定性组织结构。

矩阵式组织结构的优点如下。

① 同时具备事业部制与职能制组织结构的优点。

② 兼有职能制和产品式(项目式)职能划分的优点,因为职能制职能划分与产品式职能划分的优缺点正好为互补型。

③ 加强了横向联系,专业设备和人员得到了充分利用,实现了人力资源的弹性共享。

④ 具有较大的机动性,促进各种专业人员互相帮助、互相激发、相得益彰。

矩阵式组织结构的缺点如下。

① 成员位置不固定,有临时观念,有时责任心不够强。

② 人员受双重领导,有时不易分清责任,需要花费很多时间用于协调,从而降低了人员的积极性。

4.3 工程项目的组织机构

工程项目的组织机构是按照一定的活动宗旨(管理目标、活动原则、功效要求等),把项目的有关人员根据工作任务的性质划分为若干层次,明确各层次的管理职能,并使其具有系统性、整体性的组织系统。建立高效率的组织机构是项目管理取得成功的组织保证。工程项目的组织机构包括项目法人单位(或称建设单位,在合同中称为甲方)的组织机构与承包单位(如施工单位,在合同中称为乙方)的组织机构,双方机构密切配合才能完成项目任务。由于甲、乙双方在项目建设中所处的地位、承担的责任和目标有一定的区别,因此组织机构的设置是不同的。

4.3.1 项目甲方组织机构的演化与发展

项目甲方的组织机构与我国投资管理体制关系极为密切,由于新中国成立后的大部分时间实行计划投资管理体制,国家是建设项目唯一的投资主体,是项目业主,因此,基础设施和基础工业项目大都以项目的主管部门为主体,组建多种形式的工程指挥部,负责工程实施。对一般工业投资项目则由企业采用自组织方式管理,或能力不足时采用交钥匙方式。随着管理体制的深化改革,工程监理代理制被引入项目的实施管理中。现对这几种项目甲方的组织机构介绍如下。

1. 指挥部制

我国存在三种形式的指挥部。

(1) 现场指挥部

1960 年由国家计划委员会党组发出通知,对重大工程项目成立"基本建设指挥部",这是当时压缩基本建设规模、加强中央统一计划领导的产物。

工程指挥部是由建设单位、设计单位、施工单位、项目所在地党委及物资、银行等有关部门的代表组成,实行党委领导下的首长负责制。指挥部统一指挥设计、施工、物资供应、地方支援等工作,它类似于军事组织,是一种临时组织。

这种组织形式的优点是:指挥部权威很大,用行政手段把建设系统与建设的环境系统联系在一起,可在一定程度上改变环境,以适应工程建设的需要。因此,这种组织形式有利于工程建设的顺利实施。

它的缺点是:指挥部不是靠合理协调有关各方的经济利益和责权利关系,而是靠行政手段结合在一起,因此参加指挥部的各方失去了独立性,分工协作的效率较低,系统动作也比较低效。总指挥部下设的各分指挥部之间的横向联系也很困难,工程实施协调难度大。

(2) 常设工程指挥部——重点工程指挥部

20 世纪 70 年代以及十一届三中全会以后,在一些大型基础设施和基础工业工程项目建设中采用了一种常设的项目管理机构,作为政府的派出机构,拥有代表政府管理项目的一切权力,负责对大型重点工程项目实施统筹管理、协调控制。

这种指挥部权威大,权力集中,常设指挥部职能专一,机构健全,人员稳定,但不是经济实体,在管理体制上采用行政手段,靠政府的权力管理项目。从职责上看,它只对项目的按期竣工和工程质量负责,不承担项目的经济责任。

(3) 工程联合指挥部

十一届三中全会之后,随着改革开放的推进,项目建设中实施招标投标制度和合同制度,在建筑行业引入了竞争机制。但由于合同法和经济司法机构不健全,在履约中出现的矛盾没有强有力的仲裁机构解决。在这种形势下,仍然需要靠行政手段以命令形式或行政协调方式来解决各种矛盾,于是出现了一种经济手段和行政手段相结合的项目管理组织形式——工程联合指挥部。

工程联合指挥部由项目有关各方的代表组成,它不是一个经济实体,指挥部与政府主管部门和建设单位之间实行预算包干办法。

这种组织形式的主要缺点是:它不是经济实体,无法独立承担经济责任;组织结构松散,各分系统联系薄弱,政出多门,行政干预多;各方权责不统一,甲方权小责大。

2. 建设单位自组织方式

建设单位自组织方式是针对中小型项目、工程内容不太复杂时,由企业临时组建项目指挥班子,具体工作由基建处及处下设的计划科、预算科、设备科、材料科、工程科等组织项目实施。这些部门实际上负责组织协调运筹工作,工程勘察设计、施工均采取发包、招标办法,有时还聘请监理机构协助工程监督、监理。这是大多数工业企业对中小型项目实行的项目管理办法。

3. 交钥匙管理方式

这种方式是由建设单位提出项目的使用要求,把项目管理工作一揽子包出去,即将勘察设计、设备选购、工程施工、试生产验收等全部工作委托给一家大承包公司去做,工程竣工后接过钥匙即可启用,这种管理方式也叫"全过程承包"。

承担这种任务的承包商可以是一体化的设计施工公司,也可以由设计、器材供应、设备制造厂及咨询机构等组成"联合体"。

4. 工程建设监理制

工程建设监理制是建设单位分别与承包商和监理机构签订合同,由监理机构全权代表建设单位对项目实施管理,对承包商进行监督。这时建设单位不直接管理项目,而是委托企业外部专门从事项目管理的经济实体——监理机构来全权代表业主对项目进行管理、监督、协调、控制。在这种方式下,项目的拥有权与管理权相分离,业主只需对项目制定目标提出要求,并负责最后工程的验收。

工程建设监理制是国际上通行的工程管理方式,在国际上把监理单位称为"工程师单位"。监理单位具有工程项目管理的专门知识,拥有经验丰富的人才,属于智力密集型的项目管理经济实体。这种经济实体是独立于业主和承包商的第三方法人,它具有工程技术监理和项目管理的双重职能。

4.3.2 项目乙方组织机构的常见类型

项目乙方是承担项目的实施并为业主服务的经济实体。乙方为完成承包合同所规定的施工任务,实施项目管理,施工单位必须组建自己的组织机构,制定必要的规章制度,划分并明确各层次、部门、岗位的职责和权力,建立和形成管理信息系统及责任分担系统,并通过其规范化的活动和信息流通实现组织目标。

项目组织是企业组织的有机组成部分,企业是它的母体,归根结底,项目组织是由企业组建的。从管理角度来看,企业是项目管理的外部环境,项目管理的人员主要是来自于企业本身,项目管理组织解体后,其人员仍回到原企业。即使进行组织机构调整,人员也是进出于企业内部人才市场的。项目的组织机构与企业的组织机构有关,不能离开企业的组织而空泛地去谈项目的组织机构。因此,首先要了解我国目前施工企业一般的组织机构形式。

我国的很多施工企业一般采用直线-职能制的组织形式。其组织特点是公司负责人一方面通过职能部门对公司承揽的工程项目实行横向领导;另一方面又通过职能部门实行纵向(直线)领导。图 4-1 是目前许多施工企业采用的组织形式。

常见的项目乙方组织机构有以下几种。

1. 混合工作队式

混合工作队在国外称为特别工作组,其机构如图 4-2 所示。

(1) 特点

① 项目经理由企业任命,该项目经理在企业内招聘或抽调职能人员组成项目管理机构(混合工作队),由项目经理领导,独立性很大。

② 项目管理班子成员在工程建设期间与原所在部门断绝领导与被领导关系。原单位负责人员负责业务指导及考察,但不能随意干预其工作或调回人员。

③ 项目管理组织与项目同寿命。项目结束后机构撤销,所有人员仍回原所在部门和岗位。

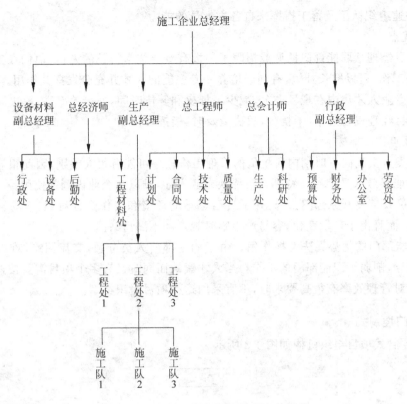

图 4-1 施工企业的直线-职能制组织系统

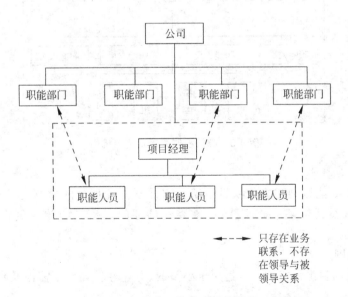

图 4-2 混合工作队式组织机构

(2) 适应范围

这是一种按照对象原则组织的项目管理机构,可独立完成任务,相当于一个"实体"。企业职能部门处于服从地位,只提供一些服务。这种项目组织类型适用于大型项目、工期要求紧迫的项目、需多工种多部门密切配合的项目。因此,它要求项目经理素质要高,指挥能力要强,有快速组织队伍及善于指挥来自各方人员的能力。

(3) 优点

① 项目经理从职能部门抽调或招聘了一批有专业技术特长的人员,他们在项目管理中配合、协同工作,可以取长补短,有利于培养一专多能的人才并充分发挥其作用。

② 各专业人才集中在现场办公,减少了扯皮和等待时间,办事效率高,解决问题快。

③ 项目经理权力集中,干扰少,故决策及时,指挥灵便。

(4) 缺点

① 各类人员在同一时期内所担负的管理工作任务可能有很大差别,因此很容易产生忙闲不均,可能导致人员浪费。特别是对稀缺专业人才,难以在企业内调剂使用。

② 人员长期离开原部门,即离开了自己熟悉的环境和工作配合对象,容易影响其积极性的发挥。而且由于环境变化,容易产生临时观点和不满情绪。

③ 职能部门的优势无法发挥作用。由于同一部门人员分散,交流困难,难以进行有效的培养、指导,削弱了职能部门的工作。当人才紧缺而同时又有多个项目需要按这一形式组织时,或者对管理效率有很高要求时,不宜采用这种项目组织类型。

2. 部门控制式

部门控制式项目组织机构如图 4-3 所示。

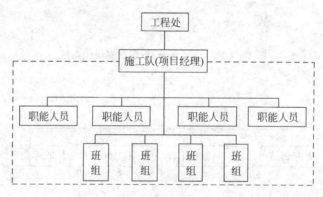

图 4-3 部门控制式项目组织机构

(1) 特点

这是一种按职能原则建立的项目组织。它并不打乱现行的建制,把项目委托给企业某一专业部门或委托给某一施工队,由被委托的部门(施工队)领导负责项目的组织和实施。

(2) 适用范围

这种形式的项目组织机构一般适用于小型的、专业性较强而不需涉及众多部门的工程项目。

(3) 优点

① 人才作用发挥较充分。这是因为由熟人组合办熟悉的事,人事关系容易协调。

② 从接受任务到组织运转启动,时间较短。

③ 职责明确,职能专一,关系简单。

④ 项目经理无须专门训练便容易进入状态。

(4) 缺点
① 不能适应大型项目管理需要,而真正需要进行项目管理的工程正是大型项目。
② 不利于对计划体系下的组织体制(固定建制)进行调整。
③ 不利于精简机构。

3. 矩阵式

矩阵式项目组织机构呈矩阵状,管理人员由企业有关职能部门派出并进行业务指导,受项目经理的直接领导。图 4-4 是矩阵式项目组织机构示意。

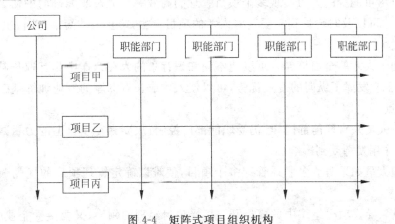

图 4-4　矩阵式项目组织机构

(1) 特点
① 把职能原则和对象原则结合起来,既发挥职能部门的纵向优势,又发挥项目组织的横向优势。
② 专业职能部门是永久性的,项目组织是临时性的。职能部门负责人对参与项目组织的人员有组织调配、业务指导和管理考察的责任。项目经理将参与项目组织的职能人员在横向上有效组织在一起,为实现项目目标协同工作。
③ 矩阵中的每个成员或部门,接受原部门负责人和项目经理的双重领导,但部门的控制力大于项目的控制力。部门负责人有权根据不同项目的需要和忙闲程度,在项目之间调配本部门人员。一个专业人员可能同时为几个项目服务,特殊人才可充分发挥作用,免得人才在一个项目中闲置又在另一个项目中短缺,大大提高人才利用率。
④ 项目经理对到本项目经理部来的成员有权控制和使用。当感到人力不足或某些成员不得力时,可以向职能部门求援或要求调换,将不力人员辞退回原部门。
⑤ 项目经理部的工作有多个职能部门支持,项目经理没有人员包袱。但要求在水平方向和垂直方向有良好的信息沟通及良好的协调配合,对整个企业组织和项目组织的管理水平和组织渠道畅通提出较高要求。

(2) 适用范围
① 适用于同时承担多个需要进行项目管理的企业。在这种情况下,各项目对专业技术人才和管理人员都有需求,加在一起数量较大。采用矩阵式组织可充分利用有限的人才对多个项目进行管理,特别有利于发挥稀有人才的作用。
② 适用于大型、复杂的工程项目。因大型复杂的工程项目要求多部门、多技术、多工种

配合实施,在不同阶段,对不同人员,有不同数量和搭配各异的需求。显然,部门控制式机构难以满足各种项目要求;混合工作队式组织又因人员固定而难以调配,人员使用固定化,不能满足多个项目管理的人才需要。

(3) 优点

① 它兼有部门控制式和混合工作队式两种组织的优点,即解决了传统模式中企业组织和项目组织相互矛盾的状况,把职能原则与对象原则融为一体,求得了企业长期例行性管理和项目一次性管理的一致性。

② 能以尽可能少的人力实现多个项目管理的高效率。通过职能部门的协调,一些项目上的闲置人才可以及时转移到需要这些人才的项目上去,防止人才短缺,项目组织因此具有弹性和应变力。

③ 有利于人才的全面培养。可以使不同知识背景的人在合作中相互取长补短,在实践中拓宽知识面;发挥了纵向的专业优势,可以使人才成长有深厚的专业训练基础。

(4) 缺点

① 由于人员来自职能部门,且仍受职能部门控制,故凝聚在项目上的力量减弱,往往使项目组织的作用发挥受到影响。

② 管理人员如果身兼多职地管理多个项目,便难以确定管理项目的优先顺序,有时难免顾此失彼。

③ 双重领导。项目组织中的成员既要接受项目经理的领导,又要接受企业中原职能部门的领导。在这种情况下,如果领导双方意见和目标不一致乃至有矛盾时,当事人便无所适从。为防止产生这一问题,必须加强经理和部门负责人之间的沟通,还要有严格的规章制度和详细的计划,使工作人员尽可能明确在不同时间内应当干的工作。

④ 矩阵式组织对企业管理水平、项目管理水平、领导者的素质、组织机构的办事效率、信息沟通渠道的畅通均有较高要求,因此要精于组织、分层授权、疏通渠道、理顺关系。由于矩阵式组织较为复杂,结合部多,容易造成信息沟通量膨胀和沟通渠道复杂化,致使信息梗阻和失真。这就要求协调组织内部关系时必须有强有力的组织措施和协调办法以排除难题。为此,层次、职责、权限要明确划分,有意见分歧难以统一时,企业领导要出面及时协调。

4. 事业部式

事业部式项目管理组织,在企业内作为派往项目的管理班子,对企业外具有独立法人资格。图 4-5 是事业部式项目组织机构示意。

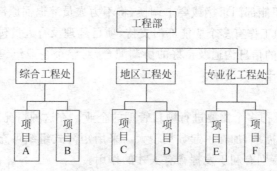

图 4-5 事业部式项目组织机构

(1) 特点

① 企业成立事业部,事业部对企业内来说是职能部门,对企业外来说享有相对独立的经营权,可以是一个独立单位。它具有相对独立的自主权,有相对独立的利益,相对独立的市场,这三者构成事业部的基本要素。事业部可以按地区设置,也可以按工程类型或经营内容设置。事业部能较迅速适应环境变化,提高企业的应变能力,调动部门积极性。当企业向大型化、智能化发展并实行作业层和经营管理层分离时,事业部式是一种很受欢迎的选择,既可以加强经营战略管理,又可以加强项目管理。

② 在事业部(一般为其中的工程部或开发部,对外工程公司是海外部)下边设置项目经理部。项目经理由事业部选派,一般对事业部负责,有的可以直接对业主负责,这是根据其授权程度决定的。

(2) 适用范围

事业部式项目组织适用于大型经营性企业的工程承包,特别是适用于远离公司本部的工程承包。需要注意的是,一个地区只有一个项目,没有后续工程时,不宜设立地区事业部,即它适用于在一个地区内有长期市场或一个企业有多种专业化施工力量时采用。在这些情况下,事业部与地区市场同寿命,地区没有项目时,该事业部应予以撤销。

(3) 优点

事业部式项目组织有利于延伸企业的经营职能,扩大企业的经营业务,便于开拓企业的业务领域,还有利于迅速适应环境变化以加强项目管理。

(4) 缺点

事业部式项目组织的缺点是企业对项目经理部的约束力减弱,协调指导的机会减少,故有时会造成企业结构松散,必须加强制度约束,加大企业的综合协调能力。

5. 工程项目组织机构的选择思路

综上所述,选择什么样的项目组织机构,应将企业的素质、任务、条件、基础同工程项目的规模、性质、内容、要求的管理方式结合起来分析,选择最适宜的项目组织机构,不能生搬硬套某一种形式,更不能不加分析地盲目做出决策。一般说来,可按下列思路选择项目组织机构形式。

① 大型综合企业人员素质好、管理基础强、业务综合性强,可以承担大型任务,宜采用矩阵式、混合工作队式、事业部式的项目组织机构。

② 简单项目、小型项目、承包内容专一的项目应采用部门控制式项目组织机构。

③ 在同一企业内可以根据项目情况采用几种组织形式,如将事业部式与矩阵式的项目组织结合使用,将工作队式项目组织与事业部式结合使用等。但不能同时采用矩阵式及混合工作队式,以免造成管理渠道和管理秩序的混乱。

表 4-2 可供选择项目组织机构形式时参考。

项目组织确定后,应对其进行评价。基本评价因素如下。

① 管理层次及管理跨度的确定是否合适,是否能产生高效率的组织。

② 职责分明程度。是否将任务落实到各基本组织单元。

③ 授权程度。项目授权是否充分,即授权保证的程度和授权的范围如何。

④ 精干程度。在保证工作顺利完成的前提下,项目工作组成员有多少。

表 4-2　选择项目组织机构形式的参考因素

项目组织机构形式	项目性质	施工企业类型	企业人员素质	企业管理水平
工作队式	大型项目,复杂项目,工期紧的项目	大型综合建筑企业,有得力项目经理的企业	人员素质较强、专业人才多、职工和技术素质较高	管理水平较高,基础工作较强,管理经验丰富
部门控制式	小型项目,简单项目,只涉及个别少数部门的项目	小建筑企业,事务单一的企业,大中型基本保持直线职能制的企业	素质较差,力量薄弱,人员构成单一	管理水平较低,基础工作较差,项目经理难找
矩阵式	多工种、多部门、多技术配合的项目,管理效率要求很高的项目	大型综合建筑企业,经营范围很宽、实力很强的建筑企业	文化素质、管理素质、技术素质很高,但人才紧缺,管理人才多,人员一专多能	管理水平很高,管理渠道畅通,信息沟通灵敏,管理经验丰富
事业部式	大型项目,远离企业基地项目,事业部制企业承揽的项目	大型综合建筑企业,经营能力很强的企业,海外承包企业,跨地区承包企业	人员素质高,项目经营强,专业人才多	经营能力强,信息手段强,管理经验丰富,资金实力大

⑤ 效能程度。是否能充分调动人员积极性,高效完成任务。

根据所列各评价因素在组织中的重要程度及对组织的影响程度,分别给予一定的权数,然后对各因素打分,得出总分,以做评价。

4.4　工程项目实施的组织模式

每一个工程项目都是一个涉及多学科、多专业的系统工程,具有不同的施工特点和施工条件,这就要求根据项目的不同将多种专业的企业按照一定的组织方式联合起来,进行项目实施工作,因而,实施的组织模式更具有复杂性。工程项目实施的组织模式就是通过研究工程项目的承发包模式,进而确定工程项目合同的结构;合同结构的确立也就解决了工程项目的管理组织,决定了参与工程项目各方的项目管理的工作内容和任务。

承包方式及合同类型的确定是一个动态过程。一般由业主先选定一种对自己有利的承包方式和合同类型,但最终的确定要建立在业主与承包商利益——风险平衡的基础上。承包商在投标与谈判过程中应施加一定的影响,以避免选定对自己不利的承包方式和合同类型。确定承包方式和合同类型应考虑以下几方面的问题。

(1) 工程项目的工艺技术水平

人们都十分清楚项目投资效益与项目工艺技术水平的关系密切,在某种程度上,项目工艺技术水平的高低决定着未来产品和服务的竞争力。许多先进工艺技术水平都作为专利或专有技术掌握在个别承包商或咨询公司手里。这些拥有工艺技术的承包商具备承包管理能力时,对于业主来讲也是一种理想的承包方式。这种项目若采用固定价合同,承包商风险过大,要打入很高的风险费。因此,一般采用开口价合同(主要是成本加酬金合同)。

(2) 国家的整体利益

如今世界由发达国家向发展中国家转让工艺技术中最多的是技术转让。我国也大量引进国外先进技术，而外商希望将工程总包下来。这样尽管有利于达到项目工艺技术水平，但有三点不利：①承包费用很高，工程建设费用大笔地流往国外；②挤占了我国建筑市场；③不利于我国吸收、消化国外先进技术。这时应尽量采取购买国外工艺包、国内配详细设计并承包工程的做法。具体承包方式可以选择以设计为主体的联合工程总承包方式，或设计、施工分别承包的方式。

(3) 建筑企业组织机构

建筑企业组织机构的发展方向将是形成总承包公司、专业施工公司和劳务基地三层次分离又密切结合的组织机构。这意味着将要培养和发展一批总承包公司，为业主选择总承包方式提供广阔的挑选余地。但是，从传统单一功能的设计院或大型综合性施工企业发展成为总承包公司要有一个过程。就当前来看，总承包公司数量有限，新发展的总承包公司的能力还不很高，限制着业主采用总承包方式。另外，管理型承包商的发展状况和水平同样影响着管理承包方式的采用。

(4) 工程项目设计占主导地位的程度

有些项目如石化、冶金、能源和大型高档次的民用建筑等工程项目，其设计占主导地位的程度高，采用总承包方式有利于工程一体化管理，在缩短工期、保证质量、节约投资等方面效果明显。

一般加工业项目或民用工程，其设计占主导地位的程度较低，不同承包方式的差异小一些。对这些项目应强化工程监理，以实现工程项目一体化管理。

(5) 工程项目的工期要求

就同一项目而言，总承包范围越大，越有利于采用快速跟踪程序，以减少谈判、磋商环节，实现各环节的交叉搭接，缩短工期。

(6) 工程项目的可知可控程度

高新尖项目很难采用固定价合同，多采用成本加酬金合同类型。因为固定价合同的准备时间长，一个大项目往往需要很长的准备时间。对复杂项目、新项目，人们对其工程细节，如时间参数、费用估价、资源消耗等难以较准确地确定。

(7) 当时当地的经济、社会、政治环境

经济、社会、政治环境不稳定，如通货膨胀、社会秩序混乱或政局不稳，必然增大了工程的风险性，使承包商很难接受固定价合同及有最高限制的成本加酬金合同，一般采用实际成本加酬金合同。

(8) 业主和承包商的意愿

业主和承包商都希望所选定的方式和类型对自己有利，尽量少承担风险。有些业主愿意组织较完善的业主项目管理班子来控制工程建设，另有些业主对建设过程无意过多干预，因而只组织少数监督管理或工程监理人员构成业主项目管理班子。此外，业主的工程管理水平高低与技术力量强弱常常影响着承包方式的确定。选择承包方式和合同类型时，要求业主站在科学的立场上，考虑整体和长远利益及自己的项目管理能力，另外还要考虑承包商的合法权益、能力经验等。

工程项目主要涉及三方面的介入，即以业主方为主体的发包体系，以设计、施工、供货方为主体的承建体系,以工程咨询、评估、监理方面等为主体的咨询体系。工程项目的复杂性也就决定了市场主体三方的不同组织系统,构成不同的项目实施的组织模式,主要有平行承发包模式、设计/施工总承包模式、项目总承包模式、承包联营模式、CM 承包模式、Partnering 模式等。

4.4.1 平行承发包模式

这种组织方式也称"分别承包方式",平行承发包模式是业主根据实际情况将工程项目分解后,分别委托几家承包单位来进行建造的方式。对业主而言,采用平行承发包模式将直接面对多个施工单位、多个材料设备供应单位和多个设计单位,而这些单位之间的关系是平行的,各自对业主负责。

1. 平行承发包模式的合同结构

根据承发包方式的形成特征,即业主将工程分解后分别进行发包,分别与各承建单位签订工程合同。因为工程师采用切块平行发包,如业主将工程施工切成 N 块,则业主就会签订 N 个设计合同;工程任务切块分解越多,业主的合同数量也就越多。平行承发包模式的合同结构如图 4-6 所示。

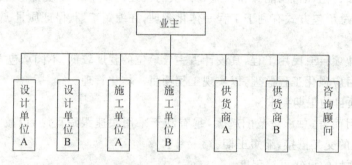

图 4-6 平行承发包模式的合同结构

2. 平行承发包模式对业主方项目管理的利弊

① 采用平行承发包模式,合同的乙方数量多,业主对合同各方的协调与组织工作量大,管理比较困难。业主需要管理协调设计与设计、施工与施工、设计与施工等各方相互之间出现的矛盾和问题。因此,客观上就要求业主方建立一个强有力的项目管理班子对工程实施管理,很好地协调各参与单位之间的关系。

② 对投资控制有有利的一面,因业主是直接同各承建方签约的,再分包的情况基本很少,业主一般可以得到较有竞争力的投标报价,而合同价会相对较低。对投资控制不利的一面是:整个工程的总合同价款必须在所有合同全部签订以后才能得知,总合同价不易在短期内确定,在某种程度上会影响到投资控制。

③ 采用平行承发包可以提前开始各发包工程的施工,经过合理的切块分解,设计与施工可以交错进行,从而缩短整个项目的工期,有利于实现进度控制的目标。

④ 有利于工程质量的控制。由于工程分别发包给各承建单位,合同间的相互制约使各发包的工程内容的质量及进度的要求可以在一定程度上得到保证,各承包商能形成相互检

查与监督的约束力。如果当前有一工序的工程质量有缺陷,则后一工程的承建单位不会同意在不合格的工程上继续进行施工。

⑤ 建设项目招标的组织管理工作量大,同时合同管理的工作量也大,且将项目平行切块的发包单位数越多,导致业主要签订的合同数也就越多,管理的工作量也就越大。采用平行承发包形式的核心是要有效合理地确定每一发包合同的合同标的物的界面,合同界面不清,业主方合同管理的工作量及难度都会加大,对各个承包商的协调及组织工作量将不可避免地加大好多倍。

在管理组织结构中,平行承发包模式的管理组织形式由业主任命项目经理,也可委托工程咨询单位担任项目经理,组建项目管理班子。项目经理接受业主的工作指令,对工程项目实施规划和控制负责,并代表业主的利益对项目各承建单位进行管理。

4.4.2 设计/施工总承包模式

设计/施工总承包模式是业主将工程的设计任务委托给一家设计单位,将施工任务委托给一家施工单位进行承建的方式。这一设计单位就成为设计总承包单位,施工单位就成为施工总承包单位。采用设计/施工总承包模式,业主将直接面对的是两个承建单位,即一个设计总承包单位和一个施工总承包单位。设计总承包单位与施工总承包单位之间的关系是平行的,它们各自对业主负责。

1. 设计/施工总承包模式的合同结构

采用设计/施工总承包模式,业主仅与设计总承包单位签订设计总承包合同,与施工总承包单位签订施工总承包合同。总承包单位与业主签订总承包合同后,可以将其总承包任务的一部分再分包给其他承包单位,形成工程总承包与分包的关系。总承包单位与分包单位分别签订工程分包合同,分包单位对总承包单位负责,业主与分包单位没有直接承发包关系,其合同结构如图4-7所示。

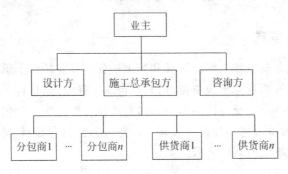

图4-7 设计/施工总承包模式的合同结构

2. 设计/施工总承包模式对业主项目管理的利弊

① 业主方对承建单位的协调管理工作量较小。从合同关系上,业主只需处理设计总承包和施工总承包之间出现的矛盾和问题,总承包单位协调与管理分包单位的工作。总承包单位实行业主负责,分包单位的责任将被业主看作总承包单位的责任。由此,设计/施工总承包模式有利于项目的组织管理,可以充分发挥总承包单位的专业协调能力,减少业主方的

协调工作量,使其能专注于项目的总体控制与管理。

② 设计/施工总承包单位形式的总承包合同价格可以较早确定,宜于对投资控制。但由于总承包单位需对分包单位实施管理,并需承担包括分包单位在内的工程总承包风险,因此,总承包合同价款相对平行承发包要高,业主方的工程款支出会大一些。

③ 在工程质量控制方面,总承包单位能以自己的专业能力和经验对分包单位的质量进行管理,可以监督分包工程质量,对质量控制有利。但如果总承包单位出于切身利益或不负责任,则有可能对工程质量进行隐瞒,对业主方的质量控制造成不利影响。

④ 采用设计/施工总承包模式,一般需要在工程设计全部完成后进行工程的施工招标,设计与施工不能交错进行。但另一方面,总承包单位须对工程总进度负责,须协调各分包工程的进度,因而有利于总体进度的协调控制。

在项目的实施过程中,项目经理接受业主的指令,设计总承包单位和施工总承包单位接受项目经理的工作指令。设计总承包单位和施工总承包单位分别对设计分包单位和施工分包单位的工作进行管理。设计/施工总承包模式的管理组织结构如图 4-8 所示。

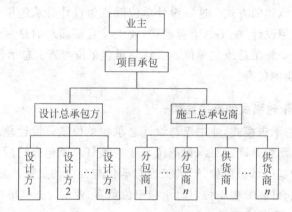

图 4-8　设计/施工总承包模式的管理组织结构

4.4.3　项目总承包模式

项目总承包模式是业主将工程的设计和施工任务一并委托一个承建单位进行实施的方式。这一承建单位就称项目总承包单位,由其进行从工程设计、材料设备定购、工程施工、设备安装调试,直至试车生产、交付使用等一系列实质性工程工作。全包单位应自行完成全部设计施工任务,必要时也可将部分设计或施工任务分包给其他设计、施工单位,但分包的前提必须是在取得建设单位的认可之后。

1. 项目总承包模式的合同结构

采用项目总承包模式,业主与项目总承包单位签订总承包合同,只与其发生合同关系。项目总承包单位拥有设计和施工力量,具备较强的综合管理能力。项目总承包单位也可以是由设计单位和施工单位组成的项目总承包联合体,两家单位就某一项目联合与业主签订项目总承包合同,在这个项目上共同向业主负责。对于总承包的工程,项目总承包单位可以将部分工程任务分包给分包单位完成,总承包单位负责对分包单位的协调和管理,业主与分包单位不存在直接的承发包关系。项目总承包模式的合同结构如图 4-9 所示。

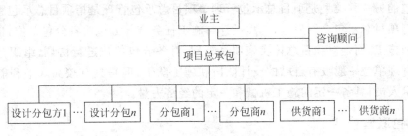

图 4-9　项目总承包模式的合同结构

2. 项目总承包模式对业主方项目管理的利弊

① 项目总承包模式对业主而言，只需签订一份项目总承包合同，合同结构简单。由于业主只有一个主合同，相应的协调组织工作量较小，项目总承包单位内部以及设计、施工、单位等方面的关系由总承包单位分别进行协调与管理，相当于业主将对项目总体的协调工作转移给了项目总承包单位。

② 对项目总投资的控制有利，总承包合同一经签订，项目总造价也就确定。但项目总承包的合同总价会因总承包单位的总承包管理费以及项目总承包的风险费而较高。

③ 项目总工期明确，项目总承包单位对总进度负责，并需协调控制各分包单位的分进度。实行项目总承包，一般能做到设计阶段与施工阶段的相互搭接，对进度目标控制有利。

④ 项目总承包的时间范围一般是从初步设计开始至项目动用交付使用，项目总承包合同的签订在设计之前。因此，项目总承包需按功能招标，招标发包工作及合同谈判与合同管理的难度比较大。

⑤ 对工程实体质量的控制，由项目总承包单位实施，并可以对各分包单位进行质量的专业化管理。但业主对项目的质量标准、功能和使用要求的控制比较困难，主要是在招标时项目的功能与标准等质量要求难以明确、全面、具体地进行描述，因而质量控制的难度大。所以，采用项目总承包模式中，质量控制的关键是做好设计准备阶段的项目管理工作。

项目总承包模式的管理组织中，项目经理及其项目管理班子代表业主的利益实施工程项目管理。项目总承包单位接受项目经理发出的工作指令，并对各分包单位的工作进行管理和协调。项目总承包模式的管理组织结构如图 4-10 所示。

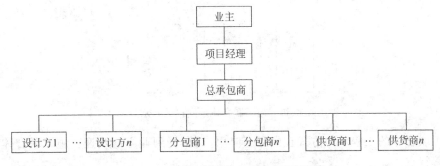

图 4-10　项目总承包模式的管理组织结构

总承包的另一种类型是项目总承包管理。项目总承包管理是指项目总承包管理单位在与业主签订项目总承包合同后,将工程设计与施工任务全部分包给各分包单位,自己不直接进行设计和施工,而是对项目总体实施项目管理,对各分包单位进行协调、组织与控制。项目总承包管理单位一般没有自己的设计队伍和施工队伍,但是具有较高水平和能力的管理人员和技术人员,具备一定的施工机械和一定的经济力量。

4.4.4 承包联营模式

承包联营又叫"共担风险"(joint venture),是目前国际上较流行的一种承包组织方式。它是指若干企业为完成某项建设项目的施工任务而临时成立的一个联营机构,聚结各企业的人力、财力、物力,重新生成一个经营机构,以便与建设单位签订承包合同,待合同实施期满后,联营体解散,各企业按各自的股权及分配权大小分配联营所得的一种组织模式。

采用承包联营的组织模式,各施工企业是以联营体的名义与建设单位签订承包合同的。在联营体内部,各联营企业之间还要签订联营协议,以明确彼此之间的经济关系和职权等。承包联营体的各成员企业要共同推选出一位项目总负责人,以统一领导、组织和协调工程项目的实施。

承包联营的组织方式中,建设单位与承包单位之间的合同结构较简单,在工程施工过程中建设单位的协调工作量也比较少。由于联营体集中了各成员企业的人力、财力、物力,所以联营体资源丰富、实力较强,是大、中、小施工企业和专业施工企业联合起来承包大型工程的一种有力的组织形式。

1. 施工联合体

施工联合体是一种由多家施工企业为承建某项工程而成立的组织机构,工程任务完成后即进行内部清算而解体。施工联合体通常由一家或多家施工单位发起,经过协商确定各自投入联合资金份额、机械设备等固定资产数量及人员等,签署联合体章程,建立联合体的组织机构,产生联合体代表,用联合体的名义与发包方签订承包合同,其承发包关系示意如图 4-11 所示。

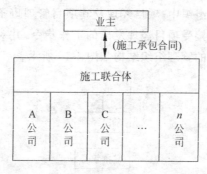

图 4-11 施工联合体承发包关系示意

施工联合体的工程承包方式在国际上应用广泛,受到业主的欢迎。施工联合体有以下几个显著特点。

① 联合体可以集中各成员单位在资金、技术、管理等方面的优势,克服单一施工企业力

不能及的困难,在实力上取得承包资格和业主的信任,也增强了抗风险能力。

② 联合体有按照各参与方合同及组建章程产生的组织机构和代表,可以实行工程的统一经营,并按各方的投入比重确定其经济利益和风险,以明确各方的责任、权利和义务。有的称施工联合体是有福共享、有难同当的承包共同体,因此其各方都能关心和重视承建工程经营的成败得失。

③ 联合承包方式,从合同关系上相同于施工总承包,即以业主为一方,施工联合体为另一方的施工总承包合同关系。因此,对业主而言是同样的合同结构,施工过程的组织、管理、协调都比较简单。

④ 在项目施工过程中,若一个成员企业破产,其他成员企业共同补充相应的人力、物力、财力,不使工程的进展受到影响,业主不会因此而受到损失。

必须指出的是,施工联合体并不是一个注册的企业实体,因此不存在企业资本金,只是为承建一项工程而进行的联合,是根据工程的施工需要共同投入人力、财力、物力。这样的临时性承包机构要取得承包资质及财务资信,必须有相应法律、法规为其提供具体运作的依据,才能做到合法承包。国外许多国家对联合体的条例规定得相当详细。

2. 施工合作体

施工合作体是一种为承建工程而采取的合作施工的模式;或因工程类型多、数量大,或专业配套需要等,当一家施工单位无力实行施工总承包,而发包方又希望施工方有一个统一的施工协调组织时,就可能产生由几家施工单位自愿结成合作伙伴,成立一个施工合作体,产生合作体的组织机构及其代表以合作体的名义与发包方签订施工承包意向合同,其主要是对施工发包方式、发包合同基本条件、施工的总体部署、实施协调的原则和方式等双方做出承诺。

这种意向合同也称基本合同,达成协议后,各承包单位则分别与发包方签订施工承包合同,并在合作体的统一计划、指挥和协调下展开施工,各尽其责、各得其利。其合同结构示意如图 4-12 所示。

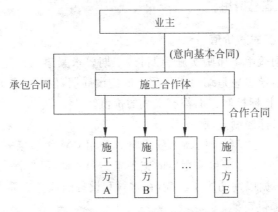

图 4-12 施工合作体合同结构示意

施工合作体有如下特点。

① 参加合作体的各方都不具备与发包方工程相适应的总承包能力。各方都希望通过结成合作伙伴,增强总体实力,以满足发包方的要求。但他们又出于自主性的要求,或相互

间信任度不够等,不采取联合体的捆绑式经营方式。

② 合作体的各成员单位都有与所承包施工任务相适应的施工力量,包括人员、设备、资金、技术和管理等生产要素。

③ 各成员单位在合作体组织机构的施工总体规划和部署下,实施自主作业管理和经济模式,自负盈亏、自担风险。

④ 由于各成员单位与发包方直接签订施工承包合同,履约过程中一旦企业倒闭破产,其他成员单位及合作体机构不承担项目合同的经济责任,这一风险由业主承担。

⑤ 显然,采用施工合作体方式承发包,要使合作体与发包方签订的基本合同具有法律效力,政府必须有相应的法律规定。

4.4.5 CM承包模式

CM承包模式全称为fast-track-construction management。它是由业主委托一家CM单位承担项目管理工作,该CM单位以承包商的身份进行施工管理,并在一定程度上影响工程设计活动,组织快速路径的生产方式,使工程项目实现有条件的"边设计、边施工"。

1. CM承包模式的特点

① 采用快速路径法施工,即在工程设计尚未结束前,当工程某些部分的施工图设计已经完成时,就开始进行该部分工程的施工招标,从而使这部分工程的施工提前到工程项目的设计阶段。

② CM单位有代理型和非代理型两种。代理型的CM单位不负责工程分包的发包,与分包商的合同由业主直接签订;而非代理型的CM单位直接与分包商签订分包合同。

③ CM合同采用成本加酬金方式。代理型和非代理型的CM合同是有区别的。由于代理型合同是业主与分包商直接签订的,所以采用简单的成本加酬金合同形式。而非代理型合同则采用保证最大工程费用(GMP)加酬金的合同形式。这是因为CM合同总价是在CM合同签订之后,随着CM单位与各分包商签约而逐步形成的。只有采用保证最大工程费用,业主才能控制工程总费用。

2. 实施CM承包模式的价值

CM承包模式特别适用于那些实施周期长、工期要求紧迫的大型复杂建设工程。采用CM承包模式的基本指导思想是缩短工程项目的建设周期,但其价值远不止于此,它在工程质量、进度和造价三大目标控制方面都有很大的价值。

(1) 在工程质量目标控制方面

① 设计与施工的结合有利于提高工程质量。采用CM承包模式实现了工程设计与施工的结合和协调,从而使工程项目采用新的施工工艺和方法,尽量提高工程项目的施工质量成为可能。CM单位根据以往的施工经验,在材料和设备的选择方面提出合理化建议,也为保证和提高工程质量提供可能。

② 严格的工程质量控制程序为控制工程质量提供了保证。按照CM合同规定,CM单位在施工阶段要设立专门的现场控制及质量监督班子,建立质量控制和检查程序,编制质量保证计划,监督分包商的施工质量,检查设备材料供应商的产品质量,严格按质量标准和合同进行检查、验收,这一系列措施为控制工程项目的施工质量提供了保证。

(2) 在工程进度目标控制方面

① 由于采取分阶段发包,集中管理,实现了有条件的"边设计、边施工",使设计与施工能够充分搭接,有利于缩短建设工期。

② 尽管工程建设总承包也是在工程设计前期或设计早期进行发包,但由于 CM 承包模式的招标不需要编制项目功能描述书,因而缩短了招标准备工作时间。因此,采用 CM 承包模式比工程建设总承包的招标时间更短。

③ 单位在工程项目设计早期即可参与项目的实施,并对工程设计提出合理化建议,使设计方案的施工可行性和合理性在设计阶段就得到考虑和证实,从而可以减少施工阶段因修改设计而造成的实际进度拖后。

④ 设计与施工以及施工与施工的合同搭接,CM 承包模式将项目的进度安排看作一个完整的系统工程,一般在项目实施早期即编制供货期长的设备采购计划,并提前安排设备招标、提前组织设备采购,从而可以避免因设备供应工作的组织和管理不当而造成的工程延期。

⑤ CM 单位一般都拥有一套先进的计算机进度控制系统,充分利用现代化管理方法和手段,卓有成效地进行工程项目的进度安排和控制。

(3) 在工程造价目标控制方面

① 与施工总承包相比,采用 CM 承包模式时的合同价更具合理性。采用 CM 承包模式时,施工任务要进行多次分包,施工合同总价不是一次确定,而是有一部分完整施工图纸就分包一部分,将施工合同总价化整为零。而且每次分包都通过招标展开竞争,每个分包合同价格都通过谈判进行详细讨论,从而使各个分包合同价格汇总后形成的合同总价更具合理性。

② CM 单位不赚取总包与分包之间的差价。与总分包模式相比,CM 单位与分包商或供货商之间的合同价是公开的,业主可以参与所有分包工程或设备材料采购招标及分包合同或供货合同的谈判。CM 单位在进行分包谈判时,会努力降低分包合同价。经谈判降低合同价的节约部分全部归业主所有,CM 单位可获得部分奖励,这样有利于降低工程费用。

③ 用价值工程方法挖掘节约投资的潜力。CM 承包模式不同于普通承包模式的"按图施工",CM 单位早在工程设计阶段就可凭借其在施工成本控制方面的实践经验,应用价值工程方法对工程设计提出合理化建议,以进一步挖掘节省工程投资的可能性。此外,由于工程设计与施工的早期结合,设计变更在很大程度上得以减少,从而减少了分包商因设计变更而提出的索赔。

④ GMP 大大减少了业主在工程造价控制方面的风险。当采用非代理型 CM 承包模式时,CM 单位将对工程费用的控制承担更直接的经济责任,它必须承担 GMP 的风险。如果实际工程费用超过 GMP,超出部分将由 CM 单位承担;如果实际工程费用低于 GMP,节约部分全部归业主所有。由此可见,业主在工程造价控制方面的风险将大大减少。

⑤ 采用现代化管理方法和手段控制工程费用。与普通承包商相比,CM 单位不是单"为自己控制成本",还要承担"为业主控制工程费用"的任务。CM 单位要制定和实施完整的工程费用计划和控制工作流程,并不断向业主报告工程费用情况。在国外,许多成功的 CM 承包商都拥有一套先进的计算机费用控制系统,以便在项目实施过程中编制和调整不同版本的费用预算,进行费用计划值与实际值的动态跟踪比较,发现实际费用超过计划值

时,及时采取纠偏措施。

4.4.6 Partnering 模式

Partnering 模式于 20 世纪 80 年代中期首先在美国出现,到 20 世纪 90 年代中后期,其应用范围逐步扩大到英国、澳大利亚、新加坡等国家和中国香港地区,近年来日益受到建设工程管理界的重视。

Partnering 一词看似简单,但是准确地译成中文却比较困难。我国大陆有的学者将其译为"伙伴关系",台湾学者则将其译为"合作管理"。

1. Partnering 模式的主要特征

Partnering 模式的主要特征表现在以下几个方面。

(1) 出于自愿

Partnering 协议并不仅仅是业主与承包商双方之间的协议,它需要工程项目建设参与各方共同签署,包括业主、总包商或主包商、主要的分包商、设计单位、咨询单位、主要的材料设备供应单位等。参与 Partnering 模式的有关各方必须是完全自愿,而非出于任何原因的强迫。Partnering 模式的参与各方要充分认识到,这种模式的出发点是实现工程项目建设的共同目标以使参与各方都能获益。只有在认识上达到统一,才能在行动上采取合作和信任的态度,才能愿意共同承担风险和有关费用,共同解决问题和争议。

(2) 高层管理的参与

Partnering 模式的实施需要突破传统的观念和组织界限,因而工程项目建设参与各方高层管理者的参与以及在高层管理者之间达成共识,对于该模式的顺利实施是非常重要的。由于 Partnering 模式需要参与各方共同组成工作小组,要分担风险、共享资源,因此,高层管理者的认同、支持和决策是关键因素。

(3) Partnering 协议不是法律意义上的合同

Partnering 协议与工程合同是两个完全不同的文件。在工程合同签订后,工程建设参与各方经过讨论协商后才会签署 Partnering 协议。该协议并不改变参与各方在有关合同中规定的权利和义务。Partnering 协议主要用来确定参与各方在工程建设过程中的共同目标、任务分工和行为规范,是工作小组的纲领性文件。当然,该协议的内容也不是一成不变的,当有新的参与者加入时,或某些参与者对协议的某些内容有意见时,都可以召开会议经过讨论对协议内容进行修改。

(4) 信息的开放性

Partnering 模式强调资源共享,信息作为一种重要的资源,对于参与各方必须公开。同时,参与各方要保持及时、经常和开诚布公的沟通,在相互信任的基础上,要保证工程投资、进度、质量等方面的信息能为参与各方及时、便利地获取。

2. Partnering 模式的组成要素

Partnering 模式的成功运作所不可缺少的元素包括以下几个方面。

(1) 长期协议

虽然 Partnering 模式也经常用于单个工程项目,但从各国实践情况看,在多个工程项目上持续运用 Partnering 模式可以取得更好的效果。这也是 Partnering 模式的发展方向。通过与业主达成长期协议、进行长期合作,承包商能够更加准确地了解业主的需求;同时能保证承包商不断地获取工程任务,从而使承包商将主要精力放在工程项目的具体实施上,充分发挥其积极性和创造性。这样既有利于对工程投资、进度、质量的控制,同时也降低了承包商的经营成本。对业主而言,一般只有通过与某一承包商的成功合作,才会与其达成长期协议,这样不仅使业主避免了在选择承包商方面的风险,而且可以大大降低"交易成本",缩短建设周期,取得更好的投资效益。

(2) 资源共享、风险共担

工程建设参与各方共享有形资源(如人力、机械设备等)和无形资源(如信息、知识等)、共享工程实施所产生的有形效益(如费用降低、质量提高等)和无形效益(如避免争议和诉讼的产生、工作积极性提高、承包商社会信誉提高等);同时,参与各方共同分担工程的风险和采用 Partnering 模式所产生的相应费用。

(3) 相互信任

相互信任是确定工程建设参与各方共同目标和建立良好合作关系的前提,是 Partnering 模式的基础和关键。只有对参与各方的目标和风险进行分析和沟通,并建立良好的关系,彼此间才能更好地理解;只有相互理解,才能产生信任。而只有相互信任,才能产生整体性的效果。Partnering 模式所达成的长期协议本身就是相互信任的结果,其中每一方的承诺都是基于对其他参与方的信任。只有相互信任,才能将工程项目组织管理其他模式中常见的参与各方之间相互对立的关系转化为相互合作的关系,才能实现参与各方的资源和效益共享。

(4) 共同的目标

在一个确定的工程项目中,参与各方都有其各自不同的目标和利益,在某些方面甚至还有矛盾和冲突。尽管如此,工程建设参与各方之间还是有许多共同利益的。例如,通过设计、施工、业主三方的配合,可以降低工程风险,对参与各方均有利;还可以提高工程的使用功能和使用价值,这样不仅提高了业主的投资效益,而且也提高了设计单位和施工承包单位的社会声誉等。工程建设参与各方要充分认识到,只有工程建设项目实施结果本身是成功的,才能实现他们各自的目标和利益,从而取得双赢或多赢的结果。

(5) 合作

工程建设参与各方要有合作精神,并在相互间建立良好的合作关系。但这只是基本原则,要做到这一点,还需要有组织保证。Partnering 模式需要突破传统的组织界限,建立一个由工程建设参与各方人员共同组成的工作小组。同时,要明确各方的职责,建立相互之间的信息流程和指令关系,并建立一套规范的操作程序。

值得指出的是,Partnering 模式不是一种独立存在的模式,它通常需要与工程项目其他组织模式中的某一种结合使用,如总分包模式、平行承包模式、CM 承包模式等。

4.5 结　　语

科学合理的管理组织是进行项目管理的组织保证,许多失败的项目都可以在管理组织上找到原因。本章首先对我国目前实施的项目法人责任制做了大致的介绍,分析其职责及项目法人在项目运行中与各方面的关系。应当明确的是,组织机构是支撑项目正常运转的骨架,因此,在阐述了组织结构设计原则和传统组织结构的类型后介绍了工程项目管理中甲乙双方的组织机构,并提供了各种组织机构的选择思路。关于工程项目实施的组织方式,大致介绍了几种主要的承发包模式。

思 考 题

1. 什么是项目法人责任制?项目法人的职责是什么?
2. 简述工程项目组织机构的设置原则。
3. 项目甲方的组织机构有哪几种?
4. 项目乙方组织机构的常见类型有哪些?
5. 工程项目实施大致有哪几种组织方式?

第 5 章

工程项目人力资源管理

■ 学习目标

本章着重阐述工程项目人力资源管理问题,要求学生深刻认识工程项目人力资源管理的"六大模块"知识;了解项目经理和项目团队管理在工程项目管理工作中所起到的重要作用及基本管理方法。

■ 关键概念

工程项目人力资源管理　项目经理　项目管理团队

5.1 概　　述

5.1.1 工程项目人力资源管理的概念

一个项目的实施需要多种资源,从资源属性角度来看,可包括人力资源、自然资源、资本资源和信息资源,其中人力资源是最基本、最重要、最具创造性的资源,是影响项目成效的决定因素。

人力资源的定义一般有广义和狭义之分。广义的人力资源泛指智力正常的人。狭义的人力资源是指能够推动整个经济和社会发展的、具有智力劳动和体力劳动能力的人口的总称。人力资源管理可以分为宏观、微观两个方面,宏观人力资源管理指的是对于全社会人力资源的管理,微观人力资源的管理指的是对于企业、事业单位的人力资源管理。本章中涉及的人力资源管理主要指微观的人力资源管理。

人力资源管理(human resource management,HRM)是指从一个组织的发展战略出发,为提高其成员的积极性、主动性、创造性,从而提高企业绩效,对人力资源的获得、开发、保持、整合、激励及控制协调进行管理的过程。具体包括规划、招聘与配置、培训与开发、绩效管理、薪酬管理、劳动关系管理六大模块。

工程项目人力资源管理有广义和狭义的不同理解。广义的工程项目人力资源管理包含工程项目管理组织和组织内的人员管理。项目管理组织指参与工程项目建设各方的项目管理组织,如业主单位、设计单位、施工单位、咨询单位、监理单位等。狭义的工程项目人力资源管理则主要是指项目管理组织对其内部工作人员的管理。

工程项目人力资源管理(project human resource management)是指通过对工程项目所需人员的战略规划、招聘、培训、绩效考核、激励等的管理，调动项目员工积极性，保证项目目标的顺利实现。

一个工程项目管理的成功与否，归根结底与人的因素密切相关，没有一个精明强干的项目经理，没有一个优秀团结的项目管理团队，没有一大批技能娴熟的劳动力队伍，顺利实现工程项目的目标是不可能的。在工程项目实施过程中，人是一切资源中唯一具有主观能动性的，既是最活跃的因素，也是最具不确定性的因素。可见，人力资源管理是工程项目管理的一个重要组成部分，人力资源管理服务于工程项目管理，且决定着工程项目管理目标实现与否。

总之，工程项目人力资源管理的目的是调动所有项目参与方和参与人的积极性，在参建各方的项目管理组织内部和彼此之间建立有效的工作机制，以实现参建各方的组织和所有参与人员围绕工程项目建设目标的相互和谐配合及顺畅流通，以保证项目目标的最终实现。

5.1.2 组织人力资源管理与工程项目人力资源管理

传统的人力资源管理是以工业组织为背景的管理，多为对企业中的员工的科学管理，通过规划、招聘、培训、激励、考核等管理，保证企业员工能够按时、保质地完成工作，从而达成企业战略，推动企业发展。

工程项目人力资源管理实际上是组织人力资源管理的一种特殊形式，管理背景为工程项目团队，与组织人力资源管理既有联系又有区别。工程项目人力资源管理和组织人力资源管理在总体功能和目标上是相对一致的。在人力资源管理功能上，工程项目人力资源管理作为组织人力资源管理的一种形式，同样需要满足人力资源管理的六大模块功能，即规划、招聘与配置、培训与开发、绩效管理、薪酬管理、劳动关系管理。在人力资源管理目标上，工程项目人力资源管理与组织人力资源管理相似，根据组织或项目的目标，规划人员配备，对人员进行培训，通过绩效管理、薪酬管理和激励提高工作效率，最终达成组织和项目发展与相应工作顺利完成的目标。

然而，由于组织与项目本质的区别，组织人力资源管理和工程项目人力资源管理也存在一些区别。

1. 人力资源规划方面

组织人力资源规划是从组织战略出发，有短期和长期规划，短期规划是完成现有工作任务，满足近期生产要求。企业经营强调的是永续发展，组织人力资源长期规划要从企业战略出发，依据战略方针，对人力资源进行动态的、有预见性的规划。

工程项目人力资源规划基本上都是短期规划，与企业组织不同，工程项目大多仅有几年的存续期，项目结束后，项目团队解散，人员遣返或改派，不具有长期性。

2. 人力资源招聘与选拔方面

企业组织人力资源招聘与选拔大多采用内部招聘与外部招聘相结合的形式。企业组织在长期的生产经营中，内部会形成职业发展的固定路径，领导提拔和平级调动大多通过内部招聘实现。由于企业组织存续期较长,退休或跳槽等人员变动难以避免,人力资源具有较强的流动性,通常通过外部招聘来弥补人力流失。

工程项目人力资源招聘与选拔大多采用外部招聘的形式。工程项目组是为某一项目建设专门成立的团队,这一团队的建立从无到有,从工程项目本身来看,人员都为外部招聘。工程项目存续期较企业组织短,人员在较短期内退休或跳槽的情况较少,人员构成相对稳定。工程项目招聘通常都是"以岗定人",部门精炼,人员冗余的情况较少,内部调动难以实现。

3. 人力资源培训与开发方面

企业组织人力资源培训与开发具有长期性和动态性。企业组织的人力资源培训有战略层次、组织层次和员工个体层次三个层次的培训内容。培训需要依照组织战略发展要求动态性地制定培训内容。通常,组织需要对员工个人职业生涯发展提供不同阶段的培训,以此培养并留住人才。

工程项目人力资源培训与开发具有短期性和固定性。工程项目人力资源管理更关注培训,而忽略开发。工程项目人力资源培训主要从工程项目需求角度出发,对员工完成项目需要的专门技能和规章制度进行培训。由于工程项目的短期性,员工培训并不考虑其职业生涯规划问题,培训具有短期性和针对性。

4. 人力资源绩效管理方面

企业组织人力资源绩效管理主要有行为导向型考评和结果导向型考评两种。行为导向型绩效考评通过测试员工忠诚度、诚信度、领导能力、人际沟通能力、组织协调能力、创新能力等能力品质,以及员工日常工作行为,考核员工对工作的胜任程度。结果导向型考评主要从员工工作结果考核员工的绩效。企业组织人力资源绩效管理在绩效的激励上大多采用正激励和负激励相结合、精神激励和物质激励相结合的方式。

工程项目人力资源绩效管理主要采用结果导向型的考评方式,工期和质量是最为重要的考评指标,行为导向型的绩效考评很少使用。由于工程项目团队员工长期在一起工作和居住的特殊属性,员工间形成了亲人般的感情,工程项目人力资源绩效管理在激励上大多以正激励为主。工程项目短期存续性导致升职、争优等精神激励不太可能,物质激励更为常用。

5. 人力资源薪酬管理方面

企业组织的员工存在职业生涯发展问题,企业组织人力资源薪酬管理需要兼顾横向和纵向比较,通过排列法、分类法、因素比较法等科学方法对工作岗位进行评价,并根据人工成本的核算,制定员工薪酬系统,这样相对系统和科学。企业组织人力资源薪酬管理问题是非常重要的管理问题。

工程项目人力资源薪酬相对稳定,在项目存续的3~5年内工资变动幅度不大,不同科室间技术差别较大,横向比较困难。工程项目团队员工长期高频接触形成了亲人般的感情,导致员工对横向间薪酬的不公平感知减弱。因此,工程项目人力资源管理中,薪酬管理并不是最为敏感的问题。

6. 人力资源劳动关系管理方面

企业组织在漫长的经营过程中总会出现一些劳动争议的问题,因此劳动关系管理也显得极为重要。工程项目存续时间较短,人员相对稳定,工程项目部的劳动争议并不多见,工程项目中的劳动争议更多地体现在劳务分包商对建筑工人工资的拖欠上。

5.1.3 工程项目人力资源管理的特点

工程项目不同于企业组织,其人力资源管理在规划、招聘与选拔、培训与开发、绩效管理、薪酬管理、劳动关系管理等方面都存在独特性,这些独特性主要是由工程项目的短期性、临时性等特点决定。总的来看,区别于企业组织人力资源管理,工程项目人力资源管理具有如下特点。

1. 短期性

工程项目存续时间相对较短,一般为3~5年,也有简单项目,时间短于3年,大型复杂项目时间可能多于5年,但与百年老字号企业相比,其存续期相当短。工程项目的这一属性决定了人力资源的构成也是短期的,项目结束后员工回到归属岗位,等待下一个项目。因此,人力资源的规划、招聘、培训等都应该为短期工程项目目标服务,不具有长期性和战略性。

2. 一次性

工程项目具有一次性的特点,没有两个完全一样的项目,更没有两个完全一样的工程项目团队。工程项目团队的人员构成是一次性的,当项目结束后,人员回到原来的岗位上,等待下一个项目的分配,重新形成新的项目组。

3. 团队性

工程项目人力资源管理实际上是对团队的管理,更强调团队成员间的沟通和配合。工程项目是一个系统工程,必须各个环节高度配合才能按期并保证质量地完成工程项目,任何一个部门的脱节都会导致项目工期的延误或质量的下降。这就要求工程项目团队的质量、测量、施工、安全、财务、办公室等各部门相互配合、团结一致。

4. 精简性

工程项目存续的短期性使得员工跳槽的频率较企业单位少,而且该行业人员流动性较大,劳动力市场较容易获得需要人才,因此工程项目员工构成很少需要考虑冗余的问题。工程项目团队人员构成较为精简,以岗定员,一般不存在人浮于事的情况。

5. 和谐性

工程项目工作地点具有特殊性,除特殊情况外,通常要求员工住在工地内,一般是2~4人一个房间,有食堂提供餐食,有的还提供洗浴场所。工程项目的工期一般较紧,地点不定,通常不在员工家庭所在地,员工通常也不放假。因此,工程项目的员工一年365天,一天24小时几乎时刻在一起,形成了室友,甚至是战友般的感情。因此,工程项目部的员工间纠纷一般较少,表现出一派和谐的气氛。

5.2 项目经理

国内外实践证明,项目经理负责制是符合现代项目管理要求的项目领导体制;项目经理班子,尤其是项目经理对项目管理的成败关系重大,其素质的高低具有决定性的影响。

5.2.1 项目经理负责制

项目经理负责制就是将项目经理统一领导、全面负责的组织管理形式作为项目管理的一种制度。项目经理负责制产生于现代西方发达国家,它已成为现代项目管理的基本特征之一。我国一直在探索科学的项目管理领导体制,随着整个经济体制的改革,尤其是在加快建立社会主义市场经济体制和现代企业制度的新形势下,传统的项目领导体制已不适应,项目经理负责制被广泛采用,正在实践中逐步健全和完善。

实行项目经理负责制有利于明确职责,形成合理的责、权、利体系;有利于从行政指令式的管理方式向经济合同制的管理方式转变;有利于优化组织结构,采用弹性矩阵式的组织形式;有利于强化项目意识,树立项目的权威性,统一思想,提高效率,保证项目目标的实现。实行项目经理负责制必然造就一个专家化、专业化的项目经理职业阶层。

5.2.2 项目经理的设置

项目经理是企业法人代表在项目上派出的全权代表,这就决定了项目经理在项目管理上的中心地位。项目经理包括业主的项目经理、受业主委托代业主进行项目管理的咨询机构的项目经理、设计单位的项目经理和施工单位的项目经理等四种类型。

1. 业主的项目经理

业主的项目经理即投资单位领导和组织一个完整工程项目建设的总负责人。一些小型项目的项目经理可由一个人担任,但对一些规模大、工期长且技术复杂的工程项目,则由工程总负责人、工程投资控制者、进度控制者、质量控制者及合同管理者等组成项目经理部,对项目建设全过程进行管理。业主也可配备分阶段项目经理,如准备阶段项目经理、设计阶段项目经理和施工阶段项目经理等。

2. 咨询机构的项目经理

当项目比较复杂而业主又没有足够的人员组建一个能胜任管理任务的管理班子时,就要委托咨询机构来组建一个代自己进行项目管理的咨询班子,咨询公司所派出的项目管理总负责人即为项目经理。咨询机构可以代理业主进行项目建设全过程或其中某一阶段的管理。此时,业主一般来说仍要有一个以自己的项目经理为首的项目管理班子,因为有许多重大问题的决策仍需由业主自己做决定,有许多工作是咨询机构代替不了的。不过,由于委托了咨询机构,业主的项目管理班子可以小一些、精干一些。

3. 设计单位的项目经理

设计单位的项目经理即设计单位领导和组织一个工程项目设计的总负责人。设计单位的项目经理对业主的项目经理负责,从设计角度控制工程项目的总目标。

4. 施工单位的项目经理

施工单位的项目经理即施工企业法定代表人在承包的建设工程施工项目上的委托代理人。他是工程项目施工的总负责人,是施工项目经理部的最高负责者和组织者。项目经理部是由项目经理在企业的支持下组建并领导、进行项目管理的组织机构。由工程项目施工负责人、施工现场负责人、施工成本负责人、施工进度控制者、施工技术与质量控制者、合同管理者等组成。

5.2.3 项目经理的任务和职责

不同建设主体的项目经理因其代表的利益不同,承担工作的范围不同,其任务和职责不可能完全相同。但他们都有统一的目标体系,应当有同向的行为取向,因此对任何一个建设主体的项目经理,其基本任务和职责都是有共性的。这里,我们主要介绍建设单位和施工单位项目经理的任务及职责。

1. 建设单位项目经理的主要职责

建设单位项目经理的主要职责是:搞好项目的组织与协调,搞好项目信息与合同管理,控制工程建设的投资、工期和质量,及时验收检查,实现工程项目的总目标,具体内容如下。

① 确定项目组织系统,明确各主要人员的职责分工。
② 确定项目管理系统的目标、项目总进度计划并监督执行。
③ 负责组织工程项目可行性研究报告和设计任务书的编制。
④ 控制工程项目投资额。
⑤ 控制工程进度和工期。
⑥ 控制工程质量。
⑦ 进行合同管理,当合同有变动时,及时进行协调和调整。
⑧ 制定项目技术文件管理制度,建立完善的工程技术档案。
⑨ 审查批准与工程项目建设有关的物资采购活动。
⑩ 组织并协调与工程项目建设有关的各方面工作,实现工程项目总目标。

2. 施工单位项目经理的职责、权限及应享有的利益

(1) 项目经理的职责

施工单位项目经理的主要职责是搞好工程施工现场的组织管理和协调工作,控制工程成本、工期和质量,按时竣工交验,具体内容如下。

① 代表企业实施施工项目管理。贯彻执行国家法律、法规、方针、政策和强制性标准,执行企业的管理制度,维护企业的合法权益。
② 履行"项目管理目标责任书"规定的任务。
③ 组织编制项目管理实施规划。
④ 对进入现场的生产要素进行优化配置和动态管理。
⑤ 建立质量管理体系和安全管理体系并组织实施。
⑥ 在授权范围内负责与企业管理层、劳务作业层、各协作单位、发包人、分包人和监理工程师等的协调,解决项目中出现的问题。
⑦ 按"项目管理目标责任书"处理项目经理部与国家、企业、分包单位以及职工之间的

利益分配。

⑧ 进行现场文明施工管理,发现和处理突发事件。

⑨ 参与工程竣工验收,准备结算资料和分析总结,接受审计。

⑩ 处理项目经理部的善后工作。

⑪ 协助企业进行项目的检查、鉴定和评奖申报。

(2) 项目经理的权限

① 参与企业进行的施工项目投标和签订施工合同。

② 经授权组建项目经理部,确定项目经理部的组织结构,选择、聘任管理人员,确定管理人员的职责,并定期进行考核、评价和奖惩。

③ 在企业财务制度规定的范围内,根据企业法定代表人授权和施工项目管理的需要,决定资金的投入和使用,决定项目经理部的计酬办法。

④ 在授权范围内,按物资采购程序性文件的规定行使采购权。

⑤ 根据企业法定代表人授权或按照企业的规定选择、使用作业队伍。

⑥ 主持项目经理部工作,组织制定施工项目的各项管理制度。

⑦ 根据企业法定代表人授权,协调和处理与施工项目管理有关的内部与外部事项。

(3) 项目经理应享有的利益

① 获得基本工资、岗位工资和绩效工资。

② 除按"项目管理目标责任书"可获得物质奖励外,还可得到表彰、记功,获得优秀项目经理等荣誉称号。

③ 经考核和审计,未完成"项目管理目标责任书"确定的项目管理责任目标或造成亏损的,应按其中有关条款承担责任,并接受经济或行政处罚。

5.3 工程项目管理团队

项目管理团队是指本着共同的目标、为保障项目的有效协调实施而建立起来的管理组织。在项目运转过程中,项目经理手下汇集了一批各方面的专业精英,项目经理必须将他们组建成一个有效的管理团队,即为了实现一个共同的目标,按照一定的分工和工作程序协同工作而组成的有机整体。它们是在项目实施中紧密协作并互相负责的一群人,他们拥有共同的目标,有分工和合作并由不同层次的权力和责任所构成。显然,工程项目的建设任务要依靠项目管理团队来完成。无论是在技术方面还是管理方面,团队中个体的能力都是工程项目团队能力的必要基础,但是,并不是说团队中的每一个个体能力具备了,工程项目管理目标就一定能够实现。要实现工程项目管理目标,不仅要有专业分工,更应加强协作,搞好工程项目团队建设,积极开发工程项目团队能力。

一个团队要实现其工作目标,重要的是其成员要有团队精神。团队精神主要是指团队成员为了实现团队的利益与目标,在工作中表现出相互协作、相互信任、相互支持、尽心尽力的意愿与作风。团队精神对项目管理的重要作用早已被实践所证明。

5.3.1 项目管理团队的一般特点

一般来说,有效的项目管理团队应具有以下特点。

1. 共同的目标

为使项目管理团队工作有效就必须明确项目目标,并在这一目标的感召下,使团队成员凝聚在一起,并为之共同努力。

2. 合理分工与协作

团队中的每个成员都应明确自己的责任、任务和权力,并为之努力工作;但同时应注意团队成员之间的协作,以形成真正意义上的团队。

3. 高度的凝聚力

凝聚力是指团队成员之间的团结与团队的吸引力和向心力。团队对成员的吸引力越强,成员的积极性和创造性就越能得到有效发挥。一个有效的项目团队,一定是具有高度凝聚力的团队。团队的凝聚力来源于团队成员共同的愿望、共同的利益和共同的目标;来源于团队成员之间的相互交往、相互合作和有效沟通;来源于团队成员自身愿望的实现。

4. 团队成员的相互信任

在一个有效的项目管理团队中,成员之间应相互信任、相互关心,并承认彼此存在的差异,信任其他人所做和所要做的事情。团队成员应通过公开交流、自由交换意见等方式推进彼此之间的信任。

5. 有效的沟通

有效的管理团队需要有效的沟通。团队应具备全方位、多种多样、正式的和非正式的沟通渠道;具有开放、坦诚的沟通气氛。

5.3.2 工程项目管理团队的阶段性管理

一个工程项目管理团队从开始到终止要经历不断成长和变化的过程。由于工程项目特殊性的要求,项目管理团队同时具有组织机构的临时性和工作要求的高效性的特点,即其组成人员为共同奋斗目标而来,任务完成后即宣布解散,成员回到原来的工作部门;而在项目运作期间必须具备高度的责任心、密切的合作意识、强烈的归属感和统一的远景目标。工程项目管理团队的这一特点尤其需要项目经理及其组成人员的相互协调和来自企业管理层、相关部门的支持以及对成员恰当的激励和约束。唯有这样,才能克服其缺陷,发挥其优点,成为高绩效的团队,完成项目管理的目标。

根据国际上许多知名企业在建立高效的项目管理团队上的成功经验及我国近年来项目管理的具体实践,可以将工程项目管理团队的运行周期大致划分为组织初建期、工作磨合期、正常运转期和组织解体期四个阶段。在不同的阶段,工程项目管理团队的组成人员会面临不同的问题,产生不同的反应,因此,管理者也应根据具体情况采取不同的措施。

1. 组织初建期

一般来说,在项目初始时,当管理层意识到需要针对某个工程项目成立项目管理部来完成预期的任务时,就会寻找合适的项目经理人选并由他来组阁,以决定其他人员的选定。项目经理是企业管理层在该项目中的全权代表,他通过对项目目标的综合分析,制定出大致的实施方案,然后在企业组织内外物色合适的项目管理团队成员。

在这个阶段,企业管理层需要向企业的各组织系统说明组建该项目管理团队的目的,并要求给予最大的支持。同时各个组织系统应该对被抽调的员工做出各方面的相应安排,以便解除其后顾之忧。这样就可以使项目管理团队的组成人员一心扑在项目工作上,为项目目标的实现打下坚实的基础。

项目经理接到任命后,其首要职责就是建立有效的管理组织,这项工作需要较高的领导技巧和管理艺术以及对组织结构、组织界面的合理设置,正确的用人和激励政策等。项目管理部应结构健全,短小精悍,包容项目管理的所有工作;要选择合适的成员,他们的能力和专业知识应是互补的,形成一个卓有成效的群体。

项目管理团队形成之初,管理成员互相接触,开始时,会有许多初期的不适或情绪的波动。项目经理的目标是要把人们的思想和力量集中起来,真正形成一个组织,使他们了解项目目标和项目组织规则,公布项目的工作范围、质量标准、预算及进度计划的标准和限制。要明确项目管理部中的人员安排,宣布对成员的授权,指出职权使用的限制和注意问题。对每个成员的职责及相互间的活动进行明确定义和分工。要使大家知道,各个岗位有什么责任?该做什么?如何去做?要达到什么结果?要制定或宣布项目管理规范、各种管理活动的内在关系、沟通渠道,并制定管理工作任务分配表。在这一时期,主要采取的应是目标激励的方法。

2. 工作磨合期

项目管理团队组织机构建立之后,就进入了工作磨合期。由于组成成员来自各个组织系统,各自的思维方式、工作方法乃至生活习惯不尽相同,在合作过程中难免会出现不适甚至冲突,这就需要一段时间进行磨合。

随着项目目标和工作逐步明确,成员们开始执行分配到的任务,但往往由于任务比预计的更繁重、更困难,成本或进度计划的限制可能比预计的更紧张,会产生许多矛盾。此时,项目经理要与成员们一起参与解决问题,共同做出决策,应能接受和容忍成员的不满,做导向工作,积极解决矛盾,绝不能通过压制来使矛盾自行消失。项目经理应创造并保持一种有利的工作环境,激励人们朝预定的目标共同努力,鼓励每个人都把工作完成得很出色。

在这一阶段,项目经理与管理团队成员的沟通及各成员之间的沟通最为重要,要运用情感激励(即以真挚的情感)增强大家的感情联系和思想沟通。

① 尽可能地利用各种方式为管理团队成员提供自由和充分沟通的机会。为他们提供互动的场所和时间,通过经常性的沟通和"互诉苦衷"达到成员间互相了解、互相信任、互相支持和互相合作的良好关系。

② 要及时解决团队成员之间的矛盾。当团队成员之间产生矛盾时,项目经理要反应敏锐,并采取有效措施进行解决,这时较多采用的方法是正视法和共同目标法。所谓正视法就是将冲突的各方召集到一起,面对面讨论彼此的分歧,以便找出解决矛盾的方法。共同目标法是通过强化共同目标来调解矛盾,要求冲突各方充分认识到项目目标的重要性,暂时放下个人恩怨。若单独使用共同目标法,虽然能将矛盾暂时搁置起来,但有可能以后在其他因素的引导下再度爆发,不利于今后工作的进行。因此,最好将正视法和共同目标法结合起来使用。

③ 项目经理应注意帮助解决团队成员的困难,无论是工作上的还是生活上的。因为实

现项目目标的工作时间有限,若因个别成员的问题而延误目标的完成将是巨大的损失,因此项目经理必须最大限度地降低这种情况的发生概率。项目经理需要密切关注项目工作进展情况,了解工作中出现的技术管理等困难,并及时组织解决。当团队成员出现生活上的困难影响工作时,要帮助解决,让成员感到项目组织的温暖,从而加强项目的凝聚力,有利于目标的完成。在这一阶段,情感激励无疑有着重要意义。

3. 正常运转期

经过工作磨合期的相互了解和沟通,工程项目管理团队的工作进入正常运转期。而这一阶段的工作状况对于项目目标的实现有着决定性的影响。这时在管理团队已形成了一种较为融洽的工作氛围,各成员之间已相互了解,人与人之间和人与机构之间基本适应,大家都致力于工程项目总体目标的实现。在这一阶段,除了一般性的工作要求以外,富有经验的项目经理会非常注意发掘组织成员的潜力,调动其成就感和荣誉感,合理地运用激励机制。由于工程项目建设周期较长的特点,项目目标的实现与否以及它为企业带来的利润和团队成员的工作成绩在这个时期不能显性化,因此除了加班工资和部分奖金等一定的物质奖励以外,主要还应该通过内在激励机制(即项目目标的实现)来激发和调动管理团队成员的内在需求,即通过挑战性的工作和自身的努力所获得的成功来感受和获得满足。

荣誉的重要性在于项目目标的实现有利于提高该项目管理团队的整体声誉,同时也为其组织成员带来荣誉,当然最终大家都将获得巨大的利益。由于出色完成项目目标,他们会受到其他项目团队的尊敬,受到企业管理层的表扬。如果其项目目标的实现能帮助企业摆脱困境,在竞争中打败对手,还可以获得同行业其他企业的好评。这些都为项目组织成员带来荣誉。但是这些荣誉是在项目目标实现的基础上才能得到的,因而关键是激发成员对荣誉满足感的需求,以产生追求荣誉满足感的动机。管理者可以利用个体对成就的需要这一理论采取成就激励和机会激励。成就激励指的是个体对自身成就的内心体验,使个体获得了一种高层次的满足。具体地说就是当人们经过自己的艰苦努力终于完成了一项艰巨任务时,即便没有获得外在报酬也会得到一种满足,这种需要就是"自豪感、自我价值的体验"以及由此产生的内在体验。机会激励指的是通过团队目标、事业理想等启动个体的"超我动力",促使个体发挥最大的潜能,获得机会带来的满足感。

由此可以看出,在这一阶段,如果能够恰到好处地强化项目目标在管理团队成员心目中的地位,让大家充分认识到目标的实现能为其带来荣誉和成就感,并通过一系列的措施实现对成员的成就激励,对于项目目标的成功实现是十分重要的。

4. 组织解体期

在项目目标任务完成后,工程项目管理团队应予以解散,这一时期要做好善后工作。随着项目目标的实现,管理团队的业绩受到企业管理层的认可和奖励。团队成员在项目目标实现的过程中消除了由向往获得成就而产生的心理紧张,获得了成就感、荣誉感和自信心,能够在这种良好的情绪氛围中返回到原来组织的工作,或积极投入新的项目管理工作。这时,管理者的工作是把团队成员召集起来,认真总结项目管理团队自组建以来取得的经验和教训。比如,各成员在项目组织中是否获得归属感,是否发挥出最大的潜能以及在合作过程中出现了哪些问题而没有得到很好的解决等。通过总结性的聚会,可以为项目经理与各管理团队成员的下次合作及以后工作积累经验。

当然，对于个别在项目运作过程中表现不佳或任务完成不好的成员来说，其业绩没能得到认可，想要获得成就感的需求不能得到满足，因此会产生挫败感，短时期内难以恢复。为调动其积极性，这时管理者要做的工作就是与其一起查找原因，总结经验教训，以充分建立信心，以积极的姿态回到原部门努力工作。同时管理者也要考虑自己是否有过失，以避免下次出现同样的错误。

总而言之，工程项目管理团队是进行项目运作的最基层落脚点。我们必须认真研究其内在的运行规律，努力提高其管理艺术，充分发挥其在项目管理中的突击队和战斗队的作用，这对于有效提高项目管理水平有着极其重要的意义。

5.4 工程项目中的人员管理

5.4.1 工程项目中的人员招聘

1. 招聘的原则

（1）要素有用原则

人力资源配置过程中，任何要素都是有用的，这里的要素指的是人员，即任何人都是有用的，没有无用之人，只有没用好之人。人员配置的根本目的是为所有人员找到适合他们自己的位置，最大限度地发挥他们的能力和才华。

（2）能位对应原则

个体之间存在很多差异，包括能力性质和能力水平的不同，人力资源的配置需要人尽其才、各尽所能，避免小材大用和大材小用的情况出现。人力资源的配置需要做到每个员工的能力和他的位置是对应的。

（3）互补增值原则

人有所长也有所短，以己之长补他人之短才能使每个人的长处发挥到最大，实现组织目标的最大化。按照现代人力资源管理的要求，一个群体内部各个成员之间应该是密切配合的互补关系，互补的一组人必须有共同的理想，从而为工程项目"增值"。

（4）动态适应原则

人员的配备并不是一成不变的，需要根据员工的实际工作情况进行调整。按照能位匹配原则，动态地调整员工的工作岗位，从而使人尽其才。

（5）弹性冗余原则

弹性冗余原则要求人与事的配置中，既要达到工作饱满，又要符合劳动者心理和生理要求，不能压力过大，超越心理极限和生理极限，保证工作安排留有余地，使员工既感觉到压力又有能力应对。

2. 招聘的方法

1）内部招聘

内部招聘是通过内部晋升、工作调换、人员重聘等方法从企业内部员工中寻找合适的人选，安排到新岗位上工作的招聘方法。内部招聘具有准确性高、适应较快、激励性强、费用较低等优点。但也可能由于处理不公、方法不当或员工个人原因造成一些矛盾，也容易抑制创新。

内部招聘的方法主要有推荐法、布告法和档案法。

（1）推荐法

推荐法是指招聘时，由企业内部员工推荐自己熟悉的人员给企业担任相应岗位的招聘方式，可以用于内部招聘和外部招聘。由于被推荐人与推荐人认识，所以企业对被推荐人更为了解，从而降低了招聘的风险，招聘成本较低。

（2）布告法

布告法是将企业拟招聘的岗位性质、职责及其他要求等以布告的形式贴于墙报、网站、内部期刊等员工易获取信息的地方，基于此从内部招聘的方式。布告法可以提升员工对于组织公平的感知，提高员工士气。

（3）档案法

档案法是在招聘时，通过调阅员工的人事档案，从教育、培训、工作经验、工作表现、技能、绩效等多方面、全方位地了解员工，从而确定员工是否适合空缺岗位的方式。

2）外部招聘

外部招聘是从企业之外的社会上招聘员工的招聘方式。外部招聘能够给项目带来新思想和新方法，有利于招聘到一流人才，也能够树立企业形象。但外部招聘筛选难度大、进入角色慢、招募成本高、决策风险大、影响内部员工的积极性。

（1）发布广告

发布广告是外部招聘中最常用的方法，指通过在广播电视、报纸、杂志、网络等公共媒体上发布招聘信息。招聘广告不仅应该包括岗位描述、职责要求等具体内容，也代表企业形象，能够激起大众对单位的兴趣。

（2）借助中介

借助中介招聘是指企业通过人才交流中心、职业介绍所、劳动力就业服务中心、猎头公司等中介机构为企业招聘人才。普通人才可以通过人才交流中心或是招聘洽谈会等方式获得，而高端人才一般借助于猎头公司的力量获取。

（3）校园招聘

校园招聘也叫上门招聘，由企业单位的招聘人员通过到学校招聘、参加毕业生交流会等形式招聘员工，主要方式有张贴海报、招聘宣讲会、毕业分配办公室推荐等几种形式。校园招聘可以是针对应届毕业生的长期劳动关系的招聘，也可以是短期兼职的招聘。

（4）网络招聘

网络招聘是近年来随着互联网普及新兴的招聘方式，这种方式是将投简历、通知、面试等传统招聘工作通过互联网来实现。网络招聘具有成本较低、方便快捷、选择余地大、涉及范围广、不受地点和时间限制，方便资料的存储、分类、处理和检索。

（5）熟人推荐

熟人推荐是通过单位员工、客户、合作伙伴等熟人推荐应聘人选。熟人推荐方式能够更好地了解候选人，降低招聘成本，但容易形成裙带关系。

5.4.2　工程项目中的人员选拔

1. 简历筛选

简历是对应聘者最基本的介绍，通过对简历的研读与筛选可以初步选拔出适合企业的应聘人员。简历可以在一定程度上反映应聘者的知识能力水平、受教育程度、个人工作经验等基本信息。筛选简历需要注意以下几方面的问题。

(1) 分析简历结构

简历结构在一定程度上反映了应聘者的组织能力。简历一般应为2~3页,不宜过长,应有一定的时间顺序,应简洁、美观。

(2) 审查简历内容

简历内容一般可以分为主观内容和客观内容两部分,简历筛选主要关注客观内容。客观内容一般包括个人信息、受教育经历、工作经历和个人成绩四部分。主观内容主要包括应聘者对自己的描述和评价。

(3) 判断是否符合岗位技术和经验要求

判断应聘者是否符合岗位技术和经验要求,主要审查个人信息、受教育经历和工作经历几部分,不符合要求的就没有必要继续审查下去。

(4) 审查简历中的逻辑性

简历逻辑性是判断内容虚假的关键。一些简历在内容上不符合逻辑,那么有可能某些内容就存在作假的嫌疑。比如具有高级职位工作经历的人应聘普通岗位。

(5) 对简历的整体印象

简历读完后会对应聘者有一个基本印象,标出不可信和感兴趣的地方,以便在面试时详细询问。

2. 笔试

(1) 笔试的适用范围

笔试主要是对应聘者基础知识和素质能力的测评,从而判断其与岗位的适配性。笔试的内容包括一般知识能力和专业知识能力。一般知识能力主要包括社会文化知识、智商、语言理解能力、数字才能、推理能力、理解速度和记忆能力等。专业知识能力是与应聘岗位相关的知识和能力。

(2) 笔试的优点与缺点

笔试的优点主要有以下几方面。

① 结果更可信。笔试试卷通常可以设计较多题目,大量题目的设计避免了在题目较少情况下应聘者发挥失常的比重,从而对应聘者的判断更可信。

② 效率更高。多题目的设计可以同时考核应聘者多方面的知识和能力,效率高。笔试也可以同时对大规模的应聘者进行筛选,有效率。

③ 成绩评定客观。笔试试卷对于知识的考核通常是有固定答案的,这种评价相对客观和公平。

笔试的缺点主要是仅测试了应聘者的知识能力,不能考核综合能力素质。笔试实际上考核的是应聘者的智商,而情商难以通过简单的试卷全面评判,例如应聘者的工作态度、品德修养,以及管理能力、口头表达能力和操作能力等都难以通过笔试知晓。因此,在招聘中,还需要面试作为补充。

3. 面试

面试可以通过考官与应聘者直接接触,了解应聘者的语言表达能力、反应能力、个人修养、逻辑思维能力等。也可以了解应聘者的个人期望和职业发展规划,从而识别其与企业的契合点。面试是目前企业招聘中最常用、最重要的选拔方式,其形式已经远超面对面的问答,在此基础上引入答辩式、演讲式、讨论式、案例分析、模拟操作等多样化的方式,全面评判应聘者的素质与能力。具体的面试的方式主要有以下几种。

(1) 初步面试和诊断面试

从面试所要达到的效果来看,面试可分为初步面试和诊断面试。初步面试中,企业和应聘者相互增进了解,应聘者就自己简历中的材料进行补充,企业招聘方介绍岗位描述及相关内容。诊断面试是针对初步面试合格的应聘者进行更深入的面试,从而考察应聘者表达能力、交际能力、应变能力、思维能力、个人工作兴趣与期望等。

(2) 结构化面试和非结构化面试

从面试的结构化程度来看,面试可分为结构化面试和非结构化面试。结构化面试是指面试时考官按照事前准备好的提纲对应聘者进行提问。结构化面试的优点是所有应聘者面临相同的问题,在一定程度上具有公平性,可以减少考官的主观倾向,对考官的能力要求也较低。结构化面试的缺点是面试被禁锢在固定的问题上,难以随机应变对感兴趣或有问题的地方进行深入挖掘。非结构化面试是面试中没有固定的框架或是问题清单,考官与应聘者随意交谈,从中观察应聘者的表达能力、交际能力、应变能力、思维能力、判断能力和组织能力等。非结构化面试较为灵活,可以考察应聘者的随机应变能力,能够深入考察应聘者的诸多能力。但非结构化面试缺乏统一的标准,考官主观判断也许会有偏差,对考官个人的学识和沟通能力要求较高。

4. 其他选拔方法

(1) 人格测试

人格是区别于他人的、稳定而统一的心理品质,人格是个体思想、情感及行为的特有统合模式。不同的人格会导致个体有不同的处事风格,也就导致了处事或是工作结果的不同。不同人格的个体适合于不同的工作,因此通过人格来筛选应聘者也是一种选拔人才的方式。人格测试通过应聘者对量表的作答,测试出应聘者的人格特质,从而判断其是否适合相应的工作。人格的分类方法有很多种,最为著名的有"大五人格"和"卡特尔16种人格特质"等几种。

(2) 兴趣测试

兴趣是最好的老师,个体会对自己感兴趣的事情投入更大的精力,也会取得更优异的成绩。因此,不同兴趣爱好的个体适合不同的工作。在人员选拔中,可以通过对应聘者兴趣的测量,判断其是否适合某类工作。常用的兴趣测试方法为霍兰德职业兴趣测试,他认为可以将人们的兴趣分为六类,分别为现实型、智慧型、常规型、企业型、社交型和艺术型,有着不同兴趣的人适合不同的工作。

(3) 能力测试

能力测试往往用于测定从事某种特殊工作所具备的潜在能力。这种测试目的在于让最适合的人从事特定岗位。能力测试往往应用于潜能或天赋比较重要的行业岗位上,如运动员、飞行员等。能力测试一般可以分为普通能力测试、特殊职业能力测试、心理运动机能测试等。

(4) 情境模拟测试

情境模拟测试法是在大型企业公司"二面"中较常用的方法,是模拟逼真的工作环境,要求应聘者处理可能出现的各种问题,从而测试应聘者的心理素质、实际工作能力、潜在能力等综合素质和能力的方法。情境模拟测试的方法有公文筐法、无领导小组讨论法、决策模拟竞赛法、访谈法、角色扮演法、即席发言法、案例分析法等,其中最常用的为公文筐法和无领导小组讨论法。

公文筐法是在面试中,给每个应聘者一套文件汇编,包括:下级呈上来的报告,上级的指示,相关规定和政策,用户、供应商、银行、政府等相关部门的文件,传真及电话记录等经常出现在办公桌上的文件。首先向面试者介绍背景情况,然后假设他们就是相应岗位上的员工,要求应聘者在规定时间内处理这些文件。面试考官则在一旁观察,从而判断应聘者的实际工作能力。

无领导小组讨论法是将应聘者分成几个小组,一般由4～6人组成一个小组,一次对一个小组的多名应聘者进行测试,且不规定谁是小组领导。通常无领导小组讨论开始时,考官会发给小组一个案例,考官只规定讨论和展示时间,不进行其他任何引导。考官根据小组讨论和展示情况考核应聘者的团队合作、沟通、知识能力等多方面的知识和能力,并进行打分,筛选应聘者。

5.4.3 工程项目中的人员培训

1. 培训需求分析

人员的培训需要具有目标性,这就需要对员工的培训需求进行分析。培训需求分析就是采用科学的方法了解培训的对象、原因、内容等问题。培训需求分析需要从多层次、多方面、多时期进行分析。

1) 培训需求的层次分析

(1) 战略层次分析

培训需求分析首先要从组织战略层面出发,调查组织战略方向,从而提供有助于组织实现战略目标的培训。例如,组织实行差异化战略,培训就应该提供差异化技能的培训;组织实行低成本战略,培训就应该提供降低成本办法的培训。

(2) 组织层次分析

在战略层次分析之后,培训需求需要从组织层面进行分析。组织层面的培训需求分析需要调查组织的资源、环境等因素,找出组织面临的问题,从而提供有助于组织解决这一问题的培训。

(3) 员工层次分析

在战略和组织层次分析的基础上,培训需求分析还应该调查员工需要哪些培训。对于员工培训需求的分析往往是改善工作绩效的最有效手段。员工工作在一线上,最了解自己需要在哪些方面提高才能更好地完成工作,因此员工层次的分析也是非常重要的。

2) 培训需求的对象分析

(1) 新员工培训需求分析

新员工的培训需求一般在企业文化、团队建设、制度了解、岗位职责了解等方面。对于新员工的培训需求分析特别是基层员工的培训需求分析一般采用任务分析法来确定其在工作中需要的各种技能。

(2) 在职员工培训需求分析

在职员工培训需求分析是在社会技术进步或员工岗位调整过程中,对在职员工在工作内容、工作能力等方面需要的培训内容进行分析。在职员工培训需求分析一般采用绩效分析法进行评估。

3) 培训需求的阶段分析

(1) 目前培训需求分析

目前培训需求分析是指针对组织目前存在的问题提出的培训需求,可以从经营目标实现差距、运营管理存在问题、工作绩效存在问题等方面着手,发现具体培训需求。

(2) 未来培训需求分析

未来培训需求分析是具有前瞻性地根据组织战略规划或员工调动情况,分析未来可能需要的培训内容,从而未雨绸缪早日安排相关培训,为组织发展做好准备。

2. 培训方法

培训方法有多种,每一种培训方法都有其优点、缺点和适用条件,培训方法需要根据培训内容、目标和对象进行选择。

1) 直接传授型培训法

直接传授型培训法适用于知识类培训,主要包括讲授法、专题讲座法和研讨法。

(1) 讲授法

讲授法是指教师采用讲授的方式,依据事先准备好的讲稿对受训者进行培训的方法,主要有灌输式、启发式、画龙点睛式三种方式。讲授法知识量大、成本低、培训环境要求不高,但教授方式单一,讲师水平影响较大。

(2) 专题讲座法

专题讲座法的培训形式与讲授法类似,都是由教师教授事先准备好的培训内容,但二者在讲授内容上存在差异。专题讲座法是就某一专题进行专项的讲授与培训。

(3) 研讨法

研讨法是在培训师的组织下,受训者之间就某一固定话题进行讨论与研究,从而获得某些规律性的知识,并上升到理论层面,是一种相互启发式的教学模式。

2) 实践型培训法

实践型培训法是通过让受训者在实际工作岗位或真实的工作环境中,亲身操作、体验,掌握工作所需的知识、技能的培训方法,主要以掌握技能为目的,主要包括工作指导法、工作轮换法、特别任务法、个别指导法等模式。

(1) 工作指导法

工作指导法又称教练法、实习法,是指由一名主观或有经验的员工在工作岗位上对受训者进行培训的方法。

(2) 工作轮换法

工作轮换法是在一定时期内更换受训者的工作岗位,从而扩大受训者的知识面,了解企业各个部门的运作情况。

(3) 特别任务法

特别任务法是指企业通过为某些员工分派特别任务对其进行培训的方法，常用于管理培训，包括行动学习等方法。

(4) 个别指导法

个别指导法是经验丰富、资历深的老员工对新员工进行指导，从而使新员工掌握岗位技能的培训方法。

3) 参与型培训法

参与型培训法是受训者与培训者在学习中互动，从而调动受训者积极性的培训方法，主要包括自学、案例研究法、头脑风暴法、模拟训练法、敏感性训练法、管理者训练法等方法。

(1) 自学

自学就是自我学习的培训方法。自学适用于多种情况、多种知识的培训。自学费用低、不影响工作、自主性强，但学习效果存在差异、缺乏解答。

(2) 案例研究法

案例研究法是将实际中的经营现象总结和编纂成案例，让受训者进行分析，从而归纳出相应知识，并培养受训者的分析能力、判断能力、解决问题及执行业务能力的培训方法，主要包括案例分析法和事件处理法。

(3) 头脑风暴法

头脑风暴法是规定一个主题，让受训者无拘无束地各抒己见的培训方法。头脑风暴法能够最大限度地发挥受训者的创造能力。

(4) 模拟训练法

模拟训练法是将实际工作中的资源、约束条件和工作过程模型化，受训者在假定的工作情境中参与活动，学习从事特定工作的行为和技能的培训方法。

(5) 敏感性训练法

敏感性训练法又称T小组法，是通过受训者在学习中相互影响，提高对感情和情绪、自己在组织中所扮演的角色、自己同别人的相互影响关系的敏感性，进而改变个人和团体的行为，达到提高工作效率和满足个人需求的目标。

(6) 管理者训练法

管理者训练法是针对管理人员的培训方法，培训的目的在于使受训者深刻理解管理学的基本原理和知识，提高受训者的管理能力。具体方法可以有专家授课、研讨等，通常进行脱产的集中学习与培训。

4) 态度型培训法

态度型培训法主要是通过培训，调整受训者的工作态度和行为的培训方式，具体包括角色扮演法和拓展训练法。

(1) 角色扮演法

角色扮演法是在培训情景下，模拟真实的工作情境，使受训者在模拟情境中，体验某种行为的具体实践，帮助他们了解自己，改进提高。

(2) 拓展训练法

拓展训练法是在模拟探险活动中，提高受训者心理素质，改善人格特质，提高团队合作、沟通、管理等能力的培训方法，主要包括场地拓展训练和野外拓展训练两种。

5）科技时代的培训方法

随着计算机和信息技术的普及,传统的培训方式正不断地被新科技所取代,新兴的培训方式不断涌现,网上培训和虚拟培训等方式已经在一些企业中广泛使用。

(1) 网上培训

网上培训是借助计算机和网络,在网上进行培训。网上培训具有节省培训时间、费用,时间安排灵活等优势。

(2) 虚拟培训

虚拟培训是指利用虚拟现实技术生成实时的、具有三维信息的人工虚拟环境,受训者通过多种交互设备来驾驭环境、操作工具和操作对象,从而提高受训者的技能或知识。

3. 培训评估

1）培训评估的内容

培训是一项较为复杂的人力资源工作,涉及教师、地点、时间、流程、内容、形式、效果等多方面。因此,也应该从多个方面对培训活动进行评估,具体包括以下几个方面。

① 培训的及时性。
② 培训目的的合理性。
③ 培训内容的适宜性。
④ 教材选用与编辑的匹配性。
⑤ 教师选定的水平。
⑥ 培训时间的选定。
⑦ 培训场地的选择。
⑧ 受训群体的选择。
⑨ 培训形式的合理性。
⑩ 培训组织与管理。

2）培训效果评估

培训花费大量的人力、物力与财力,培训结束后应及时对培训活动进行评估,总结经验与教训,为以后的培训工作提供支撑,具体要测定以下几方面的效果指标。

(1) 认知成果

认知成果主要考察受训者对于原理、事实、技术、程序等知识的掌握程度。认知成果多是通过课堂讲授、案例分析、小组讨论等培训方式获取的知识,可以通过笔试等方式获得培训效果的评估结果。

(2) 技能成果

技能成果主要考察受训者通过培训获得的工作技能的提升水平、行为的改善程度。这些技能成果往往通过"师徒制"、模拟演练等方式获得,可以通过观察法对受训者技能掌握程度进行判断,得到培训效果的评估结果。

(3) 情感成果

情感成果主要指培训后,受训者在工作中的态度和动机改善情况。情感成果主要通过角色扮演、拓展训练等培训方式进行提高,可以通过调查来衡量培训效果,例如通过问卷调查获取态度性指标。

(4) 绩效成果

绩效成果是培训的终极目标,不管是知识、技能还是行为态度类的培训,其根本目的都是企业绩效的提升,因此绩效成果是培训的最终成果,也是最为重要的结果。绩效成果包括事故发生率、成本、产量、质量或服务水平等的改善。

(5) 投资回报率

除了考虑培训的绩效成果外,还需要对培训的投入产出比进行考虑,通过培训获得的货币收益与培训成本的比较,明确培训的投资回报情况,分析培训的价值。

5.5 工程项目中的绩效管理和员工激励

5.5.1 工程项目中的绩效管理

1. 工程项目绩效

1) 绩效与工程项目绩效的概念

绩效(performance)的概念至今尚未达成共识,主要有三种观点。①结果观。结果观将绩效理解为工作的结果,这种结果是在一定时期内要完成的成果,强调工作完成时取得的成绩。②过程观。过程观视角下,绩效并非只是工作完成时点的结果状态,而是整个工作过程中各个阶段、每个时间点的工作成果,这种观点强调工作的过程控制。③行为观。行为观认为绩效是与目标相关的个人控制的行为组成,每个员工在不同时间点的工作行为共同形成了工作绩效,这种观点是基于前摄理论的假设,认为员工的工作行为是工作绩效的预测,从而用工作行为代表工作绩效。

工程项目绩效的概念也因绩效概念的不同出现结果观、过程观、行为观等不同理解。①结果观工程项目绩效强调工程项目绩效的结果,也即最终建筑物的质量、外观、功能,或是相关企业的盈利水平等工程项目的最终成果。②过程观工程项目绩效更关注工程项目实施过程中,对于质量、进度、合同、安全等的控制与管理,认为绩效是具有实时性的结果,每个时间点的绩效共同组成了最终的工程项目绩效,结果好而过程糟糕的项目并不能算作好项目。③行为观的工程项目绩效关注工程项目团队的行为,通过管理控制和员工激励的方法提高团队士气,从而保障绩效的提高。工程项目绩效的三种理解方式各有侧重点,但并非割裂不对话。综合上述三种观点认为,工程项目绩效是对项目决策、准备、实施、竣工和运营过程中某一阶段工程项目实施活动或全过程的结果。工程项目绩效评价是在考核实施活动过程结果的基础上应用考核结果的描述来确定绩效的高低,做出评价。工程项目绩效评价是一种综合性的评价,具有多因性、多维性和动态性等特征。

2) 工程项目绩效管理的内容

工程项目是一个相对复杂的组织系统,其绩效管理的内容并不是一元的,而是多维的。工程项目绩效需要从进度、成本、质量、安全、合同等几个方面进行管理。

(1) 进度绩效管理

进度控制是工程项目绩效管理非常重要的内容,进度控制不得当会影响工期,造成违约的赔付损失。具体的,进度绩效管理指标包括开工的准时率、完工的准时率、工期的实现率、工期的提前率、工期的延误率、工期的总进度计划、进度的监督等。

(2) 成本绩效管理

成本控制是工程项目绩效管理最关键的内容,成本绩效管理不当直接影响项目收益,甚至使项目变成亏本买卖。成本绩效管理具体包括项目的预算、资金管理规范、资金的利用率、资金的有效率、资金的到位情况、废标成本、流标成本、返工损失率、扣罚金额比、工程成本见底率等方面。

(3) 质量绩效管理

与其他项目不同,建设工程项目质量是整个项目是否成功的关键指标,因此质量绩效管理非常重要,具体包括合格率、优良率、施工图纸的设计、施工安装检验等方面的管理。

(4) 安全绩效管理

安全问题一直是工程项目管理强调的重点问题,安全绩效管理包括安全管理、现场作业环境、意外事故的发生率、安全生产控制能力、劳动力安全完成率等方面的管理。

(5) 合同绩效管理

在工程项目管理中,合同管理是最为重要的管理内容,合同是整个项目运行的根本,因此合同的管理程度直接影响项目的收益等判断项目绩效的重要指标,合同绩效管理在工程项目绩效管理中极为重要。合同绩效管理包括合同的履约情况、合同的法律约束、合同的管理办法、协议的制定等方面的管理。

2. 工程项目绩效管理方法

工程项目绩效管理方法很多,最常见的有平衡计分卡法、360°反馈评价法、关键绩效指标法、目标管理法等。

(1) 平衡计分卡法(BSC)

平衡计分卡法是通过一组由财务(financial)、客户(customer)、内部运营(internal business processes)、学习与成长(learning and growth)四项组成的绩效指标架构来评价组织绩效的方法。从财务角度来看,企业经营的直接目的和结果是为股东创造价值,工程项目也不例外。尽管由于企业战略的不同,在长期或短期对于利润的要求会有所差异,但毫无疑问,从长远角度来看,利润始终是企业所追求的最终目标。从客户角度来看,向客户提供所需的产品和服务,从而满足客户需要,提高企业竞争力是经营的关键。客户角度正是从质量、性能、服务等方面考验企业的表现。从内部流程角度来看,企业是否建立起合适的组织、流程、管理机制,在这些方面存在哪些优势和不足等是关键问题。内部角度从以上方面着手,制定考核指标。在学习与创新角度方面,企业的成长与员工能力素质的提高息息相关,企业唯有不断学习与创新才能实现长远的发展。

(2) 360°反馈评价法

360°反馈(360° feedback)也称全视角反馈,是被考核人的上级、同级、下级和服务的客户等对其进行评价,通过评论知晓各方面的意见,清楚自己的长处和短处,来达到提高自己的目的。首先,被评价者自评,然后,由专业人员根据有关人员对被评价者的评价,对比被评价者的自我评价向被评价者提供反馈,以帮助被评价者提高其能力水平和业绩。

(3) 关键绩效指标法(KPI)

企业关键绩效指标法(key performance indicator,KPI)是把绩效评估简化为对几个关键指标的考核,将关键指标当作评估标准,把员工的绩效与关键指标做出比较的评估方法,在一定程度上可以说是目标管理法与帕累托定律的有效结合。KPI 可以使部门主管明确部门的主要责任,并以此为基础,明确部门人员的业绩衡量指标。建立明确的切实可行的 KPI 体系是做好绩效管理的关键。关键绩效指标是用于衡量工作人员工作绩效表现的量化指标,是绩效计划的重要组成部分。关键指标必须符合 SMART 原则:具体性(specific)、衡量性(measurable)、可达性(attainable)、现实性(realistic)、时限性(time-based)。

(4) 目标管理法(MBO)

目标管理法强调从企业组织到个体员工所有构成组织的要素都遵循组织的战略目标运行和工作。工程项目目标分解成团队目标,团队目标分解成工作组目标,工作组目标再分解成员工目标,个体、工作组、团队的目标都要与工程项目总目标保持一致。目标管理法用可观察、可测量的工作结果作为衡量员工工作绩效的标准,以制定的目标作为对团队和员工考评的依据,从而使员工、工作组、团队的努力目标与工程项目目标保持一致。

5.5.2 工程项目中的员工激励

1. 工程项目中的员工激励方式

工程项目具有时限性、一次性、独特性等特点,这些特殊性决定了工程项目的员工激励与普通企业的员工激励存在差异。例如,由于建设工程的特点,就目前的技术发展状况而言,难以为员工安排灵活的工作时间;一次性的特点使得工程组织难以建立起自己的组织文化等。工程项目管理员工激励中存在一些需要解决的矛盾问题:①工程项目中成员目标与组织目标的矛盾;②工程项目组织分工与传统薪酬体系之间的矛盾;③工程项目组织的一次性与激励本身的矛盾。然而,虽然工程项目管理较普通的企业管理具有特殊性,但激励的一些方式仍然是适用的。通常来讲,激励主要有两种方式:正向激励和负向激励。

(1) 正向激励

正向激励是指通过制定一系列行为标准以及与之配套的人事激励政策,如奖励、晋级、升职、提拔等,鼓励员工更加积极主动工作的策略。正向激励可以是物质性的,也可以是精神性的、荣誉性的;可以采用货币形式,也可以采用非货币形式。

(2) 负向激励

负向激励是采用惩罚手段,以防止和克服员工绩效低下的行为。惩罚的主要手段有扣发工资或奖金、降薪、调任、免职、解雇、除名、开除等。负向激励不仅对表现差的员工是一种告诫、惩罚和激励,同时也对其他员工具有警示作用。

2. 工程项目中的薪酬管理

1) 薪酬的概念

薪酬(compensation)泛指员工获得的一切形式的报酬,包括薪资、福利和保险等各种直接或间接的报酬。薪酬的概念有狭义和广义之分。狭义的薪酬指基本工资、奖金、津贴、补贴、福利等报酬。而广义的薪酬,除了这些外部报酬外,还包括参与决策、承担更大责任等内部回报。

2) 薪酬的分类

薪酬有不同的表现形式:精神的与物质的,有形的与无形的,货币的与非货币的,内在的与外在的等。总的来说,薪酬可以分为外部薪酬和内部薪酬。

外部薪酬是指员工因为雇佣关系从自身以外所得到的各种形式的回报。外部薪酬包括直接薪酬和间接薪酬。直接薪酬是员工薪酬的主体组成部分,包括员工的基本薪酬,即基本工资,如周薪、月薪、年薪等;也包括员工的激励薪酬,如绩效工资、红利和利润分成等。间接薪酬即福利,包括公司向员工提供的各种保险、非工作日工资、额外的津贴和其他服务,比如单身公寓、免费工作餐等。

内部薪酬是指员工自身心理上感受到的回报,主要体现为一些社会和心理方面的回报。一般包括参与企业决策,获得更大的工作空间或权限、更大的责任、更有趣的工作、个人成长的机会和活动的多样化等。内部回报往往看不见、摸不着,不是简单的物质付出,对于企业来说,如果运用得当,能对员工产生较大的激励作用。

3) 薪酬管理的基本原则

(1) 对外具有竞争力原则

企业应该支付符合劳动力市场水平的薪酬,确保企业的薪酬水平与类似行业、类似企业的薪酬水平相当,虽然不一定完全相同,但是相差不宜太大,薪酬太低则使企业对人才失去吸引力。

(2) 对内具有公正性原则

支付相当于员工岗位价值的薪酬。在企业内部,不同岗位的薪酬水平应当与这些岗位对企业的贡献一致,否则会影响员工的工作积极性。

(3) 对员工具有激励性原则

适当拉开员工之间的薪酬差距。根据员工的实际贡献付薪,并且适当拉开薪酬差距,使不同业绩的员工能在心理上觉察到这个差距,并产生激励作用。

(4) 对成本具有控制性原则

在实现上述三个基本原则的前提下,企业应当充分考虑自己的财务实力和实际的支付能力,根据企业的实际情况,对人工成本进行必要的控制。

5.6 结　　语

工程项目人力资源管理实际上是组织人力资源管理的一种特殊形式,是工程项目管理的重要组成部分,它服务于工程项目管理,且关系到项目管理目标的最终实现。本章首先对工程项目管理的中心人物——项目经理,按其背景不同,明确其职责,并对其素质方面提出共性的要求;对于项目管理团队,则在了解其一般特点后,依据项目管理部的运行阶段提出了具体的管理要求。最后针对工程项目的人员招聘、选拔和培训等管理方法,对绩效管理和员工激励做出详细介绍。

思 考 题

1. 何谓工程项目人力资源管理?
2. 简述组织人力资源管理与工程项目人力资源管理的区别与联系。
3. 简述工程项目人力资源管理的特点。

4. 简述工程项目招聘的原则、方法。
5. 简述工程项目人员选拔方式。
6. 简述工程项目员工培训方法。
7. 简述工程项目绩效管理的内容。
8. 简述工程项目绩效管理方法。
9. 简述工程项目中员工激励方式。
10. 简述工程项目中薪酬管理的基本原则。
11. 何谓项目经理？项目经理有哪些任务和职责？
12. 有效的项目管理团队有哪些特点？

第 6 章

工程项目范围管理

■ 学习目标

本章着重阐述工程项目范围管理的基本概念及工程项目结构分析的内容,要求学生掌握工程范围管理的确定、工程范围变更控制以及工作结构分解等内容。

■ 关键概念

工程项目范围管理　工程结构分析　工作分解结构　范围变更控制　范围的核实确认

6.1 概　　述

6.1.1 工程项目范围管理的基本概念

项目范围是指为成功达到项目的目标,顺利完成项目可交付工程,而必须完成的相应规定工作的总和。对一个工程项目而言,项目范围就是完成一个确定规模的工程所涉及全部建设任务的范围之和,这些建设任务构成了整个工程项目的实施过程。简言之,工程项目的范围就是工程项目所有活动的组合,即工程项目的行为系统的范围。它可以通过树状图的方式对工程项目的结构进行逐层分解,即用工作分解结构(work breakdown structure,WBS)来反映项目范围的所有工作任务。

最终可交付工程(如建筑产品等)是实现项目目标的物质条件,也是确定项目范围的核心。项目范围通常由专业工作、管理工作和行政工作三部分组成。

专业工作包括各种专业设计、施工组织设计和材料设备供应工作等。

管理工作是为实现项目目标所必需的预测、决策、计划和控制工作,如按职能可将管理工作划分为进度管理、质量管理、成本管理、合同管理、资源管理和信息管理等。

行政工作指项目实施过程中的一些行政事务性工作,如项目的各类行政审批工作、招标投标过程中会议的组织等。

完善的项目管理范围管理是整个项目最终成败的关键。**工程项目范围管理**(project scope management)是为了成功达到项目目标,顺利完成且仅完成规定要做的全部建设工作的管理过程。即在满足工程项目使用功能的条件下,对项目应该包括哪些具体的工作进行定义、计划、控制和变更管理。从其定义来看,工程项目范围管理是以确定并完成项目目标为根本目的,通过明确项目有关各方的职责界限,确保项目管理工作的充分性和有效性。它作为现代项目管理的基础工作,贯穿于项目的全过程,同时应进行动态管理。

6.1.2 工程项目范围管理的内容

在现代项目管理中,范围管理已逐渐成为一项职能管理工作,在有些项目组织中设立专职人员负责范围管理工作。工程项目范围管理的目的是在明确的项目系统范围内,确保项目实施过程和最终交付工程的完备性,进而实现项目目标。

工程项目范围管理的内容包括项目范围的确定、项目结构分析、项目范围变更控制及项目范围的核实确认。项目范围的确定是明确项目的目标和主要可交付成果,确定项目的总体系统范围并形成文件,以作为项目设计、计划、实施和评价项目成果的依据;项目结构分析用可测量的指标定义项目的工作任务,并形成文件,以此作为分解项目目标、落实组织责任、安排工作计划和实施控制的依据;实施过程中的范围控制是为了保证项目范围的完整性;项目范围的核实确认是对已完成的项目范围以及相应的可交付成果进行验收,确保每一项成果都符合要求。

工程项目范围管理应该贯穿于整个项目建设周期,根据项目建设周期的不同阶段,有着不同的范围管理内容。工程项目的范围管理中相应项目建设周期各个建设阶段的项目范围管理内容如表6-1所示。

表6-1 项目建设周期各个建设阶段的项目范围管理内容

项目建设周期各个阶段	决策阶段	准备阶段	实施阶段	竣工阶段
范围管理内容	投资机会研究 可行性研究	设计 招标	建设施工 组织协调 项目采购	竣工验收 项目总结评价

6.2 工程项目范围的确定

6.2.1 工程项目范围确定的基本概念

在工程项目实施前,应对项目的工作范围进行确定,作为日后进行项目设计、计划、实施及评价、变更的依据。因此,项目范围确定的实质就是准确界定项目的范围,即限定项目的系统范围,明确项目管理的对象,并提出详尽的项目范围说明文件。在项目的计划文件、设计文件、招标投标文件等文件中,应包括对工程项目范围的说明。

一般来说,实施项目范围确定的过程就是项目范围的定义过程。工程项目范围定义是将项目的可交付成果(一个主要的子项目)划分为较小的、更易管理的多个单元,再依据项目的初步范围说明书和单元划分,编制详尽的项目范围说明书的过程,从而形成工作分解结构的根据。进行项目范围的定义工作有助于提高费用、时间和资源估算的准确性；有利于对独立划分的单元进行进度测算，及时计算发生的工程费用；有利于在明确划分各部分的权力和责任基础上，清楚地分派任务。

1. 工程项目范围确定的依据

工程项目范围的确定依据包括以下几方面。

① 项目目标的定义文件。
② 项目范围说明文件。
③ 环境条件调查资料。
④ 项目的概况、其他限制条件、阶段成果和制约因素。
⑤ 其他依据，例如历史资料、各种项目假设。

2. 项目范围确定的步骤

项目范围确定通常需要遵循以下几个过程。

① 项目目标的分析。全面分析项目目标，包括项目建议书、可行性研究报告、项目立项批准文件、项目总计划等。

② 项目环境的调查与限制条件分析。例如，相关法律及法规的规定、行业规范及标准、现场条件、周边组织的要求等。

③ 项目限制条件和制约因素分析，包括资源供应的限制、资金的限制、时间约束、上层组织对项目要求限制等。从工程建成后以运营目标为角度考虑，应满足项目相关者的需求和期望。例如，高速公路项目建设的目标是为机动车提供高速通行服务。对项目最终产品或最终服务的性质、质量及数量等要求进行分析，确定其对工程系统建设的要求。

④ 项目结构分解和单元定义。按照最终产品或最终服务的结构，确定工程系统的功能和子功能结构，并合理定义各子系统、各部分的功能，由此确定工程技术系统的要求（范围、规范、质量标准等）。

⑤ 项目单元之间界面的分析，包括界限的划分与定义、逻辑关系的分析，实施顺序安排，将全部项目单元还原成一个有机的项目整体，是进行网络分析、项目组织设计的基础工作。

3. 项目范围确定的影响因素

工程项目的范围就是工程项目所有活动的组合，工程项目范围确定的主要影响因素包括以下三方面。

（1）最终应交付成果的范围

工程承包项目范围的确定方式因承包模式而不同。在单价合同中，业主会在招标文件中提供比较详细的图纸、工程设计说明、工程量表等，这时的可交付成果可根据以下文件确定。

① 工程量表，主要说明可交付成果数量、过程成果清单，并对其进行了描述。
② 技术规范，主要记录项目的各部分在实施过程中采用的通用技术标准和特殊标准，即设计标准、施工规范、详细的施工工艺、竣工验收方法等。
③ 设计任务书从总体上定义工程的技术系统要求，是工程范围说明的框架资料。承包

商必须根据业主要求编写详细的项目范围说明书(在项目建议书中),并提出报价。在"设计—施工—供应"这种总承包合同中,业主通常会在招标文件中描述所要求的最终交付工程的功能。正如工程的设计任务书一样。

(2) 合同条款

合同条款从两个方面定义承包商的项目范围,包括:

① 工程施工过程责任,如拟建工程的施工详图设计、项目的永久设备和设施的供应和安装、竣工保修等。

② 承包商合同责任产生的工程活动,如为保证材料使用的安全性而进行的试验研究工作。

③ 因环境制约产生的活动,如为保护环境、周边的建筑、施工人员的安全和健康而采取的保护措施。

6.2.2 项目范围说明文件的内容

在工程项目范围确定环节的工作中应重视并完成项目范围说明书的工作。项目范围说明书应详细说明为什么要进行这个项目,明确项目的目标、主要项目的可交付成果以及为提交这些可交付成果而必须开展的工作等。同时,项目范围说明书是项目利害关系者之间签订协议的基础,对项目范围的共同理解也是未来项目实施的基础。项目范围说明书使项目团队能够实施更详细的规划,在执行过程中指导项目团队的工作,同时又是界定和评价项目变更请求是否超出项目边界的基准。在工程实践中,随着项目的不断实施进展,范围说明还需要不断进行修改和细化,以反映项目本身和外部环境的变化。不管是对于项目或者子项目,项目管理人员都需要编写其各自的项目范围说明书。

项目范围说明书对于哪些工作需要做、哪些工作不需要做进行明确界定,并明确工作的程度和水平,说明书决定了项目管理团队控制整个项目范围的好坏。项目范围管理又进一步决定了项目管理团队规划、管理和控制项目执行的好坏。

详细的项目范围说明书应该涵盖如下几方面的主要事项。

① 项目目标,包括可测量项目成功与否的衡量标准。项目目标是所要达到的项目的期望产品或服务,确定了项目目标也就确定了成功实现项目所必须满足的某些数量标准。项目目标至少应该包括费用、时间进度和技术性能或质量标准。当项目成功地完成时,必须向他人表明,项目事先设定的目标均已达到。值得注意的一点是,如果项目某些目标不能够量化,则要承担很大的风险。例如,项目成本少于××万元人民币是被明确量化的,而像拿到鲁班奖这类目标就可以不被量化。

② 产品范围说明书,逐步细化在项目章程和需求文件中所述的产品、服务或成果的特征。这些特征通常在早期阶段描述得不够详细,而在以后的阶段,随着产品特征的逐步明确,产品范围说明书逐步详细起来。

③ 项目要求说明书,说明了为满足合同、标准、技术规定说明书或其他正式强制性文件的要求。说明书中列出了项目可交付成果必须满足的条件或具备的能力,并根据利害关系者的所有需要、需求以及期望的分析结果的相对重要性反映在项目要求说明书中。

④ 项目技术规定说明书,对项目应当遵守的技术规定文件进行识别。

⑤ 项目边界界定,通常用于清楚地说明哪些事项属于项目的内容,哪些事项不应包括

在项目之内。

⑥ 项目可交付成果清单，既包括组成项目产品或服务的结果，也包括各种辅助成果，如项目管理报告和文件。所谓成果是指任务的委托者在项目结束或者项目某个阶段结束时要求项目团队提交的成果。对可交付成果的描述可详可简。若列入项目可交付成果清单的事项一旦圆满实现，并交付给使用者——项目的中间用户或最终用户，就标志着项目阶段或项目的完成。

⑦ 产品验收准则，作为确定验收已完成产品的过程和原则。

⑧ 项目制约因素，列出并说明与项目范围有关的、限制项目团队选择的具体的项目制约因素。如果项目是根据合同实施的，那么合同条款通常也是制约因素。有关制约因素的信息可以列入项目范围说明书，也可以独立成册。合同条款一般都是制约因素。

⑨ 项目假设，列出并说明同项目范围有关的具体项目假设条件，以及在假设不成立时可能造成的潜在后果。有关假设条件的信息可以列入项目范围说明书，也可以独立成册。项目团队应识别、记载并验证假设。

⑩ 项目资金限制，说明项目资金方面的所有限制，包括总金额或规定的时间。

⑪ 项目初步组织，识别项目团队成员的内部管理关系，项目的组织也可形成相关文件。

⑫ 项目初步风险，识别项目的已知风险。

⑬ 进度里程碑，顾客或实施组织可能识别里程碑，并为这些里程碑规定强制性日期。这些日期可以看作进度制约因素。

⑭ 费用估算，项目费用估算为项目的预期总费用，这种估算通常叫概念性估算或确定估算，指明估算的准确性。

⑮ 配置管理要求，说明项目实施的配置管理和变更控制水平。

⑯ 批准要求，识别适用于诸如项目目标、可交付成果、文件和工作等事项的批准要求。

对上述 16 项内容进行归类，具体为：有关项目目标的内容，包括目标、产品范围说明书、项目要求说明书、技术规定说明书；有关项目限制的内容，包括项目边界、交付成果、假设、制约因素、资金限制、验收准则；有关单独知识领域的内容，包括初步组织、初步风险、进度里程碑（也是制约）、费用估算；有关控制措施的内容，包括配置管理要求、批准要求。

无论如何，项目范围说明书至少应该包括项目的合理性说明、项目目标和项目可交付成果清单三个非常重要的部分。其中，项目的合理性说明是解释为什么要实施这个项目，也就是实施目的是什么，项目的合理性说明提供了项目未来评估各种利弊关系的基础。

范围说明书通常因项目类型的不同而不同。对于规模大、内容复杂的项目，其范围说明书可能会很长。政府项目通常会有一个被称作"工作说明书"的范围说明。有的工作说明书可以长达几百页，特别是要对产品进行详细说明的时候。总之，范围说明书应根据实际情况做适当的调整以满足不同的、具体的项目需要。

6.3 工程项目结构分析

6.3.1 工程项目结构分析的定义和内容

项目是由许多相互联系、相互影响及依赖的活动组成的行为系统。对这个系统进行结构分析及分解,将项目范围内的全部工作分解为较小的、便于管理的独立活动(项目单元),再通过定义这些独立活动的相关内容,如费用、进度、质量要求以及责任等,建立明确的责任体系,以达到协调工作、控制整个项目目标的目的。我们将上述工作的结果称为工作分解结构(WBS)。

对项目范围进行结构分解工作,即产生WBS以及项目管理说明文件的过程,就是工程项目结构分析。工程项目结构分析是项目团队根据项目范围说明文件,为达到项目目标,将实现可交成果所涉及的工作进行分解,得到一种有层次的结构或框架,每下降一个层次,工作就更细致。

从项目全生命周期管理角度看,项目结构分析是项目管理的基础工作,又是项目管理的得力工具,项目结构分析的准确与否会直接影响到后续的工作。如果工作单元界定不准确,后续工作的变更就不可避免,对项目的进度、成本、质量的计划和控制都会带来不良后果。因此,进行项目的结构分析是项目成功的关键,不容忽视。

工程项目结构分析是一个渐进的过程,随着项目目标设计、规划、详细设计和计划工作的进展逐渐细化,一般可以分为项目分解、工作单元定义和工作界面分析三部分内容。

(1) 项目分解

项目分解是将项目范围逐层分解至各个可供管理的工作单元,如分解到工作包和作业小组等,形成树状图或项目工作任务表,这些工作可以在统一编码系统的基础上进行,其结果就是WBS以及相关的说明文件。在项目的计划和实施过程中,WBS可以作为成本管理、进度管理、质量和安全管理以及信息管理等工作的依据。WBS关系如图6-1所示。

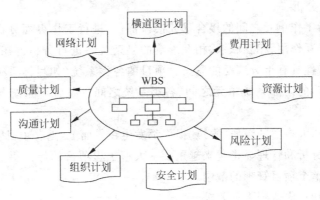

图 6-1 WBS 关系

项目分解应符合下列要求。
① 内容完整,不重复、不遗漏。
② 一个工作单元只能从属于一个上层单元。
③ 每个工作单元应有明确的工作内容和责任者,工作单元之间的界面应清晰。
④ 项目分解应有利于项目实施和管理,便于考核评价。

WBS中涉及的工作应在本项目的工作范围内,本项目工作范围之外的工作不在项目分解结构之内。工程项目结构分析可以将项目工作分解成更小的、更便于管理的多项工作,并将这些工作有条理地组织在一起,便于项目管理者更充分地理解项目之间的联系,并对项目进行监管和控制。因此,项目分解有助于项目利害关系者理解项目的可交付成果,有利于项目目标的达成。

(2) 工作单元定义

工作单元是分解结果中较小的项目单位,相对独立、易于管理,便于落实职责、实施、核算和信息搜集等工作,是 WBS 中低层组成部分的计划工作。WBS 中,每下降一个级别就表示项目单元的描述变得更为详细。

常见的工作单元说明表格式见表 6-2。

表 6-2　工作单元说明表

项目名: 子项目名:	工作单元编码:	日期: 版次:
工作单元名称:		
结果:		
前提条件:		
工作活动(或事件)		
负责人:		
费用: 计划: 实际:	其他参加者:	工期: 计划: 实际:

(3) 工作界面分析

工作界面是指工作单元之间的接合部或接口部位,进行工作界面分析就是对工作单元的界面中存在的相互作用、相互联系、相互影响的复杂关系进行分析。在工程项目中,界面作为项目的系统特性具有十分广泛的意义。项目的各类系统(如目标系统、技术系统、行为系统及组织系统等)的内部系统单元之间、各类系统之间以及各个系统与环境之间都存在界面。

在工程项目中,大多数的矛盾、争执、损失都发生在界面上,随着项目管理的集成化和综合化,项目的界面分析和管理显得越来越重要。大型工程项目的界面更应该进行精心的组织和设计,并纳入整个项目管理的范围。

工作界面分析时,应达到下列要求。

① 工作单元之间的接口合理,必要时应对工作界面进行书面说明。

② 在项目的设计、计划和实施中,注意界面之间的联系和制约。

③ 在项目的实施中应注意变更对界面的影响。

6.3.2　工程结构分析的实现

工程结构分析通常由以下 13 个步骤实现。

(1) 确定项目总目标

根据项目技术规范和项目合同的具体要求确定最终的项目总目标。

(2) 确定项目目标层次

确定项目目标层次就是确定工作分解结构的详细程度(即 WBS 的分层数)。

(3) 划分项目建设阶段

将项目建设单位的全过程划分成不同的、相对独立的阶段,如设计阶段、施工阶段等。

(4) 建立项目组织结构

项目组织结构中应包括参与项目的所有组织或人员和项目环境中的关键人物。

(5) 确定项目的组成结构

根据项目的总目标和阶段性目标,将项目的最终成果和阶段性成果进行分解,识别项目的主要组成部分,确定该级别的每一单元是否可以恰当地估算费用和工期,识别每一可交付成果的组成单元。该过程实际上是对子项目或项目的组成部分进一步分解形成的结构图表,其主要技术是按工程内容进行项目分解。该过程包括如下步骤。

① 识别项目的主要组成部分。在识别项目主要组成部分时,可以从可作为独立的交付成果(具有相对独立性,一旦建成,即可马上移交给业主使用或投产运营)和便于实际管理两方面进行考虑。在确定各个可交付成果(或子项目)的开始和完成时间时,应使先行完成的可交付成果(或子项目)能够相对独立地投产运营。

② 确定该级别的每一单元是否可以"恰当"地估算费用和工期。这里使用"恰当"是因为不同的单元有不同的分解级别。

③ 识别每一个可交付成果的组成单元。完成这些单元工作后,所完成的结果应该是切实、有形的,便于对项目的进度进行测量。

④ 证实分解的正确性。判断分解的正确与否,应该对分解结果进行分析,即正确的分解结果应该是:目前分解的层次,对完成所分解的单元既必要又详尽;清晰和完整地定义了每一个单元;能够"恰当"地确定每个单元的起止时间,并做出费用估算,这个单元的任务已分派给某一部门(小组或个人),并能够承担其全部责任,同时这个分解结构利于管理控制。

(6) 建立编码体系

编码是由一系列符号(或文字)和数字组成,编码体系的建立和编制工作是信息处理的一项重要基础工作。项目的编码体系通常以公司现有财务图表为基础,建立项目 WBS 的编码体系,便于成本控制。

(7) 建立 WBS

将上述(3)~(6)项结合在一起,即形成了 WBS。也就是说,从划分项目建设阶段开始,经过建立项目组织结构、确定项目的组成结构及建立编码体系,最终构建了项目的 WBS。

(8) 编制总网络计划

根据 WBS 的第二或第三层,编制项目总体网络计划。通常情况下,总网络计划能够明确项目的总进度目标和关键子目标。在项目实施过程中,项目总体网络计划用于向项目的高级管理层报告完成进度目标的情况。

(9) 建立职能矩阵

在分析 WBS 中各个子系统或单元与组织机构之间关系的基础上,建立项目系统的职能矩阵。

(10) 建立项目财务图表

在项目的 WBS 中,依据项目结构的编码体系,每一个项目单元均有自己的编码。将项目 WBS 的编码系统与项目的财务编码系统相结合,即可对项目实施财务管理。

(11) 编制关键线路网络计划

前述的 10 项步骤完成后,就可以形成一套完整的 WBS,WBS 是制定详细网络计划的基础。WBS 中并没有项目的具体工作、工作的时间估计、资源使用以及各项工作间的逻辑关系,需要进一步编制项目的网络计划,定义各项工作的进度目标,明确项目进度的关键线路。项目进度控制工作进展顺利与否的关键在于项目关键线路上各项目的进度控制,因此,编制关键线路的网络计划是非常重要的工作之一。

(12) 建立工作顺序系统

根据 WBS 和职能矩阵,建立项目的工作顺序系统,以明确各职能部门所负责的项目子系统或项目单元的开始和结束时间、前后衔接关系。

(13) 建立报告和控制系统

根据项目的整体要求、WBS 以及总体和详细网络计划,便可建立项目的报告体系和控制系统,以核实项目的执行情况。

6.3.3 工作分解结构

1. 职能责任矩阵管理方法

不同的可交付成果会有不同层次的分解,为达到易于管理的目的,有些可交付成果可能只需分解到第二层次,有些则需要分解到更多层次,以达到满足各级别的项目参与者的需要。WBS 划分的详细程度需要视具体的项目而定。

WBS 是以项目产品进行分类。对简单的小型项目通常只需分成项目、子项目、工作单元三级。对复杂的大型项目,为管理方便,其 WBS 通常可以分解为 7 级:一级为工程项目;二级为单项工程;三级为单位工程;四、五级为分部工程;六级为分项工程;七级为作业或工序。

以某工程项目 WBS 为例(图 6-2),第一级工程项目由多个单项工程组成,这些单项工程之和构成整个工程项目。每个单项工程(第二级)又可以分解成单位工程(第三级),这些

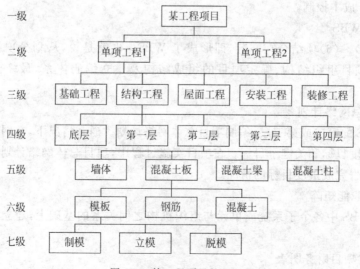

图 6-2 某工程项目的 WBS

单位工程之和构成该单项工程。以此类推，可以将整个项目一直分解到第六级。前三级，即工程项目、单项工程和单位工程可由业主做出规定。第一级一般用于授权，第二级用于编制项目预算，第三级编制里程碑事件进度计划，这三个级别是复合性的工作，与具体的职能部门无关。更低级别的分解则由承包商完成，并用于对承包商的施工进度进行控制。工作包或工作应分派给某个人或某个作业队伍，由其唯一负责。WBS中的组成单元是一些既相互关联又相对独立于项目其他部分的单项工程、单位工程、分部分项工程。相互关联是指这些工作同属于一个项目，在工作顺序安排上有先后之分；而相对独立则是指这些工作可以单独去管理和实施，在管理和实施期间是相对独立的。

WBS可与项目组织结构有机地结合在一起，在项目资源与项目工作之间建立了一种明确的目标责任关系，这就形成了一种职能责任矩阵，有助于项目经理根据各个项目单元的技术要求，赋予项目各部门和各职员相应的职责。职能责任矩阵示意如图6-3所示。

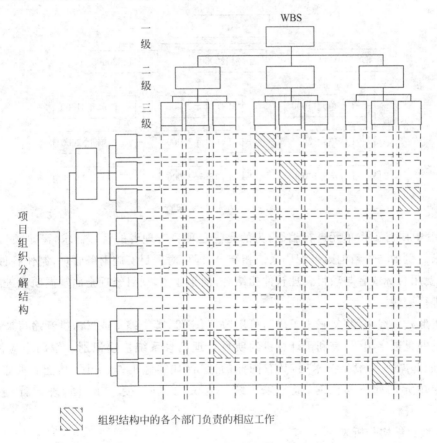

图 6-3　职能矩阵示意

从图6-3中可以看出，横行表示工程项目中具体的项目组织部门，竖列表示分解结构的具体工作单元，项目中所涉及的所有单位工程都由一个组织部门负责，而每个组织部门也都至少负责一个单位工程的工作单元。职能责任矩阵明确地赋予项目各部门和各职员相应的职责，项目部门及职员具有明确的权责关系，这样有利于划清工作界限，避免工作的过度依赖性，避免责任事故相互推脱，确保较高的工作效率和良好的工作质量。

2. WBS 类型

WBS 是由项目的全部工作单元组成的有层次性的结构或框架,最常见是树形结构图和项目结构分析表。

(1) 树形结构图

树形结构图是树形结构最简单的表示方法,表达了项目总体的结构框架,详见图 6-4。使用者可以根据工程项目的实际大小和复杂程度将树形结构图进行拓展,即不用局限在图 6-4 中所示的三层结构中,有些可能只需分解到第二层次,有些则需要分解到更多层次,以达到满足各级别项目参与者的需要。在第一层子项目中还可以分出很多子项目,而在相应的子项目中也可以进一步划分工作单元,每一次划分都会将工作的组成表示得更详尽。

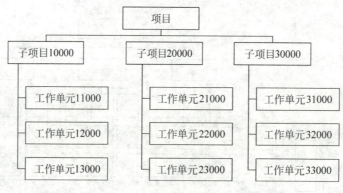

图 6-4 树形结构示意

WBS 中应对工作单元进行编码,为的是满足项目管理者的管理需求,满足项目控制的各种要求。例如与项目的财务编码系统相结合,即可对项目实施财务管理,制作各种财务图表,建立费用目标或者与项目管理软件相结合,便于业主、项目经理全面掌握项目进度,对项目进度进行控制。

编码形式一般采用"父码+子码",可用数字、字母、英文缩写或汉语拼音缩写来表达,其中最常见的是数字编码,有利于计算机的项目管理信息系统快速识别。编码中应注意,当某一层项目单元(一般是技术层)具有同样的性质(如实施工作、分区、功能和要素等),而其上一层单元彼此不相同时,最好采用统一意义的代码,便于项目管理与计划工作的细化。

(2) 项目结构分析表

项目结构分析表是将项目树形结构图用表格的方式表达出来,相对应图 6-3 所示的结构分层和编码形式,项目结构分析表示例见表 6-3。

在实际应用中,表格形式的 WBS 应用比较普遍,特别是在一些常用的项目管理软件中。树形结构图表示的 WBS 层次清晰,非常直观,结构性很强。但树形结构图不易修改,对于大型、复杂的项目很难表示出项目的全景。由于其具有主观性,一般在小型、适中的项目中应用较多。

表 6-3 项目结构分析表示例

编码	活动名称	负责人(单位)	预算成本	计划工期	……	
10000	×××工程					
11000	主楼					
11100	地下室					
11200	一层					
11300	二层					
⋮	⋮					
12000	辅楼					
12100	地下室					
12200	一层					
12300	二层					
⋮	⋮					
13000	室外工程					
⋮	⋮		……			

3. WBS 的作用

WBS 的作用主要体现在以下几个方面。

① WBS 可以将整个项目划分为相对独立的、易于管理的较小项目单元(这些较小的项目单元有时也称作工作或活动)。

② WBS 可以将分解后的工作或活动与组织机构相联系,将完成每一工作或活动的责任赋予具体的组织或个人,使得组织或个人的工作目标得以明确。

③ WBS 可以对每一工作或活动做出较为详细的时间、费用估计,并进行资源分配,形成进度目标和费用目标。

④ WBS 可以将项目的每一工作或活动与公司的财务账目相联系,及时进行财务分析。

⑤ WBS 可以确定项目需要完成的工作内容、质量标准和项目各项工作或活动的顺序。

⑥ WBS 可以估计项目全过程的费用。

⑦ WBS 可以与网络计划技术共同使用,以规划网络图的形态。

6.4 工程项目范围变更控制

6.4.1 工程项目范围变更控制的概念

项目范围变更是项目变更最重要的内容,是指在实施合同期间项目工作范围发生的改变,如增加或删除某些工作等。施工环境的变化、项目目标的改变、工程技术系统的变更、实施计划或实施方案的变更和一些未能预知的其他原因是引起项目范围变更的主要原因。

通常情况下，根据合同规定业主有权在项目实施期间对工程进行变更，是行业内的常见惯例。这些变更可能涉及增加合同工作，或从合同中删去某些工作，或对某些工作进行修改，或改变施工方法和方式，或改变业主提供的材料和设施的数量和规格等。在一般的施工合同中，并不区分变更属于工程项目范围还是其他方面的变更（如工期变更），但是都单独列出变更条款，对工程变更做出明确的规定。

工程项目范围变更控制是指对有关工程项目范围的变更实施控制，主要的过程输出是范围变更、纠正行动与教训总结。工程项目范围变更控制的依据如下。

① 工作范围描述。
② 技术规范和图纸。
③ 变更令，可能要求扩大或缩小项目的工作范围。
④ 工程项目进度计划。
⑤ 进度报告，提供了项目范围执行状态的信息。

6.4.2 工程项目范围变更的影响

项目范围变更会给整个项目带来一系列的影响，尤其对项目实施的影响，主要表现在以下几方面。

① 重大的变更会打乱整个施工部署。为了应付突来的工作范围变更，工程实施中所涉及的各种文件，如设计图纸、规范、各种计划、合同、施工方案、供应方案等，都应做相应的修改和变更。
② 由于项目组织责任的变化，项目组织结构和责任应该重新明确，避免组织内部争执。
③ 有些工程变更还会引起已完工程的返工、现场工程施工的停滞、施工秩序的打乱、已购材料的损失等。

在考虑项目范围变更给项目带来的影响时，应该知道项目变更及其控制不是孤立的，必须同时考虑对其他因素或方面的影响，因为时间、费用和质量这三个基本要素是互相影响和关联的。尤其频繁地变更会使人们轻视计划的有效性，不利于项目的管理，进而导致项目的混乱和失控。

6.4.3 工程项目范围变更控制的实施

项目范围控制作为项目管理组织成员的责任、工程项目实施控制的工作之一，应体现在项目的实施过程中。在制定项目实施计划，审核设计任务书，进行图纸或技术方案的会审，审查工程承（分）包合同、采购合同、变更指令时，要根据项目实施动态，识别计划的或分派的任务是否属于合同规定的工作范围，工作是否有遗漏或多余。

合同管理、计划管理、质量管理工程小组等部门的成员在相应的项目范围中负责相关的工作。一旦发现项目范围发生变化，应及时进行范围的变更并分析其影响程度，因为这种变更通常会涉及目标变更、设计变更、实施过程变更等，从而导致费用、工期和组织责任的变化以及实施计划的调整、索赔和合同争议等问题的产生。

范围变更控制必须完全与其他的控制过程（如进度控制、费用控制、质量控制等）相结合才能收到更好的控制效果。项目范围控制的目的是严格按照项目的范围和结构分析文件进行项目的计划和实施控制，保证在预定的项目范围内按照规定完成项目，保证项目系统的完备性和合理性。

在项目实施过程中,项目管理人员应严格按照项目的范围和项目分解结构文件进行项目的范围控制,即根据项目范围描述文件对设计、计划和施工过程进行经常性的检查和跟踪,建立各种文档记录实际检查结果,了解项目实施状况。组织在进行项目范围控制中应判断工作范围有无变化,对范围的变更和影响进行分析与处理。定期或不定期进行现场访问,通过现场观察,了解项目实施状况,控制项目范围。

工程项目范围变更管理应符合下列要求。

① 对项目范围的可能变更有预见性,项目范围变更的影响程度常取决于做出变更的时间。变更发生的时间越早,对项目目标及实施过程的影响越小。

② 项目范围变更要有严格的审批程序和手续。

③ 范围变更后,应及时调整项目的实施计划(如相应的成本、进度、质量和资源计划),修正原项目 WBS,在此基础上调整、分析、确定新的相关计划,同时注意变更后各个计划的责任落实问题。

④ 项目范围做出重大变更决策前,应向有关方面提出影响报告,分析项目范围变更对目标的影响。

⑤ 在项目结束后,组织应对项目范围管理的经验教训进行总结。

综上所述,项目相关负责人应在工程实施监督中发挥自身的监督能力,即应加强对承(分)包商工程项目范围的监督,在审核(或批准)承包商的实施计划时,必须严格按照承包商工程项目范围的规定,对工程项目范围内的任何缺陷、遗漏应及时跟踪,查缺补漏,进而确保承(分)包商的整个工程施工在符合合同和计划确定的范围内顺利地完成项目目标。例如,在材料、设备进场前,应对材料、设备进行认可、检察,并在施工过程中确保材料的正确使用和设备的正确运转。同时,对承包商的施工组织计划、施工方法(工艺)进行施工前的认可和施工过程的监督,保证所有施工过程满足合同所规定的质量、安全、健康和环境方面的要求,如发现工作内容漏项和超过合同范围,可拒绝付款。

6.5 工程项目范围的确认

在工程项目结束阶段或整个工程竣工时,在将项目最终交付成果(竣工工程)移交之前,应对项目的可交付成果进行核实确认。

工程项目范围的确认是利害关系者对已完成的项目范围与相应的可交付成果正式验收的过程,即项目业主正式接收项目工作成果的过程。此过程要求对项目在执行过程中完成的可交付成果进行及时检查,保证正确地、满意地完成合同规定的全部工作,确保每一项结果令人满意。如果项目提前终止,则项目范围核实过程应当确定和正式记录项目完成的水平和程度。

范围确认不同于质量控制,它表示业主是否接收完成的工作成果,而质量控制主要关心可交付成果是否满足技术规范的质量要求。也就是说,如果不是合同工作范围的内容即使满足质量要求也可能不为业主所接收。

6.5.1 工程项目范围确认的依据

(1) 可交付成果

实施项目计划的内容之一是收集有关已经完成的工作信息,并将这些信息编入项目进度报告中。完成工作的信息表明哪些可交付成果已经完成,哪些还未完成,达到质量标准的程度和已经发生的费用是多少等。在项目建设周期的不同阶段,工作成果具有不同的表现形式。

(2) 有关的项目文件

用于描述项目阶段成果的文件必须随时可以得到并能用于对所完成的工作进行检查。这些文件主要是指双方签订的项目合同、项目计划、项目范围说明书、项目范围管理计划、规范、技术文件、图纸等。

(3) 第三方的评价报告

(4) WBS

WBS方法定义了项目的工作范围,也是确认工作范围的依据。

6.5.2 工程项目范围确认的基本步骤

范围确认的主要方法是对所完成工作成果的数量和质量进行检查,通常包括以下三个基本步骤。

① 测试,即借助于工程计量的各种手段对已完成的工作进行测量和试验;

② 比较和分析(即评价),把测试的结果与合同规定的测试标准进行对比分析,判断是否符合合同要求;

③ 处理,即决定被检查的工作成果是否可以接收,是否可以开始下一道工序,如果不予接收,采取何种补救措施。

6.5.3 工程项目范围确认的工作成果

范围确认产生的结果就是对完成成果的正式接收。在项目周期的不同阶段,具有不同的工作成果。

各阶段的主要工作成果描述如下。

(1) 项目的策划与决策阶段

范围确认的结果是接收项目建议书,或预可行性研究报告,或可行性研究报告。

(2) 准备阶段

根据被委托咨询公司的具体任务,范围确认的结果是接收设计图纸、招标文件、项目总体计划等。

(3) 实施阶段

范围确认的结果是接收施工单位完成项目的实体成果(如土建工程、生产设备和设施等)。

(4) 竣工验收和总结阶段

范围确认的结果是接收竣工图纸、各种实测的统计资料及项目后评价报告。

由此可见,工程项目的确认结果与工程项目的范围管理中相应项目建设周期各个建设阶段的项目范围管理内容对应。

6.6 结　　语

　　工程项目范围管理贯穿于项目的全过程,是项目管理的基础工作。在建设项目的业主和承包商共同达成的工程项目范围内,承包商可以明确自己在建设周期各个阶段的建设任务,而业主也可以根据项目范围规定的可交付成果对工程项目进行逐步验收,避免双方因为对建设范围定义的不同而造成纠纷。

　　本章首先概括了项目范围管理的概念、内容和目的。接下来各节分别阐述了范围管理所涉及的各个内容,即范围的确定、项目结构分析、项目范围变更控制、项目范围的核实确认。为使读者清楚各小节所介绍的范围管理的内容,本章从概念、依据、要求、实现过程等几个方面进行介绍。范围的确定、项目范围变更控制、项目范围的核实确认更多的是条款和概念性的内容,而项目结构分析更重视应用,更需要工程项目管理者根据经验进行实施,也是本章的难点。

思　考　题

1. 简述工程项目范围管理的内容。
2. 简述工程项目范围管理的步骤、依据。
3. 简述项目范围说明文件的内容。
4. 工程结构分析一般程序是什么?
5. 怎样确定工作分解结构?
6. 怎样进行范围变更控制?
7. 实现范围确认的步骤是什么?

第 7 章

工程项目招标投标管理

■ 学习目标

本章着重阐述工程项目招标、投标的概念及过程以及开标、评标、中标的相关知识,要求学生掌握工程项目招标与投标的有关知识,深刻认识招标与投标在工程项目管理中的重要性,掌握投标选择方法、投标报价技巧、投标竞争策略,了解中标无效的情况。

■ 关键概念

招标　投标　招标文件　资格预审　开标　评标

7.1 概　　述

7.1.1 工程项目招标投标的基本概念

工程项目招标是指工程项目建设单位(或称业主)将拟建工程项目的内容和要求以文件形式标明,吸引或邀请工程项目承包单位(或称承包商)前来投标,从中选择理想的承包单位并与之签订工程合同的活动。招标的过程就是择优的过程。一般来说,业主会从四方面对投标人进行衡量比较,即投标人能否以较低的价格、先进的技术、优良的质量和较短的工期来完成项目的建设。业主会综合考虑以上四个因素,并结合其他的侧重面来确定最后的中标者。

工程项目投标是指承包商向招标单位提出承包该工程项目的价格和条件供招标单位选择,以获得承包权的活动。对于承包商来说,参加投标就如同参加一场赛事竞争。这场赛事比的不仅是报价的高低,而且还要比各承包商的技术水平、经济实力以及商业信誉等。特别是当前国际承包市场上,技术密集型的工程项目越来越多,这势必会给承包商带来更大的挑战:一方面是技术上的挑战,这要求承包商能够以先进的技术完成高、新、尖、难的工程;另一方面则是管理上的挑战,这需要承包商具有先进的组织管理水平,能够以较低价中标,并依靠先进的管理来获利。

7.1.2 工程项目招标投标应遵循的原则

工程项目招标投标活动应该遵循公开、公平、公正和诚实信用的原则。

1. 公开原则

一是指工程项目的信息要公开,以让尽可能多的潜在投标者了解招标项目信息;二是指投标人的选择标准要公开,以便使潜在投标人对能否参加投标有充足的准备;三是指评标的方法应该公开,以免发生"暗箱"操作。

2. 公平原则

一是指工程项目招标信息对所有的投标人来说应该一致,并能够被各投标人公平享有;二是指评标方法应该相同,招标人不应该对不同的投标人制定不同的评标方法。

3. 公正原则

一是指评标方法应该符合国家的有关政策并与已经公布的评标方法一致;二是指评标人员在评标过程中应该行为公正,没有偏私;三是指评标委员会的评标专家应该有良好的职业道德,在评标中不应弄虚作假。

4. 诚实信用原则

一是指招标人和投标人双方都应该诚实,招标人提供的招标文件应该真实,投标人提供的投标文件也应该出于自己意愿;二是指招标人在招标过程中,不应该违背招标文件的有关承诺,同时,投标人也不应该违背投标文件的有关承诺;三是指招标人和投标人在招标投标具体过程中都不应该有不利于其他投标人的行为。

7.1.3 工程项目招标投标的范围和规模标准

1. 工程项目招标范围

为了规范工程项目招标投标活动,保护国家利益以及维护社会公共利益,并保证工程项目质量,提高经济效益,《中华人民共和国招标投标法》(以下简称《招标投标法》)规定:在中华人民共和国境内进行下列工程建设项目,包括项目的勘察、设计、施工、监理以及与工程建设有关的重要设备、材料等的采购,必须进行招标。

(1) 大型基础设施、公用事业等关系社会公共利益、公众安全的项目

根据《工程建设项目招标范围和规模标准规定》(以下简称《规定》),关系社会公共利益、公众安全的基础设施项目的范围包括:

① 煤炭、石油、天然气、电力、新能源等能源项目;

② 铁路、公路、管道、水运、航空以及其他交通运输业等交通运输项目;

③ 邮政、电信枢纽、通信、信息网络等邮电通信项目;

④ 防洪、灌溉、排涝、引(洪)水、滩涂治理、水土保持、水利枢纽等水利项目;

⑤ 道路、桥梁、地铁和轻轨交通、污水排放及处理、垃圾处理、地下管道、公共停车场等城市设施项目;

⑥ 生态环境保护项目;

⑦ 其他基础设施项目。

关系社会公共利益、公众安全的公用事业项目的范围包括：

① 供水、供电、供气、供热等市政工程项目；

② 科技、教育、文化等项目；

③ 体育、旅游等项目；

④ 卫生、社会福利等项目；

⑤ 商品住宅，包括经济适用住房；

⑥ 其他公用事业项目。

(2) 全部或者部分使用国有资金投资或者国家融资的项目

根据《规定》，使用国有资金投资项目的范围包括：

① 使用各级财政预算资金的项目；

② 使用纳入财政管理的各种政府性专项建设基金的项目；

③ 使用国有企业事业单位自有资金，并且国有资产投资者实际拥有控制权的项目。

根据《规定》，国家融资项目的范围包括：

① 使用国家发行债券所筹资金的项目；

② 使用国家对外借款或者担保所筹资金的项目；

③ 使用国家政策性贷款的项目（例如，使用国家开发银行、中国农业发展银行、中国进出口银行等政策性银行的贷款）；

④ 国家授权投资主体融资的项目；

⑤ 国家特许的融资项目。

(3) 使用国际组织或者外国政府贷款、援助资金的项目

根据《规定》，使用国际组织或者外国政府资金的项目范围包括：

① 使用世界银行、亚洲开发银行等国际组织贷款资金的项目；

② 使用外国政府及其机构贷款资金的项目；

③ 使用国际组织或者外国政府援助资金的项目。

2. 工程项目招标规模标准

《规定》中规定的上述各类工程建设项目，包括项目的勘察、设计、施工、监理以及与工程建设有关的重要设备、材料等的采购，达到下列标准之一的，必须进行公开招标。

① 施工单项合同估算价在200万元人民币以上的；

② 重要设备、材料等货物的采购，单项合同估算价在100万元人民币以上的；

③ 勘察、设计、监理服务的采购，单项合同估算价在50万元人民币以上的；

④ 单项合同估算价低于第①、②、③项规定的标准，但项目总投资额在3000万元人民币以上的。

2001年6月1日中华人民共和国建设部令第89号发布的《房屋建筑和市政基础设施工程施工招标投标管理办法》规定，"房屋建筑和市政基础设施工程的施工单项合同估算价在200万元人民币以上的，或者项目总投资在3000万元人民币以上的，必须进行招标。省、自治区、直辖市人民政府建设行政主管部门经报同级人民政府批准，可以根据实际情况，规定本地区必须进行工程施工招标的具体范围和规模标准，但不得缩小本办法确定的必须进

行施工招标的范围。"

3. 可以不进行招标的工程施工项目

按《工程建设项目施工招标投标办法》和《招标投标法实施条例》的规定,需要审批的工程建设项目,有下列情形之一的,可以不进行施工招标。

① 涉及国家安全、国家秘密或者抢险救灾而不适宜招标的;
② 属于利用扶贫资金实行以工代赈需要使用农民工的;
③ 施工主要技术采用特定的专利或者专有技术的;
④ 施工企业自建自用的工程,且该施工企业资质等级符合工程要求的;
⑤ 在建工程追加的附属小型工程或者主体加层工程,原中标人仍具备承包能力的;
⑥ 需要向原中标人采购工程、货物或者服务,否则将影响施工或者功能配套要求;
⑦ 法律、行政法规规定的其他情形。

7.1.4 工程项目招标投标一般程序

工程项目招标投标活动一般分为四个阶段,现以建设工程施工项目为例进行说明。

(1) 招标准备阶段

这一阶段基本分为以下几个步骤:首先由具有招标条件的招标单位填写《建设工程招标申请书》,报有关部门审批;获准后,招标单位组织招标班子和评标委员会,编制招标文件和标底,同时发布招标公告;在审定投标单位之后,发放招标文件,组织招标会议和现场勘察,接受投标文件。

(2) 投标准备阶段

这一阶段的主要内容是:投标人根据招标公告或招标单位的邀请,选择符合本单位施工能力的工程,向招标单位提交投标意向,并提供资格证明文件和资料;资格预审通过后,组织投标班子,跟踪投标项目,购买招标文件,参加招标会议并进行现场勘察,编制投标文件,并在规定时间内报送给招标单位。

(3) 开标评标阶段

这一阶段是指按照招标公告规定的时间、地点,由招标方和投标方派出有关代表并有公证人在场的情况下,当众开标;招标方对投标者做资格后审、询标、评标;而投标方则要做好询标解答准备,接受询标质疑,等待评标定标。

(4) 定标签约阶段

评标委员会提出评标意见后,报送决标单位确定,依据决标内容向中标单位发出《中标通知书》;中标单位在接到通知书后,在规定的期限内与招标单位签订合同。

7.2 工程项目招标

工程项目招标是指由具备招标资格的招标人或由其委托的招标代理机构,将拟建工程的内容和要求以文件形式标明,吸引或邀请承包商前来投标,并经过开标、评标和定标,最终与中标人签订工程建设合同的全过程。

7.2.1 工程项目招标的条件

1. 工程项目招标人应具备的条件

招标人是指依照《招标投标法》规定提出招标项目、进行招标的法人或其他组织。招标人自行办理招标事宜,应当具有编制招标文件和组织评标的能力,具体包括:

① 具有项目法人资格或是依法成立的组织;
② 有进行招标项目的相应资金或者资金来源已经落实,并应当在招标文件中如实载明;
③ 具有与招标工程规模相适应的工程技术、概预算、财务和工程管理等方面的人员;
④ 具有从事同类工程建设项目招标的经验;
⑤ 设有专门的招标机构或者拥有3名以上专职招标人员;
⑥ 熟悉招标法及有关法律规章。

招标人具有编制招标文件和组织评标能力的,可以自行办理招标事宜。任何单位和个人不得强制其委托招标代理机构办理招标事宜。招标人有权自行选择招标代理机构,委托其办理招标事宜。任何单位和个人不得以任何方式为招标人指定招标代理机构。

依法必须进行招标的项目,招标人自行办理招标事宜的,应当向有关行政监督部门备案。

招标人在自行办理招标事宜前应向招标办报送以下资料备案。

① 项目法人营业执照、法人证书或者项目法人组建文件;
② 招标项目相适应的专业技术力量情况;
③ 内设的招标机构或者专职招标业务人员的基本情况;
④ 拟使用的专家库情况;
⑤ 以往编制的同类工程建设项目招标文件和评标报告,以及招标业绩的证明材料;
⑥ 其他材料。

2. 招标工程项目应具备的条件

招标项目按照国家有关规定需要履行项目审批手续的,应当先履行审批手续,取得批准。具体来说,进行招标的工程项目一般应具备以下条件。

① 工程项目已经正式列入国家、部门或者地方的年度固定资产投资计划,或者已经报政府有关部门备案批准;
② 工程项目已经向招标管理机构办理登记;
③ 工程项目概算已经得到批准,招标范围内所需资金已经落实;
④ 工程项目建设用地使用权已经依法取得;
⑤ 招标所需的其他条件已经具备;
⑥ 招标项目所需要的有关文件及技术资料已经编制完成,并经过审批。

7.2.2 工程项目招标的方式

工程项目招标分为公开招标和邀请招标。

1. 公开招标

公开招标也称无限竞争性招标,是指招标人以招标公告的方式吸引不特定的法人或者其他组织投标。凡符合条件的不特定的承包商都可在规定时间内自愿参加投标。招标人采用公开招标方式的,应当发布招标公告。依法必须进行招标项目的招标公告应当通过国家指定的报刊、信息网络或者其他媒介发布。

招标公告应当载明招标人的名称和地址、招标项目的性质、数量、实施地点和时间以及获取招标文件的办法等事项。

公开招标具有以下特点。

① 具有很强的竞争性;
② 招标程序规范、完整;
③ 使用范围广阔,最具有发展前景;
④ 招标过程中所需费用很高,花费的时间很长。

2. 邀请招标

邀请招标也称有限竞争性招标或选择性招标,是指招标人以投标邀请书的方式邀请特定的法人或者其他组织投标。

招标人采用邀请招标方式的,应当向三个以上具备承担招标项目能力的、资信良好的特定法人或者其他组织发出投标邀请书。

投标邀请书页应该载明招标人的名称和地址、招标项目的性质、数量、实施地点和时间以及获取招标文件的办法等事项。

与公开招标相比,邀请招标具有以下特点。

① 竞争程度没有公开招标激烈;
② 招标程序较公开招标简单;
③ 花费的时间和费用较公开招标节省;
④ 不利于自由竞争。

邀请招标限制了竞争,不利于招标投标市场的规范,所以只有特殊的项目才应采用这一招标方式。《招标投标法》规定:"国务院发展计划部门确定的国家重点项目和省、自治区、直辖市人民政府确定的地方重点项目不适宜公开招标的,经国务院发展计划部门或者省、自治区、直辖市人民政府批准,可以进行邀请招标。"这样做既有利于增大招标投标市场的透明度和竞争性,也有利于规范招标投标行为。

对于一些特殊项目,邀请招标可能更好一些,有下列情形之一的,经批准可以进行邀请招标。

① 项目技术复杂或有特殊要求,只有少量几家潜在投标人可供选择的;
② 受自然地域环境限制的;
③ 涉及国家安全、国家秘密或者抢险救灾,适宜招标但不宜公开招标的;
④ 拟公开招标的费用与项目的价值相比,不值得的;
⑤ 法律、法规规定不宜公开招标的。

7.2.3 工程项目招标的程序

工程项目招标是一个连续的、完整的、复杂的过程,它涉及面广、牵扯度大,所以在进行招标投标之前,应该先明确工程项目招标的一般程序,以便使招标工作有条不紊地进行。一般来说,工程项目招标工作按以下程序开展(图 7-1)。

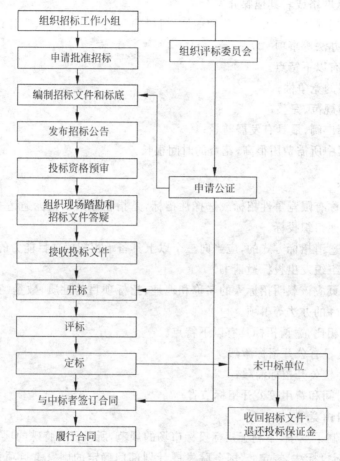

图 7-1 招标程序

7.2.4 工程项目招标工作机构的组织

我国工程项目招标可以由有资格的招标人自行组建招标工作小组进行,也可以由招标人委托招标代理机构进行。当由招标人自行组织招标工作小组时,其构成人员应该包括:决策者、专业人员以及助理人员。决策者由项目业主来担任,其负责招标工作的领导和组织;专业人员是指技术、财务、管理专业人员,负责处理招标工作中的技术问题、财务问题等;助理人员负责招标工作的日常事务。总的来说,自行组建的工作小组应该具有对投标企业进行资格评审的能力,并有建设单位法人代表或其委托的代理人以及与工程规模相适应的技术、预算、财务和工程管理人员的参加。大型、重要的招标项目一般还要由主管部门、招标单位、设计单位、建设银行或投资金融单位及有关专家共同组成招标领导小组。

如果招标人自己不能满足以上要求,那么可由其上级主管部门帮助组织招标工作班子,也可以委托招标公司或具有法人资格的咨询服务单位代理招标工作。

不管是建设单位自行组织招标工作小组,还是委托招标代理机构进行工程项目的招标,它们的任务都是:落实工程项目的招标条件;编制招标文件;制定评标方法;办理招标工作审批手续;发布招标公告;对投标人进行资格审查;发售招标文件,组织投标人踏勘现场并答疑;组织评标委员会;组织开标;发布中标和未中标通知书;组织中标单位和建设单位签订工程合同等。

7.2.5 工程项目招标文件和标底的编制

1. 工程项目招标文件的编制

招标文件是标明招标工程数量、规格、要求以及招标投标双方责权利关系的书面文件。招标文件的作用首先是向投标人提供招标信息,以指导承包人根据招标文件提供的资料,进行投标分析与决策;其次,招标文件是承包商投标和业主评标的依据;最后,招标投标成交后,招标文件是业主和承包商签订合同的主要依据。

招标文件一般在获准招标后,由招标人根据招标项目的特点和需要编制。《招标投标法》第十九条规定:"招标人应当根据招标项目的特点和需要编制招标文件。招标文件应当包括招标项目的技术要求、对投标人资格审查的标准、投标报价要求和评标标准等所有实质性要求和条件以及拟签订合同的主要条款。国家对招标项目的技术、标准有规定的,招标人应当按照其规定在招标文件中提出相应要求。"

这条规定对招标文件的编制提出了非常具体的要求。一般来说,招标文件的内容大致可分为三类:①关于编写和提交投标文件的规定,目的是尽量减少符合资格的承包商或供应商由于不明确如何编写投标文件而使其投标遭到拒绝的可能性;②关于对投标人资格审查的标准以及投标文件的评审标准和方法,这是为了提高招标过程的透明度和公平性,所以这一内容非常重要,也是必不可少的;③关于合同的主要条款,其中主要是商务性条款,这有利于投标人了解中标后签订合同的主要内容,明确双方各自的权利和义务。其中,技术要求、投标报价要求和主要合同条款等内容是招标文件的关键内容,统称实质性要求。

《招标投标法》第十九条还规定:"招标项目需要划分标段、确定工期的,招标人应当合理划分标段、确定工期,并在招标文件中载明。"但是招标人不应该把作为招标项目组成部分的标段划得过小。标段划分太小,不利于技术力量强、经验丰富的承包商投标。同时,为保证工程质量,必须保持合理的工期,工期要求的过短,容易造成偷工减料、粗制滥造等现象的发生。因此,在需要划分标段和确定工期时,招标人应当合理划分标段、确定工期,并在招标文件中载明。

同时,《招标投标法》第二十条规定:"招标文件不得要求或者标明特定的生产供应者以及含有倾向或者排斥潜在投标人的其他内容。"

招标人对已发出的招标文件进行必要的澄清或者修改的,应当在招标文件要求提交投标文件截止时间至少十五日前,以书面形式通知所有招标文件收受人。该澄清或者修改的内容为招标文件的组成部分。

2. 标底的编制

标底又称标底价,是招标人对招标项目所需费用自我测算的期望值,它是评定投标价的合理性、可行性的重要依据,也是衡量招标投标活动经济效果的依据。在工程项目的招标活动中,标底可以编制,也可以不编制,但是招标人设有标底的,必须保密。

影响标底的因素很多,在编制时既要充分考虑投资项目的规模大小、技术难易、地理条件、工期要求、材料差价、质量等级要求等因素,还要从全局出发,兼顾国家利益、建设单位利益以及投标单位的利益,总之,要使编制的标底具有合理性、公正性、真实性和可行性。

一般来说,清单计价模式下的标底价应由以下费用组成:分部分项工程费、措施费、其他项目费、规费及税金。编制时,要确保标底价不超过经批准的工程概算或修正概算。

7.2.6 投标人资格预审

1. 资格预审程序

资格预审包括以下程序。

(1) 发布资格预审通告

《工程施工招标投标管理办法》第16条规定:"招标人可以根据招标工程的需要,对投标申请人进行资格预审,也可以委托工程招标代理机构对投标申请人进行资格预审。实行资格预审的招标工程,招标人应当在招标公告或者投标邀请书中载明资格预审的条件和获取资格预审文件的办法。"

根据上述规定,实行资格预审的招标工程,资格预审通告应当与招标公告或招标申请书同时发出。根据《工程施工招标投标管理办法》的规定并结合《世行采购指南》资格预审通告范本,资格预审通告应当包括以下几方面的内容。

① 资金的来源,资金用于投资项目的名称和合同的名称;

② 对申请预审人的要求,主要是投标人应具备以往类似的经验和在设备人员及资金方面完成本工作能力的要求,有的还对投标者本身成员的政治地位提出要求;

③ 业主的名称和邀请投标人对工程建设项目完成的工作,包括工程概述和所需劳务、材料、设备和主要工程量清单;

④ 获取进一步信息和资料预审文件的办公室名称和地址、负责人姓名、购买资格预审文件的时间和价格;

⑤ 资格预审申请递交的截止日期、地址和负责人姓名;

⑥ 向所有参加资格预审的投标人公布资格预审合格的投标人名单(有时也称为"短名单")的时间。

(2) 发售资格预审文件

资格预审通告发布后,招标人向资格预审申请人发售资格预审文件。

(3) 发出资格预审合格通知书

招标人在收到申请人完成的资格预审资料后,根据资格预审须知中规定的程序和方法对资格预审资料进行分析,挑选出符合资格预审要求的申请人。

《工程施工招标投标管理办法》规定:"经资格预审后,招标人应当向资格预审合格的投标申请人发出资格预审合格通知书,告知获取招标文件的时间、地点和方法,并同时向资格预审不合格的投标申请人告知资格预审结果。"该办法第十七条还规定:"在资格预审合格的投标申请人过多时,可以由招标人从中选择不少于7家资格预审合格的投标申请人。"

2. 资格预审的方法

资格预审是指对申请投标的单位进行事先的资质审查。招标人对投标人进行资格审查的目的是了解投标人的技术和财务实力以及管理经验,以限制不符合条件者盲目参加投标,使招标取得理想的结果,并以此作为评标和定标的参考。工程项目进行公开招标的,一般在发售招标文件前就进行资格审查,审查合格后才能购买招标文件,所以称为资格预审。如果采用邀请招标,则一般在评标的同时进行资格审查。

资格审查一般由建设单位、委托编制标底单位以及建设监理单位组成审查小组,并请政府主管部门参加,在收到投标人的资格预审申请后开始。一般先检查申请书的内容是否完整,并在此基础上拟定评审方法。比较常用的资格评审方法是"定项评分法",而且常采用比较简便的百分制计分。这种方法是对投标单位报送的资格预审内容按一定的标准给分,并确定一个授予投标资格的最低分数线。具体方法是:先将影响投标人资格的因素分为若干组,根据各个因素的重要程度以及招标项目的特点来给这些因素赋予不同的权重;然后按照这些因素来给投标人打分。以取高分、弃低分的方法实现资格筛选的目的。

3. 资格预审的主要内容

(1) 法人地位

在资格审查时,要首先审查投标单位的法定名称、单位地址、营业执照、公司章程、组织机构和主要领导成员等,要警惕买空卖空的经纪人,或投标单位的经营范围与本工程项目招标内容不符的事情发生;若为联合投标,对合伙人也要审查。

(2) 信誉

主要审查投标单位的资信如何,是否发生过违约行为;项目实施质量与服务质量水平是否达到建设单位的要求;投标单位资质等级等。

(3) 资金和财务状况

财务状况评审至关重要,它是资格预审的重点,财务不可靠或缺乏一定支付能力的投标单位不可能顺利执行项目承包合同。评审要从投标单位的承包收入、投标能力以及可以获得的信贷资金三方面来评价财务状况。承包收入是指承包单位的年总收入减去其他非承包项目带来的收入。如果投标人若干年内的承包收入大大低于该工程项目的估算价格,说明投标单位难以承担该工程项目的实施任务。

在国际招标中,通常使用投标人的净资产值或自有流动资金来衡量投标人的投标能力。因为有信誉的投标单位将其自有流动资金存入银行后,比较容易取得更多的"存款冻结限额信贷",即能够获得更大的信贷资金,以保证项目的顺利完成。

(4) 技术资格

对投标人资格进行审查,既要审查其管理人员的管理经验,又要考察投标人具有的施工设备状况,要从投标人提供的可用于本工程项目的现有设备及拟购设备确定其能否在数量及容量方面满足工程项目实施的要求。

(5) 主要的经营业绩

主要审查投标单位都完成过哪些工程项目,并考核投标单位是否承担过与本工程项目性质、规模类似的项目,以及类似气候和地质条件下的项目实施经验。

7.2.7 组织现场勘察和文件答疑

招标文件发出后，招标人应根据招标文件规定的时间统一组织投标人到现场进行实地踏勘，并在招标文件规定的时间组织召开招标文件答疑会。

1. 踏勘现场

招标人在招标文件中要注明投标人进行现场踏勘的时间和地点。一般情况下，招标人要在规定的时间内组织投标人统一进行现场勘察并对工程项目做必要的介绍。主要包括：
① 现场的地理位置和地形、地貌；
② 现场的地质、土质、地下水位、水文等情况；
③ 现场的气温、湿度、风力、年雨雪量等气候情况；
④ 现场的交通、饮水、污水排放、生活用电、通信等环境情况；
⑤ 工程在现场中的位置与布置；
⑥ 临时用地、临时设施搭建等。

由于投标人提出的标价一般是在审核招标文件后并在现场勘察的基础上编制出来的，而且一旦标价提出并经开标后，投标人就无权因为现场勘察不周、情况了解不详细或其他原因而提出修改标价、调整标价或给予补偿等要求，因此，投标人在现场踏勘前，应仔细研究招标文件的各项要求，特别是招标文件中的工作范围、工作条款等，然后有针对性地拟定出踏勘提纲，确定出重点需要了解的项目情况，以使踏勘有的放矢，并在招标文件规定的时间内派出适当的负责人员参加现场勘察，做出详细的记录，作为编制投标书的重要依据。

投标人现场勘察的费用由投标人自行承担。

2. 文件答疑

招标人在招标文件中要注明招标文件答疑的具体时间和地点。对招标文件有疑问或不明白的投标人可以在规定的时间内到指定的地点向招标人提出关于招标文件的各种问题，招标人负责逐一解答。招标人或业主在回答问题的同时，要展示工程勘探资料，供投标单位参考。对于答疑会上提出的问题和解答的概要情况，招标人应该做好记录，有必要时还可以作为招标文件的补充部分发给所有投标人。

7.3 工程项目投标

工程项目投标是指工程项目承包商向招标单位提出承包该工程项目的价格和条件，供招标单位选择以获得承包权的活动。

7.3.1 工程项目投标工作机构

投标人要想在投标竞争中获胜，必须建立一个高效精干的投标工作机构。投标工作机构的任务就是在平时搜集招标投标信息，整理企业内部与招标投标有关的资料，并研究竞争对手的有关资料等。当有招标项目时，则承担起接受招标通知，提出投标方案，研究分析招标文件，办理投标手续，参加投标会议，踏勘现场，编制投标文件等任务。

1. 投标工作机构的组织

具体来说,投标工作机构一般由三类人才组成。

(1) 经营管理类人才

经营管理类人才是指负责投标工作的筹划和安排,并制定投标决策的人,一般由经理、副经理、总工程师、总经济师组成。

(2) 技术类人才

技术类人才主要是指建筑师、结构工程师、设备工程师等各专业技术人员,他们应该具备熟练的专业技能以及丰富的专业知识,能够从本公司的实际出发,制定出合理的投标方案。

(3) 经济类人才

经济类人才是指概算、财务、合同、金融、保险等方面的人才,他们负责提供有关投标的成本信息,解决投标活动中财务等方面的问题,并为投标人编制合理的投标价格。

为保守投标报价的秘密,投标工作机构的人员不宜过多,特别是最后的决策阶段,应尽量缩小范围,并采取一定的保密措施。

2. 投标工作机构人员的素质要求

为了更好地完成工程项目的投标工作,并能够最终获得项目的承包权,投标工作机构的人员应具备以下素质。

① 有较宽的知识面和较强的业务能力,要既懂技术,又懂经济管理;
② 具有对信息资料分析、研究并做出合理判断的应变能力;
③ 具有实事求是的精神和脚踏实地的工作作风;
④ 有与外界交往的能力,在交往中能坚持原则,和睦共事;
⑤ 有较强的语言表达和答辩能力。

7.3.2 工程项目投标程序

工程项目投标的程序主要包括:报名参加投标、办理资格审查、取得招标文件、研究招标文件、调查投标环境、确定投标策略、制定施工方案、编制标书、投送标书等工作内容。

1. 投标准备工作

1) 招标投标信息的收集与整理

准确、全面、及时地收集与招标投标相关的各项技术经济信息是投标成败的关键,这些信息涉及面比较广,但其主要内容可以概括为以下几方面。

(1) 招标信息

通过各种途径,尽可能在招标公告发出前获得工程项目信息,所以必须熟悉当地政府的投资方向、建设规划,综合分析市场的变化和走向。

(2) 招标工程项目所在地的信息

包括当地的自然条件、交通运输条件、价格行情以及经济环境和政治法律情况等。

(3) 招标单位的情况

包括招标单位的资金状况、社会信誉以及对招标工程的工期、质量、费用等方面的要求。

(4) 施工技术发展的信息

包括新规范、新标准、新结构、新技术、新材料、新工艺的有关情况。

(5) 其他投标单位的情况

及时了解有哪些竞争者，分析他们的实力、优势、在当地的信誉以及对工程的兴趣、意向。

(6) 有关报价的参考资料

收集项目当地近几年类似工程的施工方案、报价、工期及实际成本等资料。

(7) 投标单位内部资料

收集整理能反映本单位技术能力、信誉、管理水平、工程业绩的各种资料。

2) 投标资料准备

① 准备投标人的营业执照；

② 准备资质证书；

③ 有委托代理人的，准备委托代理授权书；

④ 准备主要技术人员的资格证书以及简历；

⑤ 准备主要设备的明细表；

⑥ 准备合作伙伴资料；

⑦ 准备财务报表。

做好投标资料的准备，有助于资格预审的顺利通过。

2. 研究招标文件

投标单位报名参加或接受邀请参加某一项目的投标，通过资格审查并取得招标文件后，要认真研究招标文件，充分了解其内容和要求，以便统一安排投标工作，并发现应提请招标单位予以澄清的疑点。招标文件的研究工作包括以下几方面。

① 研究招标工程项目综合说明，熟悉工程项目全貌。

② 研究工程项目设计图纸，为制定报价和制定施工方案提供确切的依据。

③ 研究合同条款，明确中标后的权利与义务。

主要的研究内容有：承包方式、开竣工时间、工期奖罚、材料供应方式、价款结算办法、预付款及工程款支付与结算方法、工程变更及停工、窝工损失处理办法、保险办法、政策性调整引起价格变化的处理办法等。这些内容会直接影响施工方案的安排和施工期间的资金周转，并最终影响到施工企业的获利，因此应在报价上有所反映。

④ 研究投标单位须知，提高工作效率，避免造成废标。

3. 调查投标环境

招标工程项目的自然条件及经济条件称为投标环境，它会影响项目成本，因此在报价前应尽可能了解清楚。主要调查内容有以下几方面。

① 社会经济条件，如劳动力资源、工资标准、专业分包能力、地产材料的供应能力等。

② 自然条件，如影响施工的天气、山脉、河流等因素。

③ 施工现场条件，如场地地质条件、场地承载能力、地上及地下建筑物、构筑物及其他障碍物、地下水位、道路、供水、供电、通信条件、材料及构配件堆放场地等。

4. 确定投标策略

投标能否成功不仅取决于竞争单位的实力,而且还取决于投标人自身的投标策略是否正确,所以需要很好地研究投标策略。

5. 施工组织设计或施工方案的制定

施工方案或施工组织设计是投标报价的前提条件,也是招标单位评标时考虑的因素之一。为投标而编制的施工组织设计与为施工而编制的具体施工方案有两点不同:①读者对象不同。为投标而编制的施工方案主要是向招标单位或评标小组介绍投标人的施工能力,所以应简洁明了、突出重点。②作用不同。为投标而编制的施工方案是为了争取中标,因此应在技术措施、工期、质量、安全以及降低成本方面对招标单位有恰当的吸引力。

6. 报价

投标报价是影响投标能否成功的关键因素。报价的目标是要既能接近招标单位的标底,又能胜过竞争对手,而且能取得较大的利润。所以说,报价是技术与决策相协调的一个完整过程。

7. 编制及投送投标文件

投标人应当按照招标文件的要求编制投标文件。投标文件应当对招标文件提出的实质性要求和条件做出响应。投标文件一般包括以下内容。

① 综合说明;
② 标书情况汇总表、工期、质量水平承诺、让利优惠条件等;
③ 详细预算及主要材料用量;
④ 施工方案和选用的机械设备、劳动力配置、进度计划等;
⑤ 保证工程质量、进度、施工安全的主要技术组织措施;
⑥ 对合同主要条件的确认及招标文件要求的其他内容。

其中,投标文件情况的汇总表、密封签必须有法人单位公章、法定代表人或其委托代理人的印鉴。投标人应当在招标文件要求提交投标文件的截止时间前,将投标文件送达投标地点。另外,投标人在招标文件要求提交投标文件的截止时间前,可以补充、修改或者撤回已提交的投标文件,并书面通知招标人。补充、修改的内容为投标文件的组成部分。

7.3.3 工程项目投标决策

工程项目投标决策是针对一个工程项目的招标,是投标还是不投标;如果投标,是投什么性质的标以及采用怎样的策略和技巧去投标。投标决策的正确与否,关系到能否中标以及中标后的效益;同时也关系到施工企业的发展前景和职工的经济利益。所以,企业的决策班子必须充分认识到投标决策的重要意义,并要把这一工作摆在企业的重要议事日程上。

1. 工程项目投标决策阶段划分

工程项目投标决策可以分为两阶段进行:投标决策的前期阶段和投标决策的后期阶段。

(1) 工程项目投标决策的前期阶段

工程项目投标决策的前期阶段必须在购买投标人资格预审资料前后完成。决策的主要依据是招标公告,以及投标人对招标工程、业主情况的调研和了解程度。如果是国际工程,还包括对工程所在国和工程所在地的调研和了解的程度;前期阶段必须对投标与否做出论证。通常情况下,对于下列招标项目应该考虑放弃投标。

① 本企业主营和兼营能力之外的项目;

② 工程规模、技术要求超过本企业技术等级的项目;

③ 本企业生产任务饱满,无力承担的项目;

④ 本企业技术等级、信誉、施工水平明显不如竞争对手的项目。

(2) 工程项目投标决策的后期阶段

如果决定投标即进入投标决策的后期阶段,它是指从申报资格预审至投标报价(封送投标文件)前完成的决策研究阶段。该阶段主要研究投什么性质的标以及在投标中采取什么样的策略。

按性质分,投标有保险标和风险标;按效益分,投标有盈利标、保本标和亏损标。

保险标是指在拟投标项目的技术、设备、资金等重大问题都有了解决的对策之后再投标。企业经济实力较弱,经不起失败的打击,则往往投保险标。

风险标是指明知工程承包难度大、风险大,且技术、设备、资金上都有未解决的问题,但为了开拓一片新的市场或者被项目的高盈利性所吸引而决定投的标。

盈利标是指当招标工程既是本企业的强项,又是竞争对手的弱项,或建设单位意向明确时,此种情况下的投标,称为投盈利标。

保本标是指当企业无后继工程,或已经出现部分窝工,必须争取中标来维持企业的运作,同时招标的工程项目对本企业又无优势可言,竞争对手又多,中标的话也只能保本,那么,此时可以决定投保本标。

亏损标是指当企业出现大量窝工,为有活可干宁愿以亏损为代价来达到中标的目的。但亏损标不意味着承包商必然亏损,如果在工程实际建设中,承包商能够认真地研究合同,并抓住一切可能的机会,采取调价索赔、工程变更等方式,就有可能使项目不亏损甚至实现盈利。

2. 影响工程项目投标决策的因素

影响工程项目投标决策的因素包括主观因素和客观因素。

(1) 主观因素

影响投标决策的主观因素有技术实力、经济实力、管理实力以及信誉实力。

① 技术实力是指企业的工程项目设计、施工专业特长以及解决工程施工中技术难题的能力。

② 经济实力是指企业所具有的固定资产、现金流量、机器设备以及垫付资金的能力和支付各种税金、保险的能力。

③ 管理实力是指企业能否以有效的清单计价管理、合同管理、信息管理等来使工程任务顺利完成。

④ 信誉实力是指承包商是否有良好的信誉,是否遵守法律和行政法规,或按国际惯例

办事,同时能否认真履约,保证工程的施工安全、工期和质量。

(2) 客观因素

影响工程项目投标决策的客观因素主要有以下几方面。

① 业主和监理方的情况。主要指业主的合法地位、支付能力、履约信誉以及监理工程师处理问题的公正性、合理性等。

② 竞争对手情况。在投标决策时,还应该注意研究竞争对手的实力、优势及投标环境的优劣情况。

③ 当地法律、法规的情况。对于国内工程承包,要研究适用于本国的法律和法规。对于国际工程承包,一定要认真了解国际通用的工程承包等的法律知识,做到有的放矢、有备无患。

④ 投标风险情况。国内的承包工程,风险相对较小,国际承包工程则风险相对较大,所以在投标决策时,要仔细考虑投标的风险情况。

7.3.4 工程项目投标报价的确定

1. 清单计价模式下的投标报价费用组成

清单模式下的投标报价一般由以下费用组成。

① 分部分项工程费,包括直接工程费、企业管理费、利润等;

② 措施费;

③ 其他项目费,包括招标人的预留金和材料购置费以及投标人的承包服务费和零星工作项目费;

④ 规费;

⑤ 税金。

2. 清单模式下投标报价的计价方法

工程量清单模式下的投标报价一般采用综合单价法计价。具体来说有以下三种方法。

(1) 直接费单价法

这种方法指的是先计算分部分项消耗量,然后套用市场价计算出直接工程费,接着进行取费和报价。

(2) "清单规范"综合单价法

先计算分部分项消耗量,然后套用市场价计算出直接工程费,接着对管理费和利润进行分摊,得出分项综合单价,再加上规费和税金等其他费用,然后报价。这种方法是我国现在实行的清单投标报价方法。

(3) 全费用综合单价法

先计算分部分项消耗量,然后套用市场价计算出直接工程费,接着对所有费用进行分摊,得出分项综合单价,然后报价。

7.3.5 工程项目投标的报价技巧

工程项目投标报价技巧的研究实质是在保证工程质量与工期的条件下,寻求一个好的报价技巧,以使在中标后能够获得更多的利润。

1. 不平衡报价法

不平衡报价法是指投标报价在总价基本确定的前提下，如何调整项目内部各个子项的报价，使之既不影响总报价，又能够在中标后获取较好的经济效益。通常采用的不平衡报价有下列几种情况。

① 对于能够早期结账并收回工程款的项目（如土方、基础等）的单价可报以较高的价格，以利于资金周转；而对于后期工程项目（装饰、电气安装等），单价则可适当降低。

② 估计今后工程量可能增加的项目，其单价可提高；而工程量可能减少的项目，其单价可降低。

上述两点要统筹考虑，对于工程量计算有错误的早期工程，如不可能完成工程量表中的数量，则不能盲目抬高单价，需要具体分析后再确定。

③ 图纸内容不明确或有错误，估计修改后工程量要增加的项目，其单价可提高；而工程内容不明确的，其单价不宜提高。

④ 没有工程量而只需填报单价的项目（如疏浚工程中的开挖淤泥工作等），其单价可提高。这样，既不影响总的投标价，又可多获利。

⑤ 对于暂定项目，其实施的可能性如果很大，则报价时可定高价；估计该工程不一定实施的项目则可定低价。

2. 零星用工（计日工）报价法

零星用工的单价一般可稍高于工程单价表中的工资单价，原因是零星用工不属于承包总价的范围，发生时实报实销，可多获利。

3. 多方案报价法

一种情况是若业主拟定的合同条件要求过于苛刻，为使业主修改合同要求，可准备"两个报价"，并阐明，按原合同要求规定，投标报价为某一数值；倘若合同要求做某些修改，则投标报价为另一数值，即比前一数值的报价低一定的百分点，以此吸引对方修改合同条件。

另一种情况是自己的技术和设备满足不了原设计的要求，但在修改设计以适应自己的施工能力的前提下仍希望中标，则可以报一个原设计施工的投标报价（高报价）；另一个则按修改设计施工的方案进行低一些的投标报价，诱导业主采用合理的报价或修改设计。但是，这种修改设计必须符合设计的基本要求。

4. 突然袭击法

由于投标竞争激烈，所以为迷惑对方，可有意泄露一点假情报，如不打算参加投标；或准备报高价，表现出无利可图不想干的假象。然而，到投标截止之前几个小时，突然前往投标，并压低标价，从而使对手因措手不及而败北。

5. 低投标价夺标法

这是一种非常手段。如企业大量窝工时为了减少亏损，或为打入某一建筑市场，或为挤走竞争对手而保住自己的地盘，于是制定严重亏损标，力争夺标。若企业无经济实力，信誉又不佳，此法不一定奏效。

6. 联保法

当一家实力不足时,可联合其他企业分别进行投标。无论谁家中标,都联合进行施工。

7.4　工程项目开标、评标与中标

7.4.1　工程项目开标

工程项目开标指的是把所有投标人递交的投标文件启封揭晓的过程。开标应当在招标文件确定的提交投标文件截止时间的同一时间公开进行;开标地点应当为招标文件中预先确定的地点。

1. 开标的组织

(1) 开标前的准备

工程项目开标前应做好以下准备工作。

① 成立工程项目评标委员会;
② 制定评标方法;
③ 委托公证,确认开标的合法有效;
④ 按招标文件规定的截止时间密封标箱。

(2) 工程项目开标的程序

工程项目开标活动应该在招标投标管理机构的有效监督下进行。招标人自行组织招标的,由招标人负责主持;招标人委托代理机构进行招标的,由代理机构负责主持。开标的程序一般如下。

① 介绍开标支持人、记录人、监督人以及其他相关人员;
② 宣布废标条件及评标方法;
③ 检查投标文件的密封情况,并当众启封;
④ 宣读投标人的投标报价、工期等,并由记录人员做好备案记录;
⑤ 宣布有效投标文件,并公布标底;
⑥ 填写工程投标文件汇总表,并由有关方签字;
⑦ 宣读开标见证书。

2. 工程项目开标时的废标情况

在开标时,投标文件出现下列情况时,可定为废标。

① 投标文件没有密封;
② 投标文件未加盖法人印章和法人代表印章;
③ 投标文件未按规定时间送达;
④ 投标人没有按时参加开标会;
⑤ 投标文件的主要内容不全,字迹模糊,辨认不清;
⑥ 投标文件的汇总表经涂改后没有加盖法定代表人印章。

7.4.2 工程项目评标

工程项目评标指的是按照招标文件的内容和要求对投标文件进行评审、比较的过程。工程项目评标由招标人依法组建的评标委员会负责。

1. 评标委员会的组建

评标委员会是由招标人依法组建的,负责评标活动,并向招标人推荐中标候选人或者根据招标人的授权直接确定中标人。评标委员会成员名单一般应于开标前确定。

评标委员会由招标人或其委托的招标代理机构熟悉相关业务的代表,以及有关技术、经济等方面的专家组成,成员人数为 5 人以上的单数,其中招标人、招标代理机构以外的技术、经济等方面的专家不得少于成员总数的 2/3。

评标委员会设负责人的,负责人由评标委员会成员推举产生或者由招标人确定。评标委员会负责人与评标委员会的其他成员有同等的表决权。

评标委员会的专家成员应当从建设行政主管部门及其他有关政府部门提供的专家名册或者招标代理机构的专家库内的相关专家名单中确定。确定专家成员一般应当采取随机抽取的方式。

评标委员会成员应当客观、公正地履行职责,遵守职业道德,对所提出的评审意见承担个人责任。评标委员会成员不得与任何投标人或与招标结果有利害关系的人进行私下接触,不得收受投标人、中介人、其他利害关系人的财物或者其他好处;不得透露对投标文件的评审和比较、中标候选人的推荐情况以及与评标有关的其他情况。

2. 工程项目评标中的初步评审

1) 投标文件的符合性评审

工程项目评标中的符合性评审指的是在众多的投标文件中,筛选出符合最低要求标准的合格投标文件,淘汰不合格的投标文件,这一评审主要从以下几方面进行:

(1) 投标文件的有效性

评标委员会要审查投标单位的名称、负责人和地址与资格预审的内容是否一致以及投标保函是否符合要求。

(2) 投标文件的完整性

主要审查招标文件规定应递交的文件是否全部包括在投标书中,如报价单、工程进度计划表、施工方案、现金流动计划、主要施工设备清单等。

(3) 投标文件与招标文件的一致性

对于招标文件中指明是"反应标"的,投标书必须完全对照招标文件的每一空白栏填写,不得修改或附带条件。

(4) 报价计算的正确性

审查的是报价中的分项报价和总价是否有明显的算术上和文字上的计算错误。投标文件中的大写金额和小写金额不一致的,以大写金额为准;总价金额与单价金额不一致的,以单价金额为准,但单价金额小数点有明显错误的除外;对不同文字文本投标文件的解释存在异议的,以中文文本为准。

2) 技术评审

对投标文件进行技术性评审是为了确定招标单位完成本工程项目的技术能力和施工方案的可靠性,它应重点评定投标单位将如何实施招标工程项目。主要评审内容包括:

① 施工总体布置,如场内交通布置、料场堆放的合理性、加工与生产的协调等。

② 施工进度计划,如进度计划与竣工时间是否一致,进度计划是否可行。

③ 施工方法及技术措施,如配备的施工设备性能是否合适,数量能否满足要求,施工方法是否先进可行,安全措施是否可靠等。

④ 投标文件建议,主要评审投标单位对招标项目在技术上的保留意见和建议是否影响项目的技术性能和质量,并研究所提建议的可行性和技术经济价值。

3) 商务评审

商务评审主要是从成本、财务和经济分析等方面评定投标报价的合理性和可靠性,估算各投标单位的中标经济效果。尤其要和标底估算数据进行对比,发现有较大差异的地方并分析其原因。

3. 评标中的废标情况

《招标投标法实施条例》第五十一条规定,有下列情形之一的,评标委员会应当否决其投标。

① 投标文件未经投标单位盖章和单位负责人签字;

② 投标联合体没有提交共同投标协议;

③ 投标人不符合国家或者投标文件规定的资格条件;

④ 同一投标人提交两个以上不同的投标文件或者投标报价,但招标文件要求提交备选投标的除外;

⑤ 投标报价低于成本或者高于投标文件设定的最高投标限价;

⑥ 投标文件没有对招标文件的实质性要求和条件做出响应;

⑦ 投标人有串通投标、弄虚作假、行贿等违法行为。

4. 投标文件中的投标偏差

评标委员会应当根据招标文件,审查并逐项列出投标文件的全部投标偏差。投标偏差分为重大偏差和细微偏差。下列情况属于重大偏差:

① 没有按照招标文件要求提供投标担保或者所提供的投标担保有瑕疵;

② 投标文件没有投标人授权代表签字和加盖公章;

③ 投标文件载明的招标项目完成期限超过招标文件规定的期限;

④ 明显不符合技术规格、技术标准的要求;

⑤ 投标文件载明的货物包装方式、检验标准和方法等不符合招标文件的要求;

⑥ 投标文件附有招标人不能接受的条件;

⑦ 不符合招标文件中规定的其他实质性要求。

投标文件有上述情形之一的,为未能对招标文件做出实质性响应,作为废标处理。

细微偏差是指投标文件在实质上响应招标文件要求,但在个别地方存在漏项或者提供了不完整的技术信息和数据等情况,并且补正这些遗漏或者不完整不会对其他投标人造成不公平的结果。细微偏差不影响投标文件的有效性。评标委员会应当书面要求存在细微偏差的投标人在评标结束前予以补正。拒不补正的,在详细评审时可以对细微偏差做不利于该投标人的量化,量化标准应当在招标文件中规定。

5. 工程项目评标中的详细评审

经初步评审合格的投标文件,评标委员会应当根据招标文件确定的评标标准和方法,对其技术部分和商务部分做进一步评审、比较。

工程项目评标方法包括经评审的最低投标价法、综合评估法或者法律、行政法规允许的其他评标方法。

(1) 经评审的最低投标价法

经评审的最低投标价法一般适用于具有通用技术、性能标准或者招标人对其技术、性能没有特殊要求的招标项目。采用经评审的最低投标价法评标时,投标人须按招标文件提供工程量清单报价。

采用经评审的最低投标价法评标时,可采用百分制办法评审计分,按得分由高到低排列名次,评审指标应包括工程量清单总报价、措施项目费、主要清单项目综合单价、主要材料价格、其他项目费等。

采用经评审的最低投标价法的,评标委员会应当根据招标文件中规定的评标价格调整方法,以所有投标人的投标报价以及投标文件的商务部分做必要的价格调整。

另外,根据经评审的最低投标价法完成详细评审后,评标委员会应当拟定一份"标价比较表",连同书面评标报告提交招标人。"标价比较表"应当载明投标人的投标报价、对商务偏差的价格调整和说明以及经评审的最终投标价。

(2) 综合评估法

不宜采用经评审的最低投标价法的招标项目一般应当采取综合评估法进行评审。衡量投标文件是否最大限度地满足招标文件中规定的各项评价标准,可以采取折算为货币的方法、打分的方法或者其他方法。需量化的因素及其权重应当在招标文件中明确规定。评标委员会对各个评审因素进行量化时,应当将量化指标建立在同一基础或者同一标准上,使各投标文件具有可比性。对技术部分和商务部分进行量化后,评标委员会应当对这两部分的量化结果进行加权,计算出每一投标的综合评估价或者综合评估分。

根据综合评估法完成评标后,评标委员会应当拟定一份"综合评估比较表",连同书面评标报告提交招标人。"综合评估比较表"应当载明投标人的投标报价、所做的任何修正、对商务偏差的调整、对技术偏差的调整、对各评审因素的评估以及对每一投标的最终评审结果。

7.4.3 工程项目中标

工程项目中标指的是最终确定承包工程项目中标人的过程。

1. 中标人的确定

一般情况下,由招标人召开定标会议,然后根据评标委员会撰写的评标报告,从评标委员会推荐的中标候选人中选出中标人,但招标人也可以授权评标委员会直接确定中标人。评标委员会推荐的中标候选人应当限定在1~3人,并标明排列顺序。在确定中标人之前,招标人不得与投标人就投标价格、投标方案等实质性内容进行谈判。

中标人的投标应当符合下列条件之一。

① 能够最大限度地满足招标文件中规定的各项综合评价标准；
② 能够满足招标文件的实质性要求，并且经评审的投标价格最低，但是投标价格低于成本的除外。

使用国有资金投资或者国家融资的项目，招标人应当确定排名第一的中标候选人为中标人。排名第一的中标候选人放弃中标、因不可抗力提出不能履行合同，或者招标文件规定应当提交履约保证金而在规定的期限内未能提交的，招标人可以确定排名第二的中标候选人为中标人。排名第二的中标候选人因同样原因不能签订合同的，招标人可以确定排名第三的中标候选人为中标人。

2. 中标通知书

中标人确定后，招标人应当向中标人发出中标通知书，同时通知未中标人。中标通知书对招标人和中标人具有法律效力。中标通知书发出后，招标人改变中标结果，或者中标人放弃中标项目的，应当依法承担法律责任。

3. 合同的订立

招标人应当与中标人在 30 个工作日之内按照招标文件和投标人的投标文件订立书面合同，招标人和中标人不得再行订立背离合同实质性内容的其他协议。

招标人与中标人签订合同后 5 个工作日内，应当向中标人和未中标的投标人退还投标保证金。

中标人应当按照合同约定履行义务，完成中标项目。中标人不得向他人转让中标项目，也不得将中标项目肢解后分别向他人转让。中标人按照合同约定或者经招标人同意，可以将中标项目的部分非主体、非关键性工作分包给他人完成。接受分包的人应当具备相应的资格条件，并不得再次分包。

中标人应当就分包项目向招标人负责，接受分包的人就分包项目承担连带责任。

4. 中标无效的法律规定

根据《招标投标法》第六章法律责任的规定，中标无效有如下几种情况。
① 招标代理机构违反规定，泄露应当保密的与招标投标活动有关的情况和资料，或者与招标人、投标人串通损害国家利益、社会公共利益或者他人合法权益，影响中标结果的，中标无效；
② 依法必须进行招标项目的招标人向他人透露已获取招标文件的潜在投标人的名称、数量或者可能影响公平竞争的其他情况，或者泄露标底，影响中标结果的，中标无效；
③ 投标人相互串通投标或者与招标人串通投标的，投标人以向招标人或者评标委员会成员行贿的手段谋取中标的，中标无效；
④ 投标人以他人名义投标或者以其他方式弄虚作假，骗取中标的，中标无效；
⑤ 依法必须进行招标的项目，招标人违反法律规定，与投标人就投标价格、投标方案等实质性内容进行谈判，影响中标结果的，中标无效；
⑥ 招标人在评标委员会依法推荐的中标候选人以外确定中标人的，依法必须进行招标的项目在所有投标被评标委员会否决后自行确定中标人的，中标无效。

依法必须进行招标的项目违反《招标投标法》规定，中标无效的，应当依照规定的中标条件从其余投标人中重新确定中标人或者按照本法重新进行招标。

7.5 招标投标过程中的典型违法行为

招标投标是工程建设过程中十分重要与关键的环节，必须依据严格的法律过程。在这一过程中，有些行为是十分典型的违法行为，在我国现阶段招标投标市场不是很规范的情况下，比较普遍。

违反招标投标的基本原则和法律规定所缔结的工程合同是无效合同，是不受法律保护的。

1. 招标人限制、排斥潜在投标人或者投标人的不合理条件

根据《招标投标法实施条例》第三十二条规定，招标人不得以不合理的条件限制、排斥潜在投标人或者投标人。招标人有下列行为之一的，属于以不合理条件限制、排斥潜在投标人或者投标人。

① 就同一招标项目向潜在投标人或者投标人提供有差别的项目信息；

② 设定的资格、技术、商务条件与招标项目的具体特点和实际需要不相适应或者与合同履行无关；

③ 依法必须进行招标的项目以特定行政区域或者特定行业的业绩、奖励作为加分条件或者中标条件；

④ 对潜在投标人或者投标人采取不同的资格审查或者评标标准；

⑤ 限定或者指定特定的专利、商标、品牌、原产地或者供应商；

⑥ 依法必须进行招标的项目非法限定潜在投标人或者投标人的所有制形式或者组织形式；

⑦ 以其他不合理条件限制、排斥潜在投标人或者投标人。

2. 投标人串标行为

投标人的违法行为主要目标是中标，为了中标而采取不良的行为，做法获得关键数据；有的是为了获得更高的中标价格，相互串通，陷害招标人等。《招标投标法实施条例》第三十九条和第四十条明确指出了投标人的串标行为。

《招标投标法实施条例》第三十九条规定，有下列情形之一的，属于投标人相互串通投标。

① 投标人之间协商投标报价等投标文件的实质性内容；

② 投标人之间约定中标人；

③ 投标人之间约定部分投标人放弃投标或者中标；

④ 属于同一集团、协会、商会等组织成员的投标人按照该组织要求协同投标；

⑤ 投标人之间为谋取中标或者排斥特定投标人而采取的其他联合行动。

《招标投标法实施条例》第四十条规定，有下列情形之一的，视为投标人相互串通投标。

① 不同投标人的投标文件由同一单位或者个人编制；

② 不同投标人委托同一单位或者个人办理投标事宜；

③ 不同投标人的投标文件载明的项目管理成员为同一人；
④ 不同投标人的投标文件异常一致或者投标报价呈规律性差异；
⑤ 不同投标人的投标文件相互混装；
⑥ 不同投标人的投标保证金从同一单位或者个人的账户转出。

3. 招标人与投标人串标行为

除了以上投标人的串标行为，实践中经常还会发生的情况是招标人与投标人共同串标的行为，对此，《招标投标法实施条例》第四十一条指出了禁止招标人与投标人串通投标的行为，即有下列情形之一的，属于招标人与投标人串通投标。

① 招标人在开标前开启投标文件并将有关信息泄露给其他投标人；
② 招标人直接或者间接向投标人泄露标底、评标委员会成员等信息；
③ 招标人明示或者暗示投标人压低或者抬高投标报价；
④ 招标人授意投标人撤换、修改投标文件；
⑤ 招标人明示或者暗示投标人为特定投标人中标提供方便；
⑥ 招标人与投标人为谋求特定投标人中标而采取的其他串通行为。

需要着重指出的是，由于招标人的特定身份和地位，招标人的违法行为将会给招标项目带来更大的威胁，也会导致更加严重的危害。多年的工程实践也证明，作为招标人，权力的集中将导致极为严重的问题。因此，我国相关法律、法规的防范重点也应该在防止招标人的违法行为上。

4. 国家工作人员的违法行为

在招标投标过程中，国家工作人员的违法行为也将对招标投标的过程产生重大的影响，因此，《招标投标法实施条例》规定禁止国家工作人员以任何方式非法干涉招标投标活动。国家工作人员利用职务便利，以直接或者间接、明示或者暗示等任何方式非法干涉招标投标活动的，依法给予记过或者记大过处分；情节严重的，依法给予降级或者撤职处分；情节特别严重的，依法给予开除处分，构成犯罪的，依法追究刑事责任。

国家工作人员的违法情形有：
① 要求对依法必须进行招标的项目不招标，或者要求对依法应当公开招标的项目不公开招标；
② 要求评标委员会成员或者招标人以其指定的投标人作为中标候选人或者中标人，或者其他方式非法干涉评标活动，影响中标结果；
③ 以其他方式非法干涉招标投标活动。

7.6 结 语

本章在介绍基本概念后，重点阐述了下述内容：

工程项目招标需具备一定的条件，包括招标人应该具备的条件以及招标项目应该具备的条件。招标文件是标明招标工程数量、规格要求和招标投标双方责权利关系的书面文件。在工程项目招标中，还要做好投标人的资格审查，并在规定的时间内安排投标人踏勘现场以及答疑。

　　工程项目投标单位应设置投标工作机构，积累各种资料，掌握市场动态，遇到招标项目，则研究投标策略，编制标书，争取中标。投标程序一般包括：报名参加投标、办理资格审查、取得招标文件、研究招标文件、调查投资环境、确定投资策略、制定施工方案、编制标书、投送标书等阶段。

　　工程项目投标决策是指针对工程项目是否投标，以及采用怎样的策略和技巧去投标。投标技巧的研究实质是在保证工程质量与工期的条件下，寻求一个好的报价技巧的问题。

　　开标、评标是复杂而又重要的工作，评标委员会应由懂技术、懂经济、懂法律的人员组成，坚持公平态度，按预先确定的原则，一视同仁地对待每份合格的投标文件，从技术、工期、管理、服务、商务、法律等方面进行分析、评价。评标方法包括经评审的最低报价法和综合评估法。

　　招标投标过程中有些行为是十分典型的违法行为，在我国现阶段招标投标市场不是很规范的情况下，比较普遍。违反招标投标的基本原则和法律规定所缔结的工程合同是无效合同，是不受法律保护的。

思 考 题

1. 招标投标应遵循哪些基本原则？
2. 招标有哪几种方式？
3. 招标投标的一般程序是什么？
4. 简述投标工作机构的组织。
5. 如何掌握投标技巧？
6. 工程项目评标中的评审方法有哪些？
7. 招标投标过程中的典型违法行为有哪些？

第 8 章

工程项目合同管理

■ **学习目标**

本章着重阐述工程项目合同的基本概念、内容、形式、组成、合同签订、履行及索赔等知识,要求学生掌握签订工程项目合同、履行工程项目合同以及合同索赔的相关知识。

■ **关键概念**

工程项目合同　项目合同履行　工程索赔

8.1 概　　述

8.1.1 工程项目合同的概念

《中华人民共和国合同法》(以下简称《合同法》)规定,工程项目合同是承包人进行工程建设,发包人支付相应价款的合同。建设工程合同包括勘察、设计、施工合同。

工程项目合同的双方当事人分别称为承包人和发包人。承包人是指在工程项目合同中负责工程的勘察、设计、施工任务的一方当事人;发包人是指在工程项目合同中委托承包人进行工程的勘察、设计、施工任务的建设单位(业主、项目法人)。

在合同中,承包人最主要的义务是进行工程建设,即进行工程的勘察、设计、施工等工作。发包人最主要的义务是向承包人支付相应的价款。这里的价款除了包括发包人对承包人因进行工程建设而支付的报酬外,还包括对承包人提供的建筑材料、设备支付的相应价款。

8.1.2 工程项目合同的特点

工程项目合同是一种特殊的承揽合同。它与一般的承揽合同相同,均为诺成合同、双务合同和有偿合同,并都是承揽人(承包人)按照定作方(发包方)的要求完成一定工作,由定作方交付报酬或价款的合同。但工程项目合同也与一般承揽合同有明显区别。

1. 合同的标的仅限于基本建设工程

工程项目合同的标的主要是指土木工程、建筑工程、线路管道和设备安装工程及装修工程。正是因为工程项目合同规定的是基本建设工程,而基本建设工程对国家和社会有特殊的意义,其工程建设对合同双方当事人有特殊的要求,这才使建设工程合同成为与一般承揽合同不同的一类合同。

2. 工程项目合同具有较强的国家管理性

由于建设工程的标的物为不动产,工程建设对国家和社会生活的方方面面影响较大,在建设工程合同的订立和履行上,就具有强烈的国家干预色彩。

3. 工程项目合同的要式性

《合同法》规定,当事人订立合同,有书面形式、口头形式和其他形式。对一些比较重要的合同,为了保护交易安全,法律和行政法规一般都规定应当采用书面形式。建设工程合同即属于这种情形。由于工程项目合同通常的工程量较大,当事人的权利、义务关系复杂,因此,《合同法》明确规定,工程项目合同应当采用书面形式。

8.2 工程项目合同的主要内容、形式和组成

8.2.1 工程项目合同的主要内容

工程项目合同应当具备一般合同的条款,如发包人、承包人的名称和住所、标的、数量、质量、价款、履行方式、地点、期限、违约责任、解决争议的方法等。由于建设工程合同标的特殊性,法律对建设工程合同中某些条款做出了明确或特殊的规定,成为建设工程合同中不可少的条款。

1. 勘察、设计合同的基本条款

勘察、设计合同的内容包括提交有关基础资料和文件的期限、质量要求,费用以及其他协作条件等条款。

(1) 提交有关基础资料和文件(包括概预算)的期限

这是对勘察人、设计人提交勘察、设计成果时间上的要求。当事人之间应当根据勘察、设计的内容和工作难度确定提交工作成果的期限。勘察人、设计人必须在此期限内完成并向发包人提交工作成果。超过这一期限,应当承担违约责任。

(2) 勘察或者设计的质量要求

这是此类合同中最为重要的合同条款,也是勘察或者设计所应承担的最重要义务。勘察或者设计人应当对没有达到合同约定质量的勘察或者设计方案承担违约责任。

(3) 勘察或者设计费用

这是勘察或者设计合同中的发包人所应承担的最重要义务。勘察设计工作的费用具体标准和计算办法需按《工程勘察取费标准》《工程设计收费标准》中的规定执行。

(4) 其他协作条件

除上述条款外，当事人之间还可以在合同中约定其他协作条件。至于这些协作条件的具体内容，应当根据具体情况来认定。如发包人提供资料的期限，现场必要的工作和生活条件，设计的阶段、进度和设计文件份数等。

2. 工程施工合同的基本条款

工程施工合同的内容包括工程范围、建设工期、中间交工工程的开工和竣工时间、工程质量、工程造价、技术资料交付时间、材料设备供应责任、拨款和结算、竣工验收、质量保修范围和质量保证期、双方相互协作等条款。

(1) 工程范围

当事人应在合同中附上工程项目一览表及其工程量，主要包括建筑栋数、结构、层数、资金来源、投资总额以及工程的批准文号等。

(2) 建设工期

建设工期即全部建设工程的开工和竣工日期。

(3) 中间交工工程的开工和竣工日期

所谓中间交工工程是指需要在全部工程完成期限之前完工的工程。对中间交工工程的开工和竣工日期，也应当在合同中做出明确约定。

(4) 工程质量

这是最重要的条款。发包人、承包人必须遵守有关规定，保证工程质量符合工程建设强制性标准。

(5) 工程造价

工程造价由成本（直接成本、间接成本）、利润（酬金）和税金构成。工程价格包括合同价款、追加合同价款和其他款项。实行招标投标的工程应当通过工程所在地招标投标监督管理机构采用招标投标的方式定价；对于不宜采用招标投标的工程，可采用审定施工图预算为基础，甲乙双方商定加工程变更增减价的方式定价。

(6) 技术资料交付时间

发包人应当在合同约定的时间内向承包人按时提供与本工程项目有关的全部技术资料，否则造成的工期损失或者工程变更应由发包人负责。

(7) 材料和设备供应责任

材料和设备供应责任即在工程建设过程中所需要的材料和设备由哪一方当事人负责提供，并应对材料和设备的验收程序加以约定。

(8) 拨款和结算

拨款和结算即发包人向承包人拨付工程价款和结算的方式和时间。

(9) 竣工验收

竣工验收是工程建设的最后一道程序，是全面考核设计、施工质量的关键环节，合同双方还将在该阶段进行决算。竣工验收应当根据有关规定执行。

(10) 质量保修范围和质量保证期

合同当事人应当根据实际情况确定合理的质量保修范围和质量保证期，但不得低于《建设工程质量管理条例》规定的最低质量保修期限。

除了上述 10 项基本合同条款以外,当事人还可以约定其他协作条款,如施工准备工作的分工、工程变更时的处理办法等。

8.2.2 工程项目合同的形式

订立工程项目合同应当采用书面形式。

工程项目合同具有标的额大、履行时间长、不能即时结清等特点,因此应当采用书面形式。对有些建设工程合同,国家有关部门制定了统一的示范文本,订立合同时可以参照相应的示范文本。合同的示范文本实际上就是含有格式条款的合同文本。采用示范文本或其他书面形式订立的工程项目合同,在组成上并不是单一的,凡是能体现招标人与中标人协商一致协议内容的文字材料,包括各种文书、电报、图表等,均可作为建设工程合同文件。订立建设工程合同时,应当注意明确合同文件的组成及其解释顺序。

采用合同书包括确认书形式订立合同的,自双方当事人签字或者盖章时合同成立。签字或盖章不在同一时间的,最后签字或盖章时合同成立。

8.2.3 工程项目合同文件的组成和解释顺序

1. 工程项目合同文件的组成

工程项目合同文件一般包括以下几个组成部分。
① 合同协议书;
② 中标通知书;
③ 投标书及其附件;
④ 合同通用条款;
⑤ 合同专用条款;
⑥ 洽商、变更等明确双方权利义务的纪要、协议;
⑦ 工程量清单、工程报价单或工程预算书、图纸;
⑧ 标准、规范和其他有关技术资料、技术要求。

2. 工程项目合同文件的解释顺序

工程项目合同的所有合同文件应能互相解释,互为说明,保持一致。当事人对合同条款的理解有争议的,应按照合同所使用的词句、合同的有关条款、合同的目的、交易习惯以及诚实信用原则,确定该条款的真实意思。合同文本采用两种以上的文字订立并约定具有同等效力的,对各文本使用的词句推定具有相同含义。各文本使用的词句不一致的,应当根据合同目的予以解释。

在工程实践中,当发现合同文件出现含糊不清或不一致时,通常按合同文件的优先顺序进行解释。合同文件的优先顺序,除双方另有约定的外,应按合同条件中的规定确定,即排在前面的合同文件比排在后面的更具有权威性。因此,在建设工程中的合同文件最好按其优先顺序排列。

一般解释合同文件的优先顺序如下。
① 合同协议书;
② 中标通知书(如果有);

③ 投标函及其附录(如果有);
④ 专用合同条款及其附件;
⑤ 通用合同条款;
⑥ 技术标准和要求;
⑦ 图纸;
⑧ 已标价工程量清单或预算书;
⑨ 其他合同文件。

8.3 工程项目合同的谈判、签订、审批与履行

8.3.1 工程项目合同的谈判

工程项目合同的签订都需要一段谈判过程,一般可以分为如下几个阶段。

1. 初步洽谈阶段

在初步接洽中,项目合同的双方当事人一般是为达到一个预期的效果,就双方各自最感兴趣的事项,相互向对方提出,澄清一些问题。这些问题一般包括:项目的名称、规模、内容和所要达到的目标与要求;项目是否列入年度计划或实施的许可;当事人双方的主体性质;双方主体以往是否从事或参与过同类或相似的项目开发、实施或完成;双方主体的资质状况与信誉;项目是否已具备实施的条件(重点在于物资方面)等。以上一些问题,有的可以当场予以澄清,有的可能当场无法澄清。如果双方了解的资料及信息同各自所要达到的预期目标相符,觉得有继续保持接触与联系的必要,就可为下一阶段实质性谈判做准备。

2. 实质性谈判阶段

实质性谈判是双方在广泛取得相互了解的基础上进行的,主要是就项目合同的主要条款进行具体商谈。项目合同的主要条款一般包括标的、数量和质量、价款或酬金、履行、验收、违约责任等条款。

(1) 标的

标的是指合同权利义务所指向的对象。因此有关标的的谈判,双方当事人都必须严肃对待。特别是项目合同的标的比较复杂的情况,应力求叙述完整、准确,不得出现遗漏及概念混淆的现象。

(2) 数量和质量

项目合同中应严格注明标的物的数量和质量要求与规范。由于数量和质量涉及双方的权利与义务,所以要慎重处理。这一问题在涉外合同中尤为突出。另外,还要注意对质量标准达成共识。

(3) 价款或酬金

价款或酬金是谈判中最主要的议项之一。价款或酬金采用何种货币计算、支付是首先要确定的,这在国内合同中不成问题,但在涉外合同中,以何种货币计算、支付至关重要。这里还涉及汇率问题,一般可以选择比较坚挺、汇率比较稳定的硬通货。此外,考虑到汇率的浮动,还应注意选择购入外汇的时机,也可以考虑购买外汇期货以保值。把握价格也是重要

的一环,必须掌握各类产品的市场动态,可以通过比价、询价、生产厂让利或者组织委托招标等手段使自己处于有利位置。

(4) 履行的期限、方式和地点

合同履行的方式和地点直接关系到以后可能发生的纠纷管辖地,要注意。此外,履行的方式和运杂费、保险费由何方承担,关系到标的物的风险何时从一方转向另一方。

(5) 验收方法

合同谈判中应明确规定何时验收,验收的标准及验收的人员或机构。

(6) 违约责任

当事人应就双方可能出现的错误而导致影响项目的完成而订立违约责任条款,明确双方的责任。具体规定还应符合法律规定的违约金限额和赔偿责任。

3. 签约阶段

签订项目合同必须尽可能明确、具体、条款完备,避免使用含糊不清的词句。一般应严格控制合同中的限制性条款;明确规定合同生效条件、合同有效期以及延长的条件、程序;对仲裁和法律适用条款做出明确的规定;对选择仲裁或诉讼做出明确约定。另外在合同文件正式签订前,应组织有关专业和会计人员、律师对合同进行仔细推敲,在双方对合同内容达成一致意见后签订。重大项目合同的签订应由律师、公证人员参加,由律师见证或公证人员公证。只有高度重视合同签订的规范化,才能使合同真正起到确认和保护当事人双方合法权益的作用。

8.3.2 工程项目合同的签订

项目合同的签订需要一定的程序,它通常包括邀请、要约、还约和承诺四个阶段,其中要约和承诺是两个最基本、最主要的阶段,是项目合同签订两个必不可少的步骤。

1. 要约邀请

要约邀请是指项目当事人的一方向另一方就项目合同的某些条款,即项目合同的有关交易条件的询问。要约邀请在通常的项目合同签订中并不是必不可少的环节,要约邀请只是项目当事人意欲同另一方当事人进行交易的表示,因而没有法律上的约束力。要约的邀请一般都具有试探的性质,用来了解对方的交易条件和交易诚意,从而做出是否有与对方有继续谈判协商的必要。

2. 要约

要约指项目合同的一方向另一方提出一定的交易条件,并愿意按照所提出的交易条件达成协议、签订项目合同的意思表示。提出要约的一方称为要约人,收到要约的一方称为受要约人,要约具有法律效力,对当事人有约束力,不得随意撤回和撤销,构成要约的三个条件如下。

① 要约必须是特定的当事人(承约商或客户的一方)所做的意思表示,并且指向特定的当事人。

② 要约必须是订立项目合同的建议,即项目的当事人与另一方当事人有订立合同的诚意。

③ 要约的主要内容必须"十分确定",即包括合同成立的主要交易条件。要约是否具备合同成立的条件,主要看要约的主要内容、主要条件是否"十分确定",即有关合同的标的、数量、价格、成本约束、付款方式、项目执行时间等主要条款规定是否明了、清晰。要约一般都要规定有效期,即当事人一方答复另一方当事人的期限。在要约有限期内,要约人要受要约的约束,即要约一旦被受要约人在有效期内接受,要约人就要按所提出的条件与受要约人签订项目合同。

在进行项目洽商时,究竟是采用要约邀请还是要约的形式,要根据洽商交易的实际情况来灵活运用。要约邀请与要约的主要区别是两者的法律效力不同。要约具有法律效力,易引起当事人的注意,有利于迅速达成交易并签订项目合同。但要约缺乏灵活性,一旦对市场行情项目的工程量估算不准确,要约内容不当,容易陷入被动局面,因为要约一经发出,要约人即受其约束。要约邀请不具有法律上的约束力,或保留了最后的确认权,所以在行情、环境发生变化时可以修改、调整交易条件或干脆不予确认,有充分的回旋余地,比较灵活。正因如此,受要约人(即项目另一当事人)往往不予重视,不易迅速达成交易、签订合同。

3. 还约

还约指受要约人不同意或不完全同意要约人提出的条件,为进一步协商,对要约的条件提出修改意见。还约也可以采用口头或书面的方式表达出来,一般应与要约中采用的方式相符。

在项目合同的交易洽商中,还约具有以下的性质:还约是对原要约的拒绝,是一项新的要约,原要约即行失效;还约是有约束力的一项新的要约。

在通常的项目交易谈判中,一方在要约中提出的条件与另一方当事人能够接受的条件不完全吻合的情况经常发生。特别是在大型、复杂的项目中,很少有项目一方当事人的要约条件能被另一方当事人完全接受的情况。所以,虽然从法律上讲,还约并非交易磋商的基本环节,就是说,交易的达成可以不经过还约这一环节,然而,在实际的项目交易谈判中,还约的情况是普遍的。有时,一项大型、复杂的项目往往要经过多次还约,才能最后达成协议、签订合同。

4. 承诺

承诺也叫接受,是指受要约人接到要约人的要约后,同意对方提出的条件,愿意按所列条款达成交易、签订合同的意思表示。承诺与要约一样,既属于商业行为,也属于法律行为。承诺产生的重要法律后果是交易达成、合同成立。

构成一项有效的承诺,必须具备以下条件。

(1) 承诺必须由受要约人做出

要约必须是向特定的项目当事人发出的,即表示受要约人愿意按要约人所提出的条件与对方订立合同,但这并不表示他愿意按这些条件与任何人订立合同。因此,承诺或接受只能由受要约人做出才具有效力,其他人即使了解要约的内容并表示完全同意,也不构成有效的承诺。当然,这不是说要约人(或项目的一方当事人)不能同原定的另一项目当事人之外的其他人进行交易,而是说,在此次项目谈判的交易中,第三方所做出的承诺不具有法律效力,它对要约人没有约束力。如果要约人愿意按照同样的条件与第三方进行交易,他必须向对方表示同意才能订立合同。因为,受要约人之外的第三方做出的所谓"承诺"或"接受"只是具有"要约"的性质,并不能表示合同的成立。

(2) 必须在有效期内接受

要约中通常都规定了有效期。这一有效期含有两方面的约束力:一方面,它约束要约人使其承担义务,在有效期内不能随意撤销或修改要约的内容;另一方面,要约人规定有效期用来约束受要约人,受要约人只有在有效期内做出承诺或接受才有法律效力。

(3) 承诺或接受必须是无条件同意要约的全部内容

原则上说,当承诺中含有对要约内容的增加、限制或者修改时,承诺均不能成立,并具有还约或新的要约的性质。在西方发达资本主义国家的项目合同管理中,把这种对要约内容做出了实际的、重要的修改后的承诺,称为"有条件的承诺"。在实际的项目合同洽商中,有时项目合同的一方当事人在答复另一方当事人的要约时,虽然使用了"承诺"这个词,但却附加上某种条件,或者在答复要约的内容时对其中的某些条件做了一些修改。例如:项目合同的一方当事人把"三月之内移交标的"改为"四月之内移交标的"。"有条件的承诺或接受"不是真正有效的承诺,仍然具有还约的性质,实际上是对原要约的拒绝,其法律后果同还约是完全相同的,要约人可以不受其约束。

由于项目合同的特殊性质,即涉及关系复杂、金额巨大、标的极大等,在项目合同的磋商中,无论是要约的邀请、要约,还是还约、承诺或接受,都必须采取书面形式。

8.3.3 工程项目合同的审批

项目合同的审批一般具有两层含义:一是由国家或国家有关主管部门对合同的审批;二是项目合同当事人对合同的审批。通过国家或国家有关主管部门及项目合同当事人对项目合同的审批,来确定合同的有效性、合法性,在法律程序上予以批准与承认,使之产生法律效力。

1. 国家或国家有关主管部门按照有关规定对一定的项目合同的审批

① 审查合同内容是否符合国家的法律、法令以及有关政策;
② 审查合同当事人是否具有合法的名称、经营内容与资格;
③ 审查当事人双方有无实际履行能力;
④ 审查合同的签订是否根据自愿协商、平等互利的原则;
⑤ 审查合同当事人双方的权利义务是否明确;
⑥ 审查合同的条款是否完备、手续是否齐全。

2. 项目合同当事人对合同的审批

这种审批与国家或国家有关主管部门的审批既有共同点也有不同之处。它们的共同点在于两者都是通过对合同的审批来确定双方当事人的权利义务,确认合同的有效性;不同之处则在于两者审批的侧重点不同,前者主要侧重于当事人的履行能力,侧重于项目是否能够如期按计划完成规定的工作任务和所要达到的目标等,后者则侧重于合同的合法性,合同双方主体资格的合法性项目对国计民生、社会公益等产生的作用等方面。

8.3.4 工程项目合同的履行

项目合同的履行是指项目合同的双方当事人根据项目合同的规定,在适当的时间、地点、以适当的方式全面完成自己所承担的义务。

严格履行项目合同是项目双方当事人的义务，因此，项目合同的当事人必须共同按计划履行合同，实现项目合同所要达到的各类预定目标。项目合同的履行分为实际履行和适当履行两种形式。

1. 项目合同的实际履行

项目合同的实际履行就是要求项目合同的当事人按照合同规定的目标来履行。实际履行已经成为我国合同法规的一个基本原则。采用该原则对项目合同的履行具有十分重大的意义。由于项目合同的标的物大都为指定物，因此不得以支付违约金或赔偿经济损失来免除项目合同一方当事人继续履行合同规定的义务。如果允许合同当事人一方可用货币代偿合同规定的标的，那么，项目合同当事人的另一方可能在经济上蒙受更大的损失或无法计算的间接损失。此外，即使项目合同当事人一方在经济上没有遭受损失，但是，对于预定的项目目标或任务，某些涉及国计民生、社会公益的项目不能实现，实际上的损失很大。所以，实际履行的正确含义只能是按照项目合同规定的标的履行。

当然，在贯彻以上原则时，还应从实际出发。在某些情况下过于强调实际履行不仅在客观上不可能，还会给项目合同的另一方当事人和社会利益造成更大损失。这样，应当允许用支付违约金和赔偿损失的办法代替合同的实际履行。

2. 项目合同的适当履行

项目合同的适当履行即项目合同的当事人按照法律和项目合同条款规定的标的，按质、按量、按时地履行。合同的当事人不得以次充好，以假乱真，否则，项目合同的另一方当事人有权拒绝接受。所以，在签订项目合同时，必须对标的物的规格、数量、质量等要求做出具体规定，以便当事人按规定履行，另一方当事人在项目结束时也能按规定验收，这对提高项目的质量，满足另一方当事人的需求具有十分重要的意义。

合同履行的期限是指义务人向权利人履行义务的时间或时间范围。双方当事人应当在合同中明确规定年月日，不能明确规定的，也必须注明某年、某季或某年的上半年或下半年等。

明确规定合同履行的地点也是十分重要的。合同履行的方法应当符合权利人的利益，同时也应当有利于义务人的履行。

8.4 工程项目合同的变更、解除和终止

8.4.1 工程项目合同的变更、解除

由于一定的法律事实可能会导致项目合同发生变更。在项目合同变更时，当事人必须协商一致，这将会使合同的内容和标的发生变更。合同变更的法律后果是将产生新的权益和义务关系。

1. 项目合同变更的特征

项目合同的变更通常是指由于一定的法律事实而改变合同的内容和标的的法律行为。

它的特征有如下几点。

① 项目合同的双方当事人必须协商一致；
② 改变合同的内容和标的；
③ 合同变更的法律后果是将产生新的债权和债务关系。

2. 项目合同解除的特征

项目合同解除是指消灭既存的合同效力的法律行动，主要特征有如下三点。

① 项目合同的双方当事人必须协商一致；
② 合同当事人应负恢复原状的义务；
③ 项目合同解除的法律后果是消灭原合同的效力。

合同的变更和解除属于两种法律行为，但也有其共同之处，即都是经项目合同双方当事人协商一致，改变原合同的法律关系。其不同的地方是，前者产生新法律关系，后果是消灭原合同关系，而不是建立新的法律关系。

3. 合同变更或解除的条件

根据我国现行的法律、有关的合同法规以及经济生活与司法实践来看，一般须具备下列条件才能变更和解除项目合同。

① 双方当事人确实自愿协商同意，并不因此损害国家利益和社会公共利益。
② 由于不可抵抗力致使项目合同的全部义务不能履行。
③ 由于另一方在合同约定的期限内没有履行合同，且在被允许的推迟履行的合理期限内仍未履行。
④ 由于项目合同当事人的一方违反合同，以致严重影响订立项目合同时所期望实现的目的或致使项目合同的履行成为不必要。
⑤ 项目合同约定的解除合同的条件已经出现。

当项目合同的一方当事人要求变更、解除项目合同时，应及时通知另一方当事人。因变更或解除项目合同使一方当事人遭受损失的，除依法可以免除责任之外，应由责任方负责赔偿。当事人一方发生合并、分立时，由变更后的当事人承担或者分别承担项目合同的义务，并享受相应的权利。

4. 项目合同变更或解除的程序

项目合同的变更和解除需要一定的程序。根据我国目前的有关法规和司法实践，其程序一般如下。

① 当事人一方要求变更或解除项目合同时，应当事先向另一方用书面的形式提出。
② 另一方当事人在接到有关变更或解除项目合同的建议后应即时做出书面答复，如同意，则项目合同的变更或解除发生法律效力。

实际上，以上两点同合同订立的程度基本相同，即一方提出要约，另一方做出承诺或接受，其区别在于项目合同的变更和解除，是在原合同的基础上进行的。

③ 变更和解除项目合同的建设与答复，必须在双方协议的期限之内或者在法律或法令规定的期限之内。
④ 项目合同的变更和解除如涉及国家指令性产品或工程项目时，必须在变更或解除项

目合同之前报请下达该计划的有关主管部门批准。

⑤ 因变更和解除项目合同发生的纠纷依双方约定的或法定的解决方式处理。

除由于不可抗力致使项目合同的全部义务不能履行,或者由于项目合同的另一方当事人违反合同以致严重影响订立合同所期望实现目的的情况之外,在协议尚未达成之前,原项目合同仍然有效。任何一方不得以变更和解除为借口而逃避责任和义务,否则仍要承担法律上的后果。

5. 项目合同的违约责任

违反合同必须负赔偿责任,这是我国合同法中规定的一项重要的法律制度。

合同关系是一种法律关系,合同依法成立之时即具有法律上的约束力。因此,当项目合同的一方当事人不履行项目合同时,另一方当事人有权请求他方履行合同,并支付违约金或者赔偿损失。支付违约金或者赔偿损失是对不履行合同的一方的一种法律制裁。对于项目合同的一方当事人不履行合同,合同的另一方当事人可向仲裁机关和人民法院提出申请和起诉,要求在必要时采取强制措施,强制其履行合同和赔偿损失。

追究不履行合同行为,须具备以下条件。

(1) 要有不履行合同的行为

当事人一方不履行或不适当履行既定的义务都是一种不履行合同的行为。

(2) 要有不履行合同的过错

过错是指不履行合同一方的主观心理状态,包括故意和过失。故意和过失是承担法律责任的一个必要条件。法律只对故意和过失给予制裁,因此,故意和过失是行为人即不履行或不适当履行项目合同的当事人承担法律责任的主观条件。根据过错原则,违反合同的不管是谁,合同的一方当事人也好,合同双方当事人也好,或者合同以外的第三方都必须承担赔偿责任。

(3) 要有不履行合同造成损失的事实

不履行或不适当履行项目合同必然会给项目合同的另一方当事人造成一定的经济损失。一般来说,经济损失包括直接经济损失和间接经济损失两部分。在通常情况下,是通过支付违约金来赔偿直接经济损失,而间接损失在实际的经济生活中很难计算,多不采用,但是,法律、法令另有规定或项目双方当事人另有约定的除外。

如前所述,法律只要求行为人对其故意和过失行为造成不履行项目合同负赔偿责任,而对于无法预知防止的事故致使合同不能履行时,则不能要求合同当事人承担责任。所以在下列情况下,可免除合同当事人不履行项目合同的赔偿责任。

① 合同当事人不履行或不适当履行是由于当事人无法预知或防止的事故所造成时,可免除赔偿责任,这种事由在法律上称为不可抗力,即个人或法人无法抗拒的力量。

② 法律规定和合同约定有免负责条件,当发生这些条件时,可不承担责任。

③ 由于一方的故意和过失造成不能履行合同,另一方不仅可以免除责任,而且还有权要求赔偿损失。

8.4.2 工程项目合同的终止

项目当事人双方按照合同的规定履行其全部义务后,项目合同即告终止。合同签订以后,因一方的法律事实的出现而终止合同关系叫合同的终止。合同签订以后,是不允许随意终止的。根据我国的现行法律和有关司法实践,合同的法律关系可由以下原因终止。

(1) 合同因履行而终止

合同的履行就意味着合同规定的义务已经完成,权利已经实现,因而合同的法律关系自行消灭。所以履行是实现合同、终止合同的法律关系的最基本方法,也是项目合同终止的最通常原因。

(2) 合同因行政关系而终止

项目合同的双方当事人根据国家计划或行政指令而建立的合同关系,可因国家计划的变更或行政指令的取消而终止。

(3) 合同因不可抗力的原因而终止

项目合同不是由于项目合同当事人的过错,而是由于某种不可抗力的原因致使合同义务不能履行的,应当终止合同。

(4) 当事人双方混同一人而终止

法律上对权利人和义务人合为同一人的现象,称为混同。既然要发生项目合同当事人合并为一人的情况,那么原来的合同已无履行的必要或已不需要依靠这种契约关系而维系项目的实施,因而项目合同自行终止。

(5) 合同因双方当事人协商同意而终止

项目合同的当事人双方可以通过协议来变更和终止合同关系,所以通过双方当事人协议而解除合同关系或者免除义务人的义务,也是终止项目合同的一种方法。

(6) 仲裁机构或者法院判决终止合同

当项目合同的一方当事人不履行,或不适当履行合同,另一方当事人可以通过仲裁机构或法院进行裁决以终止合同。

8.5 解决工程项目合同纠纷的主要方式

基于项目合同的特有属性,发生合同纠纷是比较正常和常见的。如何解决项目合同纠纷对项目合同的双方当事人都极为重要。通常,解决项目合同纠纷主要有四种方式:协商解决、调解解决、仲裁解决和诉讼解决。

8.5.1 协商解决

协商解决也称为友好解决,是指双方当事人进行磋商,在相互谅解的基础上,为了促进双方的关系,为今后双方之间的业务继续往来与发展,相互都怀有诚意做出一些有利于纠纷实际解决的让步,并在彼此都认为可以接受继续合作的基础上达成和解协议。

目前,许多不同类型的合同中,有关纠纷解决条款大都写明了类似"凡由于在执行本项目合同所引起的或与合同有关的一切争议和纠纷,双方当事人都应首先通过友好协商解决"这样的条款。在通常情况下,项目合同的双方当事人遇到争议和纠纷时,一般都愿意先进行协商,这样既可以不影响双方的和气和以后业务的正常往来,又可以在做出一定让步的基础上换取项目合同的正常履行。特别是在项目合同的执行中,即项目的实际实施中,这种解决方式比较普遍。

协商解决的优点在于不必经过仲裁机构或司法程序,省去仲裁和诉讼所浪费的时间和资金,气氛一般比较友好,而且双方协商的灵活性较大,更重要的是协商解决给双方留下的余地较大。

当然,在履行项目合同中如发生争议和纠纷,也不能为了获得协商的解决而一味让步,让步必须是有原则的。通常情况下,仅靠这种通过友好协商解决的良好愿望是不够的。如果争议纠纷涉及的金额较大,双方都不愿或不可能做太大的让步;或者一方故意毁约,没有协商的诚意;或者经过反复磋商,双方相持不下,各持一端无法达成协议等,就必须通过必要的法律程序来解决。

8.5.2 调解解决

调解是由第三者从中调停,促进双方当事人和解。调解可以在交付仲裁和诉讼前进行,也可以在仲裁和诉讼过程中进行。通过调解达成和解后,即不可再求助于仲裁和诉讼。

重视通过调解来解决我国经济纠纷和涉外经济纠纷,是我国民事诉讼中的一个重要原则。实践证明,很多纠纷案件,经过双方协商或者第三者的调解是可以得到解决的。调解的过程是查清事实、分清是非的过程,也是协调双方关系、更好地履行合同的过程。

在受理争议案件时,应广泛采用调解与仲裁,判决相结合的方式,仲裁机关和人民法院应随时注意对双方当事人进行调解,尽可能促使双方当事人在自愿的基础上达成和解协议。调解时,要弄清纠纷的原因、双方争执的焦点和各自应负的责任,要客观地、细致地、实事求是地做好当事人的思想工作。调解必须双方自愿,不得强迫。达成协议的内容,不得违背国家的法律、法令和方针政策。调解达成协议的,仲裁机关和人民法院应及时制作调解书。调解书应写明当事人争议的内容与事实,当事人达成协议的内容。调解书一经送达即发生法律效力。

合同当事人的合同管理机关申请调解的,应从其知道或应当知道权利被侵害之日起一年内提出,超过期限的,一般不予受理。但当事人自愿履行的不在此限。

调解不能达成协议的,或者达成协议后又反悔的,仲裁机关和人民法院应当尽快做出裁决或判决。

8.5.3 仲裁解决

仲裁也称"公断",是指双方当事人自愿把争议提交一定的第三者审理,由其依照一定的程序做出判决或裁决。这个第三者或为双方选定的仲裁人,或为仲裁机构。仲裁分为国内仲裁和涉外仲裁。

目前,我国的仲裁机构有官方的和民间的两种。官方仲裁机构指各级合同主管机关,民间的有中国国际贸易促进委员会、对外经济贸易仲裁委员会。

仲裁是一种行政措施,是维护合同法律效力的必要手段。仲裁要依照法律、法令和有关政策严肃处理合同纠纷,该赔偿的就要责令负有责任的一方赔偿,该罚款的一定要罚款,直至追究有关人员的行政责任和其他法律责任。

依照有关合同法规和规定,进行仲裁的基本做法包括:

① 申诉人必须在其权利受到侵害之日起一年内,以书面形式向仲裁机关提出申请书,具体写明合同纠纷及其主要问题,提出自己的要求,同时附有原合同和有关材料的正本或者

复制本。

② 仲裁机关在接到申请书后,先审查申诉手续是否完备,如不符要求,可通知申诉人补交材料或者不予管理。

③ 案件受理后,由仲裁机关将申诉副本转交受诉人,并限期提出答辩,提供有关材料。

④ 仲裁机关应对受理的案件组织调查,取得有关的人证、物证。

⑤ 在弄清事实的基础上进行调解,调解不成时,根据有关法律、法令和政策,由双方当事人参加做出裁决,并制作裁决书。裁决书经主管机关盖章后,即具有法律效力。

⑥ 一方或双方事后反悔的,必须在收到仲裁决定书之日起15日内,向人民法院起诉。已发生效力的裁决由仲裁机关督促执行,并在当事人拒绝执行时,通知开户银行划拨贷款或赔偿金。

这里需说明的是,仲裁不是起诉的必须的程序,当事人不愿仲裁或对仲裁裁决不服时,可向人民法院提出诉讼。

8.5.4 诉讼解决

诉讼是指司法机关和案件当事人在其他诉讼参与人的配合下为解决案件依法定诉讼程序所进行的全部活动。基于所要解决案件的不同性质,可以分为民事诉讼、刑事诉讼和行政诉讼。这里主要讲述民事诉讼,包括一般的民事诉讼和经济诉讼。

项目合同当事人因合同纠纷而提起的诉讼一般属于经济合同纠纷的范畴。此类案件一般由各级人民法院的经济审判庭受理,并审判。根据合同的特殊情况,还可能必须由专门的法院对一些合同纠纷案件进行审理,如铁路运输法院、水上运输法院、森林法院以及海事法院等。

当事人一方在提起诉讼前必须充分做好诉讼准备,收集各类证据,进行必要的取证工作。在向法院提交起诉状时应准备下列文件或证词以及有关凭证:起诉状、合同文本以及附件、营业执照、法定代表人、委托人员授权证书、合同双方当事人往来的财务凭证、合同双方当事人往来的信函、电报等。

合同纠纷的一方当事人在诉讼之前还应注意到管辖问题,也就是向哪一级法院、哪一个地方法院提出诉讼的问题。如果当事人对此不了解,可以向律师事务所进行法律咨询或直接聘请律师处理案件。

当事人在面临合同纠纷时都应注意诉讼的时效问题。即使暂时无意以诉讼手段来解决纠纷,也应采取各种有效手段使诉讼时效得以延长。

8.6 工程项目合同的索赔

8.6.1 概念及特征

工程索赔是合同当事人保护自身正当权益,弥补工程损失,提高经济效益的重要手段和有效手段。许多工程项目通过成功的索赔能使工程收入得到极大的提高,有些工程的索赔额甚至超过了工程合同额本身。索赔管理以其本身花费较小、经济效果明显而受到高度重视。

1. 索赔的含义

索赔一词具有较为广泛的含义，其一般含义是指对某事、某物权利的一种主张、要求和坚持等。工程索赔通常是指在工程合同履行过程中，合同当事人一方因非自身因素或对方不履行或未能正确履行合同而受到经济损失或权利损害时，通过一定的程序向对方提出经济或时间补偿的要求。提到索赔，很容易联想到争议的仲裁、诉讼或双方激烈的对抗，其实，索赔是一种正当的权利要求，它是业主方、监理工程师和承包方之间一项正常的、大量发生而且普遍存在的合同管理业务，是一种以法律和合同为依据的、合情合理的行为。索赔是在正确履行合同的基础上争取合理的偿付，不是无中生有，无理争利，它同守约、合作并不矛盾，其本身就是市场经济中合作的一部分，只要是合法的或符合有关规定和惯例的，就应该理直气壮地、主动地向对方索赔。大部分索赔都可以通过协商谈判和调解等方式获得解决，只有在双方无法达成一致时才会提出仲裁或诉讼，即使诉诸法律程序，也应当被看成遵法守约的正当行为。

2. 索赔的特征

从索赔的含义中可以看出索赔具有以下基本特征。

（1）索赔是双向的，不仅承包商可以向业主索赔，业主同样也可以向承包商索赔

由于实践中业主向承包商索赔发生的频率相对较低，而且在索赔处理中，业主始终处于主动和有利地位，他可以直接从应付工程款中扣抵或没收履约保函、扣留保留金甚至留置承包商的材料设备作为抵押等来实现自己的索赔要求，因此在实践中大量发生的、处理比较困难的是承包商向业主的索赔。承包商的索赔范围非常广泛，一般认为只要因非承包商自身责任造成其工期延长或成本增加，都有可以向业主提出索赔。业主违反合同造成承包商损失，承包商可向业主提出赔偿要求，有时业主未违反合同，而是由于其他原因，如合同范围内的工程变更、恶劣气候条件影响、国家法令、法规修改等造成承包商损失或损害的，也可以向业主提出补偿要求。

（2）只有实际发生了经济损失或权利损害，一方才能向对方索赔

经济损失是指因业主因素造成合同外的额外支出，如人工费、材料费、机械费、管理费等额外开支；权利损害是指虽然没有经济上的损失，但造成了一方权利上的损害，如由于恶劣气候条件对工程进度的不利影响，承包商有权要求工期延长等。因此发生了实际的经济损失或权利损害，应是一方提出索赔的一个基本前提条件。有时上述两者同时存在，如业主未及时交付合格的施工现场，既造成承包商的经济损失，又侵犯了承包商的工期权利，因此，承包商既可以要求经济赔偿，又可以要求工期延长；有时两者则可单独存在，如恶劣气候条件影响、不可抗力事件等，承包商根据合同规定或惯例则只能要求工期延长，很难或不能要求经济赔偿。

（3）索赔是一种未经对方确认的单方行为，它与我们通常所说的工程签证不同

在施工过程中签证是承发包双方就额外费用补偿或工期延长等达成一致的书面证明材料和补充协议，它可以直接作为工程款结算或最终增减造价的依据，而索赔则是单方面行为，对对方尚未形成约束力，其要求能否最终实现，必须要通过确认（如双方协商、调解或仲裁、诉讼）后才能实现。

因此归纳起来，索赔具有如下本质特征。

① 索赔是要求给予补偿(赔偿)的一种权利、主张；
② 索赔的依据是法律法规、合同文件及工程建设惯例,但主要是合同文件；
③ 索赔是因非自身原因导致的,要求索赔一方没有过错；
④ 与合同相比,已经发生了额外的经济损失或工期损害；
⑤ 索赔必须有切实有效的证据；
⑥ 索赔是单方行为,双方没有达成协议。

8.6.2 索赔的分类

1. 按涉及当事双方分类
① 承包商与业主(建设单位)之间的索赔；
② 承包商与分包商之间的索赔；
③ 承包商与供应商之间的索赔。

2. 按索赔原因分类
① 地质条件变化引起的索赔；
② 施工中人为障碍引起的索赔；
③ 工程变更命令引起的索赔；
④ 合同条款的模糊和错误引起的索赔；
⑤ 工期延长引起的索赔；
⑥ 设计图纸错误引起的索赔；
⑦ 工期提前引起的索赔；
⑧ 施工图纸拖延引起的索赔；
⑨ 增减工程量引起的索赔；
⑩ 业主(建设单位)拖延付款引起的索赔；
⑪ 货币贬值引起的索赔；
⑫ 价格调整引起的索赔；
⑬ 业主(建设单位)的风险引起的索赔；
⑭ 不可抗拒的自然灾害引起的索赔；
⑮ 暂停施工引起的索赔；
⑯ 终止合同引起的索赔。

3. 按索赔的依据分类
① 合同规定的索赔,索赔内容可以在合同条款中找到依据,例如设计图纸错误、变更工程的计量和价格等。
② 非合同规定的索赔,索赔的内容及权利虽然在合同条款中难以找到依据,但权利可能来自普通法律,通常这种合同外索赔表现属于违约造成的损害或可能违反担保造成的损害。
③ 道义索赔,又称额外支付,指承包商对标价估计不足遇到了巨大的困难而蒙受重大损失时,建设单位会超越合同条款,给承包商以相应的经济补偿。

4. 按索赔的目的分类

① 延长工期索赔,指承包商要求业主延长施工时间,拖后竣工日期。
② 经济索赔,指承包商要求业主给付增加的开支或亏损,弥补承包商的经济损失。

8.6.3 索赔的起因

引起工程索赔的原因非常复杂,主要有以下几方面。

1. 工程项目的特殊性

随着社会的发展,现代工程项目呈现出新的特性:投资多、规模大、工期长、差异性大、综合性强、风险加大,使得项目在实施过程中存在许多不确定因素,而合同则必须在工程开始前签订,它不可能对工程项目所有的问题都能做出合理的预见和规定,而且业主在实施过程中还会有许多新的决策,这一切使得合同变更极为频繁,而合同变更必然会导致项目工期和成本的变化。

2. 内外部环境的多变性

工程项目的经济环境、社会环境、法律环境及技术环境的变化,诸如地质条件变化、材料价格上涨、货币贬值、国家政策法规的变化等会在工程实施过程中经常发生,使得工程的计划实施过程与实际情况不一致,这些因素同样会导致工程工期和费用的变化。

3. 参与主体的多元性

由于工程参与单位多,一个工程项目往往会有业主、总包商、监量工程师、分包商、指定分包商、材料设备供应商等众多参加单位,各方面的技术、经济关系错综复杂,相互联系又相互影响,只要一方失误,不仅会造成损失,而且会影响其他合作者,造成他人损失,从而导致索赔和争执。

4. 工程合同的复杂性

工程项目合同文件繁多而复杂,经常会出现措辞不当、文字缺陷、图纸错误,以及合同文件前后矛盾或者可做不同解释等问题,容易造成合同双方对合同文件理解不一致,从而出现索赔。

以上这些问题会随着工程的逐步开展而不断出现,使工程项目受到影响,导致工程项目成本和工期的变化,这就是索赔形成的根源。因此,索赔的发生,从本质上讲,是一种难以避免的客观存在。

8.6.4 承包商索赔的一般内容

① 工程地质条件变化索赔;
② 工程变更索赔;
③ 因业主原因引起的工期延长和延误索赔;
④ 施工费用索赔;
⑤ 业主终止工程施工索赔;
⑥ 物价上涨引起的索赔;

⑦ 法规、货币及汇率变化引起的索赔；
⑧ 拖延支付工程款的索赔；
⑨ 特殊风险索赔。

8.6.5 建设单位(业主)索赔的一般内容

（1）工程建设失误索赔
（2）因承包商拖延施工工期引起的索赔
① 增大工程管理费开支：建设单位为监理、咨询机构及其职员由于承包商拖延工期而发生的扩大支付费用；由建设单位提供的施工设备在延长期内的租金支付；建设单位筹资贷款由于承包商延误工期而引起的利息支付。
② 建设单位盈利和收入损失。
（3）承包商未履行的保险费用索赔
（4）对超额利润的索赔
（5）对指定分包商的付款索赔
（6）建设单位合理终止合同或承包商无正当理由放弃工程的索赔

8.6.6 索赔工作程序

索赔工作程序是指从索赔事件产生到最终处理全过程所包括的工作内容和工作步骤。由于索赔工作实质上是承包商和业主在分担工程风险方面的重新分配过程，涉及双方的经济利益，因而是一项烦琐、细致、耗费精力和时间的过程。这就要求双方必须严格按照合同规定办事，按合同规定的索赔程序工作，才能获得成功的索赔。

具体工程的索赔工作程序应根据双方签订的施工合同产生。在工程实践中，比较详细的索赔工作程序一般可分为如下主要步骤。

1. 索赔意向的提出

在工程实施过程中，一旦出现索赔事件，承包商应在合同规定的时间内，及时向业主或工程师书面提出索赔意向通知，亦即向业主或工程师就某一个或若干个索赔事件表示索赔愿望、要求或声明保留索赔的权利。索赔意向的提出是索赔工作程序中的第一步，其关键是抓住索赔机会，及时提出索赔意向。

FIDIC 合同条件及我国建设工程施工合同条件都规定：承包商应在索赔事件发生后的28 天内，将其索赔意向通知工程师。否则将会丧失在索赔中的主动和有利地位，业主和工程师也有权拒绝承包商的索赔要求，这是索赔成立的有效和必备条件之一。因此在实际工作中，承包商应避免合理的索赔要求由于未能遵守索赔时限的规定而导致无效。

2. 索赔资料的准备

从提出索赔意向到提交索赔文件属于承包商索赔的内部处理阶段和资料准备阶段。此阶段的主要工作包括：①跟踪和调查干扰事件，掌握事件产生的详细经过和前因后果。②分析干扰事件产生的原因，划清各方责任，确定由谁承担，并分析干扰事件是否违反了合同规定，是否在合同规定的赔偿或补偿范围内。③损失或损害调查或计算，通过对比实际和计划的施工进度和工程成本，分析经济损失或权利损害的范围和大小，并由此计算出工期索赔和费用索赔值。④收集证据，从干扰事件产生、持续直至结束的全过程，都必须保留完整的记录，这是索赔能否成功的重要条件。在实际工作中，许多承包商的索赔要求都因没有或缺少书面证据而得不到合理解决，这个问题应引起承包商的高度重视。

3. 索赔文件的提交

承包商必须在合同规定的索赔时限内向业主或工程师提交正式的书面索赔文件。FIDIC合同条件和我国建设工程施工合同条件都规定，承包商必须在发出索赔意向通知后的28天内或经工程师同意的其他合理时间内，向工程师提交一份详细的索赔文件，如果干扰事件对工程的影响持续时间长，承包商则应按工程师要求的合理间隔，提交中间索赔报告，并在干扰事件影响结束后的28天内提交一份最终索赔报告。

4. 工程师(业主)对索赔文件的审核

工程师是受业主的委托和聘请，对工程项目的实施进行组织、监督和控制工作。工程师根据业主的委托或授权，对承包商索赔的审核工作主要分为判定索赔事件是否成立和核查承包商的索赔计算是否正确、合理两个方面，并可在业主授权的范围内做出自己独立的判断。

承包商索赔要求的成立必须同时具备如下四个条件。
① 与合同相比已经造成了实际的额外费用增加或工期损失。
② 造成费用增加或工期损失的原因不是由于承包商自身的过失所造成。
③ 这种经济损失或权利损害也不是应由承包商应承担的风险所造成。
④ 承包商在合同规定的期限内提交了书面的索赔意向通知和索赔文件。

上述四个条件没有先后主次之分，并且必须同时具备，承包商的索赔才能成立。其后监理工程师对索赔文件的审查重点主要有如下两步。

第一步，重点审查承包商的申请是否有理有据，即承包商的索赔要求是否有合同依据，所受损失确属不应由承包商负责的原因造成，提供的证据是否足以证明索赔要求成立，是否需要提交其他补充材料等。

第二步，监理工程师以公正的立场、科学的态度，审查并核算承包商的索赔值计算，分清责任，剔除承包商索赔值计算中的不合理部分，确定索赔金额和工期延长天数。

我国建设工程施工合同条件规定，工程师在收到承包商送交的索赔报告和有关资料后应于28天内给予答复，或要求承包商进一步补充索赔理由和证据。如在规定期限内未予答复或未对承包人做进一步要求，视为该项索赔已经被认可。

5. 索赔的处理与解决

从递交索赔文件到索赔结束是索赔的处理与解决过程。经过工程师对索赔文件的评审，与承包商进行较充分的了解后，工程师应提出对索赔处理决定的初步意见，并参加业主和承包商之间的索赔谈判，根据谈判达成索赔最后处理的一致意见。如果业主和承包商通过谈判达不成一致，则可根据合同规定，将索赔争议提交仲裁或诉讼，使索赔问题得到最终解决。

工程项目实施中会发生各种各样、大大小小的索赔、争议等问题，应该强调，合同各方应该争取尽量在最早的时间、最低的层次，尽最大可能以友好协商的方式解决索赔问题，不要轻易提交仲裁。因为对工程争议的仲裁往往是非常复杂的,要花费大量的人力、物力、财力和精力,对工程建设也会带来不利,有时甚至是严重的影响。

在工程项目的实施过程中,会产生大量的工程信息和资料,这些信息和资料是开展索赔的重要依据。如果项目资料不完整,索赔就难以顺利进行。因此在施工过程中应始终做好资料积累工作,建立完善的资料记录和科学管理制度,认真系统地积累和管理施工合同文件、质量、进度及财务收支等方面的资料。对于可能会发生索赔的工程项目,从开始施工时就要有目的地收集证据资料,系统地拍摄施工现场,妥善保管开支收据,有意识地为索赔文件积累必要的证据材料。

8.6.7 索赔的证据

索赔证据是当事人用来支持其索赔成立和索赔有关的证明文件和资料。索赔证据作为索赔文件的组成部分,在很大程度上关系到索赔的成功与否。证据不全、不足或没有证据,索赔是不可能获得成功的。

证据在合同签订和合同实施过程中产生,主要为合同资料、日常的工程资料和合同双方信息沟通资料等。在正常的项目管理系统中,应有完整的工程实施记录。一旦索赔事件发生,自然会收集到许多证据。而如果项目信息流通不畅,文档散杂零乱、不成系统或对事件的发生未记文档,待提出索赔文件时再收集证据,就要浪费许多时间,可能丧失索赔机会(超过索赔有效期限),甚至为他人索赔和反索赔提供可能,因为人们对过迟提交的索赔文件和证据容易产生怀疑。索赔证据的基本要求有:真实性、全面性、及时性、法律证明效力。

(1) 真实性

索赔证据必须是在实际工程过程中产生,完全反映实际情况,能经得住对方的推敲。由于在工程过程中合同双方都在进行合同管理,收集工程资料,所以双方应有相同的证据。使用不实的或虚假的证据是违反商业道德甚至法律的。

(2) 全面性

所提供的证据应能说明事件的全过程。索赔报告中提到的干扰事件、索赔理由、影响、索赔值等都须有相应的证据,否则对方有权退回索赔报告,要求重新补充证据,这样就会拖延索赔的解决。

(3) 及时性

这包括两方面要求:一方面,要求证据是工程活动或其他活动发生时记录或产生的文件,除了专门规定外,后补的证据通常不容易被认可。干扰事件发生时,承包商应有同期记录,这对以后提出索赔要求,支持其索赔理由是必要的。而工程师在收到承包商的索赔意向通知后,应进行审查,并可指令承包商保持合理的同期记录,在这里承包商应邀请工程师检查并请其说明是否需做其他记录。按工程师要求做记录,对承包商来说是有利的。另一方面,证据作为索赔报告的一部分,一般和索赔报告一起交付工程师和业主。FIDIC规定,承包商应向工程师递交一份说明索赔款项及提出索赔依据的"详细材料"。

(4) 法律证明效力

索赔证据必须有法律证明效力,特别对准备递交仲裁的索赔报告更要注意这一点。这就要求:①证据必须是当时的书面文件,一切口头承诺、口头协议不算。②合同变更协议必须由双方签署,或以会谈纪要的形式确定,且为决定性决议。一切商讨性、意向性的意见或建议都不算。③工程中的重大事件、特殊情况的记录应由工程师签署认可。

在工程项目实施过程中,常见的索赔证据主要有:
① 各种工程合同文件;
② 施工日志;
③ 工程照片及声像资料;
④ 来往信件、电话记录;
⑤ 会谈纪要;
⑥ 气象报告和资料;
⑦ 工程进度计划;
⑧ 投标前业主提供的参考资料和现场资料;
⑨ 工程备忘录及各种签证;
⑩ 工程结算资料和有关财务报告;
⑪ 各种检查验收报告和技术鉴定报告;
⑫ 其他,如分包合同、订货单、采购单、工资单、物价指数、国家法律、法规等。

8.6.8 索赔报告

1. 编写索赔报告的基本要求

索赔报告是向对方提出索赔要求的书面文件,业主及调解人和仲裁人是通过索赔报告了解和分析合同实施情况和承包商的索赔要求,并据此做出判断和决定。所以索赔报告的表达方式对索赔的解决有重大影响。索赔报告应充满说服力、合情合理、有根有据、逻辑性强,能说服工程师、业主、调解人和仲裁人,同时它又应是有法律效力的正规书面文件。

索赔报告如果起草不当,会损害承包商在索赔中的有利地位和条件,使正当的索赔要求得不到应有的妥善解决。

起草索赔报告需要实际工作经验。重大的索赔或一揽子索赔最好在有经验的律师或索赔专家的指导下起草。索赔报告的一般要求是:

(1) 索赔事件应真实无误

这是整个索赔的基本要求,关系到承包商的信誉和索赔的成败,不可含糊。对索赔事件的叙述必须清楚、明确,不包含任何估计和猜测,也不可用估计和猜测式的语言。如果承包商提出不实的索赔要求,工程师会立即拒绝。这还将影响对承包商的信任和以后的索赔。索赔报告中所指出的干扰事件必须有得力的证据来证明。这些证据应附于索赔报告之后。

(2) 责任分析应清楚、准确

一般索赔报告中所针对的干扰事件都是由对方责任引起的,应将责任全部推给对方。不可用含糊的字眼和自我批评式的语言,否则会丧失自己在索赔中的有利地位。

(3) 在索赔报告中应特别强调于己有利的关键点

第一,干扰事件的不可预见性和突然性。对它的发生承包商不可能预见或准备,亦无法制止或影响。第二,在干扰事件发生后已立即将情况通知了工程师,听取并执行了工程师的处理指令;为减轻干扰事件的影响尽了最大努力,采取了能够采取的措施。在索赔报告中可叙述所采取的措施以及产生的效果。第三,由于干扰事件的影响,使承包商的工作受到严重干扰。应强调干扰事件、对方责任、工程受到的影响和索赔之间有直接的因果关系。这个逻辑性对索赔的成败至关重要。业主反索赔常常也通过否定这个逻辑关系来否定承包商的索赔要求。第四，索赔要求应有合同文件的支持，要非常准确地选择作为索赔理由的相应的合同条款。

强调这些是为了使索赔理由更充足，使工程师、业主和仲裁人在感情上易于接受。

(4) 索赔报告应简洁扼要

索赔报告应条理清楚，定义准确，逻辑性强，但索赔证据和索赔值的计算应详细精确。

索赔报告的逻辑性主要在于将索赔要求与干扰事件、责任、合同条款、影响连成一条自然而又合理的逻辑链。应尽力避免索赔报告中出现用词不当、语法欠妥、计算错误、打字错误等问题，这会降低索赔报告的可信度，给人以轻率或弄虚作假的感觉。

(5) 用词、语气要婉转

特别作为承包商，在索赔报告中应避免使用强硬的不友好的抗议式语言。不能因为语言而伤了和气和双方的感情，导致索赔的失败。索赔目的是取得赔偿，说服对方承认自己索赔要求的合理性，而不能损害对方的面子。所以在索赔报告以及索赔谈判中应强调干扰事件的不可预见性，强调不可抗力的原因，或应由对方负责的第三者责任，应避免出现对业主代表和监理工程师当事人个人的指责。这在实际工作中应予以注意。

2. 索赔报告的格式和内容

在实际工作中，索赔文件通常包括三个部分。

1) 承包商或他的授权人致业主或工程师的信

在信中简要介绍索赔要求、干扰事件经过和索赔理由等。

2) 索赔报告正文

在工程中，对单项索赔应设计统一格式的索赔报告，以使得索赔处理比较方便。

一揽子索赔报告的格式可以比较灵活，但实质性的内容一般应包括：

(1) 题目

简洁地说明针对什么提出索赔。

(2) 索赔事件

叙述事件的起因(如业主的变更指令、通知等)、事件经过、事件过程中双方的活动，重点叙述我方按合同所采取的行为、对方不符合合同的行为或没履行合同责任的情况。要提出事件的时间、地点和事件的结果，并引用报告后面的证据作为证明。

(3) 理由

总结上述事件，同时引用相应合同条文，证明对方行为违反合同或对方的要求超出合同规定，造成了该干扰事件，有责任对由此造成的损失做出赔偿。

(4) 影响

说明上述事件对承包商的影响，而二者之间有直接的因果关系。重点围绕由于上述事件原因造成成本增加和工期延长，与后面的费用分项的计算又应有对应关系。

(5) 结论

由于上述事件的影响，造成承包商的工期延长和费用增加。通过详细的索赔值的计算，提出具体的费用索赔值和工期索赔值。

3）附件

报告所列举事实、理由、影响的证明文件和各种计算基础、计算依据的证明。

8.6.9 索赔技巧和艺术

索赔工作既有科学严谨的一面,又有艺术灵活的一面。对于一个确定的索赔事件往往没有预定的、确定的解,它往往受制于双方签订的合同文件、各自的工程管理水平和索赔能力以及处理问题的公正性、合理性等因素。因此索赔成功不仅需要令人信服的法律依据、充足的理由和正确的计算方法,索赔的策略、技巧和艺术也相当重要。如何对待索赔,实际上是个经营战略问题,是承包商对利益、关系、信誉等方面的综合权衡。在这个问题上,承包商应防止两种极端倾向:①只讲关系、义气和情意,忽视应有的合理索赔,致使企业遭受不应有的经济损失;②不顾关系,过分注重索赔,斤斤计较,缺乏长远和战略目光,以致影响合同关系、企业信誉和长远利益。

此外,合同双方在开展索赔工作时,还要注意以下索赔技巧和艺术。

(1) 正确把握提出索赔的时机

过早提出往往容易遭到对方反驳或在其他方面可能施加的挑剔、报复等;过迟提出则容易留给对方借口,索赔要求遭到拒绝。因此索赔方必须在索赔时效范围内适时提出。如果老是担心或害怕影响双方合作关系,有意将索赔要求拖到工程结束时才正式提出,可能会事与愿违,适得其反。

(2) 索赔谈判中注意方式和方法

合同一方向对方提出索赔要求,进行索赔谈判时,措辞应婉转,说理应透彻,以理服人,而不是得理不让人,尽量避免使用抗议式提法,既要正确表达自己的索赔要求,又不伤害双方的和气感情,以达到索赔的良好效果。

如果对于索赔方一次次合理的索赔要求,对方拒不合作或置之不理,并严重影响工程的正常进行,索赔方可以采取较为严厉的措辞和切实可行的手段,以实现自己的索赔目标。

(3) 索赔处理时做适当必要的让步

在索赔谈判和处理时应根据情况做出必要的让步,有所失才有所得。可以放弃金额小的小项索赔,坚持大项索赔。这样使对方容易做出让步,达到索赔的最终目的。

(4) 发挥公关能力

除了进行书信往来和谈判桌上的交涉外,有时还要发挥索赔人员的公关能力,采用合法的手段和方式,营造适合索赔争议解决的良好环境和氛围,促使索赔问题尽早圆满解决。

索赔是一门融自然科学、社会科学于一体的边缘科学,涉及工程技术、工程管理、法律、财会、贸易、公共关系等众多学科知识,因此索赔人员在实践过程中,应注重对这些知识的有机结合和综合应用,不断学习,不断体会,总结经验教训,才能更好地开展索赔工作。

8.6.10 反索赔

1. 反索赔的含义

反索赔顾名思义就是反驳、反击或防止对方提出的索赔,不让对方索赔成功或全部成功。对于反索赔的含义一般有两种理解:①认为承包商向业主提出补偿要求为索赔,而业主向承包商提出补偿要求则认为是反索赔;②认为索赔是双向的,业主和承包商都可以向对方提出索赔要求,任何一方对对方提出索赔要求的反驳、反击则认为是反索赔。我们这里采用后者的理解。

面对合同一方提出的索赔,合同另一方无非会有如下三种选择:①全部认可对方的索赔,包括索赔值数额;②全部否决对方的索赔;③部分否决对方的索赔。

如果索赔方提出的索赔依据充分、证据确凿、计算合理,另一方应实事求是地认可对方的索赔要求,赔偿或补偿对方的经济损失或损害,反之则应以事实为根据,以法律(合同)为准绳,反驳、拒绝对方不合理的索赔要求或索赔要求中的不合理部分,这就是反索赔。

2. 反索赔的作用

在合同实施过程中,合同双方都在进行合同管理,都在寻找索赔机会。干扰事件发生后合同双方都企图想推卸自己的合同责任,并向对方提出索赔。因此不能进行有效的反索赔,同样会蒙受经济损失,反索赔与索赔具有同等重要的地位,其作用主要表现在:

① 减少或预防损失的发生。由于合同双方利益不一致,索赔与反索赔又是一对矛盾,如果不能进行有效的、合理的反索赔,就意味着对方索赔获得成功,则必须满足对方的索赔要求,支付赔偿费用或满足对方延长工期、免于承担误期违约责任等要求。因此有效的反索赔可以预防损失的发生,即使不能全部反击对方的索赔要求,也可能减少对方的索赔值,保护自己正当的经济利益。

② 一次有效的反索赔不仅会鼓舞工程管理人员的信心和勇气,有利于整个工程的施工和管理,也会影响对方索赔工作。相反地,如果不进行有效的反索赔,则是对对方索赔工作的默认,会使对方索赔人员的"胆量"越来越大,被索赔方会在心理上处于劣势,丧失工作中的主动权。

③ 做好反索赔工作不仅可以全部或部分否定对方的索赔要求,使自己免于损失,而且可以从中重新发现索赔机会,找到向对方索赔的理由,有利于自己摆脱被动局面,变守为攻,达到更好的反索赔效果,并为自己索赔工作的顺利开展提供帮助。

④ 反索赔工作与索赔一样,也要进行合同分析、事态调查、责任分析、审查对方索赔报告等项工作,既要有反击对方的合同依据,又要有事实证据,因此离开了企业平时良好的基础管理工作,反索赔同样也是不能成功的。因此,有效的反索赔要求企业加强基础管理,促进和提高企业的基础管理工作水平。

3. 索赔与反索赔的辩证关系

索赔表现为当事人自觉地将索赔管理作为工程及合同管理的重要组成部分,成立专门机构认真研究索赔方法,总结索赔经验,不断提高索赔成功率。在工程实施过程中,能仔细分析合同缺陷,主动寻找索赔机会,为己方争取应得的利益;而反索赔在索赔管理策略上表现为防止被索赔,不给对方留下可以索赔的漏洞,使对方找不到索赔机会。在工程管理中体现为签署严密合理、责任明确的合同条款,并在合同实施过程中,避免己方违约。在索赔解决过程中表现为,当对方提出索赔时,对其索赔理由予以反驳,对其索赔证据进行质疑,指出其索赔计算的问题,以达到尽量减少索赔额度,甚至完全否定对方索赔要求的目的。

因此,完整的索赔管理应该包括索赔和反索赔两个方面,二者密不可分、相互影响、相互作用。通过索赔可以追索损失,获得合理经济补偿,而通过反索赔则可以防止损失发生,保证工程项目的经济利益。如果把索赔比作进攻,那么反索赔就是防御,没有积极的进攻,就没有有效的防御；同样，没有积极的防御，也就没有有效的进攻。在工程合同实施过程中，一方提出索赔，一般都会遇到对方的反索赔，对方不可能立即予以认可，索赔和反索赔都不太可能一举成功，合同当事人必须能善守、攻守相济才能立于不败之地。

如前所述，索赔是双向的，不仅承包商可以向业主索赔，业主同样可以向承包商索赔，因此，反索赔也是双向的。例如在工程项目实施过程中承包商向业主提出索赔，而业主则反索赔；同时业主又可能向承包商提出索赔，承包商则会反索赔。索赔与反索赔之间的关系有时是错综复杂的。由于工程项目的复杂性，对于干扰事件常常双方都负有责任，所以索赔中有反索赔，反索赔中又有索赔。业主或承包商不仅要对对方提出的索赔进行反驳，而且要反驳对方对己方索赔的反驳。

4. 反索赔的工作内容

主要包括两个方面：防止对方提出索赔；反击或反驳对方的索赔要求。

(1) 防止对方提出索赔

要成功地防止对方提出索赔，应采取积极防御的策略。首先，自己严格履行合同中规定的各项义务，防止自己违约，并通过加强合同管理，使对方找不到索赔的理由和根据，使自己处于不能被索赔的地位。如果合同双方都能很好地履行合同义务，没有损失发生，也没有合同争议，索赔与反索赔从根本上也就不会产生。其次，如果在工程实施过程中发生了干扰事件，则应立即着手研究和分析合同依据，收集证据，为提出索赔或反击对手的索赔做好两手准备。再次，体现积极防御策略的常用手段是先发制人，先向对方提出索赔。因为在实际工作中干扰事件的产生常常双方均负有责任，原因错综复杂且互相交叉，一时很难分清谁是谁非。先提出索赔，既可防止自己因超过索赔时限而失去索赔机会，又可争取索赔中的有利地位，打乱对方的工作步骤，争取主动权，并为索赔问题的最终处理留下一定的余地。

(2) 反击或反驳对方的索赔要求

如果对方提出了索赔要求或索赔报告，则自己一方应采取种种措施来反击或反驳对方的索赔要求。常用的措施有：第一，抓住对方的失误，直接向对方提出索赔，以对抗或平衡对方的索赔要求，达到最终解决索赔时互作让步或互不支付的目的。如业主常常通过找出工程中的质量问题、工程延期等问题，对承包商处以罚款，以对抗承包商的索赔要求，达到少支付或不支付的目的。第二，针对对方的索赔报告，进行认真的研究和分析，找出理由和证据，证明对方索赔要求或索赔报告不符合实际情况和合同规定，没有合同依据或事实证据，索赔值计算不合理或不准确等问题，反击对方不合理的索赔要求或索赔要求中的不合理部分，推卸或减轻自己的赔偿责任，使自己不受或少受损失。

8.7 结　　语

本章在介绍了基本概念后，重点阐述了下述内容。

项目合同的谈判分为三个阶段。在初步洽谈阶段，项目合同的当事人就双方感兴趣的事项进行协商；在实质谈判阶段，双方就项目合同的主要条款进行具体的商谈；在最后的签约阶段，双方达成协议，并用项目合同的形式来约束当事人的行为。

项目合同的签订通常包括邀请、要约、还约和承诺四个阶段，其中要约和承诺是两个最基本、最主要的阶段，它是项目合同签订的必不可少步骤。

项目合同的履行是指合同的当事人根据项目合同的规定，在适当的时间、地点、以适当的方式全面完成自己所承担的义务。项目合同的履行又可分为实际履行和适当履行两种方式。

项目合同的变更通常是指由于一定的法律事实而改变项目合同的内容、标的法律行为。在项目合同变更时，当事人必须协商一致，这将会使合同的内容和标的发生变更。项目合同变更的法律后果是将产生新的权益和义务的关系。

违反合同必须负赔偿责任，这是合同法中规定的一项重要的法律制度。发生项目合同的纠纷是常见和正常的，解决项目合同纠纷主要有四种方式，即协商解决、调解解决、仲裁解决及诉讼解决。

索赔是由合同一方寻求某项权利，合同条款的调整与解释，或其他有关合同条款责任解除的要求。索赔必须以书面形式出具。

思 考 题

1. 合同具有哪些法律上的特征？项目合同又具有哪些特点？
2. 项目合同的签订程序是什么？每阶段的特点是什么？
3. 为什么说要约的邀请不具有法律上的约束力？而要约则对项目双方的当事人具有约束力？
4. 项目合同的签订程序中两个基本的阶段是什么？以你的实际经验说明这两个阶段为什么是必需的。
5. 一项有效的承诺应当具备哪些条件？
6. 项目合同的履行有哪两种方式？每种方式各有什么特点？
7. 在哪些情况下可以不追究项目当事人不履行合同的责任？
8. 解决项目合同纠纷主要有哪几种方式，每种方式各有什么特点？
9. 索赔有几种类型？其包括哪些内容？
10. 简述索赔的工作程序。
11. 何谓反索赔？其工作内容是什么？

第 9 章

工程项目计划管理

■ **学习目标**

本章着重阐述工程项目计划管理的特点,以及网络计划编制的原则及方法,要求学生掌握网络计划技术的分类,双代号及单代号网络计划的编制、时间参数的计算及关键路线的确定等。

■ **关键概念**

工程项目计划管理　网络计划技术　单代号网络计划　双代号网络计划　时标网络计划　关键线路　关键工作

9.1 概　　述

9.1.1 工程项目计划管理的概念

工程项目计划管理是对项目预期目标进行筹划、安排等一系列活动的总称。工程项目计划管理是项目管理的重要组成部分,它对工程项目的总体目标进行规划,对工程项目实施的各项活动进行周密的安排,系统地确定项目的任务、综合进度和完成任务所需的资源等。

工程项目计划管理的工作内容诸多且比较繁杂,例如,工程项目计划管理需要对工程项目的可行性研究和论证、工程项目的选址、勘察设计、建筑施工、设备安装、竣工验收以及投产使用等全过程的人力、物力、财力和内外关系进行有计划、有步骤、高效率的规划、组织、指导和控制,从而使工程项目在合理的工期内以较低的价格、高质量地完成任务。

9.1.2 工程项目计划管理的主要任务

① 按照国家相关法律、法规和政策,经过市场预测和可行性研究,使工程项目目标符合国民经济发展总目标,并获得良好的经济效益、社会效益和环境效益。

② 在广泛收集资料的基础上,运用科学的预测方法,通过计划的编制,使工程项目实施计划的各项工作得以统筹安排、综合平衡、优化组

合;拟定有效的措施,在项目计划统一指导下协调地、有节奏地进行,以充分挖掘和发挥人力、物力、财力的潜力,实现项目的预期目标。

③ 通过项目计划实现过程中的检查、控制、调节等手段和统计分析,揭露矛盾、解决问题、总结经验教训、反馈信息,达到改善管理、提高效率的目的。

9.1.3 工程项目计划管理的主要作用

计划是项目管理的重要职能之一,也是项目管理过程中的关键环节,它在工程项目管理中具有非常重要的作用。其作用主要表现在:

(1) 工程项目计划为项目的决策提供更为详尽的论证和依据

工程项目计划过程是一个决策过程,尤其是大型工程项目综合性极强,往往涉及政治、经济和技术等诸方面的决策问题,因而项目计划管理的作用就是通过收集、整理和分析所掌握的信息,为项目决策人提供工程项目需不需要进行,有没有可能进行,怎样进行以及可能达到的目标等一系列决策依据。

(2) 工程项目计划是项目实施的指导性文件

每个工程项目必须有明确的目标和实施方案,而项目各项工作的开展,应以项目计划为依据,使工程项目在实施中做到有法可依、有据可查,以此来协调各项活动。因此,项目计划管理就是使整个工程项目的实施过程都在项目计划指导下进行。

(3) 工程项目计划是实现项目目标的一种手段

通过计划管理使人力、材料、机械、资金等各种资源得到充分有效地运用,并在项目实施过程中及时地对各方面的活动进行协调,以达到质量优良、工期合理、造价较低的理想目标。

9.1.4 工程项目计划管理的特点

1. 计划的被动性

建筑产品在某种意义上是以销定产,是在基本上确定了或者拟定了产品的使用者之后才开始建造的。工程项目计划管理工作是随着项目的确立而展开的,诸多的外部因素直接影响着项目计划的编制。特别是工程实行招标投标制,中标与否对施工企业的计划管理影响更大。这种计划的被动性无疑加大了管理的难度。

2. 计划的多变性

在工程项目实施过程中,由于项目的复杂性,不可预见因素太多,再加上建筑施工点多、线长、面广,施工条件的变化以及设计中的不可预见因素影响着工程项目的计划管理。因此,工程项目的计划编制必须留有余地。

3. 计划的波动性

工程项目施工具有明显的季节性,例如施工遇到雨季和冬季多少都会影响施工计划的安排,使得连续施工、均衡施工难以推进和组织。因此,工程项目施工的计划必须统筹安排,充分考虑主客观因素,认真搞好综合平衡。

9.2 工程项目的计划系统及主要内容

9.2.1 工程项目的计划系统

工程项目的计划是一个持续的、循环的、渐进的过程。随着工程项目的推进,项目的进展情况也在不断变化和发展,这就要求对计划进行动态的研究、修改及调整,形成一个前后相继的计划系统,详见图 9-1。

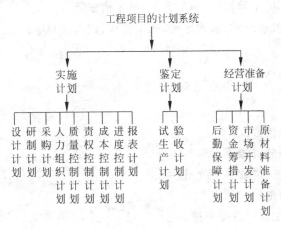

图 9-1 工程项目的计划系统

9.2.2 工程项目计划的主要内容

在工程项目的运行过程中,既要有统筹全局的总体性计划,也要有诸方面的工作计划。项目计划的构成文件很多,不同的项目、项目不同的层次或项目不同的组织方式,计划的编制过程和计划的表达方式是不同的。

工程项目计划内容十分广泛,主要包括工程项目总体计划、工程项目各项分计划两个部分。具体内容如下。

1. 工程项目总体计划的编制内容

(1) 总则

① 项目背景、工程概况的简要描述;

② 项目的目标、性质、范围;

③ 项目的环境与项目的关系;

④ 发、承包商的权力、义务、责任和奖罚方法;

⑤ 项目规格(采用的规范标准);

⑥ 项目管理机构;

⑦ 项目进度的主要关键点;

⑧ 特殊问题说明。

(2) 项目的目标和基本原则
① 详细说明项目的总目标；
② 项目的组织机构原则；
③ 业主参与的范围；
④ 与其他方面的关系；
⑤ 质量衡量标准,语言的规定；
⑥ 其他特殊事项的规定,如设计变更、图纸修改的规定。
(3) 项目实施总方案
① 技术方案(工艺、工程设计、施工方案、技术措施等)；
② 管理方案(承发包形式、采购运输、施工管理、成本控制等)。
(4) 合同形式
① 合同类型和选择；
② 承包商的选择；
③ 咨询方式；
④ 合同双方的通信方式；
⑤ 业主方面提供的资源；
⑥ 项目复查、审核、付款的手续、程序；
⑦ 特殊管理的规定；
⑧ 移交的方式、规定和进度安排。
(5) 进度计划
① 说明并列举各项进度安排,说明各关键工作点；
② 各项工作的执行者做出其完成工作的时间估计；
③ 以①②为依据规定项目的总进度计划；
④ 各级负责人在最终计划上签字作保。
(6) 资源使用
① 资源分类：资金、设备、材料、人力等；
② 预算；
③ 成本监督、控制方法、程序。
(7) 人事安排,组织机构
① 人员培训、人员补充；
② 人事制度、法律、政策；
③ 安全保障(保密要求、人身安全)；
④ 组织机构的人事安排、责权分工；
⑤ 人员流动与项目计划的关系。
(8) 监理、控制与评价
① 监理、控制的内容范围；
② 通信方式；
③ 文件、信息收集(内容、时间)、整理、管理；
④ 评价方法、指标。

(9) 潜在问题

① 列举可能发生的意外事故,障碍因素分析,气候、资源短缺、扯皮、分包商破产、技术失败等事故;

② 应急计划。

上述项目计划的内容是基本内容,其他更详细的分类计划是由相应的职能部门做出。

2. 工程项目各项分计划编制的内容

(1) 工程项目的组织计划

为保证工程项目的顺利实施,应当做出组织方面的规划。目的是保证建立一个健全的组织机构,以便工程实施中指挥灵便、协调一致、互相配合,信息传递反馈准确及时,出现问题能迅速妥善解决,从而保证工程项目的高效管理。

项目的组织计划包括下列内容。

① 组织机构设计计划,如项目经理人选、经理班子组成、职能机构设置等。

② 生产人员的组织计划,如生产工人的专业构成、专业班组设置、工人来源及人员培训等。

③ 协作计划,如与设计单位、施工单位、设备材料供应单位以及与政府有关部门的协作计划等。

④ 规章制度的建立计划,如项目投产后的经营管理制度、生产技术制度、劳动制度及行政管理制度等。

⑤ 管理信息系统的计划,如有关项目实施过程中各种信息的传递方式、渠道、存储、处理各环节的设计等。

(2) 工程项目的综合进度计划

工程项目的综合进度计划是把各参与单位的工作进行统一安排和部署的综合性计划。通过这一计划,可以对工程项目进行有效管理。综合进度计划必须考虑和解决局部与整体、当前与长远以及各个局部之间的关系,并伴随着项目的发展不断调整,以确保工程项目从前期决策到试投产全过程的各项工作能够按计划顺利完成。

根据工程项目计划控制的需要,综合进度计划一般包括下列内容。

① 总进度计划,主要确定哪些工作必须完成,每一阶段的工作量和所需要的时间。

② 设计工作进度计划。设计进度是设计单位按照项目计划的总体要求,并根据施工进度的要求和设计工作中各专业的工作顺序,安排各个设计专业的进度计划,同时还必须确定分阶段的出图日期。

③ 设备供应进度计划。根据工艺流程图和设备系统图以及电气和水暖系统图,编制出设备采购清单及采购和到达现场的时间。

④ 施工进度控制计划。此项计划必须明确规定工程项目的开工和竣工时间。施工单位和施工配合单位据此再按照施工工序的要求制定出整个工程的施工进度计划,并具体编排出工程项目年度、季度计划和月、旬作业计划。

⑤ 竣工验收和试生产计划。根据工程进度计划和有关方面的资料,在工程竣工后,安排出竣工验收、设备运转试验及生产等一系列活动的日期,以此作为各方共同的工作目标,以便各自做好人力、物力和财力方面的安排。

根据工程项目的特点,进度计划大都采用图和表的形式来表示将要进行的工作。编制程序一般采用工作分解结构方法,将整个工程逐层分解为若干工作单元,按逻辑顺序排列,以图或表来确定其相互制约的关系。因进度计划是项目计划的关键,而工期又是进度计划的核心,所以要根据工程项目的估算,经分解后确定每一工作单元所需的工时数,求出每一单元的工期和整个工程的总工期。

(3) 工程项目的经济计划

工程项目的经济计划包括劳动工资计划、材料计划、构件及加工半成品需用量计划、施工机具需要量计划、项目降低成本计划、资金使用计划、利润计划等。

① 劳动力需用量及工资计划。劳动力需用量计划应根据工程项目的组织计划、劳动定额及工程进度计划进行编制。用工计划的控制数按施工预算确定,不应超过设计预算数。施工进度计划编制后,即可得出各工种用工数及需要的供应进度,因此它是劳动力供应计划的编制依据。

无论编制劳动力计划还是配备劳动力,均应同时核算工资。

② 材料计划。工程项目实施的材料计划包括材料需用量计划、材料供应计划、材料申请计划、材料订货计划和材料采购计划。

③ 构件及加工半成品需用量计划。预制加工品需用量计划是根据施工图纸、设计预算及施工进度计划编制的。该计划又是翻样和委托加工订货的依据。

④ 施工机具需用量计划。该计划要提出机具型号、规格用以落实机具来源、组织进场。它是根据施工方案及施工进度计划编制的。

⑤ 工程项目降低成本措施及降低成本计划。工程项目降低成本的措施是在预算成本的基础上,以施工预算为尺度,以企业的年度、季度降低成本计划和技术组织措施计划为依据进行编制的,制定时要针对工程中降低成本潜力大(工程量大、造价高,有采取措施的可能性)的项目提出措施。这些措施必须不影响质量,且能保证施工安全。降低成本措施应包括节约劳动力、节约材料、节约机械设备费用和工具费用、节约施工管理费、节约临时设施费和节约资金等措施。

降低成本计划是在预算成本(或概算成本)的基础上,考虑降低成本措施的经济效果后编制的计划。该计划提供成本控制目标,实际上也是编制利润计划的基础。

⑥ 资金使用计划。工程项目承包单位施工所需的流动资金如果实行预付备料款制度,则除开工前支付部分外(一般为25%),其余均按进度按月结算拨给承包方,对一个工程项目无须编制流动资金计划。

如果工程项目承包方的流动资金改为银行贷款,则需要根据工程施工进度计划编制贷款计划向银行贷款,并支付利息。因此在编制贷款计划时,应考虑使支付的利息最少。

⑦ 利润计划。建筑工程项目的利润称工程结算利润,由法定利润额、降低成本额和管理费用节约额构成。法定利润额的计算是工程的预(概)算成本与法定利润率的乘积。降低成本额由降低成本计划确定。编制利润计划应在量本利分析的基础上进行。

(4) 物资供应和设备采购计划

要确定物资供应和设备采购的方针和策略、顺序和责任、数量和质量、到货日期和地点等,以满足工程施工、设备安装和试投产的需要。

(5) 施工总进度计划和单位工程进度计划

施工单位要按照项目综合进度计划对施工阶段的进度要求,编制施工总进度计划和单位工程进度计划。

施工总进度计划是施工组织设计的重要组成部分,是施工总体方案在时间序列上的反映,是根据施工合同的工期要求,合理确定各主要工程项目施工的先后顺序、施工期限、开工和竣工日期以及各项目之间的搭接关系、搭接时间、综合平衡各施工阶段建筑安装工程工作量、不同时期的资源量以及投资分配等,它是工程施工进度的总体部署,保证工程目标顺利实现。

一项建筑工程是由多种专业相互配合、共同施工安装而完成的综合性产品,在整个工程施工中是以土建总包单位为主体,其他专业紧密配合,按设计图纸合理地进行工序穿插,分层、分段有节奏地配合完成。因此,为指导整个工程科学有序协调地施工,就必须编制综合施工进度计划。

(6) 项目质量计划

项目质量计划是针对工程项目实施质量管理的文件,包括以下主要内容。

① 确定工程项目的质量目标。依据项目的重要程度和可能达到的管理水平确定工程预期达到的质量等级(如合格、优良或省、市、部优质工程等)。

② 明确工程项目从施工准备到竣工交付使用各阶段质量管理的要求,对企业在质量手册、程序文件或管理制度中没有明确的内容,如材料检验、文件和资料控制、工序控制等做出具体规定。

③ 施工全过程应形成的施工技术资料等。

工程项目质量计划经批准发布后,工程项目的所有人员都必须贯彻实施,以规范各项质量活动,达到预期的质量目标。

(7) 报表计划

项目经理在项目实施过程中,需要及时了解项目的进展情况及存在的问题,以便预测今后的发展趋势和寻找解决问题的办法。这些都需要及时了解情况,报表计划是完成这一工作的主要手段。

报表有的采用表格形式,有的采用简报或一般的报告形式。

在报表计划中应规定:谁负责编写报告,向谁报告,报告的内容,报告所含的信息范围,报告的时间等。

(8) 应变计划

由于工程项目实施中不确定因素很多,项目计划与实际不符是经常发生的,因此从项目实施一开始,就应考虑在工期预算方面留有余地(如宽限工期和资金的额外储备),以备应急需要。这种难以预料的需要称为"意外需要"(它不包括预先估计到的需要),它是管理上的储备量,除项目经理外,其他人不准动用。

储备有两种:①业主的储备,②项目经理的储备,以应付偶然事件的发生。有经验的项目经理往往要准备一套全面的应急计划,预先估计各种可能发生的不测事件,并准备应急行动方案以及相应的时间和资金。

(9) 竣工验收计划

它是根据承包合同中对工程竣工日期的总要求而制订的工程验收、移交计划。其中明确了工程验收的时间、依据、标准、程序及向甲方移交的日期等内容,是工程竣工验收的指导性文件。

9.3 工程项目计划的编制

9.3.1 计划编制的原则

工程项目计划的编制应遵循统一性与灵活性、预见性与现实性、系统性和综合性相结合的原则。

1. 统一性与灵活性相结合

工程项目计划是宏观计划指导下的微观计划,所以,必须维护宏观计划的统一性。但是计划的统一性并不排斥个别项目计划在一定范围的灵活性。这就是说,项目计划应在宏观计划的指导下,根据项目的实际情况做出有利于项目发展的工作安排。

2. 预见性与现实性相结合

项目计划既有相对的长期计划,又有短期的现实奋斗目标。这就要求编制计划时必须长短结合,才能使计划保持连续性和阶段性,既实现长远目标,又可随着形势发展因时制宜地挖掘潜力,促进项目发展。

3. 系统性与综合性相结合

项目计划的内容是复杂的,每项工作都应制定自成体系的计划,但是项目全部计划是一个统一体,必须从全局出发统筹兼顾,全面安排,也就是要搞好综合平衡。这样才能把整个项目的各个环节统一起来,使每个局部都能自觉地服从整体,使项目的全部活动形成一个完整系统。

9.3.2 计划编制的程序

一般情况下,项目计划编制的程序按下列六个步骤进行,详见图9-2。

图 9-2 项目计划编制程序

1. 计划信息的收集和整理

有效的项目计划取决于信息系统的结构、质量和效率。作为编制项目计划的第一步,必须收集与项目有关的各种信息。

应通过正式的、非正式的多种渠道收集有关的历史资料、上级文件,调查有关的政治、经济、技术、法律的信息,召开必要的专家会,对与编制计划有关的问题进行分析预测。

对信息的收集和整理应尽可能做到及时、全面、准确。

2. 项目目标确认及项目环境分析

（1）目标的识别

根据获得的信息，首先明确项目的具体投资额、工期或质量等，并在识别项目目标时，明确业主的真正目的，提出目标的背景，实现这些目标的标准、条件以及目标与目标之间的关系。

（2）目标实现的先后顺序

项目往往有多个目标，在确认了项目各目标之间的关系后，需要对目标进行排序，分清主次。如果把工期作为主要目标，则成本和质量目标就要做出让步。

（3）目标的衡量（量化）

最好项目的目标量化。对难以量化的目标，应找出可量化的相关指标或标准，同时对目标的实现程度给出"满意度"要求，如确定一个可接受的置信水平（规定一个适度偏差$\pm\Delta$），当目标实现程度在$E\pm\Delta$范围内时则认为目标实现是满意的。

（4）实现项目目标的环境分析与评价

应从政策、法律、自然条件、施工条件等方面进行分析。

3. 工作说明

工作说明是对实现项目目标所进行的工作或活动的描述。

一般讲，在项目目标确定后，需列举实现这些目标的工作和任务，说明这些工作或任务的内容、要求和工作的程序，并按一定的格式写出，称为工作说明。

4. 工作分解结构

工作分解结构是将项目的各项内容按其相关关系逐层进行工作分解，直到工作内容单一、便于组织管理的单项工作为止，并把各单项工作在整个项目中的地位、相对关系直观地用树形图表示出来，以便更有效地计划、组织、控制项目整体的实施，它是项目计划和控制的基础，其目的是使项目各方从整体上了解自己承担的工作与全局的关系。

工作分解结构的编制程序如下。

① 根据工作说明，列出项目的任务清单和有关规定的说明。据此明确有哪些任务需要完成，这些任务是否存在等级相关（指两项任务之间是否存在一项是另一项的一部分）或相互重叠，如果存在应重新安排，使其等级关系明朗化。

② 将项目的各项活动按其工作内容进行逐级分解，直到相对独立的工作单元（如分部与分项工程）。每个工作单元既表示一项基础活动，又表示一个输入输出单元，还要表示一个责任班组或个人。工作单元要求具有下列性质：易于管理；有确定的衡量工作任务的标准；实施过程中人、财、物的消耗易测定，便于成本核算；责权明确，工作单元的任务能完整地分派给某个班组或个人来完成。

③ 明确每个工作单元需要输入的资源和完成的时间。为此，需要说明每个工作单元的性质、工作内容、目标，并确定执行施工任务的负责人及组织形式。

④ 分析并明确各工作单元实施的先后顺序及它们的逻辑关系，确定它们之间的等级关系和平行关系，即各项活动之间的纵向隶属关系和横向关系。

⑤ 将各工作单元的费用逐级汇总，累积成项目的"总概算"，作为每个分计划成本控制的基础。再根据各工作单元作业时间的估算及关键活动与各项活动的逻辑关系，汇总为项目的"总进度计划"，作为各分计划的基础。将各工作单元所需的资源汇总成项目的"总资源使用计划"。

⑥ 项目经理对工作分解结构做出综合评价，然后拟定项目的"实施方案"，形成项目计划，上报审批。

5. 编制线性责任图

将工作分解结构与组织机构图相互对照并使用，以形成线性责任图，详见图9-3。

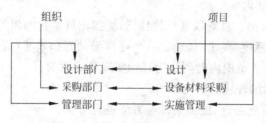

图 9-3　线性责任图

线性责任图将所分解的工作落实到有关部门、班组或个人，并明确表示出有关部门对该项工作的关系、责任和地位，以便分工负责和实施管理。例如，项目中的设计工作相对应的是组织中的设计部门，设备材料采购工作对应的是采购部门等。

6. 绘制逻辑关系图

在将一项目的总体任务分解为许多单项工作的基础上，按各项活动的先后顺序和衔接关系画出各项活动的关系图叫作逻辑关系图。

对于工程项目的实施来说，存在两种逻辑关系，即生产工艺选择关系、组织逻辑关系。其中，生产工艺逻辑关系是由项目策划开始到交付使用所要求的各项工作的先后次序所决定的逻辑关系，如施工工艺选择关系就是其中的一部分。另外，组织逻辑关系是指由资源平衡或组织管理上的需要决定的各项工作的次序关系。

在项目实施过程中，各项作业的逻辑关系分为平行、顺序和搭接三种逻辑关系，具体解释如下。

① 平行关系是指相邻两种活动同时开始工作的逻辑关系。

② 顺序关系是指相邻两种活动按顺序进行的逻辑关系。如果前一活动结束，后一活动马上开始，称为紧连顺序；若后一活动在前一活动结束后隔一定的时间才开始，称间隔顺序关系。

③ 搭接关系是指若两活动只有一段时间平行进行的逻辑关系。搭接关系是最一般的关系，平行和顺序关系只是搭接关系的特例。

此外，有些活动之间只存在先后顺序关系，其中间并没有实质性的活动(不占时间，不消耗资源)，在逻辑关系图中称为虚活动(虚工序)。

9.4 工程项目的进度计划

9.4.1 工程项目进度计划种类及表示方法

1. 工程项目进度计划的种类

工程项目进度计划是工程项目进度管理的主要依据,贯穿工程实施的全过程,编制工程项目进度计划是进度管理以及工程项目管理的重要环节之一。

按照管理主体不同,工程项目进度计划可区分为业主单位、设计单位、施工单位及监理单位等不同主体编制的不同种类的项目进度计划。不同单位编制的进度计划性质及用途不同,其作用是从不同层次和角度共同保证工程项目进度的合理安排、工程项目的顺利实施。

2. 工程项目进度计划的表示方法

编制工程项目进度计划通常需要借助两种表示方法,即文字说明和进度计划图表。其中,文字说明是用文字表述各时间阶段内应完成的工程建设任务,以及所需达到的工程形象进度要求;进度计划图表是利用图表形式表达工程建设各项任务的具体时间、顺序安排,表达效果直观且易于记录进度的动态变化情况,是工程进度计划的主要表示方法。

工程进度计划的表示方法有很多种,常用的有横道图、网络计划技术两种类型。

(1)横道图

横道图又称甘特图(Gantt chart),由美国科学管理运动的先驱亨利·甘特(H. L. Gantt)于 1910 年开发的,是一种最直观的进度计划方法,在工程中得到广泛应用。

用横道图表示的工程项目进度计划一般包括两个基本部分:①工作名称及持续时间等基本数据部分;②时间表格及横道线部分,各项工作进度计划的起止时间对应绘制在横道线上。例如,图 9-4 表示的是某工程的施工进度计划的横道图。按照工作表述的详细程度,时间单位可以按照小时、天、周、月等划分,本例的横道图计划中是以周来划分的。此外,该计划还明确地表示出各项工作划分、工作的开始时间及完成时间、工作的持续时间、工作之间的搭接关系,以及整个工程的开工时间、完工时间及总工期。

横道图的优点在于较直观,比较容易看懂计划编制的意图,具体体现在以下几个方面:①在大型项目中,项目高层管理人员了解项目建设的有关部位的进展情况,便于研究和决策,可向项目的决策者提供相对独立的工作分块环节的进度计划,对建设项目决策有一定的参考作用;②可以用于任何项目层次的进度控制,实际进度以同样的条形在同一个横道图的工作内容的横道上表示出来,可以十分直观地对比实际进度与计划进度间的偏离,有利于偏差控制;③可用于资源的优化和编制资源及费用计划,有利于进度计划的优化。

横道图的不足之处在于:①很难表达工程活动之间的逻辑关系;②不能在进度偏离原计划时迅速简单地进行调整与控制,更无法实行多方案的比选;③不能表示活动的重要性,如哪些活动是关键的,哪些活动有推迟的余地等;④横道图难以明确表达项目进度与资源消耗之间的内在关系,不宜进行优化和控制,难以适应大的进度计划系统。

因此,横道图适用于一些简单的小型项目,或者在项目初期尚没有做详细的项目结构分解,工程项目各项活动之间复杂的逻辑关系尚未分析出来,一般可以用横道图做总体规划。

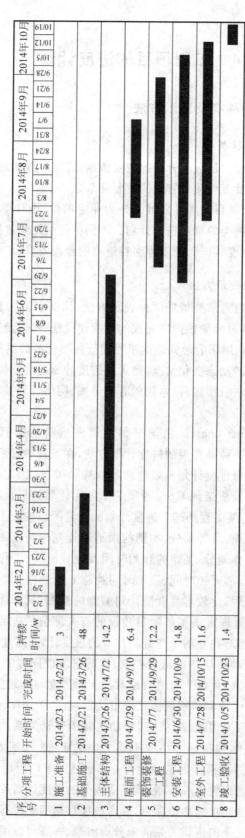

图 9-4 某工程施工进度计划横道图

(2) 网络计划技术

20世纪50年代，网络计划技术随着现代科学技术和工业生产的发展而产生，它是一种科学的计划管理和系统分析的方法。目前，该方法已经广泛应用于世界各国的工业、建筑、运输等诸多领域，并随着计算机的应用和普及，应用领域不断拓宽，先进的网络技术和优化软件也不断涌现。

网络计划技术的形式多样，并具有简单、有效的特点，近几十年来在工程管理行业广泛应用。网络计划技术也是本章的重点，在后续内容中会进行详细阐述。

与横道图相比，网络计划技术更有逻辑性，提供更丰富的信息，方便进行工期优化，但不足之处在于它的直观性稍差，因此，在工程实践中可以将横道图和网络计划技术结合使用，充分发挥二者的优势。

9.4.2 网络计划技术的基本概念

网络计划技术的基本模型是网络图。网络图是由箭线和节点组成的，用来表示工作流程有向、有序的网状图形。网络计划是用网络表达任务构成及工作顺序，并加注时间参数的进度计划。也就是说，网络计划是在网络图上加注各项工作的时间参数而形成的工作进度计划。

网络计划有以下几个优点。

① 网络计划能明确表达各项工作之间的逻辑关系；
② 网络计划通过计算和分析可以找出关键工作路线；
③ 网络计划通过计算和分析能确定可以利用的机动时间；
④ 网络计划通过计算和分析可以得到许多用于计划控制的时间信息；
⑤ 网络计划可以利用计算机进行计算、调整和优化；
⑥ 网络计划有普遍的适用性。

按照网络计划的基本元素（节点和箭线）含义分类，网络计划可以分为双代号网络计划、单代号网络计划。

1. 双代号网络计划

双代号网络图是由箭线、节点和线路三个基本要素组成，用来表示工作流程的有向、有序网状图形。双代号网络图（图9-5）又称箭线式网络图，它以箭线表示工作，以节点表示工作的开始或结束，并以工作两端节点的编号代表一项工作，并在箭线上标注工作持续时间。

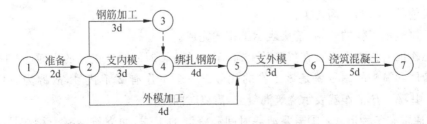

图9-5 双代号网络图

2. 单代号网络计划

单代号网络计划也是由箭线、节点和路线三个基本要素组成的。与双代号网络图不同的是,单代号网络图(图 9-6)中的节点及其编号表示工作,在节点内标注工作代号、工作持续时间,箭线及其上面的时距符号表示相邻工作间的逻辑关系,工作之间的逻辑关系在单代号网络图中表现为工作之间的先后顺序。

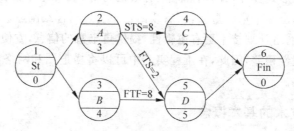

图 9-6　单代号网络图

在实际应用中,由于单代号网络计划中工作之间逻辑关系表达简洁,且没有虚工作,因此这种网络计划运用普遍,而许多网络计划软件也采用了单代号网络计划。

网络计划技术还可以从不同角度来进行分类。例如,按照目标来分类,网络计划技术可以分为单目标网络计划和多目标网络计划;按照层次来分类(也称分级网络计划),网络计划技术可以分为总网络计划、局部网络计划;按照表达方式分类,网络计划技术可以分为时标网络计划、非时标网络计划。

9.4.3　双代号网络计划

1. 基本概念

(1) 工作(箭线)

工作是泛指一项需要消耗人力、物力和时间的具体活动过程,也称工序、活动、作业。工作是网络计划的基本组成部分,根据计划编制的粗细程度不同,工作既可以是一项简单的工序操作,也可以是一个复杂的施工过程或一个工程项目,它需要消耗时间或资源。在工程项目中,一个工作可以是一道工序、一个分项工程、一个分部工程或一个单位工程,其粗细程度、大小范围的划分根据计划任务的需要来确定。

工作的表示方法有:

① 工作用矢箭表示,箭头的方向表示工作的进展方向(一般从左向右)。
② 矢箭的长短与时间无关。
③ 箭尾表示工作的开始,箭头表示工作的完成。
④ 工作的名称或内容写在矢箭的上面,工作的持续时间写在矢箭的下面(图 9-7)。
⑤ 箭尾和箭头的编号就是该工作的代号。一个工作有 2 个代号,故称为双代号。如图 9-7(b)中,A—B 工作就表示浇筑混凝土,需要时间 3h。

工作通常有三种形式:①需要消耗时间和资源的工作,如浇筑混凝土梁或柱等;②主要消耗时间而消耗资源甚少以致可以忽略不计的工作,如混凝土的养护等;③既不消耗时间也不消耗资源的工作。前两种是实际存在的工作,称为实工作;后一种是人为虚设的工

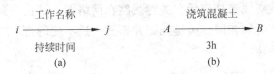

图 9-7　双代号网络图工作的表示方法

作,称为虚工作。在双代号网络图中,实工作用实箭线表示,虚工作用虚箭线表示。

虚工作在实际工作中并不存在,它只表示相邻实工作之间的先后关系,既不消耗时间,也不消耗资源的虚拟工作。虚工作用虚箭线表示。当虚箭线很短时,用虚箭线表示不清时,也可用实箭线表示,但持续时间应用零表示。虚工作一般起联系、区分、断路三个作用。联系作用是指应用虚箭线正确表达工作之间的相互依存关系;区分作用是指双代号网络图中每项工作都必须用一条箭线和两个代号表示,两项工作的代号相同时,应用虚工作加以区分;断路作用是用虚箭线断掉多余的联系,即不在网络图中把无联系的工作连接上时,应加上虚工作将其断开。

(2) 事件(节点)

节点是网络图中箭线之间的连接点。在时间上它表示指向某节点的工作全部完成后,该节点后面的工作才能开始,所以节点也称为事件或结点,它反映前后工作交接过程的出现。事件用〇表示,圆圈中编写正整数,该正整数被称为事件编号。在对事件进行编号时,应遵循以下基本原则。

① 每个节点用正整数编号,且在同一个网络图中不得有相同的事件编号;

② 事件的箭尾号码应小于箭头号码。

对一个节点而言,可能有许多箭线指向该节点,这些箭线称为内向箭线或内向工作;同样,也可能有许多箭线由同一点出发,这些箭线称为外向箭线或外向工作,如图 9-8 所示。

图 9-8　内向箭线和外向箭线示意
(a) 内向箭线;(b) 外向箭线

网络图的起点节点只有外向箭线,终点节点只有内向箭线,中间节点既有内向箭线,又有外向箭线。

(3) 线路与关键线路

线路是指网络图中从开始事件到结束事件各条路径的全程,在一个网络图中可能有很多条线路。从图 9-5 可以看出,该网络图有 3 条线路。每一条线路都有自己确定的完成时间,它等于该线路上各项工作持续时间的总和,也是完成这条线路上所有工作的计划工期。

线路可以依次用该线路上的节点代号来表述。例如,图 9-5 中的双代号网络线路有 ①→②→③→④→⑤→⑥→⑦、①→②→④→⑤→⑥→⑦、①→②→⑤→⑥→⑦三条线路。

在整个项目中,通过计算可以找到工期最长的线路,该线路称为关键线路。位于关键线路上的工作称为关键工作。关键工作完成的快慢直接影响着整个工程的工期。关键工作在网络图上常用黑粗线或双线箭杆表示。关键线路在网络图中不止一条,可能同时存在几条,即这几条路径上的持续时间相同。关键线路并不是一成不变的,在一定条件下,关键线路和非关键线路可以互相转化。

（4）逻辑关系

在网络计划中,工作之间的先后顺序关系被称为逻辑关系。

逻辑关系包括工艺关系和组织关系,在网络图中均表现为工作之间的先后顺序,具体的表示方法详见表 9-1。

表 9-1　工作的逻辑关系及网络图中的表示方法

序号	工作之间的逻辑关系	网络图中的表示方法
1	A 完成后进行 B，B 完成后进行 C	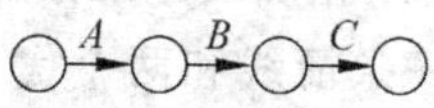
2	A 完成后,进行 B 和 C	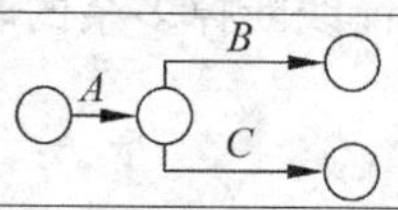
3	A，B 均完成后,进行 C	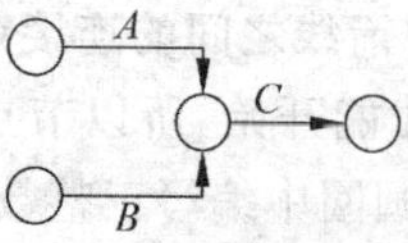
4	A，B 均完成后,同时进行 C，D	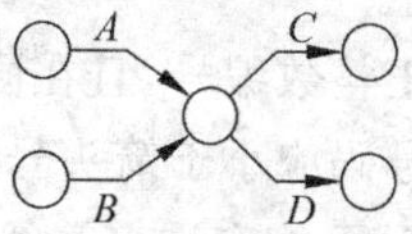
5	A 完成后,进行 C A，B 均完成后,进行 D	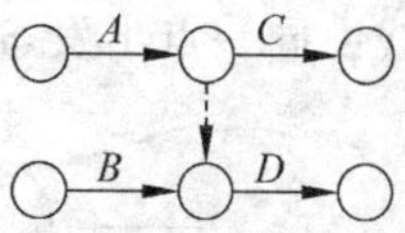
6	A，B 均完成后,进行 D A，B，C 均完成后,进行 E D，E 均完成后,进行 F	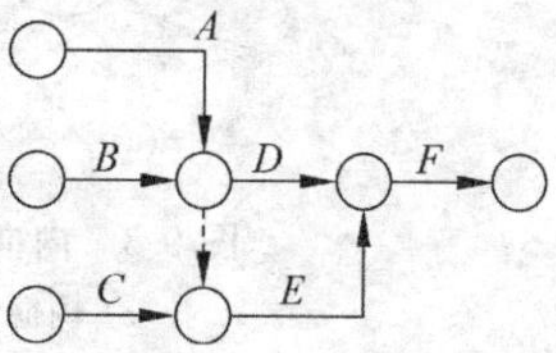
7	A，B 均完成后,进行 C B，D 均完成后,进行 E	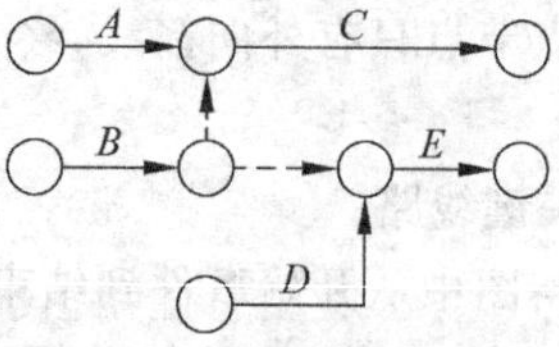
8	A，B，C 均完成后,进行 D B，C 均完成后,进行 E	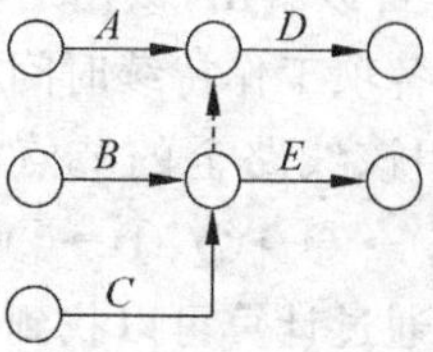

续表

序号	工作之间的逻辑关系	网络图中的表示方法
9	A 完成后,进行 C A,B 均完成后,进行 D B 完成后,进行 E	(图示)
10	A,B 两项工作分成三个施工段,分段流水施工: A_1 完成后,进行 A_2,B_1 A_2 完成后,进行 A_3 A_2,B_1 完成后,进行 B_2 A_3,B_2 完成后,进行 B_3	(图示)

① 工艺关系。生产性工作之间由工艺过程决定的、非生产性工作之间由工作程序决定的先后顺序关系叫工艺关系。例如,柱绑扎钢筋应在柱支模之前进行。

② 组织关系。工作之间由于组织安排需要或资源调配需要而规定的先后顺序关系叫组织关系。例如,不同施工段的先后施工顺序。

(5) 紧前工作、紧后工作、平行工作和交叉工作

① 紧前工作。紧排在本工作之前的工作称为本工作的紧前工作。本工作和紧前工作之间可能有虚工作。

② 紧后工作。紧排在本工作之后的工作称为本工作的紧后工作。本工作和紧后工作之间可能有虚工作。

③ 平行工作。可与本工作同时进行的工作称为本工作的平行工作。

④ 交叉工作。可与本工作相互交替进行的工作称为本工作的交叉工作。

(6) 先行工作、后续工作

① 先行工作。自起点节点至本工作之前各条线路上的所有工作,都称为本工作的先行工作。紧前工作一定是先行工作,但先行工作不一定是紧前工作。

② 后续工作。本工作之后至终点节点各条线路上的所有工作,都称为本工作的后续工作。紧后工作一定是后续工作,但后续工作不一定是紧后工作。

2. 双代号网络图的绘制原则

双代号网络图的绘制需要遵循相关的原则,其主要原则如下。

① 网络图中的所有节点都必须编号,所编的数码称为代号,代号必须标注在节点内。代号严禁重复,应使箭尾号码小于箭头号码。

② 网络图必须按照已定的逻辑关系绘制。如表 9-1 所示的逻辑关系及表示方法。

例如,表 9-2 所示的是某工程的逻辑关系实例,从表 9-2 中可以看出,C 工作的紧前工作

是 A 和 B，D 的紧前工作是 B。图 9-9 是依据表 9-2 的逻辑关系绘制的网络图，清晰地表明了 A,B,C,D 四项工作的相互逻辑关系。

表 9-2　逻辑关系

工 作	A	B	C	D
紧前工作	—	—	A,B	B

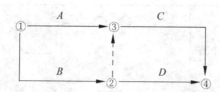

图 9-9　根据表 9-2 的逻辑关系绘制的网络图

③ 双代号网络图中严禁出现循环回路，即从一个节点出发，沿箭线方向又回到原出发点的路线。

④ 双代号网络图中的箭线（包括虚线）应保持自左向右的方向，不应出现箭头自右向左的水平箭线或左向的斜向线，以避免出现循环回路现象。

⑤ 双代号网络图中严禁出现双向箭头和无箭头的连线。

⑥ 严禁在双代号网络图中出现没有箭尾节点号码，或没有箭头节点号码的箭线。

⑦ 双代号网络图中严禁直接在箭线上绘制引入或引出箭线。

⑧ 当双代号网络图的起点节点有多条外向箭线，或终点节点有多条内向箭线时，为了使图形简洁，可采用母线法绘图。即使用一条公用母线从起点节点引出，或使用一条公用母线引入终点节点，母线可以使用特殊的箭线。如粗箭线、双箭线等，如图 9-10 所示。

图 9-10　母线的绘制方法

⑨ 绘制双代号网络图时，应尽量避免箭线的交叉，当箭线的交叉不可避免时，可采用过桥法（图 9-11(a)）或指向法（图 9-11(b)）表示。

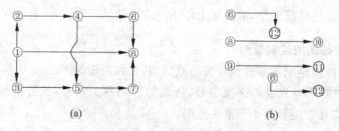

图 9-11　箭线交叉的表示方法
(a) 过桥法；(b) 指向法

⑩ 在双代号网络图中，应只有一个起点节点和一个终点节点（多目标网络计划除外）。除起点节点和终点节点外，不允许出现没有内向箭线的节点和没有外向箭线的节点。

3．双代号网络图的绘制

当已知每一项工作的紧前工作时，可按以下四个步骤绘制网络图。

第一步，绘制没有紧前工作的工作，使它们具有相同的开始节点，以保证网络只有一个起点节点。

第二步，依次绘制其他各项工作。这些工作的绘制条件是其所有紧前工作都已经绘制出来。在绘制这些工作时，应注意以下两点。

① 当所要绘制的工作只有一个紧前工作时，则将该工作箭线直接画在其紧前工作箭线之后。

② 当所要绘制的工作有多个紧前工作时，应采取相应画法，正确表达它们之间的逻辑关系。

第三步，当各项工作箭线都绘制出来之后，应合并那些没有紧后工作的工作箭线箭头节点，作为终点节点，以保证网络图只有一个终点节点（多目标网络计划例外）。

第四步，当确认所绘制的网络图正确后（包括没有多余的虚工作），即可进行节点编号。网络图的节点编号在满足前述要求的前提下，既可采用连续的编号方法，如1，2，3，4，…，也可采用不连续的编号方法，如1，3，5，…或5，10，15，…，以避免以后增加工作时改动整个网络图的节点编号。节点编号应遵循 $i<j$ 的要求。

以上所述是已知每一项工作的紧前工作时的绘图方法，当已知每一项工作的紧后工作时，也可按类似的方法进行网络图的绘制。

例如：某工程由9项工作（$A,B,…,I$）组成，它们之间的网络逻辑关系如表9-3所示，其双代号网络图如图9-12表示。

表 9-3　某工程的工作逻辑关系表

工作名称	紧后工作	持续时间/d
A	B,C	3
B	D,E	4
C	F,D	6
D	G,H	8
E	G	5
F	H	4
G	I	6
H	I	4
I	—	5

4．网络计划时间参数计算

所谓网络计划是指在网络图上加注工作时间参数而编制成的进度计划。网络计划时间参数计算应在各项工作的持续时间确定之后进行。

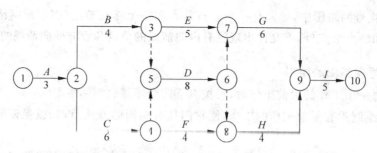

图 9-12 某工程的双代号网络图示例

1) 网络计划时间参数的概念

(1) 工作持续时间(D_{i-j})

工作持续时间是对一项工作规定的从开始到完成的时间。工作 $i-j$ 的持续时间用 D_{i-j} 表示。

$$D_{i-j} = \frac{Q_{i-j}}{S_{i-j}R_{i-j}} \tag{9-1}$$

式中：Q_{i-j} 为工作 $i-j$ 的工程量；S_{i-j} 为工作 $i-j$ 的产量定额；R_{i-j} 为工作 $i-j$ 所使用的工人数或机械数。

此外，工作持续时间还可以参照以往的实践经验进行估算。

(2) 工期(T)

工期泛指完成一项任务所需要的时间。

工期一般有计算工期、要求工期、计划工期三种类型。计算工期是根据网络计划时间参数计算而得到的工期，用 T_c 表示。要求工期是业主所要求的工期，用 T_r 表示。计划工期是在要求工期和计算工期的基础上综合考虑需要与可能而确定的工期，用 T_p 表示。

① 当已规定了要求工期时，计划工期不应超过要求工期，即

$$T_p \leqslant T_r \tag{9-2}$$

② 当未规定要求工期时，可令计划工期等于计算工期，即

$$T_p = T_c \tag{9-3}$$

(3) 网络计划的六个工作时间参数

网络计划的工作时间参数是最早开始时间、最早完成时间；最迟完成时间、最迟开始时间；总时差、自由时差。

① 最早开始时间(ES_{i-j})和最早完成时间(EF_{i-j})

工作的最早开始时间是指在其所有紧前工作全部完成后，本工作最早可能开始的时刻。工作的最早完成时间则等于本工作的最早开始时间与其持续时间之和。工作 $i-j$ 的最早开始时间和最早完成时间分别用 ES_{i-j} 和 EF_{i-j} 表示。

② 最迟完成时间(LF_{i-j})和最迟开始时间(LS_{i-j})

工作的最迟完成时间是指在不影响整个任务按期完成的条件下，本工作最迟必须完成的时刻。工作的最迟开始时间则等于本工作的最迟完成时间与其持续时间之差。工作 $i-j$ 的最迟完成时间和最迟开始时间分别用 LF_{i-j} 和 LS_{i-j} 表示。

③ 总时差(TF_{i-j})和自由时差(FF_{i-j})

工作总时差是指在不影响工期的前提下，本工作可以利用的机动时间。工作自由时差

则是在不影响其紧后工作最早开始时间的前提下，本工作可以利用的机动时间。工作 $i-j$ 的总时差和自由时差分别用 TF_{i-j} 和 FF_{i-j} 表示。

从总时差和自由时差的定义可知，对同一项工作而言，自由时差不会超过总时差。当工作的总时差为零时，其自由时差必然为零。

（4）相邻两项工作之间的时间间隔

相邻两项工作之间的时间间隔是指工作的最早完成时间与其紧后工作最早开始时间之间可能存在的差值。

2）网络计划时间参数的计算和关键线路的确定

网络计划的时间参数既可以按工作计算，也可以按节点计算，下面分别以简例说明。

（1）按工作计算法

按工作计算法就是以网络计划中的工作为对象，直接计算各项工作的时间参数和网络计划的计算工期。

按工作计算法计算网络计划中的各时间参数，其计算结果可以标注在箭线上，如图 9-13 所示。

下面以图 9-14 所示网络计划为例，说明按工作计算法计算时间参数的过程。其计算结果如图 9-15 所示。

图 9-13 按工作计算法的标注内容

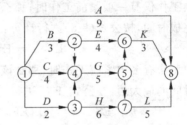

图 9-14 网络计划

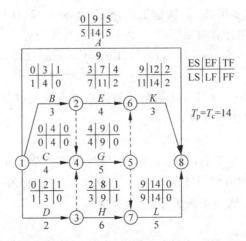

图 9-15 按工作计算法计算的网络计划时间参数

① 最早开始时间（ES_{i-j}）和最早完成时间（EF_{i-j}）的计算

工作最早时间参数，即工作最早开始时间和最早完成时间受到紧前工作的约束，因此二者的计算应从网络计划的起点节点开始,顺着箭线方向依次逐项进行。

其计算步骤包括以下几步。

a. 以网络计划起点节点为开始节点的工作,其最早开始时间为零。

在本例中,工作 A,B,C,D 的最早开始时间都为零,网络计划起点的节点编号为 1,因此,$ES_{i-j}=0(i=1)$。

b. 工作的最早完成时间等于最早开始时间加上其持续时间,即可利用公式(9-4)进行计算:

$$EF_{i-j} = ES_{i-j} + D_{i-j} \tag{9-4}$$

式中:EF_{i-j} 为工作 $i-j$ 最早完成时间;ES_{i-j} 为工作 $i-j$ 的最早开始时间;D_{i-j} 为工作 $i-j$ 的持续时间。

在本例中,工作 A,B,C 和 D 的最早完成时间分别如下。

工作 A 的最早完成时间 $EF_{1-8}=ES_{1-8}+D_{1-8}=0+9=9$

工作 B 的最早完成时间 $EF_{1-2}=ES_{1-2}+D_{1-2}=0+3=3$

工作 C 的最早完成时间 $EF_{1-4}=ES_{1-4}+D_{1-4}=0+4=4$

工作 D 的最早完成时间 $EF_{1-3}=ES_{1-3}+D_{1-3}=0+2=2$

c. 其他工作的最早开始时间计算,与该项工作的紧前工作存在密切关系。

若某项工作仅有一项紧前工作时,那么该项工作的最早开始时间就等于该工作紧前工作的最早完成时间,按公式(9-5)进行计算:

$$ES_{i-j} = EF_{h-i} (h < i < j) \tag{9-5}$$

若某项工作有多项紧前工作时,那么该项工作的最早开始时间,应等于该工作紧前工作最早完成时间的最大值,按公式(9-6)进行计算:

$$ES_{i-j} = \max\{EF_{h-i}\} = \max\{ES_{h-i} + D_{h-i}\} \tag{9-6}$$

式中:ES_{i-j} 为工作 $i-j$ 的最早开始时间;EF_{h-i} 为工作 $i-j$ 的紧前工作 $h-i$ 的最早完成时间;ES_{h-i} 为工作 $i-j$ 的紧前工作 $h-i$ 的最早开始时间;D_{h-i} 为工作 $h-i$ 的持续时间。

在本例中,工作 G 有多项(3 项)紧前工作,分别为 $B(1-2),C(1-4),D(1-3)$ 工作,那么 G 工作的最早开始时间计算应采用公式(9-6)进行,具体计算为

$$ES_{4-5} = \max\{EF_{1-2}, EF_{1-3}, EF_{1-4}\} = \max\{3,2,4\} = 4$$

② 确定计算工期(T_c)

网络计划的计算工期(T_c)等于以网络计划终点节点为完成节点的工作的最早完成时间的最大值,按公式(9-7)进行计算:

$$T_c = \max\{EF_{i-n}\} = \max\{ES_{i-n} + D_{i-n}\} \tag{9-7}$$

式中:T_c 为网络计划的计算工期;EF_{i-n} 为以网络计划终点节点 n 为完成节点的工作的最早完成时间;ES_{i-n} 为以网络计划终点节点 n 为完成节点的工作的最早开始时间;D_{i-n} 为以网络计划终点节点 n 为完成节点的工作的持续时间。

在本例中,

$$T_c = \max\{EF_{1-8}, EF_{6-8}, EF_{7-8}\} = \max\{9,12,14\} = 14$$

网络计划的计划工期(T_p)应按式(9-2)或式(9-3)确定。在本例中,假设未规定要求工期(T_r),则其计划工期就等于计算工期。即

$$T_p = T_c = 14$$

计划工期应标注在网络计划终点节点的右上方,如图 9-15 所示。

③ 计算工作的最迟完成时间(LF_{i-j})和最迟开始时间(LS_{i-j})

工作最迟时间参数,即工作最迟完成时间和最迟开始时间受到紧后工作的约束,因此它们的计算应从网络计划的终点节点开始,逆着箭线方向依次进行。其计算步骤如下。

a. 以网络计划终点节点($j=n$)为完成节点的工作,其最迟完成时间等于网络计划的计划工期,按公式(9-8)进行计算:

$$LF_{i-n} = T_p \tag{9-8}$$

式中:LF_{i-n} 为以网络计划终点节点 n 为完成节点的工作的最迟完成时间;T_p 为网络计划的计划工期。

在本例中,工作 A,K,L 的最迟完成时间为

$$LF_{1-8} = LF_{6-8} = LF_{7-8} = T_p = 14$$

b. 工作的最迟开始时间可利用公式(9-9)进行计算:

$$LS_{i-j} = LF_{i-j} - D_{i-j} \tag{9-9}$$

式中:LS_{i-j} 为工作 $i-j$ 的最迟开始时间;LF_{i-j} 为工作 $i-j$ 的最迟完成时间;D_{i-j} 为工作 $i-j$ 的持续时间。

在本例中,工作 A,K,L 的最迟开始时间分别如下。

工作 A 最迟开始时间 $LS_{1-8} = LF_{1-8} - D_{1-8} = 14 - 9 = 5$

工作 K 最迟开始时间 $LS_{6-8} = LF_{6-8} - D_{6-8} = 14 - 3 = 11$

工作 L 最迟开始时间 $LS_{7-8} = LF_{7-8} - D_{7-8} = 14 - 5 = 9$

c. 其他工作的最迟完成时间计算与该项工作的紧后工作存在密切关系。

若某项工作仅有一项紧后工作时,则该项工作的最迟完成时间等于该工作紧后工作的最迟开始时间,如公式(9-10)计算。

$$LF_{i-j} = LS_{j-k} \quad (i < j < k) \tag{9-10}$$

若某项工作有多项紧后工作时,则该项工作的最迟完成时间应等于该工作紧后工作最迟开始时间的最小值,即公式(9-11)。

$$LF_{i-j} = \min\{LS_{j-k}\} = \min\{LF_{j-k} - D_{j-k}\} \tag{9-11}$$

式中:LF_{i-j} 为工作 $i-j$ 的最迟完成时间;LS_{j-k} 为工作 $i-j$ 的紧后工作 $j-k$ 的最迟开始时间;LF_{j-k} 为工作 $i-j$ 的紧后工作 $j-k$ 的最迟完成时间;D_{j-k} 为工作 $i-j$ 的紧后工作 $j-k$ 的持续时间。

在本例中,工作 E 仅有一项紧后工作,即为 K 工作,则工作 E 的最迟完成时间应等于 K 工作的最迟开始时间,即

$$LF_{2-6} = LS_{6-8} = 11$$

在本例中,工作 G 有 2 项紧后工作,分别为 K,L 工作,则工作 G 的最迟完成时间应为 K,L 工作的最迟开始时间的最小值,即

$$LF_{4-5} = \min\{LS_{6-8}, LS_{7-8}\} = \min\{11, 9\} = 9$$

④ 计算工作总时差(TF_{i-j})

工作总时差等于该工作的最迟开始时间减去最早开始时间,或等于该工作的最迟完成时间减去最早完成时间,即运用公式(9-12)计算。

$$TF_{i-j} = LS_{i-j} - ES_{i-j} = LF_{i-j} - EF_{i-j} \tag{9-12}$$

式中，TF_{i-j} 为工作 $i-j$ 的总时差；其余符号同前。

在本例中，工作 E 的总时差为
$$TF_{2-6} = LS_{2-6} - ES_{2-6} = 7 - 3 = 4$$
$$TF_{2-6} = LF_{2-6} - EF_{2-6} = 11 - 7 = 4$$

⑤ 计算工作自由时差（FF_{i-j}）

工作自由时差应等于本工作之紧后工作最早开始时间的最小值减去本工作的最早完成时间。

a. 当本工作 $i-j$ 与其紧后工作 $j-k$ 之间无虚工作时，则工作 $i-j$ 的自由时差 FF_{i-j} 为
$$FF_{i-j} = ES_{j-k} - EF_{i-j} \tag{9-13}$$

b. 当本工作 $i-j$ 与其紧后工作之间存在虚工作 $j-k$ 时，紧后工作的代号为 $k-l$，则有
$$FF_{i-j} = \min\{ES_{k-l}\} - EF_{i-j} \tag{9-14}$$

c. 当本工作无紧后工作时，其自由时差等于总时差。

在本例中，工作 E,G,K 的自由时差分别为

工作 E：$FF_{2-6} = ES_{6-8} - EF_{2-6} = 9 - 7 = 2$

工作 G：$FF_{4-5} = \min\{ES_{6-8}, ES_{7-8}\} - EF_{4-5}$
$= \min\{9,9\} - 9 = 0$

工作 K：$FF_{6-8} = TF_{6-8} = 2$

由于工作的自由时差不会超过其相应的总时差，所以当工作的总时差为零时，其相应的自由时差必为零。如在本例中，工作 C,G,L 的总时差全部为零，故其自由时差亦全部为零。

⑥ 确定网络计划的关键线路

在网络计划中，总时差最小的工作为关键工作，当网络计划的计划工期等于计算工期时，总时差为零的工作就是关键工作。例如在本例中，工作 C,G,L 的总时差均为零，故它们都是关键工作。

找出关键工作之后，将这些关键工作首尾相连（必要时会经过一些虚工作），便构成从起点节点到终点节点的通路，位于该通路上各项工作的持续时间总和最大，这条通路就是关键线路。在关键线路上可能有虚工作存在。

在一个网络计划中，至少有一条关键线路，也可能有多条关键线路。关键线路一般用粗箭线或双线箭线标出，也可以用彩色箭线标出。例如在本例中，线路①→④→⑤→⑦→⑧即为关键线路。关键线路上各项工作的持续时间总和应等于网络计划的计算工期，这一特点也是判别关键线路是否正确的准则。

（2）按节点计算法

按节点计算法就是计算网络计划中各个节点的最早时间和最迟时间，然后再据此计算各项工作的时差值和网络计划的计算工期。

下面仍以图 9-14 所示网络计划为例，说明按节点计算法计算时间参数的过程。其计算结果如图 9-16 所示。

① 计算节点的最早时间

节点最早时间是以该节点为开始节点的工作的最早开始时间。如果节点 i 的最早时间用 ET_i 表示，则

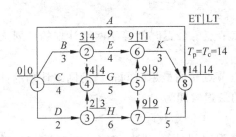

图 9-16 按节点计算法计算的网络计划时间参数

$$\mathrm{ET}_i = \mathrm{ES}_{i-j} \tag{9-15}$$

节点最早时间的计算应从网络计划的起点节点开始,顺着箭线方向按节点编号从小到大的顺序依次进行。其计算步骤如下。

第一步,网络计划起点节点的最早时间等于零。例如在本例中,起点节点①的最早时间为零。

第二步,其他节点的最早时间计算,若其仅有一个紧前节点,其最早时间按公式(9-16)进行计算:

$$\mathrm{ET}_j = \mathrm{ET}_i + D_{i-j} \tag{9-16}$$

若其有多个紧前节点时,其最早时间应利用公式(9-17)进行计算:

$$\mathrm{ET}_j = \max\{\mathrm{ET}_i + D_{i-j}\} \tag{9-17}$$

式中:ET_j 为工作 $i-j$ 的完成节点 j 的最早时间;ET_i 为工作 $i-j$ 的开始节点 i 的最早时间;D_{i-j} 为工作 $i-j$ 的持续时间。

在本例中,节点⑧的最早时间为

$$\begin{aligned}\mathrm{ET}_8 &= \max\{\mathrm{ET}_1 + D_{1-8}, \mathrm{ET}_6 + D_{6-8}, \mathrm{ET}_7 + D_{7-8}\}\\ &= \max\{0+9, 9+3, 9+5\}\\ &= 14\end{aligned}$$

第三步,网络计划的计算工期等于网络计划终点节点的最早时间,即

$$T_c = \mathrm{ET}_n \tag{9-18}$$

式中:T_c 为网络计划的计算工期;ET_n 为网络计划终点节点 n 的最早时间。

本例中,网络计划的计算工期为

$$T_c = \mathrm{ET}_8 = 14$$

② 确定网络计划的计划工期

网络计划的计划工期由公式(9-2)或公式(9-3)确定。本例中,假设未规定要求工期,则其计划工期就是其计算工期,即

$$T_p = T_c = 14$$

计划工期应标在网络计划终点节点右上方,如图 9-16 所示。

③ 计算节点的最迟时间

节点最迟时间是以该节点为完成节点的工作的最迟完成时间。如果节点 j 的最迟时间用 LF_j 表示,则有

$$\mathrm{LT}_j = \mathrm{LF}_{i-j} \tag{9-19}$$

节点最迟时间的计算应从网络计划的终点开始,逆着箭线方向按节点编号从大到小的

顺序依次进行。其计算步骤如下。

第一步,网络计划终点节点的最迟时间等于网络计划的计划工期,即

$$LT_n = T_p \tag{9-20}$$

式中:LT_n 为网络计划终点节点 n 的最迟时间;T_p 为网络计划的计划工期。

本例中,终点节点⑧的最迟时间为

$$LT_8 = T_p = 14$$

第二步,其他节点的最迟时间计算,若其仅有一个紧后节点时,其最迟时间按式(9-21)进行计算:

$$LT_i = LT_j - D_{i-j} \tag{9-21}$$

若其有多个紧后节点时,应利用公式(9-22)进行计算:

$$LT_i = \min\{LT_j - D_{i-j}\} \tag{9-22}$$

式中:LT_i 为工作 $i-j$ 的开始节点 i 的最迟时间;LT_j 为工作 $i-j$ 的完成节点 j 的最迟时间;D_{i-j} 为工作 $i-j$ 的持续时间。

本例中,节点①的最迟时间为

$$\begin{aligned}LT_1 &= \min\{LT_2 - D_{1-2}, LT_3 - D_{1-3}, LT_4 - D_{1-4}, LT_8 - D_{1-8}\} \\ &= \min\{4-3, 3-2, 4-4, 14-9\} \\ &= 0\end{aligned}$$

④ 计算工作总时差

工作总时差的计算只能利用节点的最早时间和最迟时间。

由于节点的最早时间就是以该节点为开始节点的工作的最早开始时间,节点的最迟时间就是以该节点为完成节点的工作的最迟完成时间,于是根据公式(9-12)、公式(9-14)、公式(9-15)和公式(9-19),可以得到总时差的计算公式:

$$\begin{aligned}TF_{ij} &= LF_{i-j} - EF_{i-j} \\ &= LT_j - (ES_{i-j} + D_{i-j}) \\ &= LT_j - ET_i - D_{i-j}\end{aligned} \tag{9-23}$$

本例中,工作 E 的总时差为

$$TF_{2-6} = LT_6 - ET_2 - D_{2-6} = 11 - 3 - 4 = 4$$

⑤ 计算工作的自由时差

工作自由时差的计算与工作总时差的计算类似,也只能利用节点的最早时间和最迟时间。

a. 当本工作 $i-j$ 与其紧后工作之间无虚工作时,虚工作 $i-j$ 的自由时差根据公式(9-13)、公式(9-15)和公式(9-19),可以得到计算公式:

$$\begin{aligned}LF_{i-j} &= \min\{ES_{j-k}\} - EF_{i-j} \\ &= ET_j - (ES_{i-j} + D_{i-j}) \\ &= ET_j - ET_i - D_{i-j}\end{aligned} \tag{9-24}$$

本例中,工作 K 的自由时差为

$$FF_{6-8} = ET_8 - ET_6 - D_{6-8} = 14 - 9 - 3 = 2$$

b. 当本工作 $i-j$ 与其紧后工作之间存在虚工作时,工作的代号为 $j-k$,紧后工作的代号为 $k-l$,根据公式(9-14)、公式(9-15)和公式(9-19),工作 $i-j$ 的自由时差计算公式为

$$FF_{i-j} = \min\{ES_{k-l}\} - EF_{i-j}$$
$$= \min\{ET_k\} - (ES_{i-j} + D_{i-j})$$
$$= \min\{ET_k\} - ET_i - D_{i-j} \tag{9-25}$$

例如，本例中，当计算工作 G 的自由时差时，应考虑节点⑥和节点⑦的最早时间，而不是节点⑤的最早时间，即

$$FF_{4-5} = \min\{ET_6, ET_7\} - ET_4 - D_{4-5}$$
$$= \min\{9,9\} - 4 - 5$$
$$= 0$$

⑥ 确定网络计划的关键线路

按节点计算法计算网络计划的时间参数后，可以利用以下两种方法确定关键线路。

a. 利用关键工作确定关键线路。如前所述，总时差为零的工作为关键工作。将这些关键工作首尾相连（必要时经过一些虚工作），便构成关键线路。

b. 利用关键节点确定关键线路。在网络计划中，凡是最早时间等于最迟时间的节点就是关键节点。例如本例中，节点①，④，⑤，⑦，⑧就是关键节点。关键节点必然处在关键线路上。

关键工作两端的节点必为关键节点，但两端为关键节点的工作不一定是关键工作。例如，本例中，工作 A 两端的节点①和⑧都是关键节点，但工作 A 并不是关键工作。

当利用关键节点判别关键线路时，凡满足下列三个条件的工作必为关键工作。

$$LT_i - ET_i = T_p - T_c \tag{9-26}$$
$$LT_j - ET_j = T_p - T_c \tag{9-27}$$
$$LT_j - ET_i - D_{i-j} = T_p - T_c \tag{9-28}$$

如果公式(9-26)和公式(9-27)成立，说明节点 i 和节点 j 均为关键节点。若公式(9-28)成立，说明工作 $i-j$ 的总时差最小，故工作 $i-j$ 必为关键工作(包括虚工作)。将这些关键工作首尾相连，便构成关键线路。

在本例中，由于线路①→④→⑤→⑦→⑧上的所有工作（包括虚工作）均满足公式(9-26)、公式(9-27)和公式(9-28)，故该线路即为关键线路。

(3) 标号法

标号法是一种快速寻求网络计划计算工期和关键线路的方法。它利用按节点计算法的基本原理，对网络计划中的每一个节点进行标号，然后利用标号值确定网络计划的计算工期和关键线路。

下面仍以图 9-14 所示网络计划为例，说明用标号法确定计算工期和关键线路的过程。节点的标号应从网络计划的起点节点开始，顺着箭线方向按节点编号从小到大的顺序依次进行编号，其标号结果如图 9-17 所示。

① 网络计划起点节点的标号值为零

例如，本例中，节点①的标号值为零，即

$$b_1 = 0$$

② 其他节点的标号值计算

其他节点的标号值等于以该节点为完成节点的

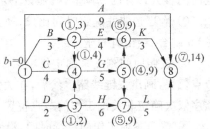

图 9-17 网络计划标号法

各项工作的开始节点标号值加持续时间所得之和的最大值,即

$$b_j = \max\{b_i + D_{i-j}\} \quad (9\text{-}29)$$

式中：b_j为工作$i-j$的完成节点j的标号值；b_i为$i-j$的开始节点i的标号值；D_{i-j}为$i-j$的持续时间。

节点的标号宜用双标号法,即用源节点(得出标号值的节点)作为第一标号,用标号值作为第二标号。例如在本例中,节点④的标号值为

$$b_4 = \max\{b_1 + D_{1-4}, b_2 + D_{2-4}, b_3 + D_{3-4}\}$$
$$= \max\{0+4, 3+0, 2+0\} = 4$$

由以上计算可知,节点④的标号值是由节点①的标号值决定的,故节点①就是节点④的源节点。因此,节点④的标号为(①,4)。

③ 网络计划的计算工期确定

网络计划的计算工期就是网络计划终点节点的标号值。例如本例中,其计算工期就等于终点节点⑧的标号值14。

④ 关键线路的确定

关键线路应从网络计划的终点节点开始,逆着箭线方向,按照源节点确定。例如本例中,从终点节点⑧开始,逆着箭线方向,按照源节点可以找出关键线路为①→④→⑤→⑦→⑧。

9.4.4 双代号时标网络计划

时标网络图是将双代号网络图节点的位置、箭线的长度皆按一定的时间比例水平投影在同一时间坐标上绘制而成的网络图。在时标网络图上,用水平实箭线的投影长度表示工作的持续时间,用水平波形线的投影长度表示工作的自由时差(或时间间隔),用垂直虚箭线表示虚工作,用垂直实线表示连接线。在时标网络图上,各项工作的起止日期、持续时间和时差值,以及关键线路皆能明确地表示出来,与一般的网络图相比更加直观易懂。

依据时标网络图可以绘制资源动态图,并在此基础上进行资源优化和时间费用优化。此外,时标网络图的直观性也使得工程进度控制和调整更加直观和清晰。

时标网络图可以分为按工作最早时间绘制的时标网络图、按工作最迟时间绘制的时标网络图两种类型。

1. 双代号时标网络图的绘制

通常情况下,双代号时标网络图按照工作最早时间来绘制,该类时标网络图是在网络计划时间参数计算的基础上,按照以下步骤进行绘制。

① 恰当选取并确定时间比尺,划分时间刻度,时间刻度应与工作的持续时间单位(日或月)相吻合,绘出时间坐标线。

② 按照时间刻度来确定每项工作的最早开始时间的节点位置。首先,确定关键工作的节点位置,画出关键线路。然后,在关键线路的上下两侧,从开始节点,按节点号从小到大的顺序依次确定非关键工作的节点位置,画出各条非关键线路。

③ 按照各项工作的持续时间,沿水平方向以实线画出箭线长度,在时间坐标上的水平投影长度即表示该工作的持续时间。

④ 用水平波形线将工作的实箭线箭头与其紧后工作的最早开始节点相连,波形线水平投影长度就是该工作的自由时差。

⑤ 虚工作用垂直的虚箭线表示,当有时差值时,将时差值用水平波形线表示。

⑥ 终节点的时间位置就是网络计划的完工时间。

例如,已知网络计划的有关资料如表 9-4 所示,绘制时标网络图。

表 9-4 网络计划资料表

工 作	A	B	C	D	E	G	H
持续时间	9	4	2	5	6	4	5
紧前工作	—	—	—	B	B,C	D	D,E

(1) 绘出一般的网络图

计算节点时间参数及计算工期如图 9-18 所示。

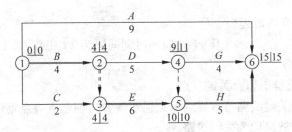

图 9-18 一般网络图

(2) 画时间坐标线并划分刻度

画出节点位置,如图 9-19 所示。

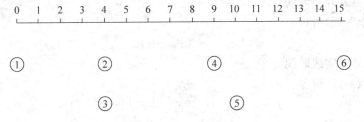

图 9-19 画出时标网络计划的节点

(3) 绘出关键线路和非关键线路

如图 9-20 所示。

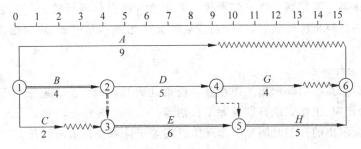

图 9-20 时标网络计划

2. 时标网络计划时间参数的确定

1) 从图上直接确定

（1）工作最早开始时间

工作箭线左端节点中心所对应的时标值为该工作的最早开始时间。如图 9-20 所示，工作 A, B, C 的最早开始时间为 0；D, E 的最早开始时间为 4；G 的最早开始时间为 9；H 的最早开始时间为 10。

（2）工作最早完成时间

① 如果箭线右段无波纹线，则该箭线右端节点中心所对应的时标值为该工作的最早完成时间。

② 如果箭线右段有波纹线，则该箭线的箭头所对应的时标值为该工作的最早完成时间。如图 9-20 所示，A 的最早完成时间为 9；C 的最早完成时间为 2；G 的最早完成时间为 13。

（3）时间间隔和自由时差

如图 9-20 所示，工作 D 和工作 H 之间的时间间隔为 1；工作 C、工作 A 和工作 G 的自由时差分别为 2、6 和 2。

（4）关键线路、关键工作及关键节点

时标网络计划的关键线路可自终点节点逆箭线方向朝起点节点逐次进行判定；自始至终都不出现波形线的线路即为关键线路。

关键线路上的工作为关键工作。

关键工作两端的节点必为关键节点。

2) 间接计算

（1）工作最迟开始时间

根据公式(9-12)可得：

$$\text{LS}_{i-j} = \text{TF}_{i-j} + \text{ES}_{i-j} \tag{9-30}$$

（2）工作最迟完成时间

根据公式(9-12)可得：

$$\text{LF}_{i-j} = \text{TF}_{i-j} + \text{EF}_{i-j} \tag{9-31}$$

3. 时标网络计划的坐标体系

时标网络计划的坐标体系有：计算坐标体系、工作日坐标体系、日历坐标体系。

1) 计算坐标体系

计算坐标体系主要用做计算时间参数。采用这种坐标体系计算时间参数较为简便，但不够明确。如按计算坐标体系，网络计划若从零天开始则不易理解，应为第 1 天开始，或明确示出开始日期。

2) 工作日坐标体系

工作日坐标体系可明确示出工作在开工后第几天开始，第几天完成。但不能示出开工日期、工作开始日期、工作完成日期及完工日期等。

工作日坐标示出的开工时间和工作开始时间等于计算坐标示出的开工时间和工作开始时间加 1。

工作日坐标示出的完工时间和工作完成时间等于计算坐标示出的完工时间和工作完成时间。

3)日历坐标体系

日历坐标体系可以明确示出工程的开工日期和完工日期,以及工作的开始日期和完成日期。编制时要注意扣除法定的节假日和双休日时间。

图 9-21 所示为具有三种坐标体系的时标网络计划。上面为计算坐标体系,中间为工作日坐标体系,下面为日历坐标体系。此处假定工程在 4 月 24 日(星期二)开始,星期六、星期日和"五一"劳动节休息。

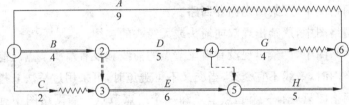

图 9-21 具有三种坐标体系的时标网络计划

9.4.5 单代号网络计划

单代号网络图是以节点及其编号表示工作,以箭线表示工作之间逻辑关系的网络图。单代号网络计划在节点中注有工作代号、工作名称和持续时间。

单代号网络图与双代号网络图相比,具有绘图简便、便于检查和修改等优势,如工作之间的逻辑关系更易表达,且不用虚箭线,因此绘图简单,便于检查和修改。然而,单代号网络图也具有形象不够直观等缺点,如工作持续时间表示在节点上,没有长度,而且工作之间逻辑关系的箭线可能产生较多的纵横交叉现象等。

1. 基本符号

1)节点

单代号网络图中的每一个节点表示一项工作,节点宜用圆圈或矩形表示。节点所表示的工作名称、持续时间和工作代号等应标注在节点内,如图 9-22 所示。

图 9-22 单代号网络图工作的表示方法

单代号网络图中的节点必须编号。编号标注在节点内,其号码可间断,但严禁重复。箭线的箭尾节点编号应小于箭头节点的编号。一项工作必须有唯一的一个节点及相应的一个编号。

2) 箭线

单代号网络图中的箭线表示紧邻工作之间的逻辑关系,既不占用时间,也不消耗资源。箭线应画成水平直线、折线或斜线。箭线水平投影的方向应自左向右,表示工作的行进方向。工作之间的逻辑关系包括工艺关系和组织关系,在网络图中均表现为工作之间的先后顺序。

3) 线路

单代号网络图中,各条线路应用该线路上的节点编号从小到大依次表述。

2. 单代号网络图的绘制原则

① 单代号网络图必须正确表达已定的逻辑关系。

② 单代号网络图中,严禁出现循环回路。

③ 单代号网络图中,严禁出现双向箭头或无箭头的连线。

④ 单代号网络图中,严禁出现没有箭尾节点的箭线和没有箭头节点的箭线。

⑤ 绘制网络图时,箭线不宜交叉,当交叉不可避免时,可采用过桥法或指向法绘制。

⑥ 单代号网络图只应有一个起点节点和一个终点节点。当网络图中有多项起点节点或多项终点节点时,应在网络图的两端分别设置一项虚工作,作为该网络图的起点节点和终点节点,如图9-23所示。

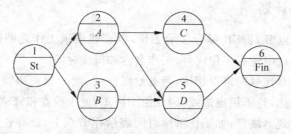

图 9-23 单代号网络图

3. 单代号网络计划的时间参数计算

单代号网络计划时间参数的计算应在确定各项工作的持续时间之后进行。时间参数的计算顺序和计算方法基本上与双代号网络计划时间参数的计算相同。单代号网络计划时间参数的标注形式如图9-24所示。

单代号网络计划时间参数的计算步骤如下。

1) 计算最早开始时间和最早完成时间

网络计划中各项工作的最早开始时间和最早完成时间的计算应从网络计划的起点节点开始,顺着箭线方向依次逐项计算。

① 网络计划的起点节点的最早开始时间为零。如起点节点的编号为1,则

$$ES_i = 0 \quad (i=1)$$

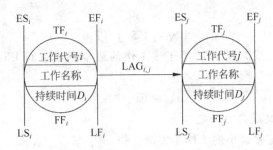

图 9-24 单代号网络计划时间参数的标注形式

② 工作的最早完成时间等于该工作的最早开始时间加上其持续时间,则

$$EF_i = ES_i + D_i \tag{9-32}$$

③ 工作的最早开始时间等于该工作的各个紧前工作的最早完成时间的最大值。如工作的紧前工作的代号为 i,则

$$ES_j = \max\{EF_i\}$$

或

$$ES_j = \max\{ES_i + D_i\} \tag{9-33}$$

式中:ES_j 为工作 j 的各项紧前工作的最早开始时间。

④ 网络计划的计算工期 T_c 等于网络计划的终点节点 n 的最早完成时间 EF_n,即

$$T_c = EF_n \tag{9-34}$$

2) 计算相邻两项工作之间的时间间隔 $LAG_{i,j}$

相邻两项工作 i 和 j 之间的时间间隔等于紧后工作 j 的最早开始时间 ES_j 和本工作的最早完成时间 EF_i 之差,即

$$LAG_{i,j} = ES_j - EF_i \tag{9-35}$$

3) 计算工作总时差 TF_i

工作的总时差 TF_i 应从网络计划的终点节点开始,逆着箭线方向依次逐项计算。

① 网络计划终点节点的总时差 TF_n,如计划工期等于计算工期,其值为零,即:$TF_n = 0$。

② 其他工作的总时差 TF_i,等于该工作的各个紧后工作 j 的总时差 TF_j 加该工作与其紧后工作之间的时间间隔 $LAG_{i,j}$ 之和的最小值,即

$$TF_i = \min\{TF_j + LAG_{i,j}\} \tag{9-36}$$

4) 计算工作自由时差 FF_i

① 工作 i 若无紧后工作,其自由时差 FF_i 等于计划工期 T_c 减去该工作的最早完成时间 EF_n,即

$$FF_i = T_c - EF_n \tag{9-37}$$

② 当工作 i 有紧后工作 j 时,其自由时差 FF_i 等于该工作与其紧后工作 j 之间的时间间隔 $LAG_{i,j}$ 的最小值,即

$$FF_i = \min\{LAG_{i,j}\} \tag{9-38}$$

5) 计算工作的最迟开始时间和最迟完成时间

① 工作 i 的最迟开始时间 LS_i,等于该工作的最早开始时间 ES_i 加上其总时差 TF_i 之

和，即

$$LS_i = ES_i + TF_i \tag{9-39}$$

② 工作 i 的最迟完成时间 LF_i，等于该工作的最早完成时间 EF_i 加上其总时差 TF_i 之和，即

$$LF_i = EF_i + TF_i \tag{9-40}$$

6) 关键工作和关键线路的确定
① 关键工作：总时差最小的工作是关键工作。
② 关键线路的确定按以下规定：从起点节点开始到终点节点均为关键工作，且所有工作的时间间隔为零的线路为关键线路。

9.4.6 单代号搭接网络计划

1. 基本符号

普通双代号和单代号网络计划所表达的工作之间的逻辑关系是一种衔接关系，即各项工作是依次顺序进行的，任何一项工作都必须在它的紧前工作全部完成之后，才能够开始工作。

例如，在实际工作中有 A,B 两项工作，两项工作分别需要 12d 和 15d 完成。A 工作 5d 后，B 工作就可以开始工作，而不必等 A 工作全部完成后再开始 B 工作。这种情况如果用单代号网络图表示，就需要将 A 工作分解为 A_1,A_2 两项工作。其表示方法如图 9-25 所示。

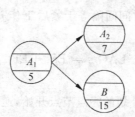

图 9-25　A,B 工作搭接关系的单代号网络图表示方法

然而，在实际工作中，为了缩短工期，许多工作并不需要等其紧前工作全部完成后再开始，只要其紧前工作开始一段时间后，即可进行本工作，这种逻辑关系称为搭接关系。为了简单而直接地表达这类搭接关系，可以采用单代号搭接网络计划的方法，如图 9-26 所示。

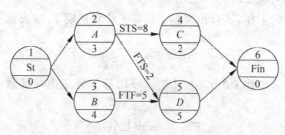

图 9-26　单代号搭接网络计划

1)节点

单代号搭接网络计划图中节点的表示方法同单代号网络图。

2)箭线

单代号搭接网络图中,箭线及箭线之上的时距符号表示相邻工作之间的逻辑关系,如图9-27所示。箭线水平投影方向应该自左向右,且表示工作的行进方向。

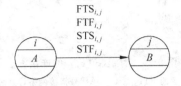

图 9-27　单代号搭接网络图箭线的表示方法

2. 单代号搭接网络计划中的搭接关系

单代号搭接网络计划中搭接关系在工程实践中的应用,主要有如下几种方法。

1)完成到开始时距($FTS_{i,j}$)的连接方法

紧前工作 i 的完成时间与紧后工作 j 的开始时间之间的时距和连接方法如图9-28所示,这种时距以 $FTS_{i,j}$ 表示。

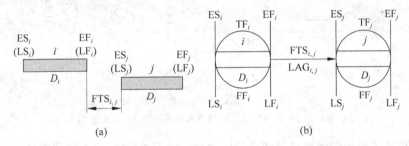

图 9-28　时距($FTS_{i,j}$)的连接方法

(a)横道图表示的 $FTS_{i,j}$;(b)单代号搭接网络计划表示的 $FTS_{i,j}$

时距($FTS_{i,j}$)一般是工程建设中合理的工序要求。例如,修筑堤坝的护坡时需要等土堤自然沉降后才能修护坡,这种等待的时间就是FTS时距。

当 $FTS_{i,j}=0$ 时,即紧前工作 i 的完成时间等于紧后工作 j 的开始时间,这时紧前工作与紧后工作紧密衔接。也就是说,当计划所有相邻工作的 FTS=0 时,搭接网络计划就成为一般的单代号网络计划。因此,我们可以说,依次顺序关系的单代号网络计划是一种特殊的搭接关系的单代号网络计划。

2)完成到完成时距($FTF_{i,j}$)的连接方法

紧前工作 i 的完成时间与紧后工作 j 的完成时间之间的时距和连接方法如图9-29所示,这种时距以 $FTF_{i,j}$ 表示。

这种连接方法主要是从相邻两项工作的完成时间考虑的。例如,当相邻两项工作的紧前工作施工速度慢、紧后工作施工速度快时,则必须考虑为紧后工作留有充分的工作面,否则紧后工作就将因无工作面而无法进行。这种结束工作时间之间的间隔就是FTF时距。

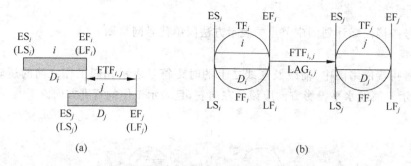

图 9-29 时距($FTF_{i,j}$)的连接方法
(a) 横道图表示的 $FTF_{i,j}$；(b) 单代号搭接网络计划表示的 $FTF_{i,j}$

3) 开始到开始时距($STS_{i,j}$)的连接方法

紧前工作 i 的开始时间与紧后工作 j 的开始时间之间的时距和连接方法如图 9-30 所示，这种时距以 $STS_{i,j}$ 表示。

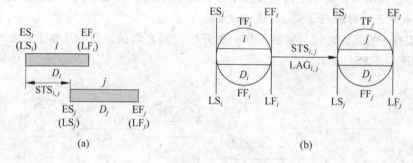

图 9-30 时距($STS_{i,j}$)的连接方法
(a) 横道图表示的 $STS_{i,j}$；(b) 单代号搭接网络计划表示的 $STS_{i,j}$

例如，道路工程中的铺设路基和浇筑路面两项施工过程中，只有等路基工作开始一段时间，为路面工程创造了一定的工作条件之后，浇筑路面才可开始，这种工作时间之间的间隔就是 STS 时距。

4) 开始到完成时距($STF_{i,j}$)的连接方法

紧前工作 i 的开始时间与紧后工作 j 的结束时间之间的时距和连接方法如图 9-31 所示，这种时距以 $STF_{i,j}$ 表示。

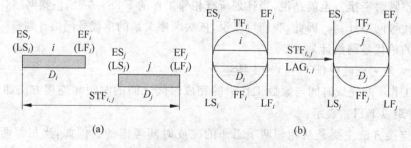

图 9-31 时距($STF_{i,j}$)的连接方法
(a) 横道图表示的 $STF_{i,j}$；(b) 单代号搭接网络计划表示的 $STF_{i,j}$

例如,工程建设中需要挖掘带有部分地下水的土,地下水位以上的挖土可以在降低地下水位工作完成之前开始,而在地下水位以下的挖土则必须要等降低地下水位之后才能开始。降低地下水位工作的完成与何时开始地下水位以下的挖土有关;而降低地下水位何时开始,其实与挖土并没有直接的联系。这种开始到结束的限制时间就是 STF 时距。

5) 混合时距的连接方法

在单代号搭接网络计划中,两项工作之间可同时由四种基本连接关系中的两种以上来限制工作之间的逻辑关系。例如,i,j 两项工作可能同时由 STS 与 FTF 时距限制,或 STF 与 FTS 时距限制等。

3. 单代号搭接网络计划的时间参数计算

(1) 计算工作最早时间

① 计算最早时间参数必须从起点节点开始依次进行,只有紧前工作计算完毕,才能计算本工作。

② 计算工作最早开始时间应按下列步骤进行。

起点节点的工作最早开始时间都应为零,即 $ES_i = 0$($i =$ 起点节点编号)。

其他工作 j 的最早开始时间(ES_j)根据时距应按下列公式计算。

相邻时距为 $STS_{i,j}$ 时:

$$ES_j = ES_i + STS_{i,j} \tag{9-41}$$

相邻时距为 $FTF_{i,j}$ 时:

$$ES_j = EF_i + FTF_{i,j} - D_j \tag{9-42}$$

相邻时距为 $STF_{i,j}$ 时:

$$ES_j = ES_i + STF_{i,j} - D_j \tag{9-43}$$

相邻时距为 $FTS_{i,j}$ 时:

$$ES_j = EF_i + FTS_{i,j} \tag{9-44}$$

③ 计算工作最早时间,当出现最早开始时间为负值时,应将该工作 j 与起点节点用虚箭线相连,并确定其时距为:$STS_{起点节点,j} = 0$。

④ 工作 j 的最早完成时间 EF_j,应按下式计算:

$$EF_j = ES_j + D_j \tag{9-45}$$

⑤ 当有两种以上时距(有两项工作或两项以上紧前工作)限制工作间的逻辑关系时,应分别计算其最早时间,取其最大值。

⑥ 搭接网络计划中,全部工作的最早完成时间的最大值若在中间工作 k,则该中间工作 k 应与终点节点用虚箭线相连,并确定其时距为

$$FTF_{k,终点节点} = 0 \tag{9-46}$$

⑦ 搭接网络计划计算工期 T_c 由与终点相连工作的最早完成时间的最大值决定。

⑧ 搭接网络计划的计划工期 T_p 的计算应按下列情况分别确定。当已规定了要求工期 T_r 时,$T_p \leqslant T_r$;当未规定要求工期时,$T_p = T_c$。

(2) 计算时间间隔 $LAG_{i,j}$

当相邻两项工作 i 和 j 之间除满足时距之外,还有多余的时间间隔 $LAG_{i,j}$ 时,应按式(9-47)计算:

$$\text{LAG}_{i,j} = \begin{bmatrix} \text{ES}_j - \text{EF}_i - \text{FTS}_{i,j} \\ \text{ES}_j - \text{ES}_i - \text{STS}_{i,j} \\ \text{EF}_j - \text{EF}_i - \text{FTF}_{i,j} \\ \text{EF}_j - \text{ES}_j - \text{STF}_{i,j} \end{bmatrix} \quad (9\text{-}47)$$

(3) 计算工作总时差

工作 i 的总时差 TF_i 应从网络计划的终点节点开始，逆着箭线方向依次逐项计算。当部分工作分期完成时，有关工作的总时差必须从分期完成的节点开始逆向逐项计算。

终点节点所代表工作 n 的总时差 $\text{TF}_n = T_p - \text{EF}_n$。其他工作 i 的总时差 $\text{TF}_i = \min\{\text{TF}_j + \text{LAG}_{i,j}\}$。

(4) 计算工作自由时差

终点节点所代表工作 n 的自由时差 FF_n 应为

$$\text{FF}_n = T_p - \text{EF}_n \quad (9\text{-}48)$$

其他工作 i 的自由时差 $\text{FF}_i = \min\{\text{LAG}_{i,j}\}$。

(5) 计算工作最迟完成时间

工作 i 的最迟完成时间 LF_i 应从网络计划的终点节点开始，逆着箭线方向依次逐项计算。当部分工作分期完成时，有关工作的最迟完成时间应从分期完成的节点开始逆向逐项计算。

终点节点所代表的工作 n 的最迟完成时间 LF_n，应按网络计划的计划工期 T_p 确定，即

$$\text{LF}_n = T_p \quad (9\text{-}49)$$

其他工作 i 的最迟完成时间 LF_i 应为

$$\text{LF}_i = \text{EF}_i + \text{TF}_i \quad (9\text{-}50)$$

或

$$\text{LAG}_{i,j} = \min \begin{bmatrix} \text{LS}_j - \text{LF}_i - \text{FTS}_{i,j} \\ \text{LS}_j - \text{LS}_i - \text{STS}_{i,j} \\ \text{LF}_j - \text{LF}_i - \text{FTF}_{i,j} \\ \text{LF}_j - \text{LS}_j - \text{STF}_{i,j} \end{bmatrix} \quad (9\text{-}51)$$

(6) 计算工作最迟开始时间

工作 i 的最迟开始时间 LS_i 应按下式计算：

$$\text{LS}_i = \text{LF}_i - D_i$$

或

$$\text{LS}_i = \text{ES}_i + \text{TF}_i \quad (9\text{-}52)$$

4. 关键工作及关键线路的确定

1) 确定关键工作

关键工作是总时差为最小的工作。单代号搭接网络计划中工作总时差最小的工作，其具有的机动时间最少，如果延长其持续时间就会影响计划工期，因此为关键工作。当计划工期等于计算工期时，工作的总时差为零，是最小的总时差。当有要求工期，且要求工期小于计算工期时，最小的总时差为负值；要求工期大于计算工期时，最小的总时差为正值。

2) 确定关键线路

关键线路是自始至终全部由关键工作组成的线路或线路上总的工作持续时间最长的线路。该线路在网络图上应用粗线、双细线或彩色线标注。

在单代号搭接网络计划中,从起点节点开始到终点节点均为关键工作,且所有工作的时间间隔均为零的线路应为关键线路。

9.4.7 网络计划的优化

网络计划的优化就是利用时差不断改善网络计划的最初方案,在满足既定目标的条件下,按某一衡量指标来寻求最优方案。网络计划的优化有工期优化、费用优化和资源优化。

1. 工期优化

工期优化是压缩计算工期,以达到要求工期的目标,或在一定约束条件下使工期最短的过程。

工期优化一般通过压缩关键工作的持续时间来达到优化目标。在优化过程中要注意不能将关键工作压缩成非关键工作,但关键工作可以不经压缩而变成非关键工作。

网络计划的优化可按下面步骤进行。

① 找出网络计划中的关键线路并求出计算工期。

② 按要求工期计算应压缩的工期时间,即计算工期与要求工期之差。

③ 按下列因素选择关键工作来压缩持续时间。

a. 压缩持续时间对质量和安全影响不大的关键工作;

b. 有充足备用资源的关键工作;

c. 压缩持续时间所增加的费用最小。

④ 将优先压缩的关键工作压缩至持续时间最短,并找出关键线路。若被压缩的工作变成了非关键工作,则应适当延长该工作的持续时间,使之仍为关键工作。

⑤ 若计算工期仍超过要求工期,则重复以上步骤,直到满足工期要求或工期已不能再短为止。

⑥ 当所有关键工作或部分关键工作已达到最短持续时间而寻求不到继续压缩工期的方案,但工期仍不满足工期要求时,应对计划原技术、组织方案进行调整,或要求工期重新审定。

2. 费用优化

在建筑工程中,工期短、成本低、质量优是人们追求的目标。其中,工期与成本是相互联系和相互制约的,要加快施工速度,缩短工期,资源的投入就会增加,有些费用也会增加,结果工程成本提高、效益下降。因此,费用优化可以理解为是寻求最低成本时的最短工期,或按要求工期条件下寻求最低成本的网络计划。

网络计划的总费用是由直接费用和间接费用组成,随工期缩短而增加的费用是直接费,随工期缩短而减少的费用是间接费。由于直接费随工期缩短而增加,间接费随工期缩短而减少,所以必定存在一个总费用最少的工期,这就是费用优化所寻求的目标。图9-32表示的是工期-费用关系曲线。

费用优化可按如下步骤进行。

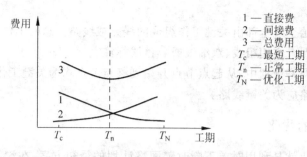

图 9-32 工期-费用关系曲线

① 算出工程总直接费。
② 算出各项工作直接费增加率(简称直接费率)。
③ 找出网络计划中的关键线路并求出计算工期。
④ 算出计算工期为 t 的网络计划的总费用。
⑤ 当只有一条关键线路时,将直接费率最小的一项工作压缩至最短持续时间,并找出关键线路。若被缩短的工作变成非关键工作,则应将其持续时间延长,使之仍为关键工作。当有多条关键线路时,可压缩一项或多项直接费率或组合直接费率最小的工作,将其中正常持续时间与最短持续时间的差值最小的工作进行压缩,再找出关键线路。若被压缩的工作变成非关键工作,则还要适当延长其持续时间,使其保持为关键工作。

在确定了压缩方案后,必须检查被压缩工作的直接费率或组合直接费率与间接费率之间的大小关系。若等于间接费率,则已得到最优方案;若小于间接费率,则应继续按上述方法进行压缩;若大于间接费率,则在此前一次的小于间接费率的方案就为最优方案。

⑥ 列出优化表。
⑦ 计算出优化后的总费用。
⑧ 绘制优化网络计划。
在箭杆上方标注直接费,在箭杆下面标注持续时间。

3. 资源优化

资源是指为完成任务所需的人力、材料、机械设备和资金等。在人力、材料、机械设备和资金有限的条件下,寻求工期最短;在工期规定的条件下,寻求投入的人力、材料、机械设备和资金等资源的数量最小,这些都属于资源优化的问题。资源优化是通过改变工作的开始时间,使资源按时间的分配符合优化目标。

根据优化目标的不同,一般有两种优化方法,一是资源有限-工期最短的优化;另一个是工期固定-资源均衡的优化。

9.5 结　　语

一个好的计划是项目成功的一半。工程项目计划管理的被动性、多变性和波动性等特点无疑加大了其管理的难度。本章在介绍了计划管理的概念、作用及特点之后,对工程项目的计划体系及其主要内容做了分层次介绍,并对工程计划的编制原则、编制程序做了较详细的说明。本章中,有较大篇幅详尽介绍了工程项目的网络计划技术,在网络图的绘制中侧重介绍原则和要求,并要求掌握绘图要领;在时间参数计算和时标网络图中,侧重基本原理,为将来运用计算机计算打下基础,也为以后的深入研究做一些有益的铺垫。

思 考 题

1. 何谓工程项目计划管理,其主要作用和特点是什么?
2. 简述工程项目计划编制的原则及程序。
3. 网络计划技术如何分类?
4. 双代号网络计划如何绘图?时间参数如何计算以及关键工作和关键线路如何确定?
5. 双代号网络计划如何编制?
6. 单代号网络计划如何绘图?时间参数如何计算以及关键工作和关键线路如何确定?

第 10 章

工程项目的控制与协调

■ **学习目标**

本章着重阐述项目控制的基本理论,以及工程项目的费用控制、进度控制、质量控制、环境与安全控制以及工程项目的协调管理方法。要求学生掌握项目控制的基本理论,价值工程和赢得值方法,工程质量的五大因素控制以及安全控制的方法和手段等;熟悉工程项目环境控制的工作内容和保护措施,以及工程项目安全事故的分类和安全事故的处理程序等。

■ **关键概念**

工程项目控制　工程项目费用控制　工程项目进度控制　工程项目质量控制　工程项目环境及安全控制

10.1　概　　述

10.1.1　工程项目控制与协调的概念

工程项目控制是指管理者为实现项目目标,通过有效的监督手段及项目受控后的动态效应,不断改变项目控制状态以保证项目目标实现的综合管理过程。

在实践中,人们往往把控制理解为项目实施阶段的工作,因为在实施阶段中技术设计、计划、合同等已全面定义,控制的目标十分明确,所以人们十分强调这个阶段的控制工作。但实际上,工程项目控制早在项目酝酿、目标设计阶段就已开始。显而易见,控制措施愈早做出损失愈小,成效愈大,这一点并不难理解,但遗憾的是那时对项目的技术要求、实施方法等各方面的目标尚未明确,控制依据不足,因此人们常常疏于在项目前期的控制,这对于项目目标的实现是极为不利的。所以我们应该强调,控制工作不应仅限于实施阶段,而是从项目前期就应开始,直至项目目标实现的综合管理工作。

工程项目控制与工程项目协调有密切的联系。所谓工程项目的协调是指项目管理者为实现项目的特定目标,通过联合沟通方式,调动相关组织的力量和活动,以提高其组织效率的综合管理过程。它与工程项目控制是功能与手段的关系,即项目控制要发挥它工程管理的功能,经常需要运用协调这一手段来实现。因此,人们通常把控制与协调结合起来而称调控。

10.1.2 工程项目的控制原理

工程项目实施是一个动态的复杂系统,为实现项目建设的目标,参与项目建设的有关各方(业主、承包商、监理单位、设计单位等)必须在系统控制理论指导下,围绕工程建设的工期、质量、成本和安全,对项目的实施状态进行周密的、全面的监控。

1. 控制的类型

控制分为主动控制和被动控制两种类型。

主动控制是一种面向未来的控制(事前控制),是一种前馈控制,它采取的方法是预先分析目标偏离的可能性,并拟定和采取各种预防性的措施,尽最大可能改变偏差已经成为事实的被动局面,从而使控制更有效,计划目标得以实现。

被动控制是一种反馈控制,它采取的方法是当系统按照计划运行时,管理人员对计划进行跟踪分析,再传递给控制部门,控制人员通过实施的信息找出偏差,制定纠偏方案再返回给计划实施系统并付诸实施,使得计划目标得以实现。

2. 动态控制原理

由于项目实施过程中主客观条件的变化是绝对的,不变则是相对的;在项目进展过程中平衡是暂时的,不平衡则是永恒的。因此,在项目实施过程中必须随着情况的变化进行项目目标的动态控制。项目目标的动态控制是项目管理最基本的方法论。

项目目标动态控制的工作程序如图 10-1 所示。

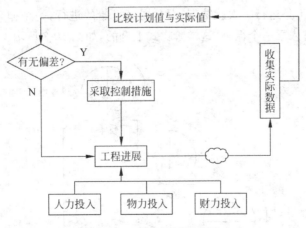

图 10-1 动态控制原理图

第一步,项目目标动态控制的准备工作:将项目的目标进行分解,以确定用于目标控制的计划值。

第二步,在项目实施过程中项目目标的动态控制:收集项目目标的实际值,如实际投资、实际进度等;定期(如每两周或每月)进行项目目标的计划值和实际值的比较;通过项目目标的计划值和实际值的比较,如有偏差,则采取纠偏措施进行纠偏。

第三步,如有必要,则进行项目目标的调整,目标调整后再回到第一步。

由于在项目目标动态控制时要进行大量数据的处理,当项目的规模比较大时,数据处理的量就相当可观,采用计算机辅助的手段有助于项目目标动态控制的数据处理。

3. PDCA 循环控制原理

PDCA 循环是管理学中的一个通用模型,最早由休哈特于 1930 年构想,后来被美国质量管理专家戴明博士在 1950 年再度挖掘,并加以广泛宣传和运用于持续改善产品质量的过程。目前,PDCA 循环控制原理是被广泛采用的目标控制基本方法论之一。

PDCA 是英语单词 plan(计划)、do(执行)、check(检查)和 action(处置)的第一个字母,即 PDCA 循环包括计划、执行、检查和处置四个基本环节。

(1) P(plan)计划

计划可以理解为明确目标,并制定实现目标的行动方案或规划。

(2) D(do)执行

执行就是具体的运作,实现计划的内容。根据已知的信息,设计具体的方法、方案和计划,再根据计划进行具体运作,实现计划中的内容。

(3) C(check)检查

检查是指对计划执行进程中实施的各类检查。也就是说,监控执行计划的结果、明确效果,找出问题和原因。

(4) A(action)处置

处置是对总结检查的结果进行处理,对成功的经验加以肯定并予以标准化;对于失败的教训也要总结,引起重视。对于没有解决的问题,应提交给下一个 PDCA 循环中去解决。

以上四个过程不是运行一次就结束,而是周而复始的进行,一个循环完了,解决一些问题,未解决的问题进入下一个循环,这样阶梯式上升的,如图 10-2 所示。

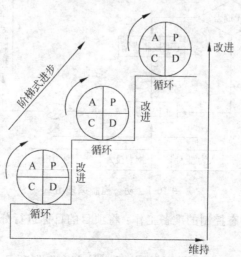

图 10-2　PDCA 循环示意

PDCA 循环是全面质量管理应遵循的科学程序。全面质量管理活动的全部过程就是质量计划的制订和组织实现的过程,这个过程就是按照 PDCA 循环不停顿地周而复始地运转的。

10.1.3 工程项目控制的步骤

项目控制过程包括三个基本步骤:制定控制标准、衡量执行结果和采取措施纠正偏差。

1. 制定控制标准

管理工作是从编制计划开始的,各项计划是控制的基本标准,计划从数量、质量、时间、成本、效益等多方面做出规定,控制工作应以各项实施计划为准绳。

2. 衡量执行结果

控制工作的第二步是对实际执行情况的检查、测量并与计划标准做比较,由此发现问题。检查测量的方法有三种,一是直接观察法,即直接检查受控对象,掌握第一手资料并做出判断;二是统计分析法,即根据统计报表分析受控对象的实际情况;三是例会报告法,即通过定期或不定期会议检查受控对象的实际情况。通过这些方法及时掌握准确、可靠的信息,做出正确的判断,进行有效的控制。

3. 纠正偏差

找出偏差之后要分析产生偏差的原因,才能采取可行的有针对性的纠偏措施,或重新修订计划,或重新调配资源,或改善项目管理方法等。

项目控制是贯穿于项目实施全过程的一项经常性的工作。在项目实施之前,就要对未来可能遇到的问题做出预测,并在事先制定应急计划,即在时间上留有"应急宽限",在资金上留有"应急额度"。

10.1.4 工程项目控制的主要内容

从理论上讲,工程项目控制几乎涉及工程项目管理的所有内容,但一般情况下,人们习惯将工程项目控制归纳为三大控制,即费用控制、进度控制和质量控制。这主要是由项目管理的三大目标引导而来的。本书中,一些重要的控制工作如合同控制、风险控制等,已经有专门章节论述。这里需要指出的是,作为打造绿色环境,构建和谐社会的一项重要内容,在项目管理中理应将环境与安全作为重点考虑,工程项目环境与安全控制显然是题中应有之义。因此,我们这里主要讨论四个方面的内容:工程项目的费用控制、工程项目的进度控制、工程项目的质量控制和工程项目的环境及安全控制。

10.2 工程项目的费用控制

完成任何工程项目都必然会发生各种物化劳动和活劳动的耗费,把这些日常分散、个别反映的耗费运用一定的方法,归集到工程项目中就构成工程项目的费用。工程项目费用控制就是在完成一个工程项目过程中,对所发生的所有费用支出,有组织、系统地进行预测、计划、控制、核算、分析等一系列科学管理工作的总称。工程项目费用控制水平的高低体现了整个工程项目管理水平。

由于参与工程项目的各方主体不同,它们对费用管理的出发点就有所不同。对于业主来说,是对整个工程项目负责,以尽可能少的投资保质保量地按期完成工程项目,称为投资控制;而承包商则是针对合同任务对象根据合同价来进行管理,以最低成本获取最大利润,称为成本控制。

10.2.1 工程项目的投资控制

工程项目投资控制就是在项目决策阶段、设计阶段、承发包阶段和建设实施阶段,把投资的发生控制在批准的投资限额内,随时纠正发生的偏差,以保证项目投资管理目标的实现,有效使用人力、物力、财力,取得较好的投资效益和社会效益。工程项目投资的有效控制是工程项目管理的重要组成部分。

1. 投资控制的原则

(1) 必须分阶段设置明确的投资控制目标

工程项目建设过程是一个周期长、数量大的生产消费过程,建设者在一定时间内所拥有的知识经验是有限的,不但常常受科学条件和技术条件的限制,而且也受客观过程的发展及其表现程度的限制,因而不可能在工程项目的开始就设置一个科学的、一成不变的投资控制目标,而只能设置一个大致的投资控制目标,也就是投资估算。随着工程建设的实践、认识、再实践、再认识,投资控制目标一步步清晰、准确,从而形成设计概算、施工图预算、承包合同价等。也就是说,工程项目投资控制目标应是随着工程项目建设实践的不断深入而分阶段设置的。具体地讲,投资估算应是设计方案选择和进行初步设计的投资控制目标;设计概算应是进行技术设计和施工图设计的投资控制目标;设计预算或建设安装工程承包合同价则应是施工阶段控制建设安装工程投资的目标。有机联系的阶段目标相互制约、相互补充,前者控制后者,后者补充前者,共同组成项目投资控制的目标系统。

分阶段设置的投资控制目标要既有先进性又有实现的可能性,目标水平要能激发执行者的进取心和充分发挥他们的工作能力。

(2) 投资控制贯穿于以设计阶段为重点的建设全过程

项目投资控制贯穿于项目建设全过程,这一点毫无疑问,但是必须重点突出。图 10-3 是不同建设阶段影响项目投资程度的坐标图。从该图可看出,对项目投资影响最大的阶段是约占工程项目建设周期 1/4 的技术设计结束前的工作阶段。在初步设计阶段,影响项目投资的可能性为 75%~95%;在技术设计阶段,影响项目投资的可能性为 35%~75%;在施工图设计阶段,影响项目投资的可能性则为 5%~35%。很显然,项目投资控制的关键在于施工以前的投资决策和设计阶段,而在项目做出投资决策后,控制项目投资的关键就在于设计。要想有效地控制工程项目投资,就要坚决地把工作重点转移到建设前期,当前尤其是抓住设计这个关键阶段。

(3) 采取主动控制,能动地影响投资决策

工程项目投资控制应立足于事先主动采取措施,尽可能地减少以至避免目标值与实际值的偏离,这是主动的、积极的控制方法。如果仅仅是机械地比较目标值与实际值,当实际值偏离目标值时,分析其产生偏差的原因,并确定下一步的对策,这种被动控制虽然在工程

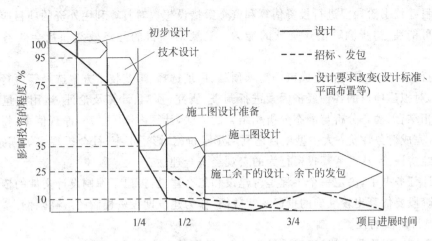

图 10-3 不同建设阶段影响项目投资程度的坐标图

建设中也有其存在的实际意义,但它不能使已产生的偏差消失,不能预防可能发生的偏差。所以,我们的项目投资控制应采取主动、积极的控制方法。要能动地去影响投资决策,影响设计、发包和施工。

(4) 技术与经济相结合是控制项目投资的有效手段

在我国工程建设领域中,技术与经济脱节严重。工程技术人员与财会、概算人员往往不熟悉工程进展中的各种关系和问题,单纯地从各自角度出发,难以有效地控制项目投资。为此,当前迫切需要解决的是以提高项目投资效益为目的,在工程建设过程中把技术与经济有机结合,通过技术比较、经济分析和效果评价,正确处理技术先进与经济合理两者之间的对立统一关系,力求在技术先进条件下的经济合理,在经济合理基础上的技术先进,把控制项目投资观念渗透到各项设计和施工技术措施之中。

(5) 遵循"最适"原则控制项目投资

传统的决策理论是建立在绝对逻辑基础上的一种封闭式决策模型,它把人看作具有"绝对理性的人"或"经济人",在决策时,会本能地遵循最优化原则(即影响目标的各种因素的最有利值)来选择方案。而以美国经济学家西蒙首创的现代决策理论的核心则是"最适"准则。他认为,由于人的头脑能够思考和解答问题的容量同问题本身规模相比是非常渺小的,所以在现实世界里,要采取客观的合理举动,哪怕接近客观合理性,也是很困难的。因此,对决策人来说,最优化决策几乎是不可能的。应该用"最适"这个词来代替"最优化"。由工程项目的三大目标(工期、质量、投资)组成的目标系统是一个相互制约、相互影响的统一体,其中任何一个目标的变化势必会引起另外两个目标的变化,并受它们的影响和制约。在项目建设时,一般不可能同时最优,即不能同时做到投资最省、工期最短、质量最高。为此,在工程项目建设中,应根据业主要求、建设的客观条件进行综合研究,确定一套切合实际的衡量准则,只要投资控制的方案符合这套衡量准则,取得令人满意的结果,投资控制就算达到了预期目标。

2. 投资控制的内容

(1) 决策阶段的投资控制

决策阶段是指项目建议书阶段、可行性研究阶段和设计任务书阶段。

在项目建议书阶段要进行投资估算和资金筹措设想。对打算利用外资的项目应分析利用外资的可能性,初步测算偿还贷款的能力。还要对项目的经济效益和社会效益做初步估计。

在可行性研究阶段要在完成市场需求预测、厂址选择、工艺技术方案选择等可行性研究的基础上,对拟建项目的各种经济因素进行调查、研究、预测、计算及论证,运用定量分析及定性分析相结合、动态分析与静态分析相结合的方法,计算内部收益率、净现值率、投资利润率等指标,完成财务评价;大中型项目还利用影子价格、影子汇率、社会折现率等国家参数,进行国民经济评价,从而考察投资行为的宏观经济合理性。

在设计任务书中,决定一个工程是否建设和怎么建设,提出了编制设计文件的依据。设计任务书阶段要估算出较准确的投资控制数额,作为建设期投资控制的最高限额。

(2) 设计阶段的投资控制

在投资和工程质量之间,工程质量为核心,投资的大小和质量要求的高低直接相联系。因此,应在满足现行技术规范标准和业主的要求条件下,符合投资和工程质量的要求。具体的要求如下。

在初步设计阶段要提出设计要求,进行设计招标,选择设计单位并签订合同,审查初步设计和初步设计概算,以此进行投资控制,应不突破决策阶段确定的投资估算。

在技术设计阶段,对重大技术问题进一步深化设计作为施工图设计的依据,编制修正预算,修正投资控制额,控制目标应不突破初步设计阶段确定的概算。

在施工图设计阶段,要控制设计标准及主要参数,通过施工图预算审查,确定项目的造价,控制目标应不突破技术设计阶段确定的设计概算。

设计阶段投资控制有以下方法。

① 完善设计阶段投资控制的手段;
② 应用价值工程原理和方法协调设计的目标关系;
③ 通过技术经济分析确定工程造价的影响因素,提出降低造价的措施;
④ 采用优秀设计标准和推广标准设计;
⑤ 采用技术手段和方法进行优化设计等。

(3) 招标投标阶段的投资控制

施工招标投标阶段主要是编制与审查标底,编制与审核招标文件,与总承包单位签订发包合同等,以此进行投资控制。

(4) 施工阶段的投资控制

施工阶段是投资活动的物化过程,是真正的大量投资支出阶段。这个阶段投资控制的任务是按设计要求实施,使实际支出控制在施工图预算内,施工图预算要控制在初步设计概算内。因此,要减少设计变更,努力降低造价,竣工后做好结算和决算。当然,根据具体情况,允许对控制目标进行必要的调整,调整的目的是使控制目标永远处于最佳状态,切合实际。

施工阶段投资控制的任务主要包括:编制施工阶段投资控制详细的工作流程图和投资计划;建立、健全施工阶段投资控制的措施;监督施工过程中各方合同的履行情况;处理好施工过程中的索赔工作等。

3. 投资控制的措施

（1）组织措施

建立投资控制组织保证体系,有明确的项目组织机构,使投资控制有专门机构和人员管理,任务职责明确,工作流程规范化。

（2）技术措施

应用价值工程于设计、施工阶段,进行多方案选择,严格审查初步设计、施工图设计、施工组织设计和施工方案,严格控制设计变更,研究采取相应的有效措施来达到节约投资的目的。

（3）经济措施

推行经济承包责任制,将计划目标进行分解,落实到基层,动态地对工程投资的计划值与实际支出值进行比较分析,严格各项费用的审批和支付,对节约投资采取奖励措施。

（4）合同措施

通过合同条款的制定,明确和约束在设计、施工阶段控制工程投资,不突破计划目标值。

（5）信息管理

采用计算机辅助工程投资管理。

10.2.2 工程项目的施工成本控制

施工成本控制就是在保证工程质量、工期等方面满足合同要求的前提下,对项目实际发生的费用支出采取一系列监督措施,及时纠正发生的偏差,把各项费用支出控制在计划成本规定的范围内,以保证成本计划的实现。

施工成本指施工过程中所发生的全部生产费用的总和。施工成本是项目总成本的主要组成部分,是由承包人在实施过程中产生的。因此,从某种意义上讲,项目成本控制实际上是施工成本控制。从建设单位讲,所关心的是投资控制;从施工企业讲,为获得最大利润,所关心的是施工成本控制。

1. 施工成本费用分类

成本是一种耗费,是耗费劳动(物化劳动和活劳动)的货币表现形式。

施工成本是施工企业为完成施工合同所约定的施工项目的全部任务所耗费的各项生产、管理、服务和经营费用等的总和。由于各种费用的性质和特点各异,必须对这些费用进行科学分类,成本的分类方法很多,按照研究目的的不同,有不同的分类。

（1）按成本习性划分

① 固定成本是指在一定的时期和一定的工程范围内不随工程量变化而改变的成本,如折旧费、企业管理人员工资、规费等。

② 变动成本是指随着工程量变化而变化的成本,如人工费、材料费、施工机械使用费等。

（2）按生产费用计入成本的方法划分

可划分为直接成本和间接成本。

（3）按成本发生的时间划分

① 预算成本,它是按照建筑安装工程实物量和国家(或部)或地区或企业制定的预算定

额及取费标准计算的社会平均成本或企业平均成本,以施工图预算为基础进行分析、预测、归集和计算确定的。预算成本包括直接费用和间接费用。

② 计划成本,它是在预算成本的基础上确定的标准成本。计划成本确定的根据是施工企业的要求(如内部承包合同的规定),结合项目的技术特征、项目管理人员素质及设备情况等。它是成本管理的目标,也是控制项目成本的标准。

③ 实际成本,它是项目施工过程中实际发生的可以列入成本支出的费用总和。

上述三种成本的关系是:实际成本与预算成本比较,反映的是对社会平均成本(或企业平均成本)的超支或节约;计划成本与预算成本比较,差额是计划成本降低额;计划成本与实际成本相比,差额是实际成本降低额。

2. 影响施工成本的因素

影响施工成本的因素很多,主要有工程施工质量、工期长短、材料、人工费价格和管理水平。

(1) 工程施工质量

这一部分成本属于质量保证成本,即为保证和提高工程质量而采取相关措施而耗费的开支,如购置监测设备,增加检测工序,提高监测水平,保证施工质量所耗费的开支等。质量保证成本随质量的变化而变化。

(2) 工期

工期越长,越增加施工企业的人工费、设备折旧费和财务费用。但缩短工期,就要加大资源投入,也会增加成本。

(3) 材料、人工费价格的变化

目前我国建筑材料价格和人工费用变动较频繁,总的趋势是上升,虽然在做施工图预算和合同计算时对价格做了预测,但很难预测准确,这一部分成本的变化较难掌握,应在合同条款中做出必要规定。

(4) 管理水平

这里既包括施工企业的管理水平,也包括建设单位的管理水平。由于管理不善造成预算成本估计不准,或由于资金原材料供应不及时造成拖延工期,或由于施工组织混乱造成材料、人工和设备利用浪费等,都会影响施工成本。

3. 施工成本控制的程序和一般内容

施工成本控制的目标是合同文件和成本计划。进度报告、工程变更与索赔资料作为控制动态资料,可以让承包人按程序顺利进行成本控制。

(1) 成本控制程序

① 收集实际成本数据;

② 实际成本数据与成本计划目标进行比较;

③ 分析成本偏差及原因;

④ 采取措施纠正偏差;

⑤ 必要时修改成本计划;

⑥ 按规定的时间间隔编制成本报告。

(2) 成本控制的一般内容

① 按照计划成本目标值来控制生产要素的采购价格，并认真做好材料、设备进场数量和质量的检查、验收与保管。

② 控制生产要素利用效率和消耗定额，如任务单管理、限额领料、验收报告审核等。同时做好不可预见成本风险的分析与预控工作，包括编制相应的应急措施等。

③ 控制影响效率和消耗量的其他因素（如工程变更等）所造成的成本增加。

④ 把项目成本管理责任制度与对项目管理者的激励机制结合起来，以增强管理人员的成本意识和控制能力。

⑤ 在企业已建立的项目财务管理制度基础上，按规定的权限和程序审核项目资金的使用和进行费用的结算支付。

⑥ 加强施工合同和施工索赔管理，正确运用施工合同条件和有关法规，及时进行索赔。

4. 施工成本的日常控制

施工成本的日常控制必须由项目全员参加，根据各自的责任成本对自己分工内容负责成本控制。

(1) 施工技术和计划经营部门及职能人员

① 根据施工项目管理大纲，科学地组织施工；及时组织已完工程的计量、验收、计价、收回工程价款，保证施工所用资金的周转。

② 按建设工程施工合同示范文本通用条款规定，资金到位组织施工，避免垫付资金施工。

(2) 材料和设备部门及职能人员

① 根据施工项目管理规划的材料需用量计划制定合理的材料采购计划，严格控制主材的储备量，既保证施工需要，又不会增大储备资金。

② 按采购计划和经济批量进行采购订货，严格控制采购成本，如就近采购，选择最经济运输方式，将采购材料、配件直接运入施工现场等。

③ 量大的主要材料可以公开或邀请招标。这样可以降低成本，保证材料质量，按时供应，保证连续施工。

④ 签订材料供应合同，保证采购材料质量。供应商违约可以利用索赔减少损失或增加收益。

⑤ 坚持限额领料，控制材料消耗。可以分别按施工任务书控制、定额控制、指标控制、计量控制，小型配件或零星材料可以以钱代物包干控制。

(3) 财务部门或职能人员

① 按间接费使用计划控制间接费用。其中，特别是要控制财务费用和项目经理部不可控的成本费用，如上交管理费、折旧费、税金、提取工会会费、劳动保险费、待业保险费、固定资产大修理费、机械退场费等。财务费用主要是控制资金的筹集和使用，调剂资金的余缺，减少利息的支出，增息收入。

② 严格执行其他应收款、预付款的支付手续规定，如购买材料配件等预付款，一般不得超过合同价的 80%，并经项目经理部集体研究确定。

③ 其他费用按计划、标准、定额控制执行。

④ 向分包商、施工队支付工程价款时,手续应齐全,有计量、验工计价单及项目部领导签字方可支付。

(4) 其他职能部门或职能人员

其他职能部门根据分工不同控制施工成本。如质监部门责任是控制质量,安全不出大事故;合同管理部门防止自己违约,避免对方向自己索赔等。

(5) 施工队或职工

施工队包括机械作业队,主要控制人工费、材料费、机械使用费的发生和可控的间接费用。

(6) 班(机)组或职工

主要控制人工费、材料费、机械使用费的使用。要严格领料退料,避免窝工、返工,注重提高劳动效率。机组主要控制燃料费、动力费和经常修理费,认真执行维修保养制度,保持设备的完好率和出勤率。

5. 常用的施工项目成本控制方法

1) 价值工程

价值工程(value engineering, VE)是以提高产品(或作业)的价值和有效利用资源为目的,通过有组织的创造性工作,寻求用最低的寿命周期成本,可靠地实现使用者所需功能的一种管理技术。

价值工程是把技术和经济结合起来的管理技术,其运用需要多方面的业务知识和实际数据,涉及经济和技术部门,所以必须按系统工程的要求,有组织地集合各部门的智慧,才能取得较理想的效果。

价值工程中所述的"价值"是一个相对的概念,是指作为某种产品(或作业)所具有的功能与获得该功能的全部费用的比值。它不是对象的使用价值,也不是对象的交换价值,而是对象的比较价值,是作为评价事物有效程度的一种尺度提出来的。

用价值工程控制成本的核心目的是合理处理成本与功能的关系(性价比),在确保功能的前提下能降低成本。价值工程的公式为:

$$V = F/C \tag{10-1}$$

式中:V 为项目的生产要素和实施方案的价值;F 为项目的生产要素和实施方案的功能;C 为项目的生产要素和实施方案的全寿命成本。

(1) 价值工程的特点

价值工程涉及价值、功能和寿命周期成本三个基本要素。价值工程具有以下特点。

① 价值工程的目标是以最低的寿命周期成本,使产品具备它所必须具备的功能。产品的寿命周期成本由生产成本和使用及维护成本组成,即通过降低成本来提高价值的活动应贯穿于生产和使用的全过程。

② 价值工程的核心是对产品进行功能分析。价值工程中的功能是指对象能够满足某种要求的一种属性,具体来说功能就是效用。例如,手表有计时、显时的功能,电冰箱具有冷藏的功能。用户向生产企业购买产品是要求生产企业提供这种功能,而不是产品的具体结构。企业生产的目的也是通过生产获得用户所期望的功能,而结构、材质等是实现这

些功能的手段,目的是主要的,手段可以广泛选择。因此,运用价值工程分析产品是在分析功能的基础之上再去研究结构、材质等问题。

③ 价值工程将产品价值、功能和成本作为一个整体同时来考虑。也就是说,价值工程中对价值、功能、成本的考虑不是片面和孤立的,而是在确保产品功能的基础上综合考虑生产成本和使用成本,兼顾生产者和用户的利益,创造出总体价值最高的产品。

④ 价值工程强调不断改革和创新。开拓新构思和新途径,获得新方案,创造新功能载体,从而简化产品结构,节约原材料,提高产品的技术经济效益。

⑤ 价值工程要求将功能定量化,即将功能转化为能够与成本直接相比的量化值。

⑥ 价值工程是以集体的智慧开展的有计划、有组织的管理活动。开展价值工程要组织科研、设计、制造、管理、采购、供销、财务等各方面有经验的人员参加,组成一个智力结构合理的集体,发挥集体智慧,博采众长地进行产品设计,以达到提高方案价值的目的。

(2) 提高价值的途径

由于价值工程以提高产品价值为目的,这既是用户的需要,又是生产经营者追求的目标,两者的根本利益是一致的。因此,企业应当研究产品功能与成本的最佳匹配。价值工程的基本原理公式 $V=F/C$ 不仅深刻地反映出产品价值与产品功能和实现此功能所耗成本之间的关系,而且也为如何提高价值提供了以下五种途径。

① 在提高产品功能的同时,又降低产品成本,这是提高价值最为理想的途径。但对生产者要求较高,往往要借助科学技术才能实现。

② 在产品成本不变的条件下,通过提高产品的功能提高利用资源的成果或效用,达到提高产品价值的目的。

③ 在保持产品功能不变的前提下,通过降低成本达到提高价值的目的。

④ 产品功能有较大幅度的提高,产品成本有较小幅度的提高。即成本虽然增加了一些,但功能的提高超过了成本的提高,因此价值还是提高了。

⑤ 在产品功能略有下降、产品成本大幅度下降的情况下,也可达到提高产品价值的目的。在这种情况下,功能虽然降低了些,但仍能满足顾客对产品的特定功能要求。以微小的功能下降换得成本较大的降低,最终也是提高了产品的价值。

总之,在产品形成的各个阶段都可以运用价值工程提高产品的价值。但在不同的阶段进行价值工程活动,其经济效果的提高幅度却是大不相同的。对于大型复杂的产品,应用价值工程的重点是在产品的研究设计阶段,一旦图纸已经设计完成并投产,产品的价值就基本决定了,这时再进行价值工程分析就变得更加复杂。不仅原来的许多工作成果要付诸东流,而且改变生产工艺、设备工具等可能会造成很大的浪费,使价值工程活动的技术经济效果大大下降。因此,价值工程活动更侧重于产品的研制与设计阶段,以寻求技术突破,取得最佳的综合效果。

(3) 价值工程的工作步骤

价值工程也像其他技术一样具有自己独特的一套工作程序。价值工程的工作程序实质上就是针对产品的功能和成本提出问题、分析问题、解决问题的过程。其工作步骤如表10-1所示。

表 10-1　价值工程的工作步骤

价值工程的工作阶段	工作步骤		对应的问题
	基本步骤	具体步骤	
分析问题	1. 功能定义	(1) 选择对象	(1) 价值工程的研究对象是什么？
		(2) 收集资料	
		(3) 功能定义	(2) 这是干什么用的？
		(4) 功能整理	
	2. 功能评价	(5) 功能分析与评价	(3) 它的成本是多少？ (4) 它的价值是多少？
综合研究		(6) 方案创造	(5) 有无其他方法实现同样的功能？
方案评价	3. 制订创新方案与评价	(7) 概括评价	
		(8) 指定具体方案	
		(9) 实验研究	(6) 新方案的成本是多少？ (7) 新方案能满足要求吗？
		(10) 详细评价	
		(11) 提案审批	
		(12) 方案实施	
		(13) 成果评价	

价值工程的实施就是围绕上述工作程序进行的,具体如下。

① 选择对象

价值工程的对象选择过程就是收缩研究范围的过程,明确分析研究的目标即主攻方向。因为在生产、建设中,技术经济问题很多,涉及的范围也很广。为了提高产品价值,价值工程研究对象的选择要从市场需要出发,结合本企业的实力系统考虑。一般来说,对象的选择有以下几个原则。

第一,从设计方面看,对产品结构复杂、性能和技术指标差距大、体积大、质量大的产品进行价值工程活动,可使产品结构、性能、技术水平得到优化,从而提高产品价值。

第二,从生产方面看,对量多面广、关键部件、工艺复杂、原材料消耗高和废品率高的产品或零部件,特别是对量多、产值比重大的产品,只要降低成本,所取得的总经济效益就大。

第三,从市场销售方面看,选择用户意见多、系统配套差、维修能力低、竞争力差、利润率低、生命周期较长、市场上畅销但竞争激烈的新产品、新工艺等进行价值工程活动,以赢得消费者的认同,占领更大的市场份额。

第四,从成本方面看,选择成本高于同类产品、成本比重大的,如材料费、管理费、人工费等,推行价值工程就是要降低成本,以最低的寿命周期成本可靠地实现必要功能。

② 收集信息资料

信息资料是价值工程实施过程中进行价值分析、比较、评价和决策的依据,如果没有信息资料或者信息资料不可靠、不详尽、不及时,价值工程活动就无法进行。

价值工程所需的信息资料应视具体情况而定。对于产品分析来说,一般应收集以下几方面的信息资料：用户方面的信息资料；市场销售方面的信息资料；技术方面的信息资料；经济方面的信息资料；本企业的基本资料；环境保护方面的信息资料；外协方面的信息资料；政府和社会有关部门的法律、法规、条例等方面的信息资料。收集的资料及信息一般需加以分析、整理，剔除无效资料，使用有效资料，以利于价值工程活动的分析研究。

③ 功能定义（功能分析）

任何产品都具有使用价值即功能，这是存在于产品中的一种本质。为了弄清功能的定义，根据功能的不同特性，可以先将功能分为以下几类。

按功能的重要程度分类，产品的功能一般可分为基本功能和辅助功能。基本功能就是要达到这种产品的目的必不可少的功能，是产品的主要功能，如果不具备这种功能，产品就失去其存在的价值。辅助功能是为了更有效地实现基本功能而添加的功能，是次要功能，是为了实现基本功能而附加的功能。

按功能的性质分类，产品的功能可划分为使用功能和美学功能。使用功能是从功能的内涵上反映其使用属性，而美学功能是从产品的外观反映其艺术属性。

按用户的需求分类，产品的功能可分为必要功能和不必要功能。必要功能是指用户所要求的功能以及与实现用户所需求功能有关的功能，使用功能、美学功能、基本功能、辅助功能等均为必要功能。不必要功能是不符合用户要求的功能。其包括三类：多余功能；重复功能；过剩功能。因此，价值工程的功能一般是指必要功能。

按功能的量化标准分类，产品的功能可分为过剩功能与不足功能。过剩功能是指某些功能虽属必要，但满足需要有余，在数量上超过了用户要求的或标准的功能水平。不足功能是相对于过剩功能而言的，表现为产品整体功能或零部件功能水平在数量上低于标准功能水平，不能完全满足用户需要。

按总体与局部分类，产品的功能可划分为总体功能和局部功能。总体功能和局部功能之间是目的与手段的关系，它以各局部功能为基础，又呈现出整体的新特征。

上述功能的分类不是功能分析的必要步骤，而是用以分辨确定各种功能的性质及其重要程度。价值工程正是抓住产品功能这一本质，通过对产品功能的分析研究，正确、合理地确定产品的必备功能，消除多余的不必要功能，加强不足功能，削弱过剩功能，改进设计，降低产品成本。因此，可以说价值工程是以功能为中心，在可靠地实现必要的功能的基础上考虑降低产品成本。

功能定义就是根据收集到的情报和资料，透过对象产品或部件的物理特征（或现象），找出其效用或功用的本质东西，并逐项加以区分和规定效用，以简洁的语言描述出来。这里要求描述的是产品的功能，而不是对象的结构、外形或材质。因此，功能定义的过程就是解剖分析的过程，如图 10-4 所示。

功能定义的目的是：

A. 明确对象产品和组成产品各部件的功能，从而弄清产品的特性。

B. 便于进行功能评价，因为功能评价的对象是产品的功能，所以只有在给功能下定义后才能进行功能评价，通过评价弄清哪些是价值低的功能和有问题的功能，才有可能去实现价值工程的目的。

图 10-4　功能定义的过程

C. 便于构思方案，对功能下定义的过程实际上也是为对象产品改进设计的构思过程，为价值工程的方案创造工作阶段做了准备，有利于方案构思。

④ 功能整理

功能整理是用系统的观点将已经定义了的功能加以系统化，找出各局部功能相互之间的逻辑关系，并用图表形式表达，以明确产品的功能系统，从而为功能评价和方案构思提供依据。

A. 明确功能范围，搞清楚产品的基本功能，以及这些基本功能是通过什么功能实现的。

B. 检查功能之间的准确程度，定义正确的就给予肯定，不正确的加以修改，遗漏的加以补充，不必要的就取消。

C. 明确功能之间上下位关系和并列关系，即功能之间的目的和手段关系。

D. 功能整理的主要任务就是建立功能系统图。功能系统图是突破了现有产品和零部件的框框所取得的结果，它是按照一定的原则方式，将定义的功能连接起来，从单个到局部、从局部到整体所形成的一个完整的功能体系，是该产品的设计构思。

⑤ 功能评价

功能评价是在功能定义和功能整理完成之后，在已定性确定问题的基础上进一步做定量的确定，即评定功能的价值。

如前所述，价值 V 是功能与成本的比值。成本 C 是以货币形式来数量化的。问题是功能也必须数量化，即都用货币表示后才能把两者直接进行比较。但由于功能性质的不同，其量度单位多种多样，如美学功能一般以美、比较美、不美等概念来表示，它是非定量的。因此，功能评价的基本问题是功能的数量化，把定性指标转化为数量指标，为功能与成本提供可比性。

功能评价就是要找出实现功能的最低费用，并以此作为功能的目标成本，以功能的目标成本为基准，通过与功能现实成本的比较，求出两者的比值（功能价值）和两者的差异值（改善期望值），然后选择功能价值低、改善期望值大的功能作为价值工程活动的重点对象。

⑥ 方案创造和方案评价

方案创造是从提高对象的功能价值出发，在正确的功能分析和评价的基础上，针对应改进的具体目标，通过创造性的思维活动，提出能够可靠地实现必要功能的新方案。

价值工程的活动能否取得成功，关键在于在功能分析后能否构思出可行的方案。如果不能构思出最佳的可行方案，则将前功尽弃。

方案创造的理论依据是功能载体具有替代性。为了引导和启发进行创造性的思考，常用的方法有以下几种：头脑风暴法；哥顿法（模糊目标法）；专家意见法（德尔菲法）；专家检查法。

方案创造的方法很多，总的精神是要充分发挥各有关人员的智慧，集思广益，多提方案，从而为评价方案创造条件。

方案评价是在方案创造的基础上对新构思方案的技术、经济和社会效果等几方面进行估价，以便于选择最佳方案。方案评价包括概略评价和详细评价两个阶段。其评价内容和步骤都包括技术评价、经济评价、社会评价以及综合评价。在对方案进行评价时，无论是概略评价还是详细评价，一般可先做技术评价，再分别做经济评价和社会评价，最后做综合评价。

在方案实施过程中,应该对方案的实施情况进行检查,发现问题及时解决。方案实施完成后,要进行总结评价和验收。

【案例 10-1】

背景资料:某拟建综合办公楼项目设计方案分别为 A,B,C,需对三个设计方案进行方案评价。

经评审专家讨论后,确定项目的主要评价指标为 5 项($F_1 \sim F_5$),分别是:功能适用性(F_1)、经济合理性(F_2)、结构可靠性(F_3)、建筑美观性(F_4)及环境协调性(F_5)。各评价指标之间的重要性关系为:F_1 比 F_2 重要,F_3 比 F_1 重要,F_3 比 F_4 重要得多,F_4 和 F_5 同等重要。

A,B,C 三个设计方案评价指标的评价得分结果和估算总造价如表 10-2 所示。

表 10-2 各方案评价指标的评价结果和估算总造价表

功 能	方案 A	方案 B	方案 C
功能适用性(F_1)	9 分	8 分	10 分
经济合理性(F_2)	8 分	10 分	8 分
结构可靠性(F_3)	10 分	9 分	8 分
建筑美观性(F_4)	7 分	8 分	9 分
环境协调性(F_5)	8 分	9 分	8 分
估算总造价/万元	6 600	6 700	6 650

试回答问题:

(1)用 0~4 评分法计算各功能的权重。

(2)用价值指数法选择本项目的最佳设计方案。

解:

(1)填写权重系数表

依据案例的背景资料,用 0~4 评分法计算各功能的权重,填写权重系数表(表 10-3)。

表 10-3 权重系数表

	F_1	F_2	F_3	F_4	F_5	得分	权重
F_1	—	3	1	3	3	10	0.250
F_2	1	—	0	2	2	5	0.125
F_3	3	4	—	4	4	15	0.375
F_4	1	2	0	—	2	5	0.125
F_5	1	2	0	2	—	5	0.125
合计						40	1.000

(2)用价值指数法选择最佳设计方案

① 填写功能指数表

依据案例的背景资料、各方案及其功能的权重系数,计算并填写功能指数表(表 10-4)。

表 10-4 功能指数表

方案功能	功能权重	方案功能加权得分		
		A	B	C
F_1	0.250	$9 \times 0.250 = 2.250$	$8 \times 0.250 = 2.000$	$10 \times 0.250 = 2.500$
F_2	0.125	$8 \times 0.125 = 1.000$	$10 \times 0.125 = 1.250$	$8 \times 0.125 = 1.000$
F_3	0.375	$10 \times 0.375 = 3.750$	$9 \times 0.375 = 3.375$	$8 \times 0.375 = 3.000$
F_4	0.125	$7 \times 0.125 = 0.875$	$8 \times 0.125 = 1.000$	$9 \times 0.125 = 1.125$
F_5	0.125	$8 \times 0.125 = 1.000$	$9 \times 0.125 = 1.125$	$8 \times 0.125 = 1.000$
合计		8.875	8.750	8.625
功能指数		$8.875/(8.875+8.750+8.625)=$ $8.875/26.250=0.338$	$8.750/26.250=0.333$	$8.625/26.250=0.329$

② 填写成本指数表

依据各方案的功能指数,计算并填写成本指数表(表 10-5)。

表 10-5 成本指数表

方 案	A	B	C	合计
估算总造价/万元	6 600	6 700	6 650	19 950
成本指数	$6\,600/19\,950=0.331$	$6\,700/19\,950=0.336$	$6\,650/19\,950=0.333$	1.000

③ 填写价值指数表

依据各方案的功能指数和成本指数,计算并填写价值指数表(表 10-6)。

表 10-6 价值指数表

方 案	A	B	C
功能指数	0.338	0.333	0.329
成本指数	0.331	0.336	0.333
价值指数	$0.338/0.331=1.021$	$0.333/0.334=0.991$	$0.329/0.337=0.988$

从以上价值指数的计算结果可知,A 方案的价值指数最高为 1.021,而 B 方案和 C 方案的价值指数分别为 0.991 和 0.988,低于方案 A 的价值指数,则得出结论:本项目的最佳设计方案为 A 方案。

2) 赢得值法

赢得值法(又称为偏差分析法)是对成本和进度综合控制的方法。国际工程承包的业主出于自身考虑,在选择工程公司时,把能否运用赢得值法进行项目管理和控制作为审查和能否中标的先决条件之一。

赢得值法需要使用实际项目中的三项成本数据:计划完成工作预算成本;实际完成工作预算成本(即赢得值)和实际完成工作实际成本等。

常见的计算评价指标如下几个。

(1) 成本偏差

成本偏差＝实际完成工作预算成本－实际完成工作实际成本

结果为负值说明预算超支;反之,说明预算节约。

(2) 进度偏差

$$进度偏差=实际完成工作预算成本-计划完成工作预算成本$$

结果为负值说明进度拖后；反之,说明进度提前。

(3) 成本绩效指数

$$成本效果执行指数=实际完成工作预算成本/实际完成工作实际成本$$

结果小于1说明预算超支,工作效果差；反之,说明工作效果好。

(4) 进度绩效指数

$$进度效果执行指数=实际完成工作预算成本/计划完成工作预算成本$$

结果小于1说明进度落后,工作效果差；反之,说明工作效果好。

(5) 项目完成时成本差异

$$项目完成时成本差异=项目完成预算成本-项目完成预测成本$$

结果为负值表示项目任务执行效果不佳,预算超支；反之,说明预算节约。

3) 成本计划评审法

成本计划评审法是在施工项目的网络图上标出各工作的计划成本和工期,箭线下方数字为工期,箭线上方C后的数字为成本费用。在计划开始实施后,将实际进度和费用的开支(主要是直接费)累计算出,标于箭杆附近的方格中,就可以看出每道工序的计划进度与实际进度对比情况。若出现偏差,及时分析原因,采取措施加以纠正。

当然,成本控制方法还很多,比如成本横道图法、香蕉图法可对实际成本和计划成本进行比较,及时发现偏差予以纠正。在实际工作中由于计算机的普及应用,通过项目管理软件的快速信息处理,运用不同的控制方法可以及时地计划和监控每个环节的费用支出,并加以有效控制,都取得了很好的经济效果。

以上是成本与进度相结合的成本控制方法,其实质量与成本的关系极为密切,成本与质量相结合的控制方法称为质量成本控制法。

4) 质量成本控制法

质量成本是指为保证质量而必须支出的和未达到质量标准而损失的费用总和。

质量成本占产品总成本的比重不尽相同,它的重要意义在于,通过开展质量成本控制工作,可以看到施工质量及管理中存在的薄弱环节,提醒管理者采取措施,提高经济效益。

(1) 质量成本的内容

① 控制成本。产品质量的保证费用包括预防成本,如质量管理工作费、质量保证宣传费等,以及鉴定成本,如材料检验试验费、工序监测和计量费等。控制成本与质量成正比关系,即质量越高此费用越大。

② 故障成本。即未达到质量标准造成的损失费用,包括内部故障成本,如返工、返修、停工损失费、事故处理费等,以及外部故障成本,如保修、赔偿费、担保费、诉讼费等。故障成本与质量成反比关系,即质量越高此成本越低。

(2) 质量成本控制步骤

① 编制质量成本计划。质量成本计划编制的依据理论上应该是故障成本和预防成本之和最低时的值。同时还应考虑本企业或本项目的实际管理能力、生产能力和管理水平,考虑本企业质量管理与质量成本管理的历史资料,综合编制,计划就有可能更接近实际。

② 核算质量成本。按照质量成本的分类，主要通过会计账簿和财务报表的资料整理加工而得，也有一部分可从技监部门获得资料。

③ 分析质量成本。主要分析质量成本总额的构成内容、构成比例，各要素间的比例关系，以及它占预算成本的比例，反映在质量成本分析表中。

④ 控制质量成本。根据分析资料确定影响质量成本较大的关键因素并执行有效措施加以控制。

6. 降低施工成本的主要途径

降低施工项目成本的途径可从组织措施、技术措施、经济措施几个方面分别来考虑。
① 制定先进合理、经济适用的施工方案；
② 认真审核图样，积极提出修改意见；
③ 组织流水施工，加快施工进度；
④ 切实落实技术组织措施；
⑤ 以激励机制调动职工增产节约的积极性；
⑥ 加强合同管理，增创工程收入；
⑦ 降低材料成本；
⑧ 降低机械使用费等。

10.3 工程项目的进度控制

工程项目进度控制是指对项目各建设阶段的工作内容、工作程序、持续时间和衔接关系编制计划，对实际进度与计划进度出现偏差时进行纠正，并控制整个计划的实施。进度控制在工程项目建设中与质量控制、费用控制之间有着相互影响、相互依赖、相互制约的关系。从经济角度看，并非所有工程项目的工期越短越好。如果盲目地缩短工期，会造成工程项目财政上的极大浪费。工程项目的工期确定后，就要根据具体的工程项目及其影响因素对工程项目的施工进度进行控制，以保证工程项目在预定工期内完成建设任务。

10.3.1 影响工程项目进度的因素

影响工程项目进度的因素很多，有人的因素、材料设备因素、技术因素、资金因素、工程水文地质因素、气象因素、环境因素、社会环境因素等。归纳起来在工程项目上有如下具体表现。
① 不满足业主使用要求的设计变更；
② 业主提供的施工场地不满足施工需要；
③ 勘察资料不准确；
④ 设计、施工中采用的技术及工艺不合理；
⑤ 不能及时提供设计图纸或图纸不配套；
⑥ 施工场地无水、电供应；
⑦ 材料供应不及时和相关专业不协调；
⑧ 各专业、工序交接有矛盾、不协调；

⑨ 社会环境干扰;
⑩ 出现质量事故时的停工调查;
⑪ 业主资金有问题;
⑫ 突发事件的影响等。

按照责任的归属,上述影响因素可分为两大类:

第一类,由承包商自身的原因造成工期的延长,称为工程延误。其一切损失由承包商自己承担,包括承包商在监理工程师同意下采取加快工程进度的任何措施所增加的各种费用。同时,由于工程延误所造成的工程损失,承包商还要向业主支付误期损失赔偿金。

第二类,由承包商以外的原因造成工期的延长,称为工程延期。经监理工程师批准的工程延期,所延长的时间属于合同工期的一部分,即工程竣工的时间,等于标书规定的时间加上监理工程师批准的工程延期的时间。

10.3.2 工程项目进度控制的内容

1. 设计阶段的进度控制

1) 设计进度控制目标体系

(1) 设计进度控制总目标

设计进度控制的总目标就是按质、按量、按时间要求提供施工图设计文件。在这个总目标之下,设计进度控制还有各设计阶段目标和专业(水、电、消防、空调等)设计目标。

(2) 设计阶段进度控制目标

① 设计准备目标,包括规划设计条件确定的时间目标和设计基础资料提供目标。

② 时间目标,即方案设计、初步设计、技术设计、施工图设计交付时间。

③ 各有关阶段设计审批目标。它与设计质量、审批部门工作效率以及送审人员工作态度等有关,特别是设计单位的配合要积极主动。审批手续完成,才是设计各阶段的目标实现。

(3) 设计进度控制分目标

即将各设计阶段目标进行具体化,分解为各分目标。例如施工图设计阶段划分为基础设计、结构设计、装饰设计、安装设计等。使设计进度目标构成一个从分目标到总目标的完整目标体系。

2) 设计进度控制计划体系

根据设计工作进度目标,应协助设计单位编制各阶段的设计工作进度计划,其内容如下。

(1) 设计总进度计划

设计总进度计划是控制自设计准备工作起至施工图设计完成的总设计时间。设计总进度计划包括:设计准备工作、方案设计、初步设计、技术设计及施工图设计各阶段的进度计划。考虑到各阶段审批设计的时间在内,精度以月或半月计。

(2) 阶段性设计进度计划

阶段性设计进度计划包括:工程设计准备工作计划、单项工程初步设计(技术设计)工作进度计划、施工图设计工作进度控制计划。这些计划的任务是具体控制各阶段的设计进度,实现各设计阶段进度目标,保证设计总进度计划的实现。

(3) 设计进度作业计划

编制设计进度作业计划的目的是为了实现具体的设计时间目标,指导设计人员实行设计任务承包和控制设计作业进度。其编制依据主要有:施工图设计工作进度控制计划、单项工程建筑设计工日定额、参加本工程设计人员数。

设计进度作业计划可编制成水平进度计划形式或可应用网络计划技术形式。

3) 设计进度控制措施

① 设计单位要有计划部门,健全设计技术经济定额,实行设计工作经济责任制。设计单位的计划部门负责编制设计年度计划和建设项目设计的进度计划,并负责计划的实施领导和监督,确保计划完成;设计单位应健全设计技术经济定额,按技术经济定额来编制设计计划和考核设计人员的设计质量、完成的工作量以及设计进度;要实行设计工作责任制,调动和激励设计人员的积极性,把设计人员的经济利益与完成任务的数量和质量挂钩。

② 编制切实可行的设计进度计划并认真执行。在编制计划时,加强各方面的配合,做好协作,使计划的完成得到保证。认真实施设计进度计划,使设计工作有节奏、有秩序、合理地进行。在执行计划时,加强协调,及时对设计进度进行调整,使设计工作始终处于可控制状态。

③ 尽量减少施工过程中的设计变更。施工过程中,设计变更直接影响施工进度和损失。应协助设计人员将工程的技术问题在设计过程中周密考虑,予以解决。设计单位尽量避免"三边"设计,要严格遵循基本建设程序办事。

④ 设计单位要接受监理单位的进度控制。监理单位应严格按设计合同控制设计工作的进度,加强对设计图纸及说明的审核。

2. 施工阶段的进度控制

施工阶段是工程实体的形成阶段,对其进行进度控制是整个工程项目进度控制的重点。

1) 确定施工阶段进度控制的原则

① 为更好地满足进度目标的要求,大型工程项目可根据尽早提供可动用单元的原则,集中力量分期分批建设,从进度上缩短工期,尽快地发挥投资效益。这时应保证每一动用单元要包括交付使用所必需的全部配套项目,以形成完整的生产能力。因此,要处理好前期动用和后期建设的关系,每期工程中主体工程与辅助、附属工程之间的关系,地下工程与地上工程之间的关系,场外工程与场内工程之间的关系等。

② 合理安排土建与设备的综合施工。按它们各自的特点,合理安排土建施工与设备基础、设备安装的先后顺序及搭接、交叉或平行施工方法,明确设备工程对土建的要求和土建为设备提供施工条件。

③ 结合拟建工程项目的特点,参考同类工程项目的经验来确定进度目标。防止只按主观愿望定进度目标的盲目性,保持速度适当,既不拖延,也不抢工。

④ 做好资金供应、施工力量配备、材料物资到货与进度需要的平衡,尽力保证进度目标的要求而不使其落空。

⑤ 考虑外部协作条件的配合情况,包括施工中及工程项目竣工动用所需的水、电、汽、通信、道路及其他社会服务项目的满足程度和满足时间,必须与有关项目的进度目标协调。

⑥ 现场所在地区地形、地质、水文、气象等方面的限制,或克服限制可能采取的措施。

⑦ 要全面而细致地分析与工程进展有关的主、客观有利与不利因素,使进度目标定得恰当合理,有助于提高计划的预见性和进度控制的主动性。

2) 施工阶段进度控制目标的分解

根据工程项目进度总目标,从以下不同角度进行层层分解。

① 按项目组成分解

将进度总目标细化,作为进一步分解的基础。单项工程的进度目标在工程项目总进度计划和工程建设年度计划中都有体现。它也是确定设计进度,进行施工招标的依据,并列入设计、施工承包合同条款。

② 按承包单位分解

对每个单项工程进度目标按承包单位分解为总包和各分包单位的进度目标,列入分包合同,以便落实分包责任,并根据各专业工程交叉施工方案和前后衔接条件明确不同施工单位工作面交接的条件和时间。

③ 按任务性质分解

劳动力、材料、构配件、机具和设备供应的品种、规格、数量和日期都要按施工进度的需要落实,其他外部协作条件,如上下水、电、道路等市政管线工程施工及其与现场的衔接,现场拆迁、清障、文物、绿化、平整工程和临时占地审批等的进度都要紧密配合施工进度目标,按保证工程需要的原则确定各项工作的进度分目标。

④ 按施工阶段分解

土建工程可根据工程特点分为基础、结构、内外装修等阶段或分部工程。大型工程还可先划分为工程区段。专业工程的管线配置、设备安装、调试等阶段的划分等都要突出各阶段之间的衔接时间。特别是不同单位承包的不同阶段工程之间更要明确划定时间分界点,以它作为形象进度的控制标志,使单项工程进度目标具体化。

⑤ 按计划期分解

按年度、季度和月(旬)度分解的进度目标,必要时进一步细分为周的进度目标,用计划期内应完成的实物工程量、货币工作量及形象进度表示,以更有利于明确对各承包商的进度要求。同时,还可以据此监督其实施,检查其完成情况。计划期愈短,进度目标愈细,进度跟踪就愈及时,发生进度偏差时也就更能有效地采取措施予以纠正。这样,就能形成一个有计划有步骤协调施工、长期目标对短期目标自上而下逐级控制、短期目标自下而上逐级保证逐步趋近进度总目标的局面,最终达到工程项目按期竣工交付使用的目的。

3) 施工阶段进度控制的内容

施工阶段进度控制的主要内容包括事前、事中、事后进度控制。

事前进度控制是指项目正式施工前进行的进度控制,其具体内容有:

① 编制施工阶段进度控制工作细则。控制工作细则是针对具体的施工项目来编制的,它是实施进度控制的一个指导性文件。

② 编制或审核施工总进度计划。总进度计划的开竣工日期必须与项目总进度计划的时间要求一致。为此,要审核承包商编制的总进度计划。

③ 审核单位工程施工进度计划。通常,施工单位在编制单位工程施工进度计划时,除满足关键控制日期的要求外,大多数施工过程的安排具有相当大的灵活性,以协调其本身内部各方面的关系。只要不影响合同规定和关键控制工作的进度目标的实现,业主、监理工程

师可不予干涉。

④ 进度计划系统的综合。业主、监理工程师在对施工单位提交的施工进度计划进行审核后,往往要把若干个相互关系的处于同一层次或不同层次的施工进度计划综合成一个多阶群体的施工总进度计划,以利于进度总体控制。这是因为当工程规模较大时,若不进行综合,而只是形成若干个独立部分,要想迅速准确地了解某一局部对另一局部的影响或对总体的影响是非常困难的。

⑤ 编制年度、季度、月度工程进度计划。进度控制人员应以施工总进度计划为基础编制年度进度计划,安排年度工程投资额,单项工程的项目、形象进度和所需各种资源(包括资金、设备、材料和施工力量),做好综合平衡相互衔接。年度计划可作为建设单位拨付工程款和备用金的依据。此外,还需编制季度和月度进度计划,作为施工单位近期执行的指令性计划,以保证施工总进度计划的实施。最后适时发布开工令。

事中进度控制是指项目施工过程中进行的进度控制,这是施工进度计划能否付诸实现的关键过程。进度控制人员一旦发现实际进度与目标偏离,必须及时采取措施以纠正这种偏差。事中进度控制的具体内容包括:

① 建立现场办公室,以保证施工进度的顺利实施。

② 协助施工单位实施进度计划,随时注意施工进度计划的关键控制点,了解进度实施的动态。

③ 及时检查和审核施工单位提交的进度统计分析资料和进度控制报表。

④ 严格进行检查。为了解施工进度实际状况,避免承包单位谎报工作量的情况,需进行必要的现场跟踪检查,以检查现场工作量的实际完成情况,为进度分析提供可靠的数据资料。

⑤ 做好工程施工进度记录。

⑥ 对收集的进度数据进行整理和统计,并将计划与实际进行比较,从中发现是否有进度偏差。

⑦ 分析进度偏差将带来的影响并进行工程进度预测,从而提出可行的修改措施。

⑧ 重新调整进度计划并付诸实施。

⑨ 定期向建设单位汇报工程实际进展状况,按期提供必要的进度报告。

⑩ 组织定期和不定期的现场会议,及时分析、通报工程施工进度状况,并协调施工单位之间的生产活动。

⑪ 核实已完工程量,签发应付工程进度款。

事后进度控制是指完成整个施工任务后进行的进度控制工作,具体内容有:

① 及时组织验收工作。

② 处理工程索赔。

③ 整理工程进度资料。施工过程中的工程进度资料一方面为业主提供有用信息;另一方面也是处理工程索赔必不可少的资料,必须认真整理,妥善保存。

④ 工程进度资料的归类、编目和建档。施工任务完成后,这些工程进度资料将作为今后类似项目施工阶段进度控制的有用参考资料,应将其编目和建档。

⑤ 根据实际施工进度,及时修改和调整验收阶段进度计划及监理工作计划,以保证下一阶段工作的顺利开展。

10.4 工程项目的质量控制

工程项目质量控制就是指为满足工程项目的质量需求而采取的作业技术和活动。对工程质量的控制是实现工程项目管理各大控制的重点。

任何工程项目的建设都是通过一道道工序来完成的,所以,工程项目质量由工序质量、分项工程质量、分部工程质量和单位工程质量等组成。从另一个角度看,工程项目质量包括工程建设各阶段的质量及其相应的工作质量,即项目论证决策阶段、项目设计阶段、项目施工阶段和项目使用保修阶段的质量。

10.4.1 工程项目质量的特点

工程项目质量的特点是由其自身的特点所决定的,这就决定了工程项目的质量有如下特点。

(1) 涉及面广、影响因素多

工程项目建设周期长、项目投资大。因此,有很多人为因素与自然因素影响工程项目的质量。诸如论证决策阶段的不缜密,造成工程项目与地质条件不符;设计阶段的粗心大意,导致结构受力不合理;施工阶段盲目追求经济利益、偷工减料,以及施工工艺、施工方案、施工环境、施工人员素质、管理制度、技术措施、操作方法、工艺流程等都会影响工程项目的质量。

(2) 工程质量离散、变异性大

由于工程项目的建设具有不可重复性,某一处或某一部位质量好,如果不注意,另一处就可能质量不好。如果某一关键部位质量不好,就可能造成整个单项工程质量不好,或引起整个工程项目的质量变异。

(3) 工程质量隐蔽性强

工程项目建设过程中,大部分工序是隐蔽过程,完工后很难看出质量问题,而其内部可能有质量问题。另外,工序之间的交接也容易造成隐蔽性质量事故。

(4) 工程质量终检局限性大

工程项目完全建成后,再全面检查工程质量,此时的检查结论有很大的局限性。所以在施工过程中,必须实施现场监督管理,以及时发现隐蔽工程的质量问题。因此,工程质量的控制应重视事前控制、事中监理,消灭工程质量事故。

10.4.2 工程项目质量的形成过程

工程项目质量的形成是伴随着工程建设过程而形成的。

在工程项目决策阶段,需要确定与投资目标相协调的工程项目质量目标。可以说,项目的可行性研究直接关系到项目的决策质量和工程项目的质量,并确定工程项目应达到的质量目标和要求,因此,工程项目决策阶段是影响工程项目质量的关键阶段,在此阶段要能充分反映业主对质量的要求和意愿。

工程项目勘察设计阶段是根据项目决策阶段确定的工程项目质量目标和水平,通过初步设计使工程项目具体化。然后再通过技术设计阶段和施工图设计阶段,确定该项目技术是否可行、工艺是否先进、经济是否合理、设备是否配套、结构是否安全可靠等。因此,设计阶段决定工程项目建成后的使用功能和价值,也是影响工程项目质量的决定性环节。

工程项目施工阶段是根据设计和施工图纸的要求,通过一道道工序施工形成工程实体。这一阶段将直接影响工程的最终质量。因此,施工阶段是工程质量控制的关键环节。

工程项目竣工验收阶段是对施工阶段的质量通过试运车、检查、评定、考核,检查质量目标是否达到。这一阶段是工程项目从建设阶段向生产阶段过渡的必要环节,体现了工程质量的最终结果。因此,工程竣工验收阶段是工程项目质量控制的最后一个重要环节。

10.4.3 工程项目质量控制的过程

从工程项目质量的形成过程可知,要控制工程项目的质量就应按照程序依次控制各阶段的工程质量。

在工程项目决策阶段,要认真审查可行性研究,使工程项目的质量标准符合业主的要求,并应与投资目标协调;使工程项目与所在地的环境相协调,避免产生环境污染,使工程项目的经济效益和社会效益得到充分发挥。

在工程项目设计阶段,要通过设计招标,组织设计方案竞赛,从中选择优秀设计方案和优秀设计单位。还要保证各部分的设计符合决策阶段确定的质量要求,并保证各部分的设计符合国家现行有关规范和技术标准,同时应保证各专业设计部分之间的协调,还要保证设计文件、图纸应符合施工图纸的深度要求。

在工程项目施工阶段,要组织工程项目施工招标,依据工程质量保证措施和施工方案以及其他因素,从中选择优秀的承包商。在施工过程中,应严格监督按施工图纸进行施工。

10.4.4 工程项目质量控制的原则

在工程项目建设过程中,对其质量控制应遵循以下几项原则。

(1) 质量第一原则

"百年大计,质量第一",工程建设与国民经济的发展和人民生活的改善息息相关。质量的好坏,直接关系到国家繁荣富强,关系到人民生命财产的安全,关系到子孙幸福,所以必须树立强烈的"质量第一"的思想。

要确立质量第一的原则,必须弄清并且摆正质量和数量、质量和进度之间的关系。不符合质量要求的工程,数量和进度都将失去意义,也没有任何使用价值。而且数量越多,进度越快,国家和人民遭受的损失也将越大,因此,好中求多,好中求快,好中求省,才是符合质量管理所要求的质量水平。

(2) 预防为主原则

对于工程项目的质量,我们长期以来采取事后检验的方法,认为严格检查就能保证质量,实际上这是远远不够的。应该从消极防守的事后检验变为积极预防的事先管理。因为好的建筑产品是好的设计、好的施工所产生的,不是检查出来的。必须在项目管理的全过程中,事先采取各种措施,消灭种种不合质量要求的因素,以保证建筑产品质量。如果各质量因素(人、机、料、法、环)预先得到保证,工程项目的质量就有了可靠的前提条件。

(3) 为用户服务原则

建设工程项目就是为了满足用户的各种要求,尤其要满足用户对质量的要求。真正好的质量是用户完全满意的质量。进行质量控制,就是要把为用户服务的原则作为工程项目管理的出发点,贯穿到各项工作中去。同时,要在项目内部树立"下道工序就是用户"的思想。各个部门、各种工作、各种人员都有个前、后的工作顺序,在自己这道工序的工作一定要保证质量,凡达不到质量要求不能交给下道工序,一定要使"下道工序"这个用户感到满意。

(4) 用数据说话原则

质量控制必须建立在有效的数据基础上,必须依靠能够确切反映客观实际的数字和资料,否则就谈不上科学的管理。一切用数据说话,就需要用数理统计方法,对工程实体或工作对象进行科学的分析和整理,从而研究工程质量的波动情况,寻求影响工程质量的主次原因,采取改进质量的有效措施,掌握保证和提高工程质量的客观规律。

在很多情况下,我们评定工程质量虽然也按规范标准进行检测计量,也有一些数据,但是这些数据往往不完整、不系统,没有按数理统计要求积累数据,抽样选点,所以难以汇总分析,有时只能统计加估计,抓不住质量问题,不能表达工程的内在质量状态,也不能有针对性地进行质量教育,提高企业素质。所以,必须树立"用数据说话"的意识,从积累的大量数据中,找出控制质量的规律性,以保证工程项目的优质建设。

10.4.5 工程项目质量控制的任务

工程项目质量控制的任务就是根据国家现行的有关法规、技术标准和工程合同规定的工程建设各阶段质量目标实施全过程监督管理。由于工程建设各阶段的质量目标不同,需要分别确定各阶段的质量控制对象和任务。

1. 工程项目决策阶段质量控制的任务

① 审核可行性研究报告是否符合国民经济发展的长远规划、国家经济建设的方针政策。

② 审核可行性研究报告是否符合工程项目建议书或业主的要求。

③ 审核可行性研究报告是否具有可靠的基础资料和数据。

④ 审核可行性研究报告是否符合技术经济方面的规范标准和定额等指标。

⑤ 审核可行性研究报告的内容、深度和计算指标是否达到标准要求。

2. 工程项目设计阶段质量控制的任务

① 审查设计基础资料的正确性和完整性。

② 编制设计招标文件,组织设计方案竞赛。

③ 审查设计方案的先进性和合理性,确定最佳设计方案。

④ 督促设计单位完善质量保证体系,建立内部专业交底及专业会签制度。

⑤ 进行设计质量跟踪检查,控制设计图纸的质量。在初步设计和技术设计阶段,主要检查生产工艺及设备的选型,总平面与运输布置,建筑与设施的布置,采用的设计标准和主要技术参数;在施工图设计阶段,主要检查计算是否有错误,选用的材料和做法是否合理,标注的各部分设计标高和尺寸是否有错误,各专业设计之间是否有矛盾等。

3. 工程项目施工阶段质量控制的任务

施工阶段质量控制是全过程质量控制的关键环节。根据工程质量形成的时间,它又可分为质量的事前控制、事中控制和事后控制,其中事前控制是重点。

1) 事前控制

① 审查承包商及分包商的技术资质。

② 协助完善质量体系,包括完善计量及质量检测技术和手段等,同时对承包商的实验室资质进行考核。

③ 督促承包商完善现场质量管理制度,包括现场会议制度、现场质量检验制度、质量统计报表制度和质量事故报告及处理制度等。

④ 与当地质量监察站联系,争取其配合、支持和帮助。

⑤ 组织设计交底和图纸会审,对某些工程部位应下达质量要求标准。

⑥ 审查承包商提交的施工组织设计,保证工程质量具有可靠的技术措施。审核工程中采用的新材料、新结构、新工艺、新技术的技术鉴定书;对工程质量有重大影响的施工机械、设备应审核其技术性能报告。

⑦ 对工程所需原材料、构配件的质量进行检查与控制。

⑧ 对永久性生产设备或装置,应按审批同意的设计图纸组织采购或订货,到场后进行检查验收。

⑨ 对施工场地进行检查验收。检查施工场地的测量标桩、建筑物的定位放线以及高程水准点,重要工程还应复核,落实现场障碍物的清理、拆除等。

⑩ 把好开工关。对现场各项准备工作检查合格后,方可发开工令;停工的工程,未发复工令者不得复工。

2) 事中控制

① 督促承包商完善工序控制。工程质量是在工序中产生的,工序控制对工程质量起着决定性的作用。应把影响工序质量的因素都纳入控制状态中,建立质量管理点,及时检查和审核承包商提交的质量统计分析资料和质量控制图表。

② 严格工序交接检查。主要工作作业(包括隐蔽作业)需按有关验收规定经检查验收后,方可进行下一工序的施工。

③ 重要的工程部位或专业工程(如混凝土工程)要做试验或技术复核。

④ 审查质量事故处理方案,并对处理效果进行检查。

⑤ 对完成的分项分部工程,按相应的质量评定标准和办法进行检查验收。

⑥ 审核设计变更和图纸修改。

⑦ 按合同行使质量监督权和质量否决权。

⑧ 组织定期或不定期的质量现场会议,及时分析、通报工程质量状况。

3) 事后控制

① 审核承包商提供的质量检验报告及有关技术性文件。

② 审核承包商提交的竣工图。

③ 组织联动试车。

④ 按规定的质量评定标准和办法进行检查验收。

⑤ 组织项目竣工总验收。

⑥ 整理有关工程项目质量的技术文件,并编目、建档。

4. 工程项目保修阶段质量控制的任务

① 审核承包商的工程保修书。
② 检查、鉴定工程质量状况和工程使用情况。
③ 对出现的质量缺陷,确定责任者。
④ 督促承包商修复缺陷。
⑤ 在保修期结束后,检查工程保修状况,移交保修资料。

10.4.6 工程项目质量影响因素的控制

在工程项目建设的各个阶段,对工程项目质量影响的主要因素就是"人、机、料、法、环"等五大方面。为此,应对这五个方面的因素进行严格控制,以确保工程项目建设的质量。

1. 对"人"的因素的控制

人是工程质量的控制者,也是工程质量的"制造者"。控制人的因素,即调动人的积极性、避免人的失误等,是控制工程质量的关键因素。

(1) 领导者的素质

领导者是具有决策权力的人,其整体素质是提高工作质量和工程质量的关键,因此,在对承包商进行资质认证和选择时一定要考核领导者的素质。

(2) 人的理论水平和技术水平

人的理论水平和技术水平是人的综合素质的表现,它直接影响工程项目质量,尤其是技术复杂,操作难度大,要求精度高,工艺新的工程对人员素质要求更高,否则,工程质量很难保证。

(3) 人的生理缺陷

根据工程施工的特点和环境,应严格控制人的生理缺陷,如高血压、心脏病的人,不能从事高空作业和水下作业;反应迟钝、应变能力差的人,不能操作快速运行、动作复杂的机械设备等,否则,将影响工程质量,引起安全事故。

(4) 人的心理行为

影响人的心理行为因素很多,而人的心理因素如疑虑、畏惧、抑郁等很容易使人产生愤怒、怨恨等情绪,使人的注意力转移,由此引发质量、安全事故。所以,在审核企业的资质水平时,要注意企业职工的凝聚力如何,职工的情绪如何,这也是选择企业的一条标准。

(5) 人的错误行为

人的错误行为是指人在工作场地或工作中吸烟、打赌、错视、错听、误判断、误动作等,这些都会影响工程质量或造成质量事故。所以,在有危险的工作场所,应严格禁止吸烟、嬉戏等。

(6) 人的违纪违章

人的违纪违章是指人的粗心大意、注意力不集中、不履行安全措施等不良行为,会对工程质量造成损害,甚至引起工程质量事故。所以,在使用人的问题上,应从思想素质、业务素质和身体素质等方面严格控制。

2. 对施工机械设备的控制

施工机械设备是工程建设不可缺少的设施,目前工程建设的施工进度和施工质量都与施工机械关系密切。因此,在施工阶段,必须对施工机械的性能、选型和使用操作等方面进行控制。

(1) 机械设备的选型

机械设备的选型应因地制宜,按照技术先进、经济合理、生产适用、性能可靠、使用安全、操作和维修方便等原则来选择施工机械。

(2) 机械设备的主要性能参数

机械设备的性能参数是选择机械设备的主要依据,为满足施工的需要,在参数选择上可适当留有余地,但不能选择超出需要很多的机械设备,否则,容易造成经济上的不合理。机械设备的性能参数很多,要综合各参数,确定合适的施工机械设备。在这方面,要配合承包商,结合机械施工方案,择优选择机械设备。要严格把关,对不符合需要和存在安全隐患的机械,不准进场。

(3) 机械设备的使用、操作要求

合理使用机械设备,正确地进行操作,是保证工程项目施工质量的重要环节,应贯彻"人机固定"的原则,实行定机、定人、定岗位的制度。操作人员必须认真执行各项规章制度,严格遵守操作规程,防止出现安全质量事故。

3. 对材料、构配件的质量控制

材料及构配件的质量是工程项目质量的基础,加强材料和构配件的质量控制是工程质量的重要保证。

1) 材料质量控制的要点

(1) 掌握材料信息,优选供货厂家

应掌握材料信息,优选有信誉的厂家供货,对主要材料、构配件在订货前,必须经监理工程师论证同意后,才可订货。

(2) 合理组织材料供应

应协助承包商合理组织材料采购、加工、运输、储备。尽量加快材料周转,按质、按量、如期满足工程建设需要。

(3) 合理地使用材料,减少材料损失

(4) 加强材料检查验收

用于工程上的主要建筑材料,进场时必须具备正式的出厂合格证和材质化验单。否则,应做补检。工程中所有构配件必须具有厂家批号和出厂合格证。

凡是标志不清或质量有问题的材料,对质量保证资料有怀疑或与合同规定不相符的一般材料,应进行一定比例的材料试验,并需要追踪检验。对于进口的材料和设备以及重要工程或关键施工部位所用材料,则应进行全部检验。

(5) 重视材料的使用认证,以防错用或使用不当

2) 材料质量控制的内容

(1) 材料质量的标准

材料质量的标准是衡量材料标准的尺度,并作为验收、检验材料质量的依据。其具体的

材料标准指标可参见相关材料手册。

(2) 材料质量的检验、试验

材料质量的检验目的是通过一系列的检测手段,将取得的材料数据与材料的质量标准相比,用以判断材料质量的可靠性。

(3) 材料的选择和使用要求

材料的选择不当和使用不正确会严重影响工程质量或造成工程质量事故。因此,在施工过程中,必须针对工程项目的特点和环境要求及材料的性能、质量标准、适用范围等多方面综合考察,慎重选择和使用材料。

4. 对方法的控制

对方法的控制主要是指对施工方案的控制,也包括对整个工程项目建设期内所采用的技术方案、工艺流程、组织措施、检测手段、施工组织设计等的控制。对一个工程项目而言,施工方案恰当与否,直接关系到工程项目质量,关系到工程项目的成败,所以,应重视对方法的控制。这里所说的方法控制,在工程施工的不同阶段其侧重点也不相同,但都是围绕确保工程项目质量这个目标的。

5. 对环境因素的控制

影响工程项目质量的环境因素很多,有工程技术环境、工程管理环境、劳动环境等。环境因素对工程质量的影响复杂而且多变。因此,应根据工程特点和具体条件,对影响工程质量的环境因素进行严格控制。

10.4.7　质量控制的方法

通过对质量数据的收集、整理和统计分析,找出质量的变化规律和存在的质量问题,提出进一步的改进措施,这种运用数学工具进行质量控制的方法是所有涉及质量管理的人员所必须掌握的,它可以使质量控制工作定量化和规范化。下面介绍几种在质量控制中常用的数学工具及方法。

1. 直方图法

1) 直方图的用途

直方图又称频率分布直方图,它们将产品质量频率的分布状态用直方图来表示,根据直方图的分布形状和与公差界限的距离来观察、探索质量分布规律,分析和判断整个生产过程是否正常。

利用直方图可以制定质量标准,确定公差范围,判明质量分布情况是否符合标准要求。

2) 直方图的分析

直方图有以下几种分布形式,如图10-5所示。

① 对称型,说明生产过程正常,质量稳定,如图10-5(a)所示。

② 左右缓坡型,主要是在质量控制中对上限或下限控制过严,如图10-5(b)、图10-5(c)所示。

③ 锯齿型,原因一般是分组不当或组距确定不当,如图10-5(d)所示。

④ 孤岛型,原因一般是材质发生变化或他人临时替班所造成,如图10-5(e)所示。

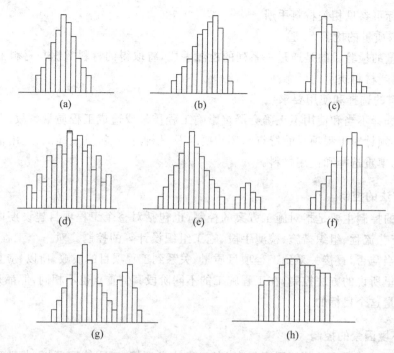

图 10-5 常见的几种直方图形式

⑤ 绝壁型,一般是剔除下限以下的数据造成的,如图 10-5(f)所示。
⑥ 双峰型,把两种不同的设备或工艺的数据混在一起造成的,如图 10-5(g)所示。
⑦ 平峰型,生产过程中由缓慢变化的因素起主导作用,如图 10-5(h)所示。

3)注意事项

① 直方图属于静态的,不能反映质量的动态变化;
② 画直方图时,数据不能太少,一般应大于 50 个数据,否则画出的直方图难以正确反映总体的分布状态;
③ 直方图出现异常时,应注意将收集的数据分层,然后再画直方图;
④ 直方图呈正态分布时,可求平均值和标准差。

2. 排列图法

排列图法又称巴雷特法、主次排列图法,是分析影响质量主要问题的有效方法,将众多的因素进行排列,主要因素就一目了然,如图 10-6 所示。

排列图法是由一个横坐标、两个纵坐标、几个长方形和一条曲线组成。左侧的纵坐标是频数或件数,右侧纵坐标是累计频率,横轴则是项目或因素,按项目频数大小顺序在横轴上自左而右画长方形,其高度为频数,再根据右侧的纵坐标,画出累计频率曲线,该曲线也称巴雷特曲线。

3. 因果分析图法

因果分析图也叫鱼刺图、树枝图,这是一种逐步深入研究和讨论质量问题的图示方法。在工程建设过程中,任何一种质量问题的产生,一般都是多种原因造成的,这些原因有大有小,把这些原因按照大小顺序分别用主干、大枝、中枝、小枝来表示,这样,就可一目了然地观

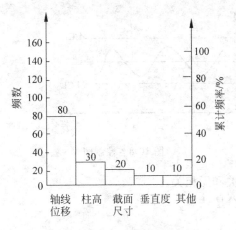

图 10-6 排列图

察出导致质量问题的原因,并以此为据,制定相应对策。如图 10-7 所示。

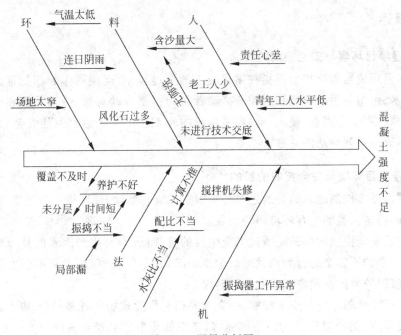

图 10-7 因果分析图

4. 管理图法

管理图也称控制图,它是反映生产过程随时间变化而变化的质量动态,即反映生产过程中各个阶段质量波动状态的图形,如图 10-8 所示。管理图利用上下控制界限,将产品质量特性控制在正常波动范围内,一旦有异常反应,通过管理图就可以发现,及时处理。

5. 相关图法

产品质量与影响质量的因素之间常有一定的相互关系,但不一定是严格的函数关系,这种关系称为相关关系。利用直角坐标系将两个变量之间的关系表达出来。相关图的形式有

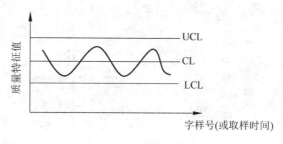

图 10-8　控制图

正相关、负相关、非线性相关和无相关。

此外,还有调查表法、分层法等。

10.5　工程项目的环境与安全控制

10.5.1　概述

1. 工程项目环境与安全控制的概念

工程项目环境与安全控制是指在项目施工的全过程中,运用科学管理的理论、方法,通过法规、技术、组织等手段所进行的规范劳动者行为控制劳动对象、劳动手段和施工环境条件,消除或减少不安全因素,使人、物、环境构成的施工生产体系达到最佳安全状态,实现项目安全目标等一系列活动的总称。

2. 工程项目环境与安全控制的目的

工程项目环境控制的目的是通过对环境因素的管理活动,使环境免遭污染,资源得到节约,社会的经济与人类的生存环境协调发展。

工程项目安全控制的目的是通过安全生产的管理活动,对生产因素的具体状态进行控制,使生产因素的不安全的行为和状态减少或消除,并不引发事件,尤其不引发使人受到伤害的事故,以保护生产活动中人的安全和健康。

对于工程项目的环境与安全控制,一方面要控制作业现场的各种粉尘、废水、废气、固体废弃物以及噪声、振动对环境的污染和危害,考虑能源节约和避免资源浪费;另一方面,要控制影响工程项目所有生产工作人员、访问者和其他有关部门人员健康和安全的条件和因素。考虑和避免因工程项目对使用者造成的健康和安全的危害。

3. 工程项目环境与安全控制的任务

工程项目环境与安全控制的任务是为达到建筑工程的职业健康安全与环境管理目的而进行的一系列指挥、控制和协调活动,包括制定、实施、实现、评审和保持职业健康安全与环境方针所需的组织机构、计划活动、职责、惯例、程序、过程和资源等。应根据工程项目的实际情况制定方针,建立组织机构、策划活动、明确职责、遵守有关法律法规和惯例、编制程序控制文件,实行过程控制并提供人员、设备、资金和信息资源,保证职业健康安全与环境管理任务的完成。

4. 工程项目环境与安全控制的特点

(1) 工程项目环境与安全控制的复杂性

建筑产品的固定性和生产的流动性及受外部环境影响因素多致使职业健康安全与环境管理工作很复杂,稍有考虑不周就会出现问题,由此决定了工程项目环境与安全控制的复杂性。

(2) 工程项目环境与安全控制的多样性

建筑产品的多样性和生产的单件性决定了工程项目建设要根据其特定要求进行,因此,对于每个工程项目都要根据其实际情况,制定健康安全与环境管理计划,不可相互套用,这就决定了工程项目环境与安全管理的多样性。

(3) 工程项目环境与安全控制的协调性

建筑产品生产过程的连续性和分工性决定了工程项目环境与安全管理的协调性。建筑产品不能像其他工业产品那样分解为若干部分同时生产,而必须在同一固定场地按严格程序连续施工,上一道工序生产的结果往往会被下一道工序所掩盖,且很多工序由不同的人员和单位来完成。因此,要求各方面的横向配合和协调,共同注意施工过程接口部分的环境与安全控制的协调性。

(4) 工程项目环境与安全控制的不符合性

建筑产品的委托性决定了工程项目环境与安全控制的不符合性。建筑产品在建造前就确定了买主,按建设单位特定的要求委托进行建造。业主经常会压低标价,造成工程施工单位对现场环境与安全管理的费用投入的减少,不符合环境与安全管理有关规定的现象时有发生。这就要求建设单位和施工单位都必须重视对健康安全和环保费用的投入,不可不符合健康和安全与环境控制的要求。

(5) 工程项目环境与安全控制的持续性

工程项目建设的阶段性要求环境与安全控制的持续性。工程项目从立项到投产使用要经历前期准备、设计、施工、使用前的准备、保修等若干阶段,这就要求十分重视项目的环境与安全问题,持续不断地对项目各阶段可能出现的环境与安全问题实施管理。否则,一旦在某个阶段出现安全问题和环境问题就会造成极大的损失,甚至造成项目的夭折。

(6) 工程项目环境与安全控制的经济性

建筑产品作为社会性产品,必须适应可持续发展的要求,因此要求工程不仅应考虑建造成本的消耗,还应考虑其寿命期内的使用成本消耗,这就决定了工程项目安全与环境控制的经济性。环境管理注重包括工程使用期内的成本,如能源、水耗、维护、保养、改建更新的费用,并通过比较分析,判定工程是否符合经济要求,一般采用生命周期法作为对其进行管理的参考。另外,环境管理要求节约资源,以减少资源消耗来降低环境污染,这些都体现了经济性的要求。

10.5.2 工程项目环境控制

1. 工程项目环境保护的意义

(1) 保护和改善环境是构建和谐社会,保障人民群众身体健康的需要

工程项目建设是社会发展的需求,而施工过程中对环境的污染势必使施工工人和周边

群众成为直接受害者,因此,防止粉尘、噪声和水源污染,控制施工环境,将项目建设带来的影响降至最低,是构建和谐社会,进行绿色施工,保障人民群众身体健康的题中应有之义,必须高度重视。

(2) 保护和改善施工环境是现代化大生产的客观要求

现代化施工广泛应用新设备、新技术、新生产工艺,对环境质量要求很高。如果粉尘、振动超标就可能损坏设备、影响功能发挥,再好的设备,再先进的技术也难于发挥作用。严重者将带来项目建设中的隐患。

(3) 保护和改善施工现场环境是防止扰民,保证施工顺利进行的需要

工程建设经常带来扰民问题,随着人们的法制观念和自我保护意识增强,反映扰民问题的来信来访增多,有的甚至同周围居民发生冲突,影响施工生产,严重者环保部门罚款整治。如果及时采取防治措施,防止污染环境,有利于消除外部干扰,使施工顺利进行。

2. 工程项目环境控制的工作内容

项目经理负责现场环境管理工作的总体策划和部署,建立项目环境管理组织机构,制定相应制度和措施,组织培训,使各级人员明确环境保护的意义和责任。

这方面的工作应包括以下几项内容。

① 按照分区划块原则,做好项目的环境管理,进行定期检查,加强协调,及时解决发现的问题,实施纠正和采取预防措施,保持现场良好的作业环境、卫生条件和工作秩序,做到污染预防。

② 对环境因素进行控制,制定应急准备和相应措施,并保证信息通畅,预防可能出现的非预期损害。在出现环境事故时,应及时消除污染,并应制订相应措施,防止环境二次污染。

③ 应保存有关环境管理的工作记录。

④ 进行现场节能管理,有条件时应规定能源使用指标。

3. 工程项目环境保护措施

(1) 实行环保目标责任制

把环保指标以责任书的形式层层分解到有关单位和个人,列入承包合同和岗位责任制,建立一个懂行善管的环保监控体系。项目经理是环保工作的第一责任人,是施工现场环境保护自我监控体系的领导者和责任者,要把环保政绩作为考核项目经理的一项重要内容。

(2) 加强检查和监控工作

要加强对施工现场粉尘、噪声、废气的检查、监测和控制工作。要与文明施工现场管理一起检查、考核、奖罚。及时采取措施消除粉尘、废气和污水的污染。

(3) 保护和改善施工现场的环境

一方面,施工单位要采取有效措施控制烟尘、污水、噪声污染;另一方面,建设单位应该负责协调外部关系,同当地相关单位、环保部门加强联系。认真对待来信来访,凡能解决的问题立即解决,一时不能解决的也要说明情况,求得谅解并限期解决。

(4) 要有技术措施,严格执行国家法律、法规

在编制施工组织设计时,必须有环境保护的技术措施。在施工现场平面布置和组织、施工过程中都要执行国家、地区、行业和企业有关防治空气污染、水源污染、噪声污染等环境保

护的法律、法规和规章制度。

(5) 防止大气污染措施

① 施工现场垃圾、渣土要及时清理出现场。高层建筑物和多层建筑物清理施工垃圾时,要搭设封闭式专用垃圾道,采用容器吊运或将永久性垃圾道随结构安装好,以供施工使用,严禁凌空随意抛撒。

② 施工现场道路采用焦砟级配砂石、粉煤灰级配砂石、沥青混凝土或水泥混凝土等,有条件的可利用永久性道路,并指定专人定期洒水清扫,形成制度,防止道路扬尘。

③ 袋装水泥、白灰、粉煤灰等易飞扬的细颗粒散体材料应库内存放。室外临时露天存放时,必须下垫上盖,严密遮盖,防止扬尘。散装水泥、粉煤灰、白灰等细颗粒粉状材料,应存放在固定容器(散装罐)内,没有固定容器时,应设封闭式库存放,并具备可靠的防扬尘措施。运输水泥、粉煤灰、白灰等细颗粒粉状材料时,要采取遮盖措施,防止沿途遗撒、扬尘。卸运时,应采取措施,以减少扬尘。

④ 车辆不带泥沙出现场措施:可在大门口铺一段石子,定期过筛清理;设置一段水沟冲刷车轮。

⑤ 除设有符合规定的装置外,禁止在施工现场焚烧油毡、橡胶、塑料、皮革、树叶、枯草、各种包皮等以及其他会产生有毒、有害烟尘和恶臭气体的物质。

⑥ 机动车都要安装 PCV 阀,对那些尾气排放超标的车辆要安装净化消声器,确保不冒黑烟。

⑦ 工地水炉、大灶、锅炉尽量采用消烟除尘型。

⑧ 工地搅拌站除尘是治理的重点。有条件的要修建集中搅拌站,由计算机控制进料、搅拌、输送全过程,在进料仓上方安装除尘器,使水泥、砂、石中的粉尘降低 99% 以上。采用现代化先进设备是解决工地粉尘污染的根本途径。

⑨ 拆除旧有建筑物时,应适当洒水,防止扬尘。

(6) 防止水源污染措施

① 禁止将有毒有害废弃物做土方回填。

② 施工现场搅拌站废水、现制水磨石的污水、电石(碳化钙)的污水须经沉淀池沉淀后再排入城市污水管道或河流。最好将沉淀水用于工地洒水降尘或采取措施回收利用。上述污水未经处理不得直接排入城市污水管道或河流中。

③ 现场存放油料,必须对库房地面进行防渗处理。如采用防渗混凝土地面,铺油毡等。使用时要采取措施,防止油料跑、冒、滴、漏,污染水体。

④ 施工现场 100 人以上的临时食堂,污水排放时可设置简易有效的隔油池,定期掏油和杂物,防止污染。

⑤ 工地临时厕所及化粪池应采取防渗漏措施。中心城市施工现场的临时厕所可采取水冲式厕所,蹲坑上加盖,并有防蝇、灭蛆措施,防止污染水体和环境。

⑥ 化学药品、外加剂等要妥善保管,库内存放,防止污染环境。

(7) 防止噪声污染措施

① 严格控制人为噪声,进入施工现场不得高声喊叫、无故摔打模板、乱吹哨,限制高音喇叭的使用,最大限度地减少噪声扰民。

② 凡在人口稠密区进行强噪声作业时,必须严格控制作业时间。一般晚 10 点到次日

早 6 点之间停止强噪声作业。确系特殊情况必须昼夜施工时,尽量采取降低噪声的措施,并会同建设单位找当地居委会、村委会或当地居民协调,出安民告示,求得群众谅解。

③ 在传播途径上控制噪声。采取吸声、隔声、隔振和阻尼等声学处理的方法来降低噪声。

10.5.3 工程项目安全控制

所谓安全指的是免除不可接受的损害风险状态。不可接受的损害风险通常是指超出了法律、法规和规章的要求;超出了方针、目标和企业规定的其他要求;超出了人们普遍接受(通常是隐含的)要求。

安全的基本含义包括两个方面:①预知危险,②消除危险,两者缺一不可。从广义上讲,安全就是预知人类活动各个领域里存在的固有的或潜在的危险,并且为了消除这些危险所采取的各种方法、手段和行动的总称。从狭义上说,安全通常是指在社会生产活动中,在科学和技术的应用过程中可能的危险所产生的人身伤害和损失问题,是指伴随人类社会生产而产生的安全问题。

工程项目安全控制是通过对施工过程中涉及的计划、组织、监控、调节和改进等一系列致力于满足生产安全所进行的管理活动。

1. 工程项目安全控制的内容、方针和目标

工程项目安全控制的内容就是对施工生产中人的不安全行为、物的不安全状态、作业环境的不安全因素和管理缺陷的控制。主要包括如下几方面。

① 安全管理要点,如安全生产许可证、各类人员持证上岗、安全培训记录等;安全生产保证体系,如安全生产管理机构和专职安全生产管理人员、安全物资的保障、安全生产资金的保障等。

② 安全生产管理制度,如安全生产责任制度、安全教育培训制度、安全技术管理制度、安全检查制度、安全事故报告制度、应急救援制度、安全生产资金保障制度、三类人员考核任职制与特种作业人员持证上岗制等。

③ 安全事故管理,如安全事故报告、现场保护、事故调查与处理等。

④ 施工现场的环境保护、文明施工、消防安全等的控制。

安全控制的目标是减少和消除生产过程中的事故,保证人员健康安全和财产免受损失。具体可包括:减少或消除人的不安全行为的目标;减少或消除设备、材料的不安全状态的目标;改善生产环境和保护自然环境的目标。

2. 工程项目安全控制的方法和手段

1) 工程项目安全控制方法

做好工程项目安全管理工作,要遵循安全生产管理机制,采用政府建筑安全监督管理、建筑企业自我安全管理、工程监理企业安全生产监督管理和群众监督相结合的方法。

(1) 政府建筑安全监督管理

政府建筑安全监督管理是建设行政管理部门以及安全生产综合管理部门对建筑安全生产的监督,是以规范企业行为、督促和帮助企业建立安全生产自律机制为宗旨的。国务院负责安全生产监督管理的部门依照《安全生产法》,对全国安全生产工作实施综合监督管理;

县级以上地方各级人民政府负责安全生产监督管理的部门依照《安全生产法》，对本行政区域内安全生产工作实施综合监督管理。

为加强对建筑安全生产的监督管理，政府有关部门对建筑安全生产实施安全生产计划管理和安全生产国家监察。国家安全生产计划管理是通过制定相应的安全生产发展规划来明确安全生产工作的指导思想、基本方针、主要任务、保障措施，以指导全国安全生产发展的规划；安全生产国家监察是国家法律、法规授权的行政部门，代表政府对企业的生产过程实施职业健康安全监察，以政府的名义，运用国家权力对生产单位在履行职业健康安全职责和执行职业健康安全政策、法律、法规和标准的情况依法进行监督、检举和惩戒。国家监察机构在法律的授权范围内可以采取包括强制性手段在内的多种监督检查形式和方法来执行监察任务。

（2）建筑企业自我安全管理

建筑企业自我安全管理是建筑企业依法对本单位的安全生产工作全面负责，同时也包括建设单位、勘察设计单位、工程监理单位及其他与建设工程安全生产有关的单位必须遵守安全生产法律、法规的规定，保证建设工程安全生产，依法承担建设工程安全生产责任。所有有关单位都必须坚决贯彻执行国家的法律、法规和方针政策，建立和保持安全生产管理体系。

建筑施工企业应当建立、健全安全生产责任制度和安全生产教育培训制度。建设工程实行施工总承包的，由总承包单位对施工现场的安全生产总负责；总承包单位依法将建设工程分包给其他单位的，分包合同中应当明确各自的安全生产方面的权利、义务，总承包单位和分包单位对分包工程的安全生产承担连带责任。分包单位应当服从总承包单位的安全生产管理，分包单位不服从管理导致生产安全事故的，由分包单位承担主要责任。

（3）工程监理企业安全生产监督管理

安全监理是工程建设监理的重要组成部分，是对建筑施工过程中安全生产状况所实施的监督管理。应当加强安全监理工作，提高施工现场安全生产管理水平。

随着《建设工程安全生产管理条例》的颁布和实施，监理单位在建设工程中所承担的安全责任已经法制化、规范化。《建设工程安全生产管理条例》明确指出工程监理单位应当审查施工组织设计中的安全技术措施或者专项施工方案是否符合工程建设强制性标准；工程监理单位在实施监理过程中，发现存在安全事故隐患的，应当要求施工单位整改，情况严重的，应当要求施工单位暂时停止施工，并及时报告建设单位。施工单位拒不整改或者不停止施工的，工程监理单位应当及时向有关主管部门报告；工程监理单位和监理工程师应当按照法律、法规和工程建设强制性标准实施监理，并对建设工程安全生产承担监理责任。

（4）群众监督

群众监督是保证国家建筑安全管理目标得以实现的基础。广泛深入开展宣传教育工作，增强全体职工的安全意识和安全素质以及做好安全生产的自觉性。自下而上的监督必须通过有关法律、法规予以强化。例如劳动法和建筑法都规定劳动者对危及生命安全和人身健康的行为有权提出批评、检举和控告。但只有劳动者对企业安全管理及其状况的知情权、批评权及控告权得到有效的法律保护，这种监督才能起作用。同样，企业对政府主管部门的执法行为也应有权提出异议甚至控告，从而保证行政部门的公正执法并防止腐败行为的滋生。

2）工程项目安全控制手段

工程项目安全控制是安全管理的手段和原则在建筑业中的具体应用。随着政府职能的转变,在进行安全管理时,政府应该尽量减少对各种市场行为的直接行政干预,加强依靠法律、经济、科技和文化等手段来规范建筑市场各方的行为。

(1) 法律手段

安全生产法律法规是国家以强制力保证其实施的一种行为规范。法律手段是国家依靠强制力推行一定的安全标准,保障职工在生产过程中的安全和健康,提高企业经济效益,促进生产发展。

在实践中,我国形成全国人大、国务院、行政部门或地方立法部门的三级立法体系,层次由高到低分别为：国家根本法、国家基本法、其他法律、行政法规、部门规章、地方法规和规章、安全技术标准规范。宪法为最高层次,每类部门法均由若干个法律组成；国务院及住房和城乡建设部制定大量建筑安全法规、规章是效力范围较大,法律效力程序较强的建筑安全行政法规。

(2) 经济手段

经济手段通过建筑市场内在的经济联系,调整各安全生产主体之间的利益,从而保证安全管理的经济基础。经济手段是各类安全生产责任主体通过各类保险和担保来维护自身利益,同时国家运用经济杠杆使质量好信誉高的企业得到经济利益,这是市场机制发挥基础作用的手段。工伤保险、建筑意外伤害保险、经济惩罚制度、提取安全费用和提取风险抵押金等经济手段,是在建筑业中普遍使用的经济手段。各种经济手段通过经济刺激方式促进企业安全管理系统的改善,促进企业安全业绩的提高。

(3) 科技手段

安全管理需要安全科技的推动,安全科技手段的使用可以帮助人们带来更低廉的成本和更有效的安全防护。要实现安全生产,必须依靠科技进步,大力发展安全科学技术,以改造传统建筑业的生产过程,从设计、施工、技术装备、劳动保护用品等方面保障安全生产,从本质上为促进建筑安全管理水平的提高提供技术手段支持,最终提高安全管理水平和管理效率。

(4) 文化手段

安全文化是国际劳工大会所指的预防性国家安全与健康文化。安全文化手段属于内在驱动力,可以改变企业对安全问题的价值观和基本标准,从而完全自愿地去管理安全。文化手段能够从本质上改善建筑业的安全状况,但是安全文化的形成需要比较长的时间。建筑施工企业应该加强安全文化的建设,将企业的安全理念落实到企业的管理制度中,将安全管理融入企业整个管理中,将安全法律法规、制度落实到决策者、管理者和员工的行为方式中,将安全标准落实在施工工艺、技术和过程中,由此在企业内部形成一个良好的安全生产氛围,从而以安全文化的力量保障建筑施工企业安全生产。

3. 工程项目安全影响因素的控制

影响工程项目安全的因素主要是施工中人的不安全行为、物的不安全状态、作业环境的不安全因素和管理缺陷。项目负责人应根据施工中人的不安全行为、物的不安全状态、作业环境的不安全因素和管理缺陷进行相应的安全控制。

1) 人的控制

人是生产活动的主体,也是工程项目建设的决策者、管理者、操作者。工程建设施工全过程都是通过人来完成的。人在生产活动中,曾引起或可能引起事故的行为必然是不安全行为。人出现一次不安全行为不一定就会发生事故而造成伤害,然而不安全行为一定是事故的潜在危险因素。所以人员的素质,即人的文化水平、技术水平、决策能力、管理能力、组织能力、作业能力、控制能力、身体素质及职业道德等,都将直接或间接地对施工安全产生影响。

建设行业实行企业资质管理、安全生产许可证管理和各类专业从业人员持证上岗制度是施工安全生产保证人员素质的重要管理措施。

2) 物的控制

人机系统把生产过程中发挥一定作用的机具、物料、生产对象以及其他生产要素统称为物。物具有不同形式、性质的能量,有出现能量意外释放、引发事故的可能。由于物的能量可能释放引起事故的状态,称为物的不安全状态。物的不安全状态是发生事故的直接原因,因此正确判断物的具体不安全状态控制其发展对预防、消除事故具有直接的现实意义。

物的控制包括施工机械、材料、设备、安全防护等安全物资的控制。

施工机具、设备是施工生产的手段,对工程施工安全有重要的影响。材料和防护用品等安全物资的质量是施工安全生产的基础,是工程建设的物质条件。安全生产设施条件的安全状况很大程度上取决于所使用的安全物资。为防止假冒、伪劣或存在质量缺陷的物资从不同渠道流入施工现场,造成安全隐患,应对安全物资供应单位的评价和选择、供货合同条款约定和进场安全物资验收的管理要求等做出具体规定,并组织实施。通过供货合同约定安全物资的产品质量和验收要求以及对进场安全物资进行验收,并形成记录等。未经验收或验收不合格的安全物资应做好标识并清退出场。

3) 环境条件的控制

环境的控制指对工程施工安全起重要作用的环境因素,包括工程技术环境,如工程地质、水文、气象等;工程作业环境,如施工环境作业面大小、防护设施、通风照明和通信条件等;工程现场自然环境,如未来的施工期内,自然环境条件包括冬季、雨季等可能对施工安全生产的不利影响;工程周边环境,如工程邻近的地下管线、建(构)筑物等。环境条件往往对工程施工安全产生特定的影响。加强环境管理和控制,改进作业条件,把握好技术环境,辅以必要的措施,是控制环境对施工安全影响的重要保证。

4) 管理条件的控制

加强施工安全管理,建立、完善和严格执行安全生产规章制度,包括安全生产责任制度、安全教育培训制度、安全检查制度、安全技术管理制度等要素。如安全技术管理制度中,施工方案是否合理,施工工艺是否先进,施工操作规定是否正确,都将对工程施工安全产生重大影响。

4. 工程项目安全控制程序及措施

1) 工程项目安全控制的程序

工程项目安全控制实施应遵循下列程序。

(1) 确定项目的安全目标

按"目标管理"方法在以项目经理为首的项目管理系统内进行分解,从而确定每个岗位的安全目标,实现全员安全控制。

(2) 编制项目安全技术措施计划

对生产过程中的不安全因素,用技术手段加以消除和控制,并用文件化的方式表示,这是进行工程项目安全控制的指导性文件。

(3) 安全技术措施计划的落实和实施

包括建立健全安全生产责任制、设置安全生产设施、进行安全教育和培训、沟通和交流信息、通过安全控制使生产作业的安全状况处于受控状态。

(4) 安全技术措施计划的验证

包括安全检查、纠正不符合情况,并做好检查记录工作。根据实际情况补充和修改安全技术措施。

(5) 持续改进,直至完成建设工程项目的所有工作

工程项目安全控制的程序具体如图10-9所示。

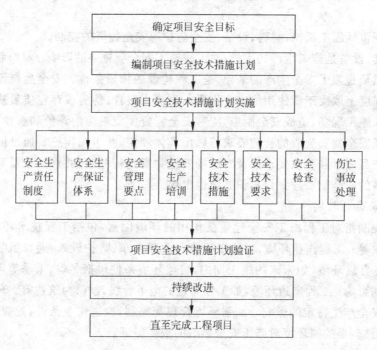

图10-9 工程项目安全控制的程序

2) 工程项目安全控制的措施

(1) 建立安全控制体系

建立安全控制组织机构,形成安全组织系统,有组织、有领导地开展安全管理活动;明确各部门、各级人员的安全责任,形成安全控制责任系统;配备必要的安全设施,形成安全控制要素系统。总之,通过制定安全管理制度,落实安全责任,建立安全教育体系,加强安全检查和安全事故处理,最终形成具有安全控制和管理功能的有机整体。

(2) 加强安全教育培训

诱发安全事故的主要原因有人的不安全行为、物的不安全状态及管理上的缺陷。因此安全教育既要从提高安全意识入手,也要从增强安全技术知识方面进行教育和培训。未经教育的人员不得上岗作业,要实施培训考核上岗制,建立、健全培训档案制度。安全教育的主要内容包括:①安全思想教育。教育操作人员具有良好的自我保护意识,时时处处注意安全,防范风险于未然。②安全技术教育。教育操作人员了解其施工生产的一般流程,安全生产一般应注意的事项,工种、岗位安全生产知识,重点熟悉安全生产技术和安全技术操作规程等。③安全法制和纪律教育。让操作人员充分了解安全生产法规和责任制度,安全生产规章制度,职工守则,劳动纪律,安全生产奖惩条例。

(3) 强化安全检查处理

① 强化安全检查的重点是查思想、查管理、查制度、查隐患、查事故处理。

② 安全检查的组织。主要是指制定安全检查制度,按制度要求的规模、时间、原则、处理、报偿全面落实;成立由第一责任人为首,业务部门、全体人员参加的安全检查组织;安全检查必须做到有计划、有目的、有准备、有整改、有总结、有处理。

③ 安全检查的准备。主要是指思想准备和业务准备。

④ 安全检查的形式。主要包括定期安全检查、突击性安全检查和特殊检查。

⑤ 安全检查结果的处理。安全检查的目的是发现、处理、消除危险因素,实现安全生产。对于一些由于种种原因而一时不能消除的危险因素,应逐项分析,寻求解决办法,安排整改计划,尽快予以消除。

(4) 安全设施管理

安全设施是工程项目安全控制的物质保障,必须强化管理。施工项目的安全设施有脚手架、安全帽、安全带、安全网、操作平台、防护栏杆、临时用电防护等。

(5) 安全技术措施

施工安全技术措施是指为防止工伤事故及职业病的危害,从技术革新上采取的各种措施。在建筑工程施工中,要针对工程特点、施工现场环境、施工方法、劳动组织、作业工艺、使用的机械动力设备、配电方法、架设工具以及各种安全设施等,来制定出确保安全施工的预防措施。

5. 工程项目安全事故的分类和处理

1) 工程项目安全事故的分类

工程项目安全事故分两大类型:职业伤害事故与职业病。

(1) 职业伤害事故

职业伤害事故是指因生产过程及工作原因或与其相关的其他原因造成的伤亡事故。

① 按照事故发生的原因分类

按照我国《企业职工伤亡事故分类》(GB 6441—1986)标准规定,职业伤害事故分为20类:

物体打击:落物、滚石、锤击、碎裂、崩块、砸伤等造成的人身伤害,不包括因爆炸而引起的物体打击。

车辆伤害:被车辆挤、压、撞和车辆倾覆等造成的人身伤害。

机械伤害：被机械设备或工具绞、碾、碰、割、戳等造成的人身伤害，不包括车辆、起重设备引起的伤害。

起重伤害：从事各种起重作业时发生的机械伤害事故，不包括上下驾驶室时发生的坠落伤害，起重设备引起的触电及检修时制动失灵造成的伤害。

触电：由于电流经过人体导致的生理伤害，包括雷击伤害。

淹溺：由于水或液体大量从口、鼻进入肺内，导致呼吸道阻塞，发生急性缺氧而窒息死亡。

灼烫：火焰引起的烧伤、高温物体引起的烫伤、强酸或强碱引起的灼伤、放射线引起的皮肤损伤，不包括电烧伤及火灾事故引起的烧伤。

火灾：在火灾时造成的人体烧伤、窒息、中毒等。

高处坠落：由于危险势能差引起的伤害，包括从架子、屋架上坠落以及平地坠入坑内等。

坍塌：建筑物、堆置物倒塌以及土石塌方等引起的事故伤害。

冒顶片帮：矿井作业面、巷道侧壁由于支护不当、压力过大造成的坍塌（片帮）以及顶板垮落（冒顶）事故。

透水：在矿山、地下开采或其他坑道作业时，有压地下水意外大量涌入而造成的伤亡事故。

放炮：由于放炮作业引起的伤亡事故。

火药爆炸：在火药的生产、运输、储藏过程中发生的爆炸事故。

瓦斯爆炸：可燃气体、瓦斯、煤粉与空气混合，接触火源时引起的化学性爆炸事故。

锅炉爆炸：锅炉由于内部压力超出炉壁的承受能力而引起的物理性爆炸事故。

容器爆炸：压力容器内部压力超出容器壁所能承受的压力引起的物理爆炸，容器内部可燃气体泄漏与周围空气混合遇火源而发生的化学爆炸。

其他爆炸：化学爆炸、炉膛、钢水包爆炸等。

中毒和窒息：煤气、油气、沥青、化学、一氧化碳中毒等。

其他伤害：扭伤、跌伤、冻伤、野兽咬伤等。

② 按事故后果严重程度分类

轻伤事故：造成职工肢体或某些器官功能性或器质性轻度损伤，表现为劳动能力轻度或暂时丧失的伤害，一般每个受伤人员休息：3个工作日以上，105个工作日以下。

重伤事故：一般指受伤人员肢体残缺或视觉、听觉等器官受到严重损伤，能引起人体长期存在功能障碍或劳动能力有重大损失的伤害，或者造成每个受伤人损失105个工作日以上的失能伤害。

死亡事故：一次事故中死亡职工1～2人的事故。

重大伤亡事故：一次事故中死亡3人以上（含3人）的事故。

特大伤亡事故：一次死亡10人以上（含10人）的事故。

急性中毒事故：生产性毒物一次或短期内通过人的呼吸道、皮肤或消化道大量进入人体内，使人体在短时间内发生病变，导致职工立即中断工作，并须进行急救或死亡的事故。急性中毒的特点是发病快，一般不超过1个工作日，有的毒物因毒性有一定的潜伏期，可在下班后数小时发病。

(2) 职业病

经诊断因从事接触有毒、有害物质或不良环境的工作而造成急慢性疾病，属职业病。

2002年卫生部会同劳动和社会保障部发布的《职业病目录》列出的法定职业病为10大类共115种。该目录中所列的10大类职业病如下。

尘肺：矽肺、石棉肺、滑石尘肺、水泥尘肺、陶瓷尘肺、电焊尘肺、其他尘肺等。

职业性放射性疾病：外照射放射病、内照射放射病、放射性皮肤疾病、放射性肿瘤、放射性骨损伤等。

职业中毒：铅、汞、锰、钢及其化合物、苯、一氧化碳、二硫化碳等。

物理因素所致职业病：中暑、减压病、高原病、手臂振动病。

生物因素所致职业病：炭疽、森林脑炎、布氏杆菌病。

职业性皮肤病：接触性皮炎、光敏性皮炎、电光性皮炎、黑变病、痤疮、溃疡、化学灼伤、职业性角化过度、皲裂、职业性痒疹等。

职业性眼病：化学性眼部灼伤、电光性眼炎、职业性白内障。

职业性耳鼻喉口腔疾病：噪声聋、铬鼻病、牙酸蚀病。

职业性肿瘤：石棉所致肺癌、间皮瘤，苯所致白血病，砷所致肺癌、皮肤癌，氯乙烯所致肝血管肉瘤，铬酸盐制造业工人肺癌等。

其他职业病：金属烟热、职业性哮喘、职业性变态反应性肺泡炎、棉尘病、煤矿井下工人滑囊炎等。

2) 工程项目安全事故的处理

(1) 安全事故处理的原则（四不放过的原则）

① 事故原因不清楚不放过；

② 事故责任者和员工没有受到教育不放过；

③ 事故责任者没有处理不放过；

④ 没有指定防范措施不放过。

(2) 安全事故处理程序

① 报告安全事故；

② 迅速抢救伤员并保护好现场；

③ 组织调查组进行安全事故调查；

④ 分析事故原因，明确责任者；

⑤ 制定预防措施；

⑥ 提出处理意见，写出调查报告；

⑦ 事故的审定和结案；

⑧ 员工伤亡事故登记记录。

10.6 工程项目的协调管理

工程项目的运行会涉及很多方面的关系，为了处理好这些关系，就需要协调。协调是管理的重要职能，其目的就是通过协商和沟通取得一致，齐心协力保证项目目标的实现。因此，工程项目协调对项目目标的实现具有重要意义。

10.6.1 工程项目协调管理的内容

工程项目协调的内容大致可以分为以下几个方面。

① 人际关系的协调。包括项目组织内部的人际关系,项目组织与关联单位的人际关系。人际关系的协调主要解决人员之间在工作中的联系和矛盾。

② 组织关系的协调。主要是解决项目组织内部的分工与配合问题。

③ 供求关系的协调。包括工程项目实施中所需人力、资金、设备、材料、技术、信息的供应,主要通过协调解决供求平衡问题。

④ 配合关系的协调。包括求得本公司、建设单位、设计单位、分包单位、供应单位、监理单位在配合关系上的协助和配合,以达到同心协力的目的。

⑤ 约束关系的协调。主要是了解和遵守国家及地方在政策、法规、制度等方面的制约,求得执法部门的指导和许可。

10.6.2 工程项目协调管理的范围

把工程项目作为系统则协调的范围可分为系统内部的协调和系统外部的协调。项目外部协调管理又分为近外层协调与远外层协调。项目与近外层单位一般建有合同关系,和远外层关联单位一般没有合同关系。与本公司、设计、监理、建设、供应等单位均为近外层关系;与其余单位(政府部门、金融组织与税收部门、现场环境单位等)均为远外层关系。

1. 工程项目管理的内部关系及协调

(1) 项目内部人际关系的协调指项目经理与其下属的关系、职能人员之间的关系等

协调这些关系主要靠执行制度,坚持民主集中制,做好思想政治工作,充分调动每个人的积极性。要用人所长、责任分明、实事求是地对每个人的效绩进行评价和激励。在调解人与人之间的矛盾时要注意方法,重在疏导。

(2) 项目内部组织关系的协调

项目中的组织形成系统,系统内部各组织部分构成一定的分工协作和信息沟通关系。组织关系的协调要靠组织运转正常,发挥组织能力的作用。

(3) 项目内部需求关系的协调

项目运作需要资源,因此资金、劳动力、材料、机械设备、动力等需求实际上是求得项目的资源保证。需求关系协调就是要按计划供应,抓重点和关键,健全调度体系,充分发挥调度人员的作用。

2. 工程项目管理组织与外层关系的协调

1) 与近外层关系的协调

工程项目的近外层关系,包括如下几方面。

① 甲乙方的关系;

② 与监理单位的关系;

③ 与设计单位的关系;

④ 与供应单位的关系;

⑤ 与公用部门的关系。

以上这些关系都是合同关系,应在平等的基础上进行协调。

2) 与远外层关系的协调

工程项目与远外层的关系包括与政府部门、金融组织或税收部门、现场环境单位的关系。这些关系的处理没有定式,协调更加困难,应按有关法规、公共关系准则、经济联系规定处理。例如,与政府部门的关系是请示、报告、汇报的关系,与银行的关系是送审、申请及借贷、委托关系,与现场环境单位的关系则是遵守规定,取得支持的关系等。

10.6.3 工程项目协调管理技术

主要包括激励、交际、批评、会议与会谈、报表计划与报告技术等。

1. 激励

在管理心理学中,激励是一种刺激,是促进行为再发生的手段。在项目管理工作中,要调动起各级工作人员的积极性,首先要取得各级人员的合作,其有效的做法是真诚地主动地爱护下属人员。这里主要指表扬、正面评价等。

2. 交际

项目管理中项目经理与有关人员的交际方式有:文字沟通(书信、便条);语言沟通(包括体态语言)等。

3. 批评

项目经理要掌握好批评的分寸。

4. 会议与会谈

会议是协调和指导项目活动的重要工具。成功的会议依赖于如下因素:会议的目标、任务和时间安排,会议的程序,议事清单和会议记录,会议的物质准备。

5. 报表计划与报告技术

项目经理应随时了解项目的进展情况,因此,每个项目均应编制报表计划。其中要确定由谁向谁报告,报告的内容(信息、范围等),报告的周期。

对报表的要求必须确定到底需要传递和交流哪些信息。

10.7 结　　语

控制是自始至终贯穿于整个项目的综合性管理工作,也是难度极高的工作。这就要求:熟练运用项目控制的基本理论,把握控制的依据,按照控制的步骤,对工程项目实施费用控制、进度控制、质量控制和环境及安全控制。

在费用控制中,对投资的控制要遵循控制的原则,重点放在前期控制,在各阶段中均不得超过控制限额;在施工成本控制中,要掌握常用的几种控制方法。

在进度控制中,要准确分析影响进度的因素,重点抓好施工阶段的进度控制(包括事前、事中、事后进度控制)。

在质量控制中，要了解工程质量的形成过程，质量控制的原则和任务，尤其是"人、机、料、法、环"等五大因素的控制，要初步了解和掌握质量控制的数理统计工具。

在环境及安全控制中，要了解工程项目环境控制的工作内容和保护措施；要理解安全控制是项目管理中最重要的任务，重点掌握安全控制的方法和手段；掌握工程项目安全事故的分类和安全事故的处理程序。

思 考 题

1. 何谓工程项目控制？简述工程项目控制的基本理论及控制步骤。
2. 何谓工程项目的费用控制？
3. 何谓投资控制？投资控制的原则是什么？为什么说投资控制要贯穿于以设计阶段为重点的建设全过程？
4. 何谓施工成本控制？影响施工成本的主要因素有哪些？
5. 何谓进度控制？其控制重点是哪个阶段？如何确定这个阶段进度控制的原则？
6. 何谓质量控制？工程项目质量及其特点是什么？
7. 工程质量控制原则有哪些？影响工程质量的五大方面因素是什么？
8. 掌握质量控制的几种数理统计工具。
9. 何谓工程项目环境与安全控制？
10. 工程项目环境保护的意义和工作内容是什么？
11. 何谓工程项目安全控制程序及措施？
12. 何谓工程项目安全事故的分类和处理？
13. 何谓工程项目协调管理？包括哪几方面内容？

第 11 章

工程项目风险管理

■ 学习目标

本章着重阐述了风险的概念及分类、工程项目风险及特点、工程项目风险管理以及工程项目风险的防范与处理,还介绍了工程项目保险的特点与分类、工程担保及形式等。要求学生掌握风险的概念及分类、工程项目风险及特点、工程项目风险管理及防范与处理,简单了解工程项目保险及担保相关内容。

■ 关键概念

工程项目风险　工程项目风险管理　工程项目保险　工程保证担保制度

11.1 概　　述

风险管理技术是现代项目管理中不可缺少的工具,现代项目管理与传统项目管理的不同之处就是引入了风险管理技术。但我国在20世纪70年代末引进项目管理理论与方法时,只评价引进了项目管理的基本理论、方法与程序,未能同时引进风险管理理论,其中的原因不外乎:当时经济发展水平较低,人们风险意识较差以及体制上的原因。但是后来,随着经济的不断发展,国外各种风险管理的理论、方法与技术被介绍到我国,并被逐渐应用到项目管理之中,尤其是在大型土木工程项目管理中显示了广阔的前景。

风险管理强调对项目目标的主动控制,对工程实现过程中遭遇的风险或干扰因素可以做到防患于未然,以避免和减少损失。目前,项目管理界已把风险管理和目标管理列为项目管理的两大基础,认为只有把这两者有机地结合起来才能较好地实现工程项目目标。

11.1.1 风险

1. 风险的概念

风险的存在是因为人们对任何未来的结果不可能完全预料,实际结果与主观预料之间的差异就构成了风险。风险(risk)在项目管理中是一个重要的概念,但到目前还没有得到完全统一的定义,比较具有代表性的定义有以下几种。

美国风险管理专家 C. A. Williams 等将风险定义为:给定情况下的可能结果的差异性。

国内一些风险管理学者认为:风险是指损失发生的不确定性,是人们因对未来行为的决策及客观条件的不确定性而可能引起的后果与预定目标发生多种负偏离的综合。

在一般的保险理论中,将风险定义为:风险是对被保险人的权益产生不利影响的意外事故发生的可能性。

上述几种风险的定义可以概括为下列两个方面:①不确定性,即风险是活动或事件发生的潜在可能性;②不利影响,即风险会带来一定的损失,是一种消极的不良后果。这两个方面是构成风险的基本要素,二者缺一不可。

通常人们用概率来描述风险的不确定性,总的来说不确定性和后果严重性越大,风险就越大。

其数学公式如下:

$$R = f(P,C) \tag{11-1}$$

式中:R 为风险;P 为不利事件发生的概率;C 为不利事件发生的后果。

因此,这里更倾向于第一种定义,则风险可定义为:在给定的情况下和特定的时间内,那些可能发生的结果间的差异。若两种可能各占 50%,则风险最大。

2. 风险的分类

为了深入、全面地认识项目风险,并有针对性地进行管理,有必要将风险分类。分类可以从不同的角度、根据不同的标准进行。

1) 按风险后果划分

(1) 纯粹风险

不能带来机会、无获得利益可能的风险叫纯粹风险。纯粹风险只有两种可能的后果:造成损失和不造成损失。纯粹风险造成的损失是绝对的损失。工程项目蒙受了损失,全社会也跟着受损失。如某项目空气压缩机房在施工过程中失火,蒙受了损失。该损失不但是这个工程项目的,也是全社会的,没有人从中获得好处。纯粹风险总是和威胁、损失和不幸相联系。

(2) 投机风险

既可能带来机会、获得利益,又隐含威胁、造成损失的风险称为投机风险。投机风险有三种可能的后果:造成损失、不造成损失和获得利益。投机风险如果使工程项目蒙受了损失,全社会不一定也跟着受损失。相反,其他人有可能因此而获得利益。例如,私人投资的房地产开发项目如果失败,投资者要蒙受损失。但是发放贷款的银行却可将抵押的土地和房屋收回,等待时机转手高价卖出,不但可收回贷款,而且还有可能获得高额利润。

纯粹风险和投机风险在一定条件下可以相互转化。项目管理人员必须避免投机风险转化为纯粹风险。

2) 按风险来源划分

(1) 自然风险

由于自然力的作用,造成财产毁损或人员伤亡的风险属于自然风险。例如,水利工程施工过程中因发生洪水或地震而造成的工程损害,材料和器材损失。

(2) 人为风险

人为风险是指由于人的活动而带来的风险。人为风险又可以细分为行为、经济、技术、政治和组织风险等。

① 行为风险是指由于个人或组织的过失、疏忽、侥幸、恶意等不当行为造成财产毁损、人员伤亡的风险。

② 经济风险是指人们在从事经济活动中,由于经营管理不善、市场预测失误、价格波动、供求关系发生变化、通货膨胀、汇率变动等导致经济损失的风险。

③ 技术风险是指伴随着科学技术的发展而带来的风险。如核燃料出现之后产生的核辐射风险;伴随宇宙火箭技术而带来的卫星发射风险。

④ 政治风险是指由于政局变化、政权更迭、罢工、战争等引起社会动荡而造成财产损失和损害以及人员伤亡的风险。

⑤ 组织风险是指由于项目有关各方关系不协调以及其他不确定性而引起的风险。现代的许多合资、合营或合作项目组织形式非常复杂。有的单位既是项目的发起者又是投资者,还是承包商。由于有关各方参与项目的动机和目标不一致,在项目进行过程中常常出现一些不愉快的事情,影响合作者之间的关系、项目进展和项目目标的实现。组织风险还包括项目发起组织内部的不同部门由于对项目的理解、态度和行动不一致而产生的风险。

3) 按风险是否可管理划分

可管理的风险是指可以预测并可采取相应措施加以控制的风险,反之,则为不可管理的风险。风险能否管理,取决于风险不确定性是否可以消除以及工程项目的管理水平。要消除风险的不确定性就必须掌握有关的数据、资料和其他信息。随着数据、资料和其他信息的增加以及管理水平的提高,有些不可管理的风险可以变为可管理的风险。

4) 按风险影响范围划分

风险按影响范围划分可以有局部风险和总体风险。局部风险影响的范围小,而总体风险影响范围大。局部风险和总体风险也是相对的。项目管理班子特别要注意总体风险。例如,项目所有的活动都有拖延的风险,但是处在关键路线上的活动一旦延误,就要推迟整个项目的完成日期,形成总体风险。而非关键路线上活动的延误在许多情况下是局部风险。

5) 按风险后果的承担者划分

项目风险若按其后果的承担者来划分,则有项目业主风险、政府风险、承包商风险、投资方风险、设计单位风险、监理单位风险、供应商风险、担保方风险和保险公司风险等。这样划分有助于合理分配风险,提高项目的风险承受能力。

6) 按风险的可预测性划分

按这种方法风险可以分为已知风险、可预测风险和不可预测风险。

已知风险就是在认真、严格地分析项目及其计划之后就能够明确的那些经常发生的,而且其后果亦可预见的风险。已知风险发生概率高,但一般后果轻微、不严重。项目管理中常见的有:项目目标不明确,过分乐观的进度计划,设计或施工变更,材料价格波动等。

可预测风险就是根据经验可以预见其发生,但不可预见其后果的风险。这类风险的后果有时可能相当严重。项目管理中常见的有:业主不能及时审查批准,分包商不能及时交工,施工机械出现故障,不可预见的地质条件等。

不可预测风险就是有可能发生,但其发生的可能性即使最有经验的人亦不能预见的风险。不可预测风险有时也称未知风险或未识别的风险。它们是新的、以前未观察到或很晚才显现出来的风险。这些风险一般是外部因素作用的结果。例如地震、百年不遇的暴雨、通货膨胀、政策变化等。

7) 按风险的标的划分

(1) 财产风险

财产风险是指导致一切有形财产的损毁、灭失或贬值的风险以及经济或金钱上的损失风险。如厂房、机器设备、成品、家具等会遭受火灾、地震、爆炸等风险；船舶在航行中，可能会遭受沉没、碰撞、搁浅等风险。财产损失通常包括财产的直接损失和间接损失两方面。

(2) 人身风险

人身风险是指导致人的伤残、死亡、丧失劳动能力以及增加医疗费用支出的风险。如人会因生、老、病、死等生理规律和自然、政治、军事等原因而早逝、伤残、工作能力丧失或年老无依靠等。人身风险所致的损失一般有两种：收入能力损失和额外费用损失。

(3) 责任风险

责任风险是指由于个人或团体的疏忽或过失行为，造成他人财产损失或人身伤亡，依照法律、契约或道义应承担的民事法律责任的风险。

(4) 信用风险

信用风险是指在经济交往中，权利人与义务人之间，由于一方违约或违法致使对方遭受经济损失的风险。如进出口贸易中，出口方(或进口方)会因进口方(或出口方)不履约而遭受经济损失。

8) 按风险行为划分

(1) 特定风险

特定风险指与特定的人有因果关系的风险，即由特定的人所引起的，而且损失仅涉及特定个人的风险。如火灾、爆炸、盗窃以及对他人财产损失或人身伤害所负的法律责任均属此类。

(2) 基本风险

基本风险指其损害波及社会的风险。基本风险的起因及影响都不与特定的人有关，至少是个人所不能阻止的风险。与社会或政治有关的风险，与自然灾害有关的风险都属于基本风险。如地震、洪水、海啸、经济衰退等均属此类。

9) 按风险产生环境划分

(1) 静态风险

静态风险是指在社会经济正常情况下，由自然力的不规则变化或人们的过失行为所致损失或损害的风险。如雷电、地震、霜害、暴风雨等自然原因所致的损失或损害；火灾、爆炸、意外伤害事故所致的损失或损害等。

(2) 动态风险

动态风险是指由于社会经济、政治、技术以及组织等方面发生变动所致损失或损害的风险。如人口增长、资本增加、生产技术改进、消费者爱好的变化等。

11.1.2 工程项目风险

1. 工程项目风险的概念

工程项目风险是泛指那些导致原先基于正常理想的技术、管理和组织基础之上的工程项目运行过程受到干扰,使得项目目标不能实现而事先又不能确定的内部和外部的干扰因素及事件。

风险在任何项目中都存在。工程项目作为集合经济、技术、管理、组织各方面的综合性社会活动,它在各个方面都存在不确定性。这些风险造成工程项目实施的失控现象,如工期延长、成本增加、计划修改等,最终导致经济效益降低,甚至项目失败。而且现代工程项目的特点是规模大、技术新颖、持续时间长、参加单位多、与环境接口复杂,可以说在项目过程中危机四伏。许多领域,由于其项目风险大,如国际工程承包、国际投资和合作等,常被人们称为风险型事业。

2. 工程项目风险的特点

1) 风险的多样性

在一个项目中有许多种类的风险存在,如政治风险、经济风险、法律风险、自然风险、合同风险、合作者风险等。

2) 风险的覆盖性

项目的风险不仅存在于实施阶段,而且隐藏在决策、设计及所有相关阶段的工作中,如目标设计中可能存在构思的错误,重要边界条件的遗漏;可行性研究中可能有方案的失误,高层分析错误;技术设计中存在图纸和规范错误;施工中物价上涨,气候条件变化;运行中市场变化,产品不受欢迎,达不到设计能力,操作失误等。

3) 风险的相关性

风险的影响往往不是局部的,在某一段时间风险也会随着项目的发展,其影响逐渐扩大。例如一个活动受到风险干扰,可能影响与它相关的许多活动,所以在项目中风险影响会随着时间推移有扩大的趋势。

4) 风险的规律性

项目的实施有一定的规律性,所以风险的发生和影响也有一定的规律性,是可以进行预测的。重要的是要有风险意识,重视风险,对风险进行全面控制。

11.1.3 工程项目风险管理

所谓**工程项目风险管理**就是指人们对工程项目潜在的意外损失进行识别、评估,并根据具体情况采取相应的措施进行处理,即在主观上尽可能有备无患或在无法避免时亦能寻求切实可行的补偿措施,从而减少意外损失或进而使风险为我所用的工作过程。

近年来,人们在工程项目管理中提出了全面风险管理的概念。全面风险管理是用系统的、动态的方法进行风险控制,以减少项目过程中的不确定性。它不仅使各层次的项目管理者建立风险意识,重视风险问题、防患于未然,而且在各阶段、各方面实施有效的风险控制,形成一个前后连贯的管理过程。

1. 项目全过程的风险管理

全面风险管理首先是体现在对项目全过程的风险管理上。

① 在项目目标设计阶段,就应对影响重大的风险进行预测,寻找目标实现的风险和可

能的困难。

② 在可行性研究中,对风险的分析必须细化,进一步预测风险发生的可能性和规律性,同时必须研究各风险状况对项目目标的影响程度,即项目的敏感性分析。

③ 随着技术设计的深入,实施方案也逐步细化,项目的结构分析也逐渐清晰。这时风险分析不仅要针对风险的种类,而且必须细化(落实)到各项目结构单元直到最低的操作层。

④ 在工程实施中加强风险的控制。

⑤ 项目结束,要对整个项目的风险管理进行评价,以作为今后进行同类项目管理的经验和教训。

2. 对全部风险的管理

在每一阶段进行风险管理都要罗列各种可能的风险,并将它们作为管理对象,不能遗漏和疏忽。

3. 全方位的管理

① 对风险要分析它对各方面的影响,例如对整个项目、对项目的各个方面(如工期、成本、施工过程、合同、技术、计划)的影响。

② 采用的对策措施也必须考虑综合手段,从合同、经济、组织、技术、管理等各个方面确定解决方法。

③ 风险管理包括风险识别、风险分析、风险文档管理、风险评价、风险控制等全过程。施工项目风险管理流程示意如图 11-1 所示。

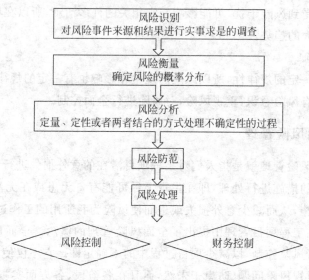

图 11-1　施工项目风险管理流程示意

4. 全面的风险控制体系

在组织上全面落实风险控制责任,建立风险控制体系,将风险管理作为项目各层次管理人员的任务之一。

11.2 工程项目风险的识别与分析

11.2.1 风险的识别

风险通常具有隐蔽性，而人们常常容易被一些表面现象迷惑，或被一些细小利益所引诱而看不到内在的危险。在实践中，人们经常谈论的风险有三种：真风险、潜伏风险和假风险。作为风险管理的第一步，我们必须首先正确识别风险，统一认识，然后才能制定出相应的管理措施。

识别风险的过程包括对所有可能的风险事件来源和结果进行实事求是的调查，一般按以下步骤进行。

(1) 确认不确定性的客观存在

这项工作包括两项内容：首先要辨认所发现或推测的因素是否存在不确定性。如果是确定无疑的，则无所谓风险。其次要确认这种不确定性是客观存在的，是确定无疑的，而不是凭空想象的。

(2) 建立初步清单

清单中应明确列出客观存在的和潜在的各种风险，应包括影响生产率、操作运行、质量和经济效益的各种因素。人们通常凭借企业经营者的经验对其做出判断，并且通过对一系列调查表进行深入研究、分析而制定。

(3) 确立各种风险事件并推测其结果

根据初步清单中开列的各种重要的风险来源，推测与其相关联的各种合理的可能性，包括盈利和损失、人身伤害、自然灾害、时间和成本、节约和超支等方面，重点应是资金的财务结果。

(4) 对潜在风险进行重要性分析和判断

(5) 风险分类

通过对风险进行分类能加深对风险的认识和理解，同时也辨清了风险的性质。实际操作中可依据风险的性质和可能的结果及彼此间可能发生的关系进行风险分类。这样的分类能更彻底地理解风险、预测结果，且有助于发现与其关联的各方面因素。

(6) 建立风险目录摘要

通过建立风险目录摘要，将项目可能面临的风险汇总并排列出轻重缓急，能给人一种总体风险的印象。而且能把全体项目人员都统一起来，使人们不再仅仅考虑自己所面临的风险，而且能自觉地意识到项目的其他管理人员的风险，还能预感到项目中各种风险之间的联系和可能发生的连锁反应。

风险的识别是一项复杂的工作，需要做很多细致的工作，要对各种可能导致风险的因素去伪存真，反复比较；要对各种倾向、趋势进行推测，做出判断；还要对工程项目的各种内外因素及其变量进行评估。

在实践中，可采用下列方法来发现并具体描述各项风险。

(1) 分析询问

通过向有关经济、施工、技术专家和当事人提出一系列有关财产和经营的问题，了解相关风险因素,并获得各种信息。

(2) 分析财务报表

财务报表有助于确定一个工程项目可能遭受的损失以及在何种情况下会遭受这些损失。通过分析资产负债表、损益表、财务现金流量表、资金来源与运用表等营业报表及有关补充资料,可以识别企业当前的所有资产、责任及人身损失风险。将这些报表和财务预测、预算结合起来可以发现未来风险。

(3) 绘制流程图

将一个工程项目的经营活动按步骤或阶段顺序以若干个模块形式组成一个流程图系列。对每个模块都进行深入调查分析,每个模块中都标出各种潜在的风险或利弊因素,从而给决策者一个清晰具体的印象。

(4) 现场考察

通过直接考察现场可以发现许多客观存在的静态因素,也有助于预测、判断某些动态因素。例如承包工程,投标报价前的现场踏勘可以使承包商对拟投标的工程基本做到心中有数,但只有现场考察还远远不够,现场踏勘仅能了解一定范围内的地面情况,而对于超出范围或范围内的地下及有关水文、地质情况并不能了解。因此现场考察除要求获取直接资料外,还应设法获取间接资料,而且要对所掌握的资料认真研究以便去伪存真。

(5) 各部门相互配合

风险识别不能仅靠某一部门完成,应由各相关部门系统地、连续地相互配合。风险识别贯穿于工程项目的始末,要求各责任部门鼎力相助,共同分析判断。

(6) 参考统计记录

参考以前的统计记录对判断在未来有可能重复出现的风险事件极为有益。特别是在工程项目的投标报价阶段,查询竞争对手在历次投标中的报价记录及得标概率,对于提高自己投标的命中率,避免因报价而遭受的风险尤为重要。

(7) 环境分析

详细分析工程项目经营活动的外部环境与内在风险的联系,也是识别风险的重要环节。分析外部环境时应着重分析五项因素:项目的资金来源、业主的基本情况、可能的竞争对手、政府管理和材料供应情况。

(8) 向外部咨询

任何人都不是万事通,他们可以从客观上识别主要风险,但涉及各种细节就比较困难。因此有必要向有关行业或专家进一步咨询。如业主投资需要委托咨询公司;承包商在投标报价前需要向保险公司、材料设备供应商询价。风险管理人员也需要向企业外部咨询。

11.2.2 风险衡量

识别企业或经营活动所面临的风险之后,应分别对各种风险进行衡量,从而进行比较,以确定各种风险的相对重要性。衡量风险时应考虑两个方面:损失发生的频率或发生的次数和这些损失的严重性,而损失的严重性比其发生的频率或次数更为重要。例如工程完全毁损虽然只有一次,但这一次足可造成致命损伤;而局部塌方虽有多处或发生较为频繁,却不致使工程全部毁损。

衡量风险的潜在损失的最重要方法是确定风险的概率分布。这也是当前国际工程风险管理最常用的方法之一。概率分布不仅能使人们比较准确地衡量风险,还可能有助于制定风险管理决策。

1. 概率分布

概率分布表明每一可能事件及其发生的概率。由于在构成概率分布所相应的时期内,每一项目的潜在损失的概率分布仅有一个结果能够发生,因此,损失概率之和必然等于1。

概率包括主观概率和客观概率两种。

① 主观概率指人们凭主观判断而得出的概率,例如对某项承包工程,人们往往根据一些风险因素,从定性角度判断承揽该工程会发生几种亏损的可能性。事实上这种主观概率没有多大实用价值,因为它缺乏可信的依据,而且凭主观推断的结果与实际结果常常相差甚远。

② 客观概率指人们在基本条件不变的前提下,对类似事件进行多次观察,统计每次观察的结果及其发生的频率,进而推断出类似事件发生的可能性。依据统计推断出的客观概率对判断潜在的风险损失具有很大的参考意义。但有时对客观概率的判断结果会因人而异。

在衡量风险损失时宜考虑三种概率分布:总损失金额、潜伏损失的具体事项及各项损失的预期数额。总损失金额的概率分布表明在某一项目中可能遭受的多种损失及其可能发生的概率。

2. 概率分布表的确立依据

概率分布表不能凭空设想或凭主观推断建立。确立概率分布表应参考相关的历史资料,依据理论上的概率分布,并借鉴其他的经验对自己的判断进行调整和补充。

历史资料指在相同的条件下,通过观察各种潜在损失金额在长时期内已经发生的次数,估计每一可能事件的概率。但是,由于人们常常缺乏广泛而足够的经验,加之风险环境不断发生变化,故依据历史事件的概率只能作为参考。参考历史资料时应尽量扩大参考范围,参考时应有所区分,不可完全照搬。

逻辑推理及定性分析亦可有助于确立概率分布。但推理和分析只能得出抽象的概率,而无法具体化。要想准确判断概率损失尚须进行风险分析。

11.2.3 风险分析

风险分析是指应用各种风险分析技术,用定性、定量或两者结合的方式处理不确定性的过程。

在项目运行过程中,会出现各种不确定性,这些不确定性将对项目目标的实现产生积极或消极影响。项目风险分析就是对将会出现的各种不确定性及其可能造成的各种影响和影响程度进行恰如其分的分析和评估。通过对那些不太明显的不确定性的关注,对风险影响的揭示,对潜在风险的分析和对自身能力的评估,采取相应的对策,从而达到降低风险的影响或减少其发生可能性的目的。

1. 风险分析

(1) 采集数据

首先必须采集与所要分析的风险相关的各种数据,所采集的数据必须是客观的、可统计的。某些情况下,直接的数据资料还不够充分,尚需主观评价,特别是对投资者来讲在技术、商务和环境方面都比较新的项目,需要通过专家调查方法获得具有经验性和专业知识的主观评价。

(2) 完成不确定性模型

以已经得到的有关风险的信息为基础,对风险发生的可能性和可能的结果给以明确的定量化,通常用概率来表示风险发生的可能性,可能的结果体现在项目现金流量表上,用货币表示。

(3) 对风险影响进行评价

在不同风险事件的不确定性已经模型化后,紧接着就要评价这些风险的全面影响。通过评价把不确定性与可能结果结合起来。

风险分析全过程如图 11-2 所示。

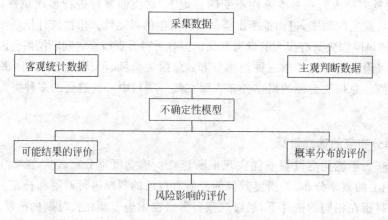

图 11-2　风险分析全过程

2. 风险分析的主要内容

由于每一个风险都有自身的规律和特点、影响范围和影响量,通过分析可将它们的影响统一成成本目标的形式,按货币单位来度量,具体可如下分析和评价。

① 风险存在和发生的时间分析,即风险可能在项目的哪个阶段、哪个环节上发生。有许多风险有明显的阶段性,有的风险是直接与具体的工程活动相联系的。这种分析对风险的预警有很大的作用。

② 风险的影响和损失分析。风险的影响是个复杂的问题,有的风险影响面较小,有的风险影响面很大,可能引起整个工程的中断或报废。而风险之间常常是有联系的。例如:经济形势的恶化不但会造成物价上涨,而且可能会引起业主支付能力的变化;通货膨胀引起了物价上涨,则不仅会影响后期的采购、工人工资及各种费用支出,而且会影响整个工程费用;由于设计图纸提供不及时,不仅会造成工期拖延,而且会造成费用提高(如人工和设备闲置、管理费开支),还可能在按原计划可以避开的冬、雨季施工,造成更大的拖延和费用增加。

有的风险是相克的,其作用可以相互抵消。例如反常的气候条件、设计图纸拖延、设备拖延等在同一时间段发生,则它们对总工期的影响可能是重叠的。

③ 风险发生的可能性分析,是研究风险自身的规律性,通常可用概率表示。

④ 风险级别。风险因素非常多,涉及各个方面,但人们并不是对所有的风险都予以同等重视。否则将大大增加管理费用,而且谨小慎微反过来会干扰正常的决策过程。

⑤ 风险的起因和可控性分析。对风险起因的研究是为预测、对策研究、责任分析服务的。风险的可控性是人对风险影响的可能性,如有的风险是人力可以控制的,而有的却不可控制。可控的,如承包商对招标文件的风险,实施方案的安全性和效率风险等;不可控制的,例如物价风险,反常的气候风险等。

3. 风险分析说明

风险分析结果必须用文字、图表进行表达说明,作为风险管理的文档,即以文字、表格的形式做风险分析报告。这个结果表达不仅作为风险分析的成果,而且应作为人们风险管理的基本依据。此外,风险应在任务单、决策文件、研究文件、报告指令等文件中予以说明。

11.3 工程项目风险的防范与处理

11.3.1 风险防范的可能性

风险是基于客观存在的分布,而防范则是基于主观的判断。如果主客观一致即可判定风险,从而可以有效地防范。既然风险是在给定情况下存在的可能结果间的差异,那么人们就有可能凭经验推断出其发生的规律和概率。虽然这些规律和概率并非一成不变,但通过一定时期内的观察,可判断出其大致规律,从而可以有意识地采取一些预防手段来防范。

风险具有以下特征,这些特征决定了风险防范的可能性。

1. 风险的可测性

风险并不是秘不可测的,它有其特定的根源、有发生的迹象、征候和一定的表现形式。人们通过细心观察、深入分析研究、科学地推测,一般可以预测风险发生的可能性、发生的概率。甚至通过概率计算预测风险可能造成的损失程度。

2. 风险的普遍性

由于风险无时无处不在,且时有重复,人们在进行任何举措之前,都会有风险意识,本能地积极或消极地采取各种预防措施。

3. 风险概率的互斥性

一个事件的演变具有多种可能,而这些可能具有互斥性。例如投资一个项目至少有两种可能的结果:盈利或亏本。盈利的可能加大,亏本的可能性就减小,两种可能性不会同时加大或同时减小。

4. 风险的可转移性

不同的人对同样的风险可产生不同的反应,因为人们对风险所具有的承受力不一样。例如一项工程包括多项子工程,总承包商可以承担总包风险,而将其中自己不具优势的子项工程转包给专业承包商,从而将该子项工程中潜伏的风险也转移出去。对于该专业承包商来说,这些潜伏的风险不一定会真正成为风险。

5. 风险的可分散性

风险是由各种因素构成的。若干风险因素集中在一起,风险的因素将会很大。但如果将这些因素分散,尽管每个因素都有可能诱发风险,但其概率将大大降低。工程项目管理是一种多程序、多方位、内容错综复杂的经营活动。投资人可以只考虑其资金筹措中的各种风险,而将工程的设计、实施、管理及运营交给业主,而业主又可通过发包把工程的实施任务委托给承包商,将技术把关任务委托给监理工程师;承包商又可以通过分包将工程各子项中潜伏的风险分散转移至各分包商。这样层层分散、转移,即可调动各方面的积极因素,克服消极因素,大家共同承担风险。

6. 有些风险具有可利用性

风险有两类:纯粹风险和投机风险。纯粹风险只会造成损失或不造成损失而不能提供获利机会,如自然灾害、工伤事故。但投机风险则既可能造成损失,又可能提供获利机会,如投资兴办企业,投资失败会造成重大经济损失,反之,则有可能获得巨额利润。因此,投资风险具有可利用的一面。

11.3.2 合同风险的防范措施

不同的人对风险有不同的态度,有不同的对策。例如大型水电工程项目中,投资者主要承担金融风险、合作伙伴资信风险、工程技术和运营风险、销售市场风险等;而承包商又有报价风险、实施方案风险、物价风险、合同风险等。合同风险涉及签约的双方,下面重点分析承包商在减少合同风险方面可以采用的防范措施。

1. 投标报价阶段风险管理

加强投标报价的管理工作,从源头降低合同履约风险是提高投标中标率的关键,也是合同管理的重要内容。

1)招标文件的评审

购买招标文件后,由招标投标部门牵头,组织各职能部门进行招标文件评审,由各职能部门对相应管理职责提出评审意见,主要针对招标文件中工期、安全、质量、进度、资金支付、结算条件、施工环境、材料设备供应、交工验收及税收等风险因素进行评审,再由招标投标部门收集汇总评审意见,组织评审组深入研究和全面分析风险因素,正确理解招标文件,吃透业主意图和要求,制定相应投标策略,尽可能在投标书中,在做出相应投标文件实质性条款的情况下做出有利的选择。同时招标投标部门要深入了解发包人的资信、部门立项、施工许可手续、资金状况等其他重要信息。对于相对明确的风险要通过澄清文件让业主给予澄清。

2)投标报价策略

风险越大,风险附加费越高。但是,风险附加费的增加必须要有一个增加范围,对于承包商来讲,风险附加费不宜定得过高,过高必然会提高投标价格,降低竞争力。因此。施工企业一定要结合企业的管理水平,通过研究竞争对手和其他相关资料来确定具体的投标价格。

2. 合同谈判阶段风险管理

投标过程要对合同条款逐条进行认真研究,反复与招标单位进行磋商再做出相应承诺,合同文本尽可能采用《建设工程合同示范文本》。部分发包人提供的非标准示范文本合同书往往条款不全、不具体、无针对性,缺乏对业主的权利限制性条款和对承包商保护性条款,要尽可能地修改完善。如果不修改,合同一旦签订,施工单位会隐含较大风险。对于关键合同要组成合同评审小组,对合同条款再次进行评审。在合同谈判过程中人员配备上,施工单位合同谈判人员既要懂工程技术,又要懂法律、经营、管理等方面的知识,有必要时组成专业的合同谈判小组。在谈判策略上,承包人应善于在合同中限制风险和转移风险,达到风险在双方中合理分配,这就要求承包商对于业主在何种情况下,可以免除责任的条款应研究透彻,做到心中有数,切忌盲目接受业主的某种免责条款,否则业主就有可能以缺乏法律和合同依据为借口,对承包人造成的损害拒绝补偿,并引用免责条款推卸法律责任,使承包人蒙受严重经济损失。因此,对业主的风险责任条款一定要规定的具体明确。总之,依据国家法律法规对施工合同管理的具体规定,在合同谈判过程中进行有礼有节的谈判尤为重要。

3. 合同履约管理

由于施工合同管理涉及施工企业生产经营的各个环节,因而履行施工合同必然涉及企业各项管理工作,施工合同一经生效,企业的各个部门都要按照各自的职权,按施工合同规定行使权利履行义务,保证施工合同的圆满实现。

进行合同风险因素分析,并制定相应的防范措施。对于可预见的风险要认真分析,制定专门的防范措施,落实到相关部门和责任人,并下发风险控制文件,随时跟踪事态的发展,力争最大可能地降低风险。

组织部门有针对性地进行合同交底,对分析出的风险按管理部门进行交底,明确各部门管理重点,督促部门指导现场进行风险控制。

一切生产经营活动以合同条件为依据,项目在组织生产经营时,一切活动以合同为依据,按照合同要求办事,按合同要求完善管理手续,避免与合同冲突的事件发生。

定期检查合同执行情况,在合同执行过程中要按期组织合同执行情况对接会,各部门对照合同检查执行情况,对产生的偏差进行分析,并采取纠正措施,防止产生大的偏差。

4. 索赔管理

在充满风险的建筑安装市场中,索赔是施工企业保护自身利益的一种方式。索赔不仅是费用上的补偿,它是一种正当的权利,是以法律和合同为依据的、合情合理的行为。在索赔工作中要注意以下几个方面。

1) 索赔的及时性

承包商进行索赔应在索赔事件发生之时,而不是之后出具正式函件通知业主或其代表。国际上普遍采用的 FIDIC 合同对许多索赔时间都有时效期限,如对工程师签发的图纸或指令过迟而造成的工期延期,应在合同约定的时间内书面通知工程师并报告业主,出具工期索赔细节。逾期不报,业主有权拒绝索赔要求。

2) 索赔资料的完整性

只有实际发生了经济损失或权利损害,一方才能向对方索赔。经济损失指因对方因素造成合同外的额外支出,如人工费、材料费、机械费、管理费等额外开支,权利损害是指虽然没有经济上的损失,但造成了一方权利上的损害,如由于恶劣气候条件对工程进度的不利影响,承包商有权要求工期延长等。因此,发生了实际的经济损失或权利损害应是提出索赔的一个基本前提条件。所以,承包商提出的索赔申请应有确凿的索赔证据。在过程管理中,管理人员应注意所有原始资料的保管、分类、汇总,以便在索赔事件发生时能提供齐备的资料证明,可利用录像、拍照等手段,反映现场实际情况,并及时得到监理、业主的批准。

3) 索赔的技巧性

在过程承包活动中,承包商常常处于不利的地位,这是由激烈的市场竞争造成的。在解决索赔问题时,由于双方利益和期望的差异性,在谈判过程中常常会出现大的争执。如果承包商态度强硬地坚持自己的观点,会造成双方关系紧张,失去长期合作的机会。因此,在索赔谈判中,承包商应避免和业主发生冲突,要善于整合双方的差异,寻找付出较小代价就能给业主带来很大利益的条款。此外,让步是解决争议的常用技巧,在具体操作中,承包商应提出较高的索赔期望,经双方谈判,在业主感兴趣或利益所在之处做出让步,如缩短工期、提高工程质量等,同时争取业主做出相应的让步,从而实现索赔目标。

11.3.3 风险的处理

风险的处理主要包括风险控制、财务措施两种最基本的方法。

1. 风险控制

采用风险控制措施可降低预期损失或使这种损失更具有可测性,从而改变风险。风险控制主要包括风险回避、风险预防、风险分离、风险分散及风险转移等。

1) 风险回避

风险回避主要是中断风险源,使其不致发生或遏制其发展。回避风险有时可能不得不做出一些必要的牺牲,但较之风险真正发生进而可能造成的损失要小得多,甚至微不足道。如回避风险大的项目,选择风险小或适中的项目等。在项目决策时要注意,对于风险超过自己的承受能力,成功把握不大的项目,不介入、不参与合资。甚至有时在工程进行到一半时,预测后期风险很大,必然会有更大的亏损,不得不采取中断项目的措施。

回避风险虽然是一种风险防范措施,但应该承认这是一种消极的防范手段。因为回避风险固然能避免损失,但同时也失去了获利的机会。

2) 风险预防

风险预防是指要减少风险发生的机会或降低风险的严重性,设法使风险最小化。主要有风险预防、减少风险两方面的含义。

(1) 风险预防

风险预防指采取各种预防措施以杜绝风险发生的可能。例如供应商通过扩大供应渠道以避免货物滞销;承包商通过提高质量控制标准以防止因质量不合格而返工或罚款;管理人员通过加强安全教育和强化安全措施,减少事故的发生等。在商业交易中,各方都把风险预防作为重要事项。业主要求承包商出具各种保函就是为了防止承包商不履约或履约不力;而承包商要求在合同条款中赋予其索赔权利也是为了防止业主违约或发生种种不测事件。

(2) 减少风险

减少风险指在风险损失已经不可避免的情况下，通过种种措施以遏制风险势头继续恶化或局限其扩展范围使其不再蔓延，也就是说使风险局部化。例如承包商在业主付款误期超过合同规定期限情况下采取停工或撤出队伍并提出索赔要求甚至提起诉讼；业主在确信承包商无力继续实施其委托的工程时立即撤换承包商；施工事故发生后采取紧急救护等都是为了达到减少风险的目的。

3) 风险分离

风险分离指将各风险单位分离间隔，以避免发生连锁反应或互相牵连。这种处理可以将风险局限在一定的范围内，从而达到减少损失的目的。

风险分离常用于工程中的设备采购。为了尽量减少因汇率波动而招致的汇率风险，可在若干不同的国家采购设备，付款采用多种货币。比如在欧盟采购支付欧元，在日本采购支付日元，在美国采购支付美元等。这样即使发生大幅度波动，也不会全都导致损失风险。以日元、欧元支付的采购可能因其升值而导致损失，但以美元支付的采购则可以因其贬值而获得节省开支的机会。

在施工过程中，承包商对材料进行分隔存放也是风险分离手段。这样就可以避免材料集中于一处时可能遭受同样的损失。

4) 风险分散

风险分散与风险分离不一样，它是通过增加风险单位以减轻总体风险的压力，达到共同分摊集体风险的目的。

工程项目总的风险有一定的范围，这些风险必须在项目参与者之间进行分配。每个参与者都必须有一定的风险责任，这样才有管理和控制风险的积极性和创造性。风险分配通常在任务书、责任书、合同、招标文件等中定义，在起草这些文件时都应对风险做出预计、定义和分配。

风险分配的原则有以下几种。

(1) 从工程整体效益的角度出发，最大限度地发挥各方面的积极性

项目参与者如果不承担任何风险，就没有任何责任，也就没有控制风险的积极性，就不可能做好工作。例如对承包商采用成本加酬金合同，承包商没有任何风险责任，就会千方百计提高成本以争取工程利润，最终损害工程的整体效益。

而如果让承包商承担全部风险责任也不行。一方面，要价很高，会加大预算以防备风险；而业主如不承担任何风险，便随意决策，随意干预，不积极对项目进行战略控制，风险发生时也不积极提供帮助，同样也会损害项目整体效益。

从工程的整体效益角度来分配风险的准则是：

① 能有效防止和控制风险或将风险转移的，应承担相应的风险责任；

② 能经济、有效、方便、可行地控制风险，并只有通过其努力才能减少风险影响的，应承担相应的风险责任；

③ 能通过风险分配强化其责任心和积极性的，应承担相应的风险责任。

(2) 公平合理、责权利平衡

① 风险责任和权力应是平衡的。风险的承担是一项责任，即承担风险控制以及风险产生的损失。但同时，要给承担者以控制、处理的权力。如承包商承担施工方案的风险，则它

就有权选择更为经济、合理、安全的施工方案。

　　② 风险与机会对等。风险承担者同时应享受风险控制获得的收益和机会收益。如承包商承担物价上涨的风险,则物价下跌带来的收益也应归承包商所有;若承担工期风险,拖延要支付误期违约金,则工期提前就应奖励。

　　③ 承担的可能性和合理性。给风险承担者以预测、计划、控制的条件和可能性,给他以迅速采取控制风险措施的时间、信息等条件,否则对他来说风险管理成了投机。如要承包商承担招标文件的理解、环境调查、实施方案和报价的风险,则必须给他一个合理的做标时间,向他提供现场调查的机会,提供详细且正确的招标文件,特别是设计文件和合同条件,并及时回答其做标中发现的问题,这样他才能理性地承担风险。

(3) 符合工程项目的惯例,符合通常的处理方法

　　惯例一般比较公平合理,如果明显的违反国际(或国内)惯例,则常常显示出一种不公平、一种危险。例如在 FIDIC 合同条款中,明确地规定了业主和承包商之间的风险分配。它是国际工程惯例,比较公平合理。

5) 风险转移

　　有些风险无法通过上述手段进行有效控制,经营者只好采取转移手段以保护自己。风险转移并非损失转嫁,也不能被认为是损人利己有损商业道德,因为有许多风险对一些人的确可能造成损失,但转移后并不一定给他人造成损失。其原因是各人的优劣势不一样,因而对风险的承受能力也不一样。

　　风险转移的手段常用于工程承包中的分包、技术转让或财产出租。合同、技术或财产的所有人通过分包工程、转让技术或合同、出租设备或房屋等手段将应由其自身全部承担的风险部分或全部转移至他人,从而减轻自身的风险压力。

2. 财务措施

　　采用财务措施即经济手段来处理确实会发生的损失。这些措施包括风险的财务转移、风险自留、风险准备金和自我保险等。

1) 风险的财务转移

　　所谓风险的财务转移指风险转移人寻求用外来资金补偿确实会发生或业已发生的风险。风险的财务转移包括保险的风险财务转移和非保险的风险财务转移两种类型。其中,保险的风险财务转移即通过保险进行转移;而非保险的风险财务转移即通过合同条款达到转移的目的。

　　保险的风险财务转移的实施手段是购买保险。通过保险,投保人将自己本应承担的归咎责任(因他人过失而承担的责任)和赔偿责任(因本人过失或不可抗力所造成损失的风险责任)转嫁给保险公司,从而使自己免受风险损失。非保险的风险财务转移的实施手段则是除保险以外的其他经济行为。如根据承包合同,业主可将其对公众在建筑物附近受到伤害的部分或全部责任转移至建筑承包商,这种转移属于非保险的风险财务转移;而承包商则可以通过投保第三者责任险又将这一风险转移至保险公司,这种风险转移属于保险的风险财务转移。

　　非保险的风险财务转移的一种形式就是通过担保银行或保险公司开具保证书或保函。根据保证书或保函,保证人保证委托人对债权人履行某种明确的义务。保证人必须履行担

保义务,否则债权人可以依据保证书或保函向保证人索要罚金,然后保证人可以向委托人追偿其损失。通常情况下,保证人或担保人签发保证书或保函时,要求委托人提交现金、债券或不动产作为抵押,以备自己转嫁损失赔偿。通过这种形式,债权人可将债务人违约的风险转移给保证人。

非保险的风险财务转移还存在另外一种形式,即风险中性化。这是一个平衡损失和收益机会的过程。例如承包商担心原材料价格变化而进行套期交易;出口商担心外汇汇率波动而进行期货买卖等。不过采取风险中性化手段没有机会从投机风险中获益。因此,这种手段只是一种防身术,只能保证自己不受风险损失而已。

2）风险自留

风险自留即是将风险留给自己承担,不予转移。这种手段有时是无意识的,即当初并不曾预测到,不曾有意识地采取种种有效措施,以致最后只好由自己承受;但有时也可以是主动的,即有意识、有计划地将若干风险主动留给自己。这种情况下,风险承受人通常已做好了处理风险的准备。

主动的或有计划的风险自留是否合理明智取决于风险自留决策的有关环境。风险自留在一些情况下是唯一可能的对策。有时企业不能预防损失,回避又不可能,且没有转移的可能性,企业别无选择,只能自留风险。例如,在河谷中建厂的企业发现已没有其他可能的方法来处理洪水风险,而放弃建厂和损失控制的成本都极其昂贵,而且在这一特定领域投保洪灾险也不可能,投资人骑虎难下,只好采取自留风险的对策。但是如果风险自留并非唯一可能的对策时,风险管理人应认真分析研究,通盘考虑,制定最佳决策。

决定风险自留必须符合以下条件之一。

① 自留费用低于保险公司所收取的费用;

② 企业的期望损失低于保险人的估计;

③ 企业有较多的风险单位（意味着单位风险小,且企业有能力准确地预测其损失）;

④ 企业的最大潜在损失或最大期望损失较小;

⑤ 短期内企业有承受最大潜在损失或最大期望损失的经济能力;

⑥ 风险管理的目标可以承受年度损失的重大差异;

⑦ 费用和损失支付分布于很长时间里,因而导致很大的机会成本;

⑧ 投资机会很好;

⑨ 内部服务或非保险人服务优良。

如果实际情况与以上条件相反,无疑应放弃自留风险的决策。

3）风险准备金

风险准备金是从财务的角度为风险做准备,在计划（或合同报价）中另外增加一笔费用。例如,在投标报价中,承包商经常根据工程技术、业主的资信、自然环境、合同等方面风险的大小以及发生可能性（概率）在报价中加上一笔不可预见的风险费。

准备金的多少是一项管理决策。从理论上说,准备金的数量应与风险损失期望相等,即为风险发生所产生的损失与发生的可能性（概率）的乘积,即:

$$风险准备金 = 风险损失 \times 发生的概率$$

除了应考虑到理论值的高低外,还应考虑到项目边界条件各项目状态。例如对承包商来说,决定报价中的不可预见风险费,要考虑到竞争者的数量,中标的可能性,项目对企业经营的影响等因素。如果风险准备金高,报价竞争力降低,中标的可能性很小,即不中标的风险就大。

4) 自我保险

自我保险是指内部建立保险机制或保险机构,通过这种保险机制承担企业的各种可能风险。尽管这种办法属于购买保险范围范畴,但这种保险机制或机构终归隶属于企业内部,即使购买保险的开支有时可能大于自留风险所需开支,但因保险机构与企业的利益一致,各家内部可能有盈有亏,而从总体上依然能取得平衡,好处未落入外人之手。因此,自我保险决策在许多时候也具有相当重要的意义。

11.4 工程项目的保险

风险是一个不确定的事件,而**工程项目保险**是指通过保险公司以收取保险费的方式建立保险基金,一旦发生自然灾害或意外事故,造成参加保险者的财产损失或人身伤亡时,即用保险金给以补偿的一种制度。工程项目保险的好处是,参加者付出一定的小量保险费,换得遭受大量损失时得到补偿的保障,从而增强抵御风险的能力。

11.4.1 工程保险的特点与类别

1. 工程保险的特点

1) 工程保险的风险广泛而集中

工程保险的许多险种均冠以"一切险",即除条款列明的若干除外责任外,保险人对工程期间工程项目因一切"突然"和"不可预料"的外来原因所造成的财产损失、费用和责任,均予负责,工程保险的责任十分广泛。

同时,由于工程保险中的各项工程耗资巨大,价值昂贵,事故频繁,一旦出现意外,损失高昂。因此,工程保险的保险风险不仅大、广,而且集中。

2) 工程保险责任具有综合性

按照惯例,财产保险只负责物质部分的保险责任,而且仅仅是由自然灾害所造成的损失。但工程保险承保的风险既有物质部分的保险责任,也有第三者责任部分的保险责任。其中物质保险部分的基本责任有自然灾害、意外事故和人为风险三大类,而且还包括保险标的本身的损失,如安装技术不善引起的事故造成保险财产的损坏,包括安装设备本身的损失和造成其他保险财产的损失。第三者责任险的保险责任包括人身伤亡、疾病或财产损失。因此,工程保险是一种具有多功能综合责任保险责任的险种。

3) 工程保险涉及较多的利害关系人

一般财产保险,投保人都是单个法人或自然人,而且在签单后即为被保险人,而工程保险却大不一样,具有经济利害关系的所有各方都存在可保利益,因此投保人不仅仅为一个,建设各方都具有投保人资格,成为该工程保险中的被保险人。例如,建筑工程一切险的被保险人大致包括五方:工程所有人(业主)、承包商、分包商、技术顾问(监理方)以及贷款银行等。以上各方均能享受该保险合同的权利和义务。

4) 工程保险相互可以附加承保

工程保险是相互可以附加承保的。例如,在安装工程保险中,其保险责任包括超负载、超电压、碰线、电弧、走电等其他电气引起的事故。这一保险责任是针对安工险的特点而设置的,但实际上是机器损坏险的保险责任,即电气原因造成的损失在安工险保单项下可以负责赔偿,可见同一个项目可以在不同险种下相互附加承保。

2. 工程保险的分类

目前,工程保险按照标的物内容的不同可以分为以下几类。

1) 建筑工程一切险

建筑工程一切险是对工程项目提供全面保障的险种。它既对施工期间的工程本身、施工机械、建筑设备所遭受的损失予以保险,也对因施工给第三者造成的人身、财产伤害承担赔偿责任(第三者责任险是建筑工程一切险的附加险)。被保险人包括业主、承包商、分包商、咨询工程师以及贷款银行等。如果被保险人不止一家,则各家接受赔偿的权利以不超过对保险标的的可保利益为限。保险期自工程开工或首批投保项目运至工程现场之日起生效,到工程竣工验收合格或保单开列的终止日期结束。

建筑工程一切险适用于所有的房屋工程和公共工程。其承包范围包括自然灾害、意外事故以及人为过失,但被保险人因违章建造或故意破坏、设计错误、战争原因造成的损失,以及保单中规定应由被保险人自行承担的免赔额等除外。

建筑工程一切险的保险费率视工程风险程度而定,一般为合同总价的 0.2%~0.45%。在确定保险费率时,应考虑承包责任的范围、工程本身的危险程度、承包商资信水平、保险公司承包同类业务的损失记录、免赔额高低以及特种危险的赔偿限额等的风险因素。

2) 安装工程一切险

安装工程一切险适用于以安装工程为主体的工程项目(土建部分不足总价 20% 的,按安装工程一切险投保;超过 50% 的,按建筑工程一切险投保;在 20%~50% 的,按附带安装工程险的建筑工程一切险投保),亦附第三者责任险。其保险期自工程开工或者首批投保项目进入工程现场之日起生效,到安装完毕通过验收或保单开列的终止日期结束。安装工程一切险费率也要根据工程性质、地区条件、风险大小等因素而确定,一般为合同总价的 0.3%~0.5%。

一般来说,建筑工程一切险和安装工程一切险作为工程保险的主要险种,第三者责任险则为附加于建筑和安装工程一切险的附加险。建筑工程一切险和安装工程一切险有着十分密切的关系,两者都属综合保险性质,集财产险和责任险为一体。一般来说,凡是在建的厂房、商场、旅馆酒店、医院学校、办公大楼、居民公寓、码头桥梁以及其他大型建设项目都离不开这两种保险。建筑工程一切险和安装工程一切险实质上都是对业主的财产进行保险,保险费均计入工程成本,最终由业主承担。

3) 机器损坏险

机器损坏险主要对运行中的各类工厂、矿山的大型机械设备进行承保。

4) 工程机械综合保险

工程机械综合保险实际上是机器损坏保险中的一种,它主要对土建工程或其他工程承包商所有的工程机械进行承保。

5) 船舶建造保险

船舶建造保险主要对建造期间的各种类型的船舶和海上装置(石油钻井平台等)进行

承保。

6) 特种工程保险

特种工程保险是指那些投资极为高昂、技术极为复杂和风险极为巨大的工程保险,包括航天工程险、核能工程险、石油开发工程险等高风险险种。

7) 第三者责任保险

第三者责任保险又分为建筑工程第三者责任险和安装工程第三者责任险。该保险负责对与所承保建筑、安装工程直接相关的意外事故引起工地内及邻近区域的第三者人身伤亡、疾病或财产损失进行赔偿。

8) 设计师、监理师职业责任保险

设计师、监理师职业责任保险属于责任保险范畴,主要承保由于设计和监理人员的疏忽或过失而引发的工程质量事故造成的损失或费用的赔偿责任。

9) 雇主责任保险和人身意外伤害险

雇主责任险是雇主为其雇员办理的保险,承保雇员在受雇期间因工作遭受意外而致受伤、死亡或患有与业务有关的职业性疾病情况下获取医疗费、工伤休假期间的工资及必要的诉讼费用等补偿的赔偿责任。多数国家雇主责任险的特点是:伤害损失由雇主负担,而不以雇主是否有过失为前提;赔付金额不基于实际损失,而是依据实际需要;对伤残亡的赔付以年金形式代替一次性抚恤金;法律强制雇主对雇员可能遭受的伤害投保,不因雇主破产或停业而受影响。

人身意外伤害险与雇主责任险的保险标的相同,但两者之间又有区别:雇主责任险由雇主为雇员投保,保费由雇主承担;人身意外伤害险的投保人可以是雇主,也可以是雇员本人。

10) 十年责任险和两年责任险

十年责任险和两年责任险属于工程质量保险,主要是针对工程建成后使用周期长、承包商流动性大的特点而设立,为合理使用年限内工程本身及其他有关人身财产提供保障。

11.4.2 保险公司的选择

对较大的工程项目,许多保险公司会主动上门服务。在选择时应考虑以下一些问题。

1. 审查保险公司的注册资本及赔偿风险的资金能力

为保障被保险人的利益,国家对保险公司的承保范围和能力是有规定的。应当根据工程的规模选择与其承保能力相适应的保险公司。特别是大型项目,一旦发生事故损失,索赔金额往往是很大的。如果保险公司的注册资本和付讫资本很小,可能无力支付索赔,有的甚至宣布破产以逃避自己的责任。因此,应当审查保险公司的资金支付能力。

2. 调查保险公司的信誉

有的保险公司可能提供一份营业执照,但其执照是按年发给,甚至有按季度发给的。如果这家保险公司在一年或一季度承保的金额过大,或者发生过一两次严重的赔偿违约事件,有可能中止其保险业务。

3. 优先考虑将国外的工程和国内的外资贷款工程向我国的保险公司投保

有些工程,业主所在国家没有限制性规定的,应争取在我国国内投保;对方限制十分严格的,可争取该国保险公司与我国保险公司联合承保,或由我国保险公司进行分保;还有一种是以所在国家和一家保险公司名义承保,而实际全部由我国保险公司承保,当地保险公司充当我国保险公司的前方代理,仅收取一定的佣金。由我国保险公司承保,不仅可以使外汇保险金不至于外流而且便于处理事故赔偿等问题,保险金费率也可有一定优惠。特别是由我国保险公司与当地保险公司联合承保时,我国保险公司更可以承担赔偿责任,避免外国保险公司推卸责任。

11.4.3 办理保险合同

在保险合同的办理过程中,应认真做好以下几方面的工作。

1. 如实填报保险公司的调查报表

在办理保险手续时,保险公司为确定风险大小,要求填报工程情况。这是一件严肃认真的事情,绝不能为了争取降低保险金费率而隐瞒情况。否则,一旦发生事故,保险公司将全部或部分推卸责任。

2. 分析研究保险合同条款

一般保险公司出具的保险单都会有保险条款,其中规定了保险范围、除外的责任、保险期、保险金额、免赔额、赔偿限额、保险费、被保险人义务、索赔、赔款、争议和仲裁等。这些条款相当于保险公司与承包人之间的保险合同,双方都要签字认可才正式生效。在合同条款方面的任何争议必须在签约之前讨论清楚,并逐条修改或补充,取得共同一致的意见。

3. 重视保险内容的变化和改变手续

任何保险内容的变化应当及时通知保险公司。如果认为必要,应办保险变更手续签署补充文件,或由保险公司对变更内容予以书面确认。

11.4.4 预防事故和索赔

1. 重视被保险人的义务

要教育职工重视被保险人的义务,特别是预防事故和防止事故损失的扩大。

对于保险金额较大的工程,保险公司会定期与不定期地到现场进行安全检查,并且提出防止灾害事故的措施。承包人可以就这些措施同保险公司代表进行认真讨论,对于合理的而且花费费用属于正常支出的则应付诸实施。

无论发生何种事故,应当立即通知保险公司,并努力保护事故现场,采取一切必要的措施将损失减少到最低限度,只要采取的措施是合理和有效的,其措施费用一般可得到保险公司的补偿。相反,如果既不通知保险公司,又不保护现场,其索赔一般将被保险公司拒绝。

2. 及时报损和接受调查

只要被保险人及时向保险公司报告,保险公司一般将派人到事故现场进行调查。严重事故发生时,保险公司还将协同进行抢救活动。有些项目是向工程所在国境外保险公司投保的,他们一般都有指定的当地代理人,代理人的调查就能被保险公司接受。

调查报告主要内容除陈述事故经过、分析事故原因和调查被保险人的防范和抢救措施外,重点在于调查损失。每项损失都要求提供必要的有效证明文件。证明文件应能证明索赔对象及索赔资格;证明索赔动因能够成立且属于理赔人的责任范围和责任期间。通常情况下,这些证明文件为保单、工程承包合同、事故照片及事故检验人的鉴定报告及各具体险别的保单中所规定的证明文件。

3. 工程赔偿

对于工程一切险,保险公司的赔偿一般以恢复投保项目受损前的状态为限。其受损的残值应被扣除。承包人的利润损失和其他各项管理费的损失不予赔偿;同时还应扣除免赔额。一个项目同时由多家保险公司承保,则理赔的保险公司仅负责按比例分担赔偿的责任。

对于其他各种保险的报损、调查和赔偿,应当根据各种保险单和保险协议条款处理。但如果保险公司未能亲自调查,则须提供有关的旁证调查资料。这里特别需要指出,第三方责任保险的事故损失,虽然是由投保人的责任造成,但投保人及其代表不能轻易向受损失方做任何承诺、出价、约定、付款或赔偿,而应当由保险公司去处理,否则,保险公司将不承担投保人承诺的责任。

4. 争议处理

如果被保险人因索赔事宜同保险公司发生争议,通常情况情况下先进行协商解决,如果协商达不成协议,可申请仲裁或向法院提出诉讼。通常情况下,仲裁与诉讼应在被告方的所在地。如果事先另有协议,则按协议处理。

11.5 工 程 担 保

工程保证担保是指保证人应工程合同一方(被保证人)的要求向另一方(权利人)做出的书面承诺,当被保证人无法完成其与权利人签订的合约中规定的应由被保证人履行的承诺、债务或义务,以致权利人遭受损失时,由保证人在一定期限、一定金额内代为履约,或付出其他形式的赔偿。

工程保证担保是保证担保与工程项目相结合的产物。工程保证担保涉及的当事人有三方。

① 担保人或委托人:提出保证担保申请的一方,对权利人具有合同义务的一方。

② 权利人或受益人:接受保证担保保护的一方,是主要受益人。在被担保人违约时有权按保证合同规定的条款,向保证人提出索赔的一方。

③ 保证人:根据被保证人的要求开立保证合同书或保函的一方。其责任为保证被保证人履行有关合约,并在被保证人违约时,根据权利人提出的符合保证合同规定的索赔文件,向权利人做出赔偿或代其履行合同。被保证人为取得与权利人的基础合同(主合同),通过与保证人签订协议,要求保证人向权利人(债权人)出具保证被保证人承担基础合同债务的保证书或保函。因而,保证人与权利人是一种索赔/补偿关系,保证人与被保证人是一种委托/监管关系。

工程保证担保制度是一种维护建设市场秩序、保证参与工程各方守信履约,实现公开、公正、公平的风险管理机制。

11.5.1 实行工程保证担保制度的意义

工程保证担保制度在促进建筑业快速健康发展,保证工程质量,促使建筑企业优胜劣汰,保障建筑工人、材料供应商、分包商权益等方面都有极大的促进作用。

1. 促使建筑业快速健康发展

由于承包商是否履约关系到保证人的切身利益,保证人在提供担保保证前必须全面考察承包商的实力、信誉、资质等各个方面。这样,一些实力薄弱、信誉不佳的承包商将有可能得不到保证担保,由此而失去承包工程项目的机会,久而久之也就失去了继续发展的力量源泉,并在激烈的竞争中被淘汰。而生存下来的建筑企业也时时面临着巨大的压力,迫使其采用先进技术提高竞争力,提高自身信誉,提高企业的履约率,还可以减少工程建设纠纷。

2. 保证工程质量,减少安全事故

实行工程保证担保制度不仅可以规范建筑市场的运行机制,预防腐败,而且可以对建筑企业的资质、管理水平、施工设备及资金状况进行认真考核,还可以对建筑企业在投标时做出的承诺及中标后的工程履约程度进行监督。这是以市场的手段建立起来的一道硬性市场准入门槛,这样可以使建筑企业认真履行合同,保证工程质量,在提高自身水平的同时,也会尽可能地减少工程安全事故。

3. 建立建筑市场的信用机制

工程承包商与担保人之间其实是一种信用交易的关系,是一种从无到有、从小到大、逐渐积累的过程。承包商要想取得担保人的信任和担保是一个长期的、重复交易的过程。信用本身的形成也是一个长期的过程。当承包商的信用度积累得越来越高时,它就会更加注重自己的信用,也就会更加努力地维持进而提高自身的信用。而且,信用机制有一个特殊的规律——信用一旦丧失就很难恢复起来。也即建立信用比毁坏信用难得多。就某种意义来说,信用是企业的生命。建筑企业一般不会拿自己的信用来违约,违约可以获得一时的利益,但从长远来看对企业造成的损失是无法弥补的。因此,建立和推广工程保证担保制度对于建立建筑市场的信用机制具有极大的推动作用。

4. 遏制拖欠工程款问题

拖欠工程款是阻碍建筑业发展的一大痼疾。拖欠工程款主要分为两类:一类是业主拖欠承包商的工程款,另一类则是承包商拖欠材料供应商、分包商和建筑工人的工程款。对于第一类问题,可以通过业主的支付保证担保来进行有效的遏制,保证人为有支付能力的业主提供付款保证担保,保证业主在工程项目完成后按照施工合同的约定向承包商支付工程款。如果业主违约,保证人就会在保证额度内代替业主支付工程款,并同时向业主索赔,这样就使得业主不仅在经济上付出代价,更重要的是在信用上付出代价。对于第二类问题,也可通过承包商的付款保证担保来遏制解决。付款保证担保是指承包商与业主签订承包合同的同时,向业主保证与工程项目有关的工人工资、材料供应商和分包商的工程款会按时支付,从而使业主避免可能由此而引起的法律纠纷和管理上的负担,同时也就保证了工人、材料供应商和分包商的合法权益。在工程保证担保制度成熟的情况下,承包商的资质、信誉对其以后的发展具有不可估量的意义,因此,承包商一般不敢冒着信誉受损的风险而拖欠工程款。

为了解决建筑领域拖欠工程款的痼疾,要做到清欠和防范并重,只有不断建立健全包括工程担保、信用体系等在内的长效机制,才能从源头上遏制和预防新的拖欠问题的产生。

5. 简化政府部门的繁杂工作

由于工程保证担保制度完全按照市场机制运行,业主、承包商、保证人之间为了各自的权益必定相互合作以求工程达到最优。即使他们之间产生纠纷,也会通过市场经济规律自行解决,而不需要政府出面对具体的建筑工程微观活动进行监督管理。这样既可以有效地防治腐败、纠正违法违纪现象,又可以提高政府的工作效率。

11.5.2 工程保证担保制度的理论依据

1. 信息不对称原理

工程保证担保的实行理论上的重要依据是经济学中的信息不对称原理。

信息不对称原理是指信息在相互对应的经济个体之间呈不均匀、不对称的分布状态。信息不对称的产生既有主观方面的原因,也有客观方面的原因。主观原因是不同的经济个体获取信息能力的不对称性。客观方面,经济个体获取信息的多少与多种社会因素有关,其中社会劳动分工和专业化是最为重要的社会因素。随着社会分工的发展和专业化程度的提高,行业专业人员与非专业人员之间的信息差别越来越大,社会成员之间的信息分布将越来越不对称。因此,信息不对称在当今商品社会是广泛客观存在的。

根据信息不对称原理,不对称信息大致可以分为两类:第一类是指外生的信息,诸如交易当事人的能力偏好、身体状况等,这类信息不是由当事人行为造成的,某种意义上是先天的、先定的、外生的。这类信息一般出现在合同签订之前。出现这种情况时,要解决的问题就是设计怎样的机制能够获得对己方有用的信息,或诱使对方披露真实的信息,然后达到一种最好的契约安排。第二类不对称信息是内生的,取决于当事人行为的本身,就是说在签订合同的时候,当事人双方拥有的信息是对称的,但签订合同后,一方则对另一方的行为无法有效监督约束。如签订工程施工合同后,承包商是否严格按照规范要求施工。这类行为一般发生在合同签订以后,这种情况下,就产生了典型的激励机制。

非对称信息条件下的市场交易双方之间的关系在经济学上称为委托代理关系。其中占有信息优势的一方称为代理人,而处于信息劣势的相对方称为委托人。

在建设工程市场中,存在着众多复杂关系,其中业主和承包商的关系是整个项目实施过程中最重要的关系,两者之间是一种非常密切的委托代理关系。承包商由于业务专长,对与工程建设有关的信息,如工程施工的详细内容、实际发生成本和工程质量等,比业主更清楚。业主与承包商在涉及工程建设施工方面的相对优势不同,决定了两者间的信息不对称。

2. 道德风险和逆向选择

由于社会经济活动主体趋利避害的本性,执行合同的一方都有选择对自己有利而对另一方不利的行为的决策潜在激励。如果涉及执行合同的信息在合同双方间的分布是对称的,则这种潜在的激励不会变成现实。究其原因,主要是道德风险、逆向选择两个方面。

1) 道德风险

道德风险是指交易合同达成后,一方在最大限度地增进自身利益时,做出不利于另一方的行为。道德风险是经济人趋利避害的本性直接体现。在工程建设市场上,业主和承包商双方都有可能发生道德风险的激励。对于承包商有:①擅自改变工程款的专项用途,使工程项目因短期缺资金而不能按合约工期完成;②偷工减料,以次充好,达不到合同质量的要求;③隐瞒实情,虚报价量,造成投资失控与严重超支。而业主的道德风险主要是拖欠工程款,不合理占用他人的货币资源,造成对方因资金周转困难而陷入困境。

2) 逆向选择

逆向选择是指在信息不对称的条件下,合同的一方可能隐藏自己的私有信息,反而提供不真实信息,以谋求增加自己的利益,但这种行为却损害到另一方的利益。例如,在工程招标投标过程中,由于招标人和投标人的信息不对称,拥有信息优势的承包商会导致招标结果失灵。面向全社会公开招标,如果没有对投标人资格的限制,就会出现鱼龙混杂的局面,招标人在缺乏信息条件下,无法全面了解各投标人的信用、实力情况,难以甄别投标人的报价真实性。在这种情况下如盲目采用最低价中标法,就有可能选择实力差、信用低的投标者中标。

3. 工程保证担保制度解决的问题

为了解决合同双方之间的信息不对称及其引起的道德风险与逆向选择问题,一种惩戒机制的设计就显得非常重要,它可以强迫信息优势方公开隐蔽信息和减少隐蔽行动,不得做出有损于另一方利益的事情。工程保证担保正是这样一个信用工具。在保证担保中,委托人对代理人能否履约缺乏足够的信息,但他却可以充分信任第三方担保人。而担保人之所以敢于对代理人给予担保,是基于它对代理人履约能力有深入的了解。可以认为,委托人与保证人之间是信息对称的,而保证人与代理人之间也是信息对称的,于是保证人成为交易双方的一种信用桥梁,使得承包商与业主之间的信息达到对称,保证建设合同得以正常履行。

例如,工程保证担保中常采用的两种方式:投标保证担保和履约保证担保。这两种保证担保就有效地解决了合同双方之间的信息不对称。投标保证担保是指投标人在投标报价之前或同时按照业主规定的保证金额向业主提交投标保证书的一种形式。投标人为了获得保证担保必然向担保机构提出申请,而担保机构为了不使其产生大的经营风险,必须对申请人的资信状况有一个充分的了解并对承包商进行严格的资格审查,只有在充分了解申请人、使双方信息达到对称的基础上,才会决定是否出具担保书。因此,有些国家在工程投标时用投标保证担保代替资格预审,解决了信息不对称中的逆向选择问题。履约保证担保是保证人保障承包商履行工程承包合同所做出的保证。通过履约保证担保可充分保障业主在工程建设领域的合法权益。同时迫使承包商必须采取严肃认真的态度对待合同的执行,防止承包商在合同履行过程中为了自己的私利,做出任何违背合同、有损业主利益的事情。因为任何违约都会引起业主对保证人的索赔,这种损失最终将落回到承包商自己身上。因此,履约保证担保可有效地克服信息不对称中的道德风险问题,使双方信息达到对称。

通过担保公司对投标人的严格资质预审,还能有效地提高业主的信息甄别力。为获得有关保函,承包商必须向担保公司披露某些重要信息,否则专业担保公司不开具工程担保保函,它就失去参与投标的资格。由于获得保函必须依靠承包商的信誉和综合实力,承包商能够获得保函保额的高低,也传递了其信誉和实力的优劣,业主可从中掌握投标人较多的综合信息,减少业主信息搜索工作量。保证担保的基本经济学意义就是完善市场信息机制,修正市场的信息不对称状态,增进市场信用,为发挥价格机制对市场的自动调节作用创造条件。

11.5.3　工程保证担保的形式

1. 投标保证担保（bid bond/tender guarantee）

投标保证担保是投标人在投标报价前或同时向业主提交投标保证金或投标保函等（保证一旦申诉,即签约承包工程）。同时,担保人为投标人提供担保前,会严格审查其承包能力、资信状况等,否则将不予提供投标担保,这就限制了不合格的承包商参加投标活动。投标担保额度一般为报价总额的1%～2%,小额合同按3%计算,在报价最低的投标人有可能撤回投标的情况下可达5%。

投标保证担保一般有三种做法。

① 由银行提供投标保函,一旦投标人违约,银行将按照担保合同的约定对业主进行赔偿;

② 由担保人出具担保书,一旦投标人违约,担保人将支付业主一定的赔偿金。赔偿金可取该标与次低标之间的报价差额,同时次低标成为中标人;

③ 投标人直接向业主交纳投标保证金。

实行投标担保,由于投标人一旦撤回投标或中标后不与业主签约,便承担业主的经济损失,因此可促使投标人认真对待投标报价,担保人严格审查投标人的承包能力、资信状况等,从而限制了不合格的承包商参加投标活动。

2. 履约保证担保（performance bond/guarantee/security）

履约保证担保是承包商按照合同约定履行义务所做的一种经济承诺方式。在中标人收到中标通知后,须在规定时间内签署合同协议书,连同履约担保一并送交业主,然后再与业主正式签订承包合同。

履约保证担保一般也有三种做法。

① 由银行提供履约保函,一旦承包商不能履行合同义务,银行要按照合同约定对业主进行赔偿。银行履约保函一般只担保合同价的10%～25%,美国则规定联邦政府工程的履约担保必须担保合同价的全部金额。

② 由担保人提供担保书,如果是非业主的原因承包商不能按合同完成工程项目,则担保人必须无条件保证工程按合同的约定完工。它可以给承包商以资金上的支持,避免承包商宣告破产而导致工程失败;可以提供专业和技术上的服务,使工程得以顺利进行;可以将剩余的工程转给其他的承包商去完成,并弥补费用的价差。如果上述方法都不行,则以现金赔偿业主的损失。

③ 由中标人直接向业主交纳履约保证金。当承包商履约后,业主即退还保证金;若中途毁约,业主则予以没收。通过履约保证担保,可以充分保障业主的合法权益,并迫使承包商认真对待合同的签订和履行。

3. 付款保证担保（payment bond/guarantee）

付款保证担保保证承包商根据合同向分包商付清全部的工资和材料费用，以及材料设备厂家的货款。一般来说，它是履约保证担保的一部分。

4. 业主支付担保（employer payment bond/guarantee）

业主支付担保实质是业主的履约担保，须同承包商履约担保对等实行，即业主要求承包商提供履约担保的，也要同时向承包商提供支付担保。

5. 预付款保证担保（advance payment bond/guarantee）

预付款保证担保保证业主预付给承包商的工程款用于建筑工程而不用。随着业主按照工程进度支付工程价款并逐步扣回预付款，预付款担保责任随之减少直至消失。一般为合同价的 10%～30%。

6. 质量保证担保（maintenance bond/guarantee）

质量保证也称保修担保，担保保证承包商在工程竣工后的一定期限内，将负责质量问题的处理责任。若承包商拒不对出现的问题进行处理，则由保证人负责维修或赔偿损失。

担保可以包含在履约担保之内，也可以单独列出，并在工程完成后替换履约担保。有些工程则采取暂扣合同价款的 5% 作为维修保证金。实行质量担保，可以促使承包商加强全面质量管理，尽量避免质量缺陷的出现。当工程存在总包分包关系时，总承包商要为各分包商的工作承担连带责任。总承包商为了保护自身的权益不受损害，往往要求分包商通过担保人为其提供担保，以防止分包商违约或负债。

7. 价格差额担保（price difference bond/guarantee）

价格差额担保是指如果某项工程的中标价格低于标底 10% 以上，业主要求承包商通过担保人对中标价格与标底之间的差额部分提供担保，以保证按此价格承包工程不致造成质量的降低。

8. 完工担保（completion bond/guarantee）

完工担保保证承包商按计划完工，并对该工程不具有留置权。如果由于承包商的原因，出现工期延误或工程占用，则担保人应承担相应的损失赔偿责任。

9. 保留金担保（retention money bond/guarantee）

保留金担保是指业主按月给承包商发放工程款时，要扣一定比例作为保留金，以便在工程不符合质量要求时用于返工。

预扣保留金的比例及限额通常在工程合同中约定，一般从每月验工计价中扣 10%，以合同价的 5% 为累计上限。在签发工程验收证书时，咨询工程师将向承包商发还一半的保留金；在工程保修期满后，发还其全部余额。承包商也可以通过担保人提供保留金担保，换回在押的全部保留金。

10. 其他保证担保形式（others）

除了上述工程保证担保形式外，要求承包商提供的还有免税进口材料设备保证、机具使用保证、税务保证等工程担保形式等。

由于保证担保人所提供的担保金额较高,而收取的担保费很低(不足2%),因此,保证担保人的责任风险是很大的。保证担保人往往用以下方法减少或分散所承受的风险。

1) 反担保

反担保是指被担保人对担保人为其向债权人支付的任何偿付,均承担返还义务。担保人为防止向债权赔偿后,不能从被担保人处获得补偿,可以要求被担保人以其自身资产、银行存款、有价证券或通过其他担保人等提出反担保,作为担保人出具担保的条件。一旦发生代为赔偿的情况,担保人可以通过反担保追偿赔付。

2) 分包担保

分包担保是指当工程存在总分包关系时,总承包商要为各分包商承担连带责任。总承包商为了保证自身的权益不受损害,往往要求分包商通过担保人为其提供担保,以防止分包商负约或负债。通常这也是总承包商将工程分包给分包商的必要条件。

3) 购买保证担保

购买保证担保是指向保险公司购买保证担保保险,从而把一部分风险转给保险公司。

4) 使用分保(合作担保)

使用分保(合作担保)是指与其他担保公司合作担保,以分散保证责任,扩大业务,增强担保能力。

11.5.4 工程保证担保的一般程序

工程保证担保的一般程序包括担保申请人提出申请、担保人审查与担保的签发三个基本过程。

1. 担保申请人提出申请

凡向银行、金融机构、担保公司等担保机构(担保人)提出担保申请的申请人,可同其初步协商后领取并填写《委托担保申请书》,并提交下列文件资料,并保证其真实性:企业的章程及营业执照(副本)复印件、企业法定代表人的身份证明、具有法定资格单位提供的企业近3年的损益表、利润分配表、资产负债表、财务状况变动表以及由公司认可的资信证明、建设项目的可行性研究报告及主管部门的批件、提供落实反担保措施的文件,抵押反担保的应提供能够证明抵押财产的名称、数量、范围、所在地、占有方式、产权归属等情况的有关文件材料,经具有资格的资产评估机构对抵押财产做出的评估报告等材料。信用反担保的应提供信用反担保人的营业执照复印件、企业章程、资产负债率、利润表等。足以证明信用反担保人的资信情况及履约能力的文件材料,银行或担保公司认为必要的其他文件。

2. 担保人审查

担保机构收到《委托担保申请书》及有关文件资料后,组织有关专家进行评估审查。审查的内容主要包括诸如承包商资金、能力、信誉、经验等,然后评估出担保人可以向申请人提供的最大担保额度。

① 资金状况。如担保申请人的银行存款、可变现的财产、应收账款、应付账款、资产负债率、施工中工程以及其他与财务有关的事项。

② 工程能力。如公司的技术能力、人员的专业技术水平、机具的种类及数量等。

③ 信誉。公司本身的信誉、社会影响,包括高级管理人员的学识、经验和信誉等。

④ 工程特性。如工程的大小、种类、地点、工程技术风险、建设条件等。

⑤ 业主的支付能力、信誉及是否向承包商提供支付工程款担保,工程所处环境如气候等,与工程有关的物资、劳动力的供应,当地政府的政策支持,经济环境等。

担保人在详细考察上述情况后,可以根据不同的情况采用专家评分法,给各个影响因素赋以不同的权数计算出担保限额。

3. 担保的签发

经有关专家评估审查同意后,由担保机构签署《审批意见书》,并通知债权人,签订工程《委托担保协议书》。如债权人认可《委托担保协议书》并接受担保公司的担保,由担保工程公司草拟有关大致合同文本,经担保机构与合同各方当事人协商一致,并经主管领导或其代表批准后正式办理签订有关合同的手续。

11.5.5 工程担保的模式

1. 由银行充当担保人,出具银行保函

银行保函是银行向权利人签发的信用证明。若被担保人因故违约,银行将付给权利人一定数额的赔偿金。银行保函是欧洲传统的担保模式,现已被大多数国家所采用。银行保函根据担保责任的不同又分为投标保函、履约保函、维修保函、预付款保函等。履约保函有两种类型:一种是无条件履约保函,亦称"见索即付",即无论业主何时提出声明,认为承包商违约,只要其提出的索赔日期、金额在保函有效期和担保限额内,银行就要无条件地支付赔偿;另一种是有条件履约保函,即银行在支付赔偿前,业主必须提供承包商确未履行义务的证据。世界银行招标文件、FIDIC合同文件中提供的银行履约保函格式都是采用无条件履约保函的形式。

2. 由保险公司或专门的担保公司充当担保人,开具担保书

在美国,法律规定银行不能提供担保,90%以上的工程担保由保险公司(保险公司有3 000多家,大多设有担保部)承担;专门的担保公司一般规模都不大,并须经财政部批准,按资金实力实行分等级担保。

3. 由一家具有同等或更高资信水平的承包商作为担保人,或者由母公司为其子公司提供担保

保证人必须具备下列条件之一。

① 保证人是建设业者不履行义务时承担支付延误利息、违约金及其他经济损失的保证人;

② 保证人是保证代替建设业者由自己完成该工程的其他建设业者。

4. "信托基金"模式

"信托基金"模式,即业主将一笔信托基金交受托人保存,并签订信托合同,若业主因故不能支付工程款,则承包商可从受托人那里得到相应的损失赔偿。

5. 工程担保的注意事项

① 银行对承包商的资格审查往往限于财务状况,而其他担保人还要对承包商的技术水平和管理能力做核查。一旦证实承包商违约,开具履约担保书的担保人要确保业主能按照合同最终完成工程项目的建设,而出具履约保函的银行仅给予业主一定数额的赔偿,其善后工作由业主承担。此外,如果采用银行保函,银行将对承包商的贷款规模加以限制。

② 从事工程建设活动的各方如果没有取得相应的工程担保,或者没有购买相应的工程保险,几乎无法获得工程合同。而且,在提供工程担保或进行投保时,银行及其他担保人、保险公司都要对被担保人或投保人进行评估。工程担保是由被担保人向担保人交付费用,通过担保人向权利人提供担保,保障他人(即权利人)的利益不受损害。

③ 工程担保是承担因被担保人违约或失误而造成的风险,在工程担保中,被担保人提供担保的根本目的并不是转移风险,而是为了满足对方要求的信用保障。

④ 在工程担保中担保人的风险远小于被担保人,担保人往往要求被担保人提供反担保或签订偿还协议书,担保人有权追索其代为履约所支付的全部费用,只有被担保人的全部资产都赔付担保人后仍无法还清其代为偿付的费用时,担保人才会蒙受损失。

⑤ 在工程担保中,被担保人因故不能履行合同时,担保人必须采取积极措施,保证合同能继续完成,工程担保是由担保人暂时承担风险,而后可通过反担保追回部分或全部损失。

⑥ 担保通常与债权债务、合同契约有着密切联系,一般包括保证、抵押、质押、留置、定金等多种形式。作为经济合同的担保,其产生的法律关系与主合同相互依存,并从属于主合同。

11.5.6 工程保证担保与工程保险的比较

工程保险和工程保证担保是工程项目风险管理的两种重要途径,它们之间既有相同之处,又存在很多差别。

1. 两者的共性

① 有偿性相同,都是有偿的工程风险转移的重要手段。

② 目的相同,都是保障债权人在合同中权利的实现。

③ 方式相同,都包括一般保证(保证人在主合同纠纷未经审判或仲裁,并就债务人财产依法强制执行仍不能履行债务前,对债权人可以拒绝承担保证责任)与连带责任保证(所保证的债务人在主合同规定的义务履行期届满没有履行义务的,债权人可以要求债务人履行义务,也可以要求保证人在其保证范围内承担保证责任,不需要通过仲裁或者法院审判程序)。

④ 时效相同,都是在签发保函或保单时即做出保证。

⑤ 从属相同,性质上都是从属合同,很大程度上依附于工程承包这个主合同。

2. 两者的差异

(1) 风险对象不同

保证担保面对的是"人祸",人为的违约责任;保险面对的是"天灾",意外事件、自然灾害。

(2) 风险方式不同

保险合同是在投保人和保险人之间签订的,风险转移给了保险人。保证担保当事人有三方:委托人、权利人和保证担保人。权利人是享受合同保障的人,是受益方。当委托人违约使权利人遭受经济损失时,权利人有权从保证担保人处获得补偿。这就与保险区别开来,保险是谁投保谁受益,而保证担保的投保人并不受益,受益的是第三方。最重要的在于,委托人并未将风险最终转移给保证担保人。也就是说,最终风险承担者仍是委托人自己。

(3) 风险责任不同

依据担保法律,委托人对保证人为其向权利人支付的任何赔偿,有返还给保证人的义务;而依据保险法律,保险人赔付后是不能向投保人追偿的。另外,在保证担保中,保证人承诺有责任通常属"第二性"赔付责任。

(4) 风险选择不同

同样作为投保人,保险没有选择性,只要投保人愿意,都可以被保险。保证担保则不同,这必须通过资信审查评估等手段选择有资格的委托人。因此在发达国家,能够轻松地拿到保函,是有信誉、有实力的象征。也正因为这样,通过保证担保可以建立一种严格的建设市场准入制度。

(5) 风险预期不同

保险业对于风险损失是有预期的,而保证担保在理论上却不希望发生风险损失,这可能是不现实的,但却是保证担保的原理。由于保证担保人在出具保函前要对委托人的各种有关情况进行调查,进行充分的可行性研究,所以,一旦决定保证担保,基本上能确信不大可能发生委托人不履约行为。换句话讲,保险建立在实际可计算的预期损失基础上,而保证担保则建立在委托人的信用等级和履约能力基础上。保险造就的是互助机制,保证担保造就的是信用机制。形成信用机制是建立工程保证担保制度的主要目的所在。

11.6 结　　语

风险管理是项目管理的两大基础之一。风险在工程项目管理中无时无处不在,这就要求我们转变观念,加强风险意识,努力克服风险管理的技术难点。

风险管理首先要求准确地识别风险,风险识别后还要衡量风险、反复比较,并对风险进行详细的分析。

风险管理的一个重要方面就是要抓住风险的特性,对风险保持高度的防范意识,同时制定出处理风险的对策,即风险控制和财务措施。

参加工程项目保险是强化项目抵御风险能力的重要途径。要了解工程项目保险的特点和类别,合理选择保险公司,签署保险合同。

推行工程保证担保制度是加强工程建设规范管理较理想的对策选择。深刻理解保证担保的理论有助于我们掌握工程保证担保的基本形式,按程序办事。

思 考 题

1. 何谓工程项目风险？它有哪些特点？
2. 项目风险管理的概念是什么？简述风险管理的内容。
3. 简述风险识别的 6 个步骤。
4. 风险分析的主要内容是什么？
5. 为什么说风险防范是可能的？
6. 简述风险处理的两种最基本方法。
7. 何谓工程项目保险？本章介绍了哪几个险种？
8. 何谓工程保证担保制度？大致有哪些形式？
9. 保证担保人往往用哪些方法减少或分散所承受的风险？
10. 简述工程保证担保与工程保险的异同。

第 12 章

工程项目竣工验收与投产准备

■ 学习目标

本章着重阐述了工程竣工验收的概念、作用、主要任务、条件、依据、标准、内容、质量核定以及程序等相关内容；工程档案与竣工图移交、竣工决算；工程项目投产准备工作的步骤、内容、试生产；工程项目后评价等相关内容，简单介绍了项目回访与保修。要求学生掌握竣工验收相关知识、工程档案与竣工图移交和竣工决算，简单了解工程项目投产准备工作相关内容以及项目后评价等知识点。

■ 关键概念

工程项目竣工验收　投产准备　项目后评价　工程质量保修

12.1 概　　述

12.1.1 概念

工程项目按照设计要求及与建设各方签订合同的规定，建设内容已全部完成或工程具备使用条件，叫做工程竣工。

工程项目竣工验收就是由建设单位、施工单位和项目验收委员会，以项目批准的设计任务书和设计文件、国家（或部门）颁发的施工验收规范和质量检验标准为依据，按照一定的程序和手续，在项目建成并试生产合格后，对工程项目总体进行检验和认证的活动。

工业生产项目须经试生产合格，形成生产能力，能正常生产出合格产品后，方能进行验收；非工业生产性项目，应能正常使用，方可进行验收。

按我国建设程序的规定，竣工验收是项目投资建设期的最后一个阶段，是项目施工阶段和保修阶段的中间过程。只有经过竣工验收，项目才能实现由施工单位管理向建设单位管理的过渡，它标志着建设投资成果投入生产或使用。

12.1.2 竣工验收的作用

① 全面考察工程项目设计和施工的质量，以便及时发现和解决存在

的问题,以保证项目按设计要求的各项技术经济指标正常使用。

② 是加强固定资产投资管理的需要。通过竣工验收办理固定资产交付使用手续,总结建设经验,提高建设项目的经济效益和管理水平。

③ 解决工程项目遗留的问题。建设项目在批准建设时,一般都考虑了协作条件、市场需求、"三废"治理、交通运输以及生活福利设施,但由于施工周期长,情况发生变化,因此项目建成后,因主、客观原因会产生许多新问题,存在许多遗留问题及预料不到的问题。通过验收,可研究这些问题的解决办法和措施,从而使项目尽快投入使用,发挥效益。

④ 全面考核项目的建设成果。建设项目建成投产交付使用后,能否取得良好的宏观效益,需要经过国家权威管理部门按照技术规范、技术标准组织验收确认。通过建设项目竣工验收,检验建设项目决策、设计、设备制造和管理水平,总结建设经验,以达到全面考核项目建设成果的目的。

12.1.3 竣工验收的主要任务

工程项目竣工验收是建设程序的最后一个阶段。工程项目经过竣工验收,由承包单位交付建设单位使用,并办理各项工程移交手续,标志着这个工程项目的结束,也就是建设资金转化为使用价值。

这个阶段的主要工作包括以下几方面。

① 建设单位、勘察和设计单位、施工单位(包括各主要的工程分包单位)要分别对工程项目的决策和论证、勘察和设计以及施工的全过程进行最后的评价,实事求是地总结各自在工程项目建设中的经验和教训。这项工作实际上也是对工程管理全过程进行系统的检验。作为工程项目总承包单位的项目经理还应组织有关人员对整个工程项目进行工期分析、质量分析、成本分析。

② 办理建设工程的验收和交接手续,办理竣工结算和竣工决算,办理工程档案资料的移交,办理工程保修手续等,总之,在这个阶段,要把整个工程项目的结束工作、移交工作和善后清理工作全部办理完毕。

③ 对施工单位来讲,应该把工程竣工作为一个过程看待,或者说把收尾和竣工作为一个阶段看待。在这个阶段,所承担的工程项目即将结束,并将转向或已经转向新的工程项目的施工,而本工程项目仍有很多收尾工作和竣工验收工作要做,这些工作做好了,有利于各个参与工程项目施工的单位顺利地撤摊拔点,缩短施工战线,投入新的工程项目的建设。

12.1.4 工程项目竣工验收的条件

① 设计文件和合同约定的各项施工内容已经施工完毕。
② 有完整的并经核定的工程竣工资料,符合验收规定。
③ 有勘察、设计、施工、监理等单位签署确认的工程质量合格文件。
④ 有工程使用的主要建筑材料、构配件和设备进场的证明及试验报告。

12.1.5 工程项目竣工验收的依据

工程项目竣工验收的依据,除了必须符合国家规定的竣工标准(或地方政府主管机关的具体标准)之外,在进行工程竣工验收和办理工程移交手续时,应该以下列文件作为依据。

① 上级主管部门有关工程竣工的文件和规定(如可行性研究报告、初步设计等)。
② 建设单位同施工单位签订的工程承包合同。
③ 工程设计文件(包括施工图纸、设计说明书、设计变更洽谈记录、各种设备说明书等)和招标投标文件。
④ 国家颁布的各种标准和现行的施工验收规范。
⑤ 建筑安装工程统计规定。
⑥ 凡属从国外引进的新技术或进口成套设备的工程项目,除上述文件外,还应按照双方签订的合同书和国外提供的设计文件进行验收。
⑦ 利用世界银行等国际金融机构贷款的项目,按照世界银行规定编制的《项目完成报告》。

12.1.6 工程项目竣工验收的标准

工程项目由于性质不同,行业、类型不同,应达到的标准也有不同,这里介绍一般的验收标准。一般标准是无论什么项目起码应达到的或应具备的水平,通常由国家统一规定。

1. 建筑工程验收标准

凡是生产性工程,公用辅助设施和生活福利设施均已按批准的设计文件和规定的内容及施工图纸全部施工完毕,经验收规范验收后,工程质量符合各项要求,没有尾巴,能生产使用。
① 所有建筑物(包括构筑物)、明沟、勒脚、踏步、斜道全部做完,内部粉刷完毕,两米以内场地已平整,无障碍物,道路通畅。
② 建筑设备(室内上下水、采暖、通风、电器照明、管道、线路安装敷设工程)经过试验、检测,达到设计和使用要求。
③ 环境保护设施、劳动安全卫生设施、消防设施已按设计要求与主体工程同时建成使用。

2. 安装工程验收标准

需要安装的工艺设备、动力设备及仪表等均已按设计规定的内容和技术说明书的要求全部安装完毕,根据验收规范的规定,各道工序全部保质保量地施工完毕,没有尾巴。
① 工艺、物料、热力等各种管道已做好清洗、试压、吹扫、油漆、保温等工作,室外管线的安装位置、标高、走向、坡度、尺寸、送达的方向等经检测符合设计和使用要求。
② 各种需要安装或不需要安装的设备均已经过单机无负荷、联动无负荷、联动有负荷试车,符合安装技术要求,能够生产出设计文件规定的合格产品,具有形成设计规定的生产能力。

3. 人防工程验收标准

凡有人防工程或结合建设的人防工程的竣工验收必须符合人防工程的有关规定。
① 按工程等级安装好防护密闭门。
② 室外通道在人防密闭门外的部位增设防护门进、排风等孔口,设备安装完。
③ 目前没有设备的,做好基础和预埋件,具备有设备以后即能安装的条件;应做到内

部粉饰完工；内部照明设备安装完毕，并可通电；工程无漏水，回填土结束；通道畅通等。

4. 生产设备验收标准

① 确定了生产管理机构，拟定出有关的规章制度。
② 人员配备及生产工人培训结束。
③ 外部协作条件及投产初期所用原材料、工具、器具、备品备件已落实。

5. 档案验收标准

① 按照国家档案局、国家发展计划委员会1988年颁布的《基本建设项目档案资料管理暂行规定》，对基建中产生的资料应归档，资料完整，无遗漏。
② 档案资料准确可靠。
③ 归案文件、资料已整理加工分类立卷成册。

6. 竣工验收的特殊标准

更新改造项目和大修理项目可以参照国家标准或有关标准，根据工程性质，结合当时当地的实际情况，由业主与承包商共同商定提出适用的竣工验收的具体标准。国家没有对此做出具体规定，由于各部门、各行业其项目各有特点，无法统一规定特殊验收标准，各部门、各行业有自己的特殊规定，有自己的技术验收规范。

12.2 竣工验收的内容、质量核定及程序

12.2.1 竣工验收的内容

竣工验收的内容随工程项目的不同而异，一般包括下列内容。

1. 工程技术资料验收内容

包括工程地质、水文、气象、地形、地貌、建筑物、构筑物及重要设备安装位置、勘查报告、记录；初步设计、技术设计或扩大初步计算、关键的技术试验、总体规划设计；土质试验报告、基础处理；建筑工程施工记录、单位工程质量检查记录、管线强度、密封性试验报告、设备及管线安装施工记录及质量检查、仪表安装施工记录；设备试车、验收运转、维护记录；产品的技术参数、性能、图纸、工艺说明、工艺规程、技术总结、产品检验、包装、工艺图；设备的图纸、说明书；涉外合同、谈判协议、意向书；各单项工程及全部管网竣工图等的资料。

2. 工程综合资料验收内容

包括项目建议书及批件，可行性研究报告及批件，项目评估报告，环境影响评估报告书，设计任务书，土地征用申报及批准的文件，承包合同，招标投标文件，施工执照（施工单位的资质证书），项目的单项竣工验收报告（如环保、劳动安全、消防验收），验收鉴定书。

3. 工程财务资料验收内容

① 历年建设资金供应（拨、贷）情况和应用情况。
② 历年批准的年度财务决算。

③ 历年年度投资计划、财务收支计划。
④ 建设成本资料。
⑤ 支付使用的财务资料。
⑥ 设计概算、预算资料。
⑦ 竣工决算资料。

工程技术资料、工程综合资料和工程财务资料属于工程资料验收。工程内容验收包括建筑工程验收、安装工程验收。

4. 建筑工程验收内容

在全部工程验收时，建筑工程早已建成了，有的已进行了"交工验收"，这时主要是如何运用资料进行审查验收，其主要内容如下。
① 建筑物的位置、标高、轴线是否符合设计要求。
② 对基础工程中的土石方工程、垫层工程、砌筑工程等资料的审查，因为这些工程在"交工验收"时已验收过。
③ 对结构工程中的砖木结构、砖混结构、内浇外砌结构、钢筋混凝土结构的审查验收。
④ 对屋面工程的木基、望板、油毡、屋面瓦、保温层、防水层等的审查验收。
⑤ 对门窗工程的审查验收。
⑥ 对装修工程的审查验收(抹灰、油漆等工程)。

5. 安装工程验收的内容

分为建筑设备安装工程、工艺设备安装工程、动力设备安装工程等验收。
① 对于建筑设备安装工程(指民用建筑物中的上下水管道、暖气、煤气、通风管道、电气照明等安装工程)，应检查这些设备的规格、型号、数量、质量是否符合设计要求，检查安装时的材料、材质、材种，检查试压、闭水试验、照明。
② 工艺设备安装工程包括生产、起重、传动、试验等设备的安装，以及附属管线敷设和油漆、保温等。检查设备的规格、型号、数量、设备安装的位置、标高、机座尺寸、单机试车、无负荷联动试车、有负荷联动试车、管道的焊接质量、洗清、吹扫、试压、试漏、油漆、保温等及各种阀门。
③ 动力设备安装工程指有自备电厂的项目，或变配电室(所)、动力配电线路的验收。

12.2.2 竣工验收的质量核定

工程竣工质量核定是政府对竣工工程进行质量监督的一种带有法律性的手段，目的是保证工程质量、保证工程结构安全和使用功能，它是竣工验收交付使用必须办理的手续。质量核定的范围包括新建、扩建、改建的工业与民用建筑，设备安装工程和市政工程等。一般由城市建设机关的工程质量监督部门承监，竣工工程的质量等级以承监工程的质量监督机构核定的结果为准，并颁发《建设工程质量合格证书》(以下简称《合格证书》)。

1. 申报竣工质量核定的工程条件

① 必须符合国家或地区规定的竣工条件和合同中规定的内容。委托工程监理的工程必须提供监理单位对工程质量进行监理的有关资料。

② 必须具备各方签认的验收记录。对验收各方提出的质量问题,施工单位进行返修的,应有建设单位和监理单位的复验记录。

③ 提供按照规定齐全有效的施工技术资料。

④ 保证竣工质量核定所需的水、电供应及其他必备的条件。

2. 核定的方法和步骤

单位工程完成后,施工单位要按照国家检验评定标准的规定进行自检,符合有关技术规范、设计文件和合同要求的质量标准后,提交建设单位。建设单位组织设计、监理、施工等单位及有关方面,对工程质量评出等级,并向承监工程的监督机构提出申报竣工工程质量核定。承监工程的监督机构受理了竣工工程质量核定后,按照国家的《工程质量检验评定标准》进行核定;经核定合格或优良的工程,发给《合格证书》,并说明其质量等级。《合格证书》正本1本,发给建设单位;副本2本,分别由施工单位和监督机构保存。工程交付使用后,如工程质量出现永久缺陷等严重问题,监督机构将收回《合格证书》,并予以公布。

经监督机构核定不合格的单位工程,不颁发《合格证书》,不准投入使用。责任单位在规定限期返修后,再重新进行申报、核定。

在核定中,如施工技术资料不能说明结构安全或不能保证使用功能的,由施工单位委任法定检测单位进行检测。核定中,凡属弄虚作假、隐瞒质量事故者,由监督机构对责任单位依法进行处理。

12.2.3 竣工验收的程序

为了把竣工验收工作做好,一般可分为两个步骤进行:①由施工单位(承包单位)先进行自验;②正式验收,即由施工单位同建设单位和监理单位共同验收,对大型工程或重要工程,还要上级领导单位或地方政府派员参加,共同进行验收,验收合格后,即可将工程正式移交建设单位使用。

1. 竣工自验(亦称竣工预验)

竣工自验是施工单位内部先自我检验,为正式验收做好准备。

① 自验的标准应与正式验收一样,主要依据是:国家(或地方政府主管部门)规定的竣工标准和竣工口径;工程完成情况是否符合施工图纸和设计的使用要求;工程质量是否符合国家和地方政府规定的标准和要求;工程是否达到合同规定的要求和标准等。

② 参加自验的人员应由施工单位项目经理组织生产、技术、质量、合同、预算以及有关的施工工长等共同参加。

③ 自验的方式应分层分段、分房间地由上述人员依自己主管的内容逐一进行检查,并要做好记录。对不符合要求的部位和项目,确定修补措施和标准,并指定专人负责,定期修理完毕。

④ 复验。在基层施工单位自我检查的基础上,并对查出的问题全部修补完毕以后,项目经理应提请上级(如果项目经理是施工企业的施工队长或工区主任级者,应提请公司或总公司一级)进行复验(按一般习惯,国家重点工程、省市级重点工程,都应提请总公司级的上级单位复验)。通过复验,要解决全部遗留问题,为正式验收做好充分准备。

2. 正式验收

在自验的基础上,确认工程全部符合竣工验收标准,具备了交付使用的条件后,即可开始正式竣工验收工作。

① 发出《竣工验收通知书》。施工单位应于正式竣工验收之前,向建设单位发送《竣工验收通知书》。

② 组织验收工作。工程竣工验收工作由建设单位邀请设计单位及有关方面参加,同施工单位一起进行检查验收。列为国家重点工程的大型建设项目由国家有关部委、邀请有关方面参加,组成工程验收委员会,进行验收。

③ 签发《竣工验收证明书》并办理移交。在建设单位验收完毕并确认工程符合竣工标准和合同条款规定要求后,应向施工单位签发《工程竣工验收报告》。

④ 进行工程质量核定。

⑤ 办理工程档案资料移交。

⑥ 办理工程移交手续。在对工程检查验收完毕后,施工单位要向建设单位逐项办理工程移交和其他固定资产移交手续,并应签认交接验收证书,办理工程结算手续。工程结算由施工单位提出,送建设单位审查无误后,由双方共同办理结算签认手续。工程结算手续一旦办理完毕,除施工单位承担保修工作(在保修期内)外,甲、乙双方的经济关系和法律责任,即予解除。

⑦ 办理工程决算。整个工程项目完工验收,并办理了工程结算手续后,由建设单位编制工程决算,上报有关部门。至此,项目的全部建设过程即告终结。

12.3 工程档案与竣工图移交

12.3.1 工程档案的移交

工程档案是工程项目的永久性技术文件,是进行维修、改建、扩建时的重要依据,也是必要时对工程进行复查的重要根据。在工程项目竣工后,工程承包单位的项目经理(或由项目经理委托的主管人员)需按规定向建设单位正式移交这些工程档案资料。因此,施工单位的技术管理部门,从工程一开始,就应有专人负责收集、整理和管理这些档案资料,不得丢失或损坏。

1. 移交工程档案资料的内容

① 开工执照。

② 竣工工程一览表,包括各个单项工程的名称、面积、层数、结构以及主要工艺设备和装置的目录等。

③ 地质勘察资料。

④ 工程竣工图、施工图会审记录,工程设计变更记录,施工变更洽商记录(如果项目为保密工程,工程竣工后需将全部图纸和资料交付建设单位,施工单位不得复制图纸)。

⑤ 永久性水准点和坐标位置,建筑物、构筑物基础深度的测量记录。

⑥ 上级主管部门对该工程有关的技术规定文件。

⑦ 工程所用的各种重要材料、成品、半成品、预制加工构件以及各种设备或者装置的检验记录或出厂证明文件。

⑧ 灰土、砂浆、混凝土等的试验记录。

⑨ 新工艺、新材料、新技术、新设备的试验、验收和鉴定记录或证明文件。

⑩ 一些特殊的施工项目的试验或检验记录文件。

⑪ 各种管道工程、钢筋、金属件等的埋设和打桩、吊装、试压等隐蔽工程的检查和验收记录。

⑫ 电气工程线路系统的全负荷试验记录。

⑬ 生产工艺设备的单体试车、无负荷联动试车、有负荷联动试车记录。

⑭ 地基和基础工程检查记录。

⑮ 防水工程(主要包括地下室、厕所、浴室、厨房、外墙防水体系、阳台、雨罩、屋面等)的检查记录。

⑯ 结构工程的检查记录和历次中间检查记录。

⑰ 工程施工过程中发生的质量事故记录,包括发生事故的部位、程度、原因分析以及处理结果等有关文件。

⑱ 工程质量评定记录。

⑲ 建筑物、构筑物的沉降、变形的观测记录。

⑳ 设计单位(或会同施工单位)提出的对建筑物、构筑物、生产工艺设备等使用中应注意事项的文件。

㉑ 工程竣工验收报告、工程竣工验收证明文件。

㉒ 《红线桩钉标成果通知单》。如果施工单位负责进行建设用地钉红线桩工作,则在工程项目竣工时,同时移交给建设单位,并妥善保管,作为建设单位取得钉桩范围内土地使用权的法律依据。同时,对现场已钉好的红线桩采取有效措施加以保护,避免丢失、移位、埋没。

㉓ 其他需要移交的文件和实物照片等。

2. 工程档案的要求和移交办法

凡是移交的工程档案和技术资料,必须做到真实、完整、有代表性,能如实地反映工程和施工中的情况。这些档案资料不得擅自修改,更不得伪造。同时,凡移交的档案资料,必须按照技术管理权限,经过技术负责人审查签认;对曾存在的问题,评语要确切,经过认真的复查,并做出处理结论。

工程档案和技术资料移交一般在工程竣工验收前,建设单位(或工程设施管理单位)应督促和协同施工单位检查施工技术资料的质量,不符合要求的,应限期修改、补齐,直到重做。各种技术资料和工程档案应按照规定的组卷方法、立卷要求、案卷规格以及图纸折叠方式、装订要求等整理资料。

全部施工技术资料和工程档案应在竣工验收后,按协议规定的时间移交给建设单位,并应符合城市档案的有关规定。在移交时,要办理《建筑安装工程施工技术资料移交书》,并由双方单位负责人签章,及附上《施工技术资料移交明细表》。至此,技术资料移交工作即告结束。

12.3.2 竣工图移交

竣工图是真实地记录建筑工程竣工后实际情况的重要技术资料,是工程项目进行交工验收、维护修理、改造扩建的主要依据,是工程使用单位长期保存的技术档案,也是国家的重要技术档案。竣工图应具有明显的"竣工图"字样标志,并包含有名称、制图人、审核人和编制日期等基本内容。竣工图必须做到准确、完整、真实,必须符合长期保存的归档要求。

竣工图绘制的要求如下。

① 在施工过程中未发生设计变更,完全按图施工的建筑工程可在原施工图纸(须是新图纸)上注明"竣工图"标志,即可作为竣工图使用。

② 在施工过程中虽然有一般性的设计变更,但没有较大的结构性或重要管线等方面的设计变更,而且可以在原施工图纸上修改或补充,也可以不再绘制新图纸,可由施工单位在原施工图纸(须是新图纸)上,清楚地注明修改后的实际情况,并附以设计变更通知书、设计变更记录及施工说明,然后注明"竣工图"标志,亦可作为竣工图使用。

③ 建筑工程的结构形式、标高、施工工艺、平面布置等有重大变更,原施工图不再适于应用,应重新绘制新图纸,注明"竣工图"标志。新绘制的竣工图必须真实地反映变更后的工程情况。

④ 改建或扩建的工程如果涉及原有建筑工程并使原有工程的某些部分发生工程变更者,应把与原工程有关的竣工图资料加以整理,并在原工程图档案的竣工图上增补变更情况和必要的说明。

⑤ 一张图纸上改动部分超过40%,或者修改后图面混乱、分辨不清的图纸,不能作为竣工图,需重新绘制新竣工图。

除上述五种情况之外,对竣工图还有下列要求。

① 竣工图必须与竣工工程的实际情况完全符合。

② 竣工图必须保证绘制质量,做到规格统一,符合技术档案的各种要求。

③ 竣工图必须经过施工单位主要技术负责人审核、签认。

④ 编制竣工图必须采用不褪色的绘图墨水,字迹清晰;各种文字材料不得使用复写纸,也不能使用一般圆珠笔和铅笔等。

12.4 竣 工 决 算

竣工决算一般应在项目办理竣工验收后的规定期限内编好,并上报主管部门。

12.4.1 竣工决算的内容

竣工决算是全部工程完工并经有关部门验收后,由建设单位编制的综合反映该工程从筹建到竣工投产全过程中各项资金的实际运用情况、建设成果及全部建设费用的总结性经济文件。

竣工决算的内容由文字说明和决算报表两部分组成。文字说明主要包括:工程概况、设计概算和基建计划的执行情况,各项技术经济指标完成情况,各项投资资金使用情况,建设成本的投资效益分析以及建设过程中的主要经验、存在问题和解决意见等。决算表格分大中型项目和小型项目两种。大中型项目竣工决算表包括：竣工工程概况表、竣工财务决算表、交付使用财产总表、交付使用财产明细表。小型项目竣工决算表按上述内容合并简化为小型项目竣工决算总表和交付使用财产明细表。

12.4.2 竣工决算与竣工结算的区别

竣工结算是竣工决算的主要依据，两者的区别主要有以下几方面。

1. 编制单位不同

竣工结算是决定甲乙双方之间的合同价款的文件，是由施工单位预算、造价人员编制，建设单位预算、造价人员审核的支付工程款文件。

竣工决算是建设单位财会人员编制，由主管部门或者会计师事务所的权威人士审核，决定进入固定资产份额的经济文件。

2. 编制内容不同

竣工结算内容包括施工单位承担施工的建筑安装工程全部费用，它与所完成的建筑安装工程量及单位工程造价一致，最终反映的是施工单位在本工程项目中所完成的产值。竣工决算是建设单位财务部门编制的，包括建设项目从筹建开始到项目竣工交付生产（使用、营运）为止的全部建设费用，最终反映的是工程项目的全部投资。

竣工决算包括从筹集到竣工投产全过程的全部实际费用，包括建筑工程费、安装工程费、设备工器具购置费用及预备费和投资方向调节税等费用。按照财政部、国家发改委和建设部的有关文件规定，竣工决算是由竣工财务决算说明书、竣工财务决算报表、工程竣工图和工程竣工造价对比分析四部分组成。前两部分又称建设项目竣工财务决算，是竣工决算的核心内容。

3. 作用不同

竣工结算的作用是为竣工决算提供基础资料；作为建设单位和施工单位核对和结算工程价款的依据；是最终确定项目建筑安装施工产值和实物工程量完成情况的基础材料之一。

竣工决算的作用是反映竣工项目的建设成果；作为办理交付验收的依据，是竣工验收的重要组成部分。

12.5 工程项目的投产准备

12.5.1 概念

投产准备是指项目在建设期间为竣工后能及时投产所做的各项准备工作。在整个工程项目实施过程中，从始至终要注意使项目建成后如何顺利投入生产的各项准备工作，这是由建设阶段顺利转入生产阶段的必要条件，是项目管理的重要组成部分。

项目的试运行、试生产是投产准备工作的最后一项工作，这是对项目建设的质量和运转性能的全面检验，也是正式投产前，由试验性生产向正式投产的过渡过程。一般来讲，项目需经过一段时间的试生产(有的长达一两年),待生产过程基本稳定并取得业主认可后,方能进行验收并转入正常运行生产。

12.5.2 投产准备工作的步骤

投产准备工作贯穿于项目建设的各个阶段,但各个阶段准备工作的要求不同,现分述如下。

1. 前期及施工阶段的准备工作

在建立项目筹建机构的同时,应同时设置生产准备机构,应结合建设进度,编制生产准备的工作计划。

① 组织职工,分批分期培训。

② 根据设计的产品纲领、生产工艺方法,落实设备、原材料、燃料、动力供应的内外部生产条件。

③ 做好生产技术准备,如制定产品的技术标准、设备的操作维护规程,组织试运行和试生产。

④ 施工进入设备安装调试阶段后,要组织生产人员参加设备的安装调试。

2. 试生产验收阶段的准备工作

工程完成工后,建筑安装单位要进行设备调试和联动无负荷试车,合格后交给建设单位,由经过培训的生产工人进行联动有负荷试运行(一般要连续进行72h),然后转入试生产。此时,建筑安装单位应配合建设单位进行。

试运行、试生产阶段是生产准备工作的高峰和结束,生产所需要的原材料、燃料要提前到厂,生产工人要进行操作规程考核。

12.5.3 投产准备工作的内容

1. 投产准备工作计划的编制

在初步设计(或扩初设计)批准后,应结合项目建设的进度,计划下列内容:投产准备机构的设置、人员培训、技术准备、物资准备、外部协作条件的准备、建立规章制度和试运行等的计划。

2. 投产准备机构的设置

随着项目建设的进展,投产准备机构应由小到大,逐步完善,到建设后期大量设备进入全面安装调试阶段,应配备生产管理人员,并参加安装调试,待进入工程结束阶段,工程的筹建班子应与投产准备班子合为一体,成立生产管理机构。

3. 生产管理人员及工人的配备和培训

应根据初步设计规定的劳动定员和劳动组织计划来确定各类人员的人数,并分批分期进行培训。在建设后期,参加设备的安装调试。

4. 生产技术准备与有关规章制度的建立

① 参加设计审查,熟悉生产工艺、技术、设备。

② 进行生产工艺准备，根据原辅材料、燃料、动力、半成品的技术要求，对配料做多方案试验，得出最佳配料方案。

③ 逐步建立健全规章制度，在试运行验收阶段，要建立起符合本企业生产技术特点的生产管理指挥系统，建立一套生产、供应、销售、计划、检查考核制度、统计制度、技术管理制度、劳动人事管理制度、财务管理制度、各职能科室的责任制度，保证正式投产后各项工作有章可循。

5. 落实外部协作条件

工程项目不可避免地要与系统外部产生大量的联系，如水、电、汽以及通信、运输和职工后勤交通、生活物资供应等，要靠所在地有关部门或兄弟单位协作解决，这些问题解决得好坏对于项目如期顺利投产至关重要。

外部协作条件直接关系到生产建设的问题，在建厂前期工作阶段，即在项目进行可行性研究和厂址选择时就已考虑过，而且应与有关部门联系，并签订适当的书面协议，肯定协作关系。进入建设中后期，应根据实际需要与对方签订正式合同，明确供应与进货，为项目建成顺利投入生产创造条件。

6. 物资供应准备

大中型工程项目建设需用的物资品种繁多、数量大、要求高。这些物资都应在项目竣工前疏通渠道，落实订货合同。为满足试运行和投产初期的需要，必须在建厂前确定大宗燃材料的供货地点。在建厂中后期应根据物资的数量和规格、品种上的特点与要求，分期分批组织进行，为试运投产做好物质准备。

7. 经营管理方面的准备

在投产准备工作中，要把经营管理的基础打好，具体包括：建立科学管理的基础，实行经济责任制；建立成本控制保障体系；制定投产后的效益目标等。

12.5.4 试生产

工程实体的竣工验收意味着固定资产的形成，并具备生产能力，但不等于该工程项目达到了设计规定的生产能力，必须通过试运行或试生产来检验。在项目竣工验收之前要做好试运行试生产，竣工验收之后（正式移交之后）要做好项目的投产组织工作。

试运行、试生产在项目建设中是技术上的一个关键时刻，试运行不成功，就会引起返工，拖长投产期，造成投资费用增加。

竣工验收只是形成了固定资产，形成了生产能力，并不等于达到了设计规定的生产能力。项目建成投产达到设计生产能力要经历一个过程，在这一过程中，需进行许多调整改进工作，只有达到了设计的生产能力，才是对设计质量的验证，才是技术方案的真实实现。因此，必须做好项目验收前的试生产工作以及项目验收后投产初期的组织工作。

试生产阶段主要考核的内容有：

① 对各种工艺设备、电气、仪表等单体设备的性能、参数进行单体运转考核，对生产装置系统进行联动运行考核。

② 对设备及工艺指标进行考核。

③ 对生产装置及有直接工艺联系的公用工程进行联动试车考核。
④ 对消耗指标、产品质量进行考核,对设计规定的经济指标进行考核。

做了上述考核之后,编制竣工资料,办理工程项目的正式竣工验收。

12.6 工程项目的后评价

工程项目后评价是指项目竣工投产并达到设计生产能力后,通过对项目的立项决策、设计施工、竣工投产、生产运营等全过程进行系统评价,综合研究分析项目实际状况及其与前评价预测状况的偏差,分析原因,总结经验,不断改进新项目的准备、管理、监督等工作,提高决策水平和投资效益。

项目后评价是固定资产投资管理工作的一个重要内容,通过对项目从立项到建成投产各阶段的全面分析,可以认真总结经验,吸取教训,提高投资效益,并作为以后同类型项目立项决策和建设的参考依据。因此,有必要开展项目的后评价工作,根据国家有关主管部门的通知精神,部分国家重点建设项目的后评价有关内容如下。

12.6.1 后评价的依据

后评价的依据是经国家有审批权限部门批准的项目建议书、设计任务书(可行性研究报告)、初步设计或扩大初步设计、开工后报告和已经通过的竣工验收报告。

12.6.2 后评价的内容

1. 前期工作评价

① 立项条件是否正确。
② 决策的程序是否符合要求。
③ 前期工作深度能否满足建设要求(包括设计单位的资信审查)。
④ 设计依据、标准、规范、定额、费率是否严格执行国家规定,设计规模及主要建设内容是否符合国家批准的要求。
⑤ 设计漏项及设计变更增加投资情况。
⑥ 设计方案在技术上的可行性和经济上的合理性如何,有无不顾国情、盲目追求先进技术,不用国内可以生产、技术过关的设备,而采用进口设备的情况。

2. 建设实施的评价

① 施工准备能否满足项目开工要求(建设单位领导班子的组建、征地、拆迁、四通一平、物资、资金的落实、施工队伍的资格审查)。
② 建设实施是否符合基本建设程序。
③ 投资包干、招标投标以及各种协议和合同的执行情况、经验教训。
④ 施工管理(施工组织方式、施工队伍和施工的经营管理)。
⑤ 施工项目管理、工程质量、工期、安全情况。
⑥ 工程的建设管理情况如何、有何经验教训(含资金和物资等供应情况)。
⑦ 配套项目建设情况。

⑧ 工程竣工验收是否符合国家验收标准。
⑨ 生产准备情况如何（人力、物力、财力）。

3. 效益的评价及与批准的设计任务书（可行性研究报告）比较情况
① 生产经营（包括产销）及达产情况。
② 经济评价，包括直接效益和间接效益，能源及原材料消耗定额是否符合国家标准。
③ 财务评价，包括财务收益及成本、财务内部收益率、投资回收年限及贷款偿还能力等。

4. 外资项目评价，除评价上述内容外应增加项目
① 外资利用方向范围是否适宜，以及外资的偿还能力。
② 国外设备的引进、消化吸收如何。
③ 国外技术引进的消化、吸收情况。

5. 其他需要评价的内容和可供类似项目借鉴的经验教训

12.6.3 后评价的程序及管理

1. 后评价的程序

国内项目后评价一般是在项目业主自评的基础上，由行业或省级主管部门对自评报告进行初步审查，提出意见，最后由相对独立、具有相应资质的后评价机构组织有关专家对项目进行后评价。通过资料收集、现场调查和分析讨论，提出项目的后评价报告。项目业主的自评报告主要是从项目业主或项目主管单位的角度对项目的实施进行全面总结，侧重找出项目在实施过程中的变化，以及变化对项目效益等各方面的影响。

① 接受后评价任务，签订工作合同或评价协议。
② 成立项目后评价小组，制定评价计划。
③ 设计调查方案，聘请有关专家。
④ 阅读文件，收集资料。
⑤ 开展调查，了解情况。
⑥ 分析资料，形成报告。
⑦ 提交后评价报告，反馈信息。

2. 项目后评价的管理

① 后评价项目的选择必须是已全部建成投产的项目以及少数独立的单项工作，并且经过一段时间的生产运营考核后才能进行后评价。

② 后评价工作分层次进行。大多数项目由行业主管部门（或地方）组织评价，评价结果报国家相关主管部门，由其对部分项目进行抽查复审；少数项目由国家相关主管部门组织评价。

③ 国家相关主管部门组织评价的项目委托中国国际工程咨询公司组织实施，有关部门（或地方）应积极配合，并组织提供后评价所需的情况、资料。后评价报告报国家相关主管部门，并同时抄送行业归口部门（或地方）。

12.6.4 工程项目后评价的作用

工程项目后评价的作用主要表现在以下几个方面。

① 有利于提高项目管理水平。后评价是在项目建成后根据项目的实际情况对项目的决策立项、建设实施过程、效益等的重新评估,总结项目实际结果与预期目标差异的经验教训,使项目决策者、管理者学习到更加科学合理的管理方法和策略,提高决策、管理和建设水平。

② 有利于增强投资活动工作者的责任心。通过对投资活动绩效的客观分析,可以较公正客观地确定投资决策者、管理者工作中存在的问题,使决策者和建设管理者感到责任和压力,从而进一步提高其责任心。

③ 有利于提高投资决策的科学化水平。通过后评价的反馈信息,及时纠正项目决策中存在的问题,从而提高未来项目决策的水平。

④ 有利于加强项目的监督,促使项目运营状态的正常化。一方面后评价是一个对投资活动的监督过程,与项目的前期评价、过程监督结合在一起,构成一个完整的对投资活动的监督机制;另一方面后评价是在达产后进行的,可以分析和研究项目投产初期和达产时期的实际情况,比较实际状况与预测状况的偏差程度,找出偏差原因,提出切实可行的措施,这有助于促使项目运营状态的正常化,提高项目的经济效益和社会效益。

12.7 项目回访与保修

为使工程项目在竣工验收后达到最佳使用条件和最长使用寿命,让用户满意,施工单位在工程项目移交后,必须向建设单位提出建筑物使用和保养要领,并在用户开始使用后,进行回访和保修。

回访保修的责任应由承包人承担,承包人应建立施工项目交工后的回访与保修制度,听取用户意见,提高服务质量,改进服务方式。保修工作必须履行施工合同的约定和工程质量保修书中的承诺。

12.7.1 保修

工程质量保修是对工程竣工验收后在规定的保修期限内出现的质量缺陷所予以的修复活动,所谓质量缺陷是指工程质量不符合工程建设强制性标准以及合同的约定。

1. 保修期限的确定

在正常使用条件下,房屋建筑工程的最低保修期限如下。

① 地基基础工程和主体结构工程,为设计文件规定的该工程的合理使用年限。
② 屋面防水工程、有防水要求的卫生间、房间和外墙面的防渗漏为 5 年。
③ 供热与供冷系统,为 2 个采暖期、供冷期。
④ 电气管线、给排水管道、设备安装为 2 年。
⑤ 装修工程为 2 年。

其他项目的保修期限可由建设单位和施工单位协商约定。

2. 维修经济责任的确定

① 施工单位未按国家有关规范、标注和设计要求施工而造成的质量缺陷,由施工单位负责返修并承担经济责任。

② 由于设计方面造成的质量缺陷,由设计单位承担经济责任,施工单位负责维修,其费用按有关规定通过建设单位向设计单位索赔,不足部分由建设单位负责。

③ 因建筑材料、构配件和设备质量不合格引起的质量缺陷,属于施工单位采购的或经其验收同意的,由施工单位承担经济责任;属于建设单位采购的,由建设单位承担经济责任。

④ 因使用单位使用不当造成的质量缺陷,由使用单位自行负责。

⑤ 因地震、洪水、台风等不可抗拒原因造成的质量问题,施工单位、设计单位不承担经济责任。

12.7.2 回访

在保修期内施工单位要定期回访用户。对于回访中发现的质量缺陷,施工单位要及时组织施工力量进行维修和处理。

1. 回访的程序和内容

① 听取用户情况和意见;

② 查看现场因施工原因造成的质量缺陷;

③ 进行原因分析和确认;

④ 商讨进行返修的事项;

⑤ 填写回访卡。

2. 回访的方式

① 季节性回访。主要针对施工质量通病,如雨季回访屋面、墙面的防水情况,冬季回访锅炉及采暖系统情况等,发现问题后应及时采取有效措施加以解决。

② 技术性回访。主要了解工程施工中所采用的新技术、新材料、新工艺、新设备等技术性能和使用后的效果,发现问题及时加以补救和解决,同时也便于总结经验,不断改进和完善,为进一步推广创造条件。

③ 保修期满前的回访。一般是在保修期即将结束前所进行的回访,这种回访既使用户注意建筑物、构筑物的维护和正常使用,又标志着保修期即将结束。

对所有的回访和保修都必须予以记录,并提交书面报告,作为技术档案资料进行归档。对某些质量纠纷或问题尽量协商解决,若无法达成统一意见,则应由有关仲裁部门进行仲裁解决。

12.8 结 语

工程项目竣工验收是项目投资建设期的最后阶段,关系到项目能否圆满结束,因此要明确任务、掌握验收的依据和标准、符合验收的有关内容,按规定进行质量核定,办理工程档案和竣工图移交,这一切都应按程序进行。办理竣工验收后要编好竣工决算并上报主管部门。

投产准备是在整个建设期都应注意的,为竣工后能及时投产所做的各种准备工作,主要包括机构设置、人员培训、物资供应及外部协作条件落实等,并做好经营准备。

项目竣工投产并达到设计能力后应开展后评价工作。

思 考 题

1. 何谓竣工验收？其依据和标准是什么？
2. 竣工验收包括哪些主要内容？为什么要进行质量核定？简述竣工验收的步骤。
3. 何谓竣工决算？它与竣工结算的区别是什么？
4. 何谓投产准备？其工作内容主要包括哪些方面？
5. 何谓工程项目后评价？了解其基本要求。
6. 在正常使用条件下,房屋建筑工程的最低保修期限是如何规定的？怎样确定它的维修经济责任？
7. 施工单位如何做好在保修期限内的用户回访工作,有哪些回访的方式？

第 13 章

工程项目信息管理

■ 学习目标

本章着重阐述了工程项目信息管理的概述、工程项目管理系统、工程项目文档管理、工程项目管理信息化的实施、BIM 和网络技术在项目管理中的应用,要求学生掌握工程项目信息管理的相关知识,对工程项目信息管理有初步的认识。

■ 关键概念

信息管理　工程项目信息管理　BIM

13.1 概　　述

13.1.1 项目中的信息流

工程项目的运作由一系列步骤组成,需要许多人协作共同完成,在项目的实施过程中会产生如下几种主要流动过程。

1. 工作流

由项目的结构分解得到项目的所有工作,任务书(委托书或合同)则确定了这些工作的实施者,再通过项目计划具体安排它们的实施方法、实施顺序、实施时间以及实施过程中的协调。这些工作在一定时间和空间上实施,便形成了项目的工作流。工作流即构成项目的实施过程和管理过程,主体是劳动力和管理者。

2. 物流

项目工作的实施需要各种材料、设备、能源,它们由外界输入,经过处理转换成工程实体,最终得到项目产品,则由工作流引起物流。物流表现出项目的物资生产过程。

3. 资金流

资金流是工程过程中价值的运动形态。例如从资金变为库存的材料和设备,支付工资和工程款,转变为已完工程,最后投入运营后作为固定资产,通过项目的运营取得收益。

4. 信息流

工程项目的实施过程需要同时又不断产生大量信息。这些信息伴随着上述几种流动过程按一定的规律产生、转换、变化和被使用,并被传送到相关部门(单位),形成项目实施过程中的信息流。项目管理者设置目标、做决策、做各种计划、组织资源供应、领导、激励、协调各项目参加者的工作,控制项目的实施过程都是靠信息来实施的;管理者靠信息了解项目实施情况,发布各种指令,计划并协调各方面的工作。

这四种流动过程之间相互联系、相互依赖又相互影响,共同构成了项目实施和管理的总过程。

在这四种流动过程中,信息流对项目管理有特别重要的意义。信息流将项目的工作流、物流、资金流、管理职能、项目组织、项目与环境结合在一起。它不仅反映而且控制和指挥着工作流、物流和资金流。例如,在项目实施过程中,各种工程文件、报告、报表反映了工程项目的实施情况,反映了工程实物进度、费用、工期状况,各种指令、计划、协调方案又控制和指挥着项目的实施,所以它是项目的神经系统。如何使工程建设的信息流通畅顺利、高效迅捷,将对工程项目的最终目标产生重要的作用和影响。

项目中的信息流包括两个最主要的信息交换过程。

(1) 项目与外界的信息交换

项目作为一个开放系统,它与外界有大量的信息交换。主要包括:

① 由外界输入的信息,例如环境信息、物价变动的信息、市场状况信息以及外部系统(如企业、政府机关)给项目的指令、对项目的干预等;

② 项目向外界输出的信息,如项目状况的报告、请示、要求等。

(2) 项目内部的信息交换

项目实施过程中项目组织者因进行沟通而产生的大量信息。主要包括:①正式的信息渠道,它属于正式的沟通,信息通常在组织机构内按组织程序流通。②非正式的信息渠道,如闲谈、小道消息、非组织渠道地了解情况等,属于非正式的沟通。

正式的信息渠道一般有三种信息流:

自上而下的信息流。通常决策、指令、通知、计划是由上向下传递,但这个传递过程并不是一般的翻印,而是进行逐渐细化、具体化,直到成为可执行的操作指令。

由下而上的信息流。通常各种实际工程的情况信息由下逐渐向上传递,这个传递不是一般的叠合(装订),而是经过归纳整理形成的逐渐浓缩的报告。而项目管理者就是做这个浓缩工作,以保证信息浓缩而不失真。通常信息太详细会造成处理量大、没有重点,且容易遗漏重要说明;而太浓缩又会存在对信息的曲解或解释出错的问题。

横向或网络状信息流。按照项目管理工作流程设计的各职能部门之间存在大量的信息交换,例如技术部门与成本部门、成本部门与计划部门、财务部门与计划部门、计划部门与合同部门等之间存在的信息流。在矩阵式组织中以及在现代高科技状态下,人们已越来越多地通过横向和网络状的沟通渠道获得信息。

13.1.2 项目中的信息

项目中的信息很多,大致有如下几种。

① 项目基本状况的信息,它主要在项目的目标设计文件、项目手册、各种合同、设计文件、计划文件中。

② 现场实际工程信息,如实际工期、成本、质量信息等,它主要在各种报告,如日报、月报、重大事件报告、设备、劳动力、材料使用报告及质量报告中。这里还包括问题的分析,计划和实际对比以及趋势预测的信息。

③ 各种指令、决策方面的信息。

④ 其他信息。外部进入项目的环境信息,如市场情况、气候、汇率波动、政治动态等。

13.1.3 信息的特征

在管理信息活动中,充分了解信息的特征,有助于充分、有效地利用信息,更好地为项目管理服务。信息具有以下特征。

1. 事实性

事实是信息的中心价值,不符合事实的信息不仅不能使人增加任何知识,而且是有害的。这一点在工程项目管理中信息收集中是最应当引起注意的。

2. 时效性

信息的时效性是指从信息源发送信息,经过接收、加工、传递、利用的时间间隔及其效率。时间间隔越短,使用信息越及时,使用程度越高,时效性越强。

3. 不完全性

关于客观事实的知识是不可能全部得到的,数据收集或信息转换要有主观思路,否则只能是主次不分,只有正确地舍弃无用和次要信息,才能正确使用信息。

4. 等级性

信息管理是分等级的,处在不同级别的管理者有不同的职责,决策类型不同需要的信息也是不同的。因此信息也是分级的。通常把信息分为以下三级:高层管理者需要的战略级信息,中层管理者需要的策略级信息,基层作业者需要的执行作业级信息。

5. 共享性

信息只能分享不能交换,告诉别人一个消息,自己并不会失去它。信息的共享性使信息成为一种资源,很好地利用信息进行工程项目管理过程的规划与控制,从而有利于工程项目目标的实现。

6. 价值性

信息是经过加工并对生产经营活动产生影响的数据,是劳动创造的,是一种资源,因而是有价值的。

13.1.4 信息管理

信息管理是指在管理的各个阶段,对所产生的、面向项目管理业务的信息进行收集、传递、加工、储存、维护和使用等信息规划和组织工作的总称。信息管理的目的是要通过有效的信息规划和组织,使项目管理人员能及时、准确地获得进行项目规划、项目控制和管理决策所需的信息。

1. 信息的收集

收集信息先要识别信息,确定信息需求,而信息的需求要由项目管理的目标出发,从客观情况调查入手,加上主观思路规定数据的范围。关于信息的收集,应按信息规划,建立信息收集渠道的结构,即明确各类项目信息的收集部门、收集者为何人,从何处收集,采用何种采集方法,所收集信息的规格、形式,何时进行收集等。信息收集最重要的是必须保证所需信息的准确、完整、可靠和及时。

2. 信息的传递

传递信息同样也应建立传递渠道的结构,明确各类信息应传输至何地,传递给何人,何时传输,采用何种传输方法等。应按信息规划规定的传递信道,将项目信息在项目管理有关各方、各部门之间及时传递。信息传递者应保持原始信息的完整、清楚,使信息接收者能准确地理解所接收的信息。

项目的组织结构与信息流有关,决定信息的流通渠道。在一个工程项目中存在三种信息流:自上而下的信息流;自下而上的信息流;横向间的信息流。

3. 信息的加工

数据要经过加工以后才能成为信息,信息与决策的关系如下:数据→预信息→信息→决策→结果。

数据经加工后成为预信息或统计信息,再经处理、解释后才成为信息。当具有必要的信息,才能做决策,决策才有结果。关于项目管理信息的加工和处理,应明确哪个部门、由何人负责,并明确各类信息加工、整理、处理和解释的要求,加工、整理的方式,信息报告的格式,信息报告的周期等。

对于不同管理层次,信息加工者应提供不同要求和不同浓缩程度的信息。工程项目的管理人员可分为高级、中级和一般管理人员,不同等级的管理人员所处的管理平面不同,他们实施项目管理的工作、任务、职责也不相同,因而所需的信息也不相同,如图 13-1 所示,在项目管理班子中,由下向上的信息应逐层浓缩,而由上往下的信息则应逐层细化。

图 13-1 信息处理的原则

4. 信息的储存

信息存储的目的是将信息保存起来以备将来应用,同时也是为了信息的处理。信息的储存应明确由哪个部门、由谁操作；存在什么介质上；怎样分类，有规律地进行存储。要存储什么信息、存储多长时间、采用的信息存储方式主要应由项目管理的目标确定。

5. 信息的维护与使用

信息的维护是保证项目信息处于准确、及时、安全和保密的使用状态，能为管理决策提供使用服务。准确是要保持数据最新的状态。数据是在合理的误差范围以内，信息的及时性是能够及时地提供信息，常用的信息放在易取的地方，能够高速度高质量地把各类信息、各种信息报告提供到使用者手边。安全性和保密性是说要防止信息受到破坏和信息失窃。

13.1.5 工程项目信息管理

工程项目信息管理是指通过对各个系统、各项工作和各种数据的管理，使项目信息能方便有效地收集、传递、加工、储存、使用和交流，从而保证工程项目顺利进行的一系列工作的总称。所谓"各个系统"可视为与项目的决策、实施和运行有关的各个系统，它可分为工程项目决策阶段管理子系统、实施阶段管理子系统和运行阶段管理子系统。其中，实施阶段管理子系统又可分为业主管理子系统、设计方管理子系统、施工方管理子系统和供货方管理子系统等。所谓"各项工作"可视为与项目决策、实施和运行有关的各项工作，如施工方管理子系统中的工作包括成本管理、进度管理、质量管理、安全管理、合同管理、信息管理、施工现场管理等。所谓"各种数据"并不仅指数字，在信息管理中，数据作为一个专门术语，它包括数字、文字、图像和声音。各种报表、成本分析的有关数字、进度分析的有关数字、质量分析的有关数字、各种来往的文件、设计图纸、施工摄影摄像资料和录音资料等都属于信息管理中的数据范畴。

据国际有关文献资料介绍，工程项目实施过程中存在诸多的问题，其中三分之二的问题与信息交流（信息沟通）有关；工程项目 10%～30% 的费用增加与信息交流存在的问题有关；在大型工程项目中，信息交流的问题导致工程变更和工程实施的错误占工程总成本的 3%～5%，由此可见信息管理在工程项目管理的重要性。

13.1.6 工程项目信息管理的任务

工程项目参与各方都有各自的信息管理任务，为充分利用和发挥信息资源的价值，提高信息管理的效率以及实现有序的和科学的信息管理，各方面应编制各自的信息管理手册，以规范信息管理工作。信息管理手册描述和定义信息管理的任务、执行者，每项信息管理任务执行的时间和工作成果等，其主要内容如下。

① 确定信息管理的任务（信息管理任务目录）。
② 确定信息管理的任务分工表和管理职能分工表。
③ 确定信息的分类。
④ 确定信息的编码体系和编码。
⑤ 绘制信息输入输出模型（反映每一项信息处理过程的信息提供者、信息整理加工者、信息整理加工要求和内容，以及以整理加工后的信息传递给信息的接收者，并用框图的形式表示）。
⑥ 绘制各项信息管理工作的工作流程图（如信息管理手册编制和修订的工作流程，为

形成各类报表和报告,收集信息、审核信息、录入信息、加工信息、信息传输和发布的工作流程以及工程档案管理的工作流程等)。

⑦ 绘制信息处理的流程图(如工程项目投资管理信息、施工成本控制信息、施工进度信息、施工质量信息、施工安全管理信息、合同管理信息等的信息处理流程)。

⑧ 确定信息处理的工作平台(如以局域网作为信息处理的工作平台或用门户网站作为信息处理的工作平台等)及明确其使用规定。

⑨ 确定各种报表和报告的格式以及报告周期。

⑩ 确定项目进展的月度报告、季度报告、年度报告和工程总报告的内容及其编制原则和方法。

⑪ 确定工程档案管理制度。

⑫ 确定信息管理的保密制度以及与信息管理有关的制度。

在国际上,许多工程项目都专门设立信息管理部门(或称信息中心),以确保信息管理工作的顺利进行;也有一些大型工程项目专门委托咨询公司从事项目信息动态跟踪和分析,以信息流指导物质流,从宏观上和总体上对项目的实施进行控制。

13.2 工程项目信息管理系统

13.2.1 概述

在项目管理中,管理信息系统是将各种管理职能和管理组织沟通起来并协调一致的神经系统。项目管理信息系统是项目的信息、信息流通和信息处理各方面的总和,它包括项目过程中信息管理的组织(人员)、相关的管理规章、管理工作流程、软件、信息管理方法(如储存方法、沟通方法和处理方法)、各种信息和信息的载体等。

项目经理作为项目的信息中心和控制中心,需要一个强有力的项目管理信息系统的支持。建立项目信息管理系统,并使它顺利地进行,是项目经理的责任,也是他完成管理任务的前提。项目管理信息系统有一般信息系统所具有的特性,它的总体模式如图13-2所示。

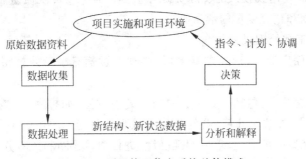

图13-2 项目管理信息系统总体模式

项目管理信息系统包括如下主要功能。

① 在项目进程中(包括前期策划、设计和计划过程、实施过程),不断收集项目实施状况和环境的信息,特别是项目实施状况的原始资料和各种数据;

② 对数据进行整理,得到各种报告;

③ 对数据进行分析研究并得到供决策的信息；

④ 针对项目的实施状况和环境状况的信息，做出对项目实施过程调整的决策，发出指令，或调整计划，或协调各方面的关系，以对项目的实施过程进行控制。

13.2.2 项目管理信息系统的建立过程

项目管理信息系统必须经过专门的策划和设计，在项目实施中控制它的运行。设计项目管理信息系统应考虑项目组织和业主的需要。

管理信息系统是在项目组织模式、项目实施流程和项目管理流程基础上建立的，它们之间互相联系又互相影响。它的建立要确定如下几个基本问题。

1. 信息的需要

按照项目组织结构和相关者范围分析，确定项目相关者的信息和沟通需求，即通过调查确定信息系统的输出。

① 分析项目相关者各方，以及社会其他方面在项目过程中各个阶段的信息需求，并考虑及时地将信息提供给他们。

② 项目组织的各个层次和各个职能部门的信息需求是按照他在组织系统中的职责、权利和任务设计的，即他要完成的工作，行使他的权利应该需要哪些信息，当然他的职责还包括他对其他方面提供信息。

③ 不同层次的管理者对信息的内容、精度和综合性有不同的要求。

2. 信息的收集和加工

(1) 信息的收集

在项目的实施过程中，每天都要产生大量的数据，如记工单、领料单、任务单、图纸等，必须确定这些原始数据记录的负责人，这些资料、数据的内容、结构、准确程度，获得这些数据的渠道。由责任人对原始资料进行收集整理，并对它们的正确性和及时性负责。

对工作包和工程活动，需要收集以下数据或信息：①实际执行的数据，包括活动开始或结束的实际时间；②使用或投入的实际资源和成本消耗；③反映质量状况的数据；④有关项目范围、进度计划和预算变更的信息等。

(2) 信息的加工和处理过程

这些原始资料面广量大，形式丰富多彩，必须经过信息加工才能得到符合管理需要的信息。

信息加工的概念很广，包括：①一般的信息处理方法，如排序、分类、合并、插入和删除等；②数学处理方法，如数学计算、数值分析和数理统计等；③逻辑判断方法，包括评价原始资料的置信度、来源的可靠性、数值的准确性，进行项目诊断和风险分析等。

(3) 原始资料整理

原始资料经过整理后形成不同层次的报告，必须建立规范化的项目报告体系。

3. 编制索引和存储，建立文档系统

许多信息作为工程项目的历史资料和实施情况的证明，它们不仅在项目实施过程中要经常被使用，有些作为工程资料要保存到项目结束，而有些必须长期保存。这就要求必须按不同的使用和存储要求,将数据和资料储存于一定的信息载体上。因此,要做到的是这些信息既安全可靠又使用方便,要建立项目文档系统,将所有信息分解、编目。

(1) 在项目中信息的存档方式

存档方式如下:①文档组织形式。集中管理,即在项目或企业中建立信息中心,集中储存资料。分散管理,由项目组织的各方面以及项目经理部的各个部门保管资料。②监督要求。封闭、公开。③保存期。分为长期保存和非长期保存,有些信息暂时有效,有些信息在整个项目期有效,有些信息要长期保存,如竣工图等需要一直在工程的运行期中保存。

(2) 信息载体

通常有以下几种:①纸张,如各种图纸、说明书、合同、信件和表格等;②磁盘、磁带以及其他电子文件;③照片、微型胶片、X光片;④其他,如录像带、电视唱片和光盘等。

(3) 信息载体选用

选用信息载体受如下几方面因素的影响:①随着科学技术的发展,新的信息载体不断出现,不同的载体有不同的介质技术和信息存储技术。②项目信息系统运行成本的限制。不同的信息载体需要不同的投资,有不同的运行成本。在符合管理要求的前提下,尽可能降低信息系统运行成本,是信息系统设计的目标之一。③信息系统运行速度要求。例如,气象、地震预防、国防之类的工程项目要求信息系统运行速度快,因此必须采用相应的信息载体和传输手段。④特殊要求。例如,合同、备忘录、工程项目变更指令和会谈纪要等必须以书面形式,由双方或一方签署才具有法律效力。⑤信息处理技术、传递技术和费用的限制。

4. 信息的使用和传递渠道

信息的传递是信息系统的最主要特征之一,指使信息流通到需要的地方。信息传递的特点是仅传输信息的内容,而保持信息结构不变。在项目管理中,要设计好信息的传递途径,按不同的要求选择快速的、误差小的、成本低的传输方式。

(1) 使用的目的

①决策,如各种计划、批准文件、修改指令和运行执行指令等。②证明,如描述工程的质量、工期和成本实施情况的各种信息。

(2) 信息的使用权限

对不同的项目参加者和项目管理人员规定不同的信息使用和修改权限,混淆这种权限容易造成混乱。通常需具体规定,有某一方面的信息权限和综合信息权限,以及查询权、使用权和修改权等。

13.2.3 项目管理信息系统总体描述

项目管理信息系统是为项目的计划和控制服务的,并在项目的计划和控制过程中运行,所以它是在项目管理组织、项目工作流程和项目管理工作流程基础上设计的,并全面反映在它们中的信息流。对项目管理组织、项目工作流程和项目管理流程的研究是建立管理信息系统的基础。项目管理信息系统的有效运行需要信息的标准化、工作程序化和管理规范化。

项目管理信息系统可以从如下几个角度进行总体描述。

1) 项目管理信息系统的总体结构

项目管理信息系统的总体结构是由项目管理信息的子系统构成。例如,某工程项目管理信息系统由合同管理子系统、物流管理子系统、财会管理子系统、成本管理子系统、设计管理子系统、质量管理子系统、组织管理子系统、计划管理子系统和文档管理子系统等构成（图13-3）。

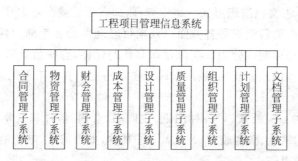

图 13-3　某工程项目管理信息系统总体结构

各子系统是为专门的职能工作服务的，用来解决专门信息的沟通问题，它们共同构成项目管理信息系统。

2）项目参加者之间的信息流通

项目的信息流是信息在项目参加者之间流通形成的，它通常与项目的组织模式相似。在信息系统中，每个参加者为信息系统网络上的一个节点，他们都负责具体信息的收集、传递和信息处理工作。项目管理者要具体设计这些信息的内容、结构、传递时间和程序等。

例如，在项目实施过程中，业主需要如下信息。

① 项目实施情况月报，包括工程质量、成本和进度总报告；

② 项目成本和支出报表，一般按分部工程和承包商做成本和支出报表；

③ 供审批用的各种设计方案、计划、施工方案、施工图纸和建筑模型等；

④ 决策前所需要的专门信息、建议等；

⑤ 各种法律、规定、规范以及其他与项目实施有关的资料等。

业主提供的信息有：

① 各种指令，如变更工程、修改计划、变更施工顺序、选择承（分）包商等；

② 审批各种计划、设计方案和施工方案等；

③ 向投资者或董事会提交工程建设项目实施情况报告等。

项目经理通常需要的信息有：

① 各项目管理职能人员的工作情况报表、汇报、报告和工程问题请示；

② 业主的各种口头和书面指令、各种批准文件；

③ 项目环境的各种信息；

④ 工程各承包商、供应商的各种工程情况报告、汇报和工程问题的请示。

项目经理通常提供的信息有：

① 向业主提供的各种工程报表、报告；

② 向业主提出决策用的信息和建议；

③ 向社会其他方面提交工程文件，这些文件通常是按照法律必须提供的或为审批用的；

④ 向项目管理职能人员和专业承包商下达各种指令、答复各种请示、落实项目计划和

协调各方面工作等。

3）项目实施过程的信息流通

项目过程中的工作程序既可以表示项目的工作流，又可以从侧面表示项目的信息流。它涵盖了在各工作阶段的信息输入、输出及处理过程，还有信息的内容、结构、要求、负责人等信息。按照项目全过程，项目管理还可以划分为可行性研究子系统、计划管理信息子系统和控制管理信息子系统等。

4）项目管理职能之间的信息流通

例如，成本计划的信息流通过程可由图 13-4 表示。

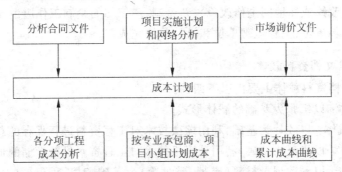

图 13-4　成本计划信息流通过程

又如，合同分析工作的信息流通过程可由图 13-5 表示。

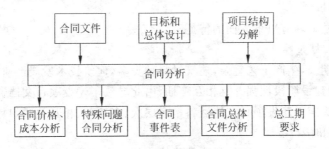

图 13-5　合同分析信息流通过程

这里需要对各种信息的结构、内容、负责人、载体和完成时间等做专门的设计和规定。

13.3　工程项目文档管理

13.3.1　文档资料概念与特征

1. 文档资料概念

建设项目文档资料是指建筑项目在立项、设计、施工、监理和竣工活动中形成的具有归档保存价值的基建文件、监理文件、施工文件和竣工图的统称。建设项目的文档资料主要由以下文件资料组成。

（1）建设单位文件

由建设单位在工程建设过程中形成并收集汇编，关于立项、征用土地、拆迁、地质勘察、测绘、设计、招标投标、工程验收的文件或资料的统称。

(2) 工程监理单位文件

由工程监理单位在工程建设监理全过程中形成并收集汇编的文件或资料的统称。

(3) 施工单位文件

由施工单位在工程施工过程中形成并收集汇编的文件或资料的统称。

(4) 竣工图

建设项目竣工图是真实地记录建设工程各种地下、地上建筑物竣工实际情况的技术文件。它是对工程进行交工验收、维护、扩建、改建的依据,也是使用单位长期保存的资料。竣工图可利用蓝图改绘或在地图上修改或重新绘制,竣工图的绘制工作应由建设单位完成,也可委托城建总承包单位、工程监理单位和设计单位完成。

2. 建设项目文档资料载体

建设工程文档资料载体主要由以下四种。

① 纸质载体：以纸张为基础的载体形式。

② 缩微品载体：以胶片为基础,利用缩微技术对工程资料进行保存的载体形式。

③ 光盘载体：以光盘为基础,利用计算机技术对工程资料进行存储的形式。

④ 磁性载体：以磁性记录材料(磁带、磁盘等)为基础,对工程资料的电子文件、声音、图像进行存储的方式。

3. 文档资料特征

建设项目文档资料有以下方面的特征。

(1) 分散性和复杂性

建设项目周期长,生产工艺复杂,建筑材料种类多,建筑技术发展迅速,影响建设项目因素多种多样,工程建设阶段性强并且相互穿插,由此导致了建设项目文档资料的分散性和复杂性。这个特征决定了建设项目文档资料是多层次、多环节、相互关联的复杂系统。

(2) 继承性和时效性

随着建筑技术、施工工艺、新材料以及建筑业技术和管理水平的不断提高和发展,文档资料可以被继承和积累。新的项目在施工过程中可以吸收以前的经验,避免重犯以往的错误。同时建设项目文档资料有很强的时效性,文档资料的价值会随着时间的推移而衰减,有时文档资料一经生成,就必须传达到有关部门,否则会造成严重后果。

(3) 全面性和真实性

建设项目文档资料只有全面反映项目的各类信息才更有使用价值,必须形成一个完整的系统。有时只言片语的引用往往会引起误导作用。另外建设项目文档资料必须真实反映工程情况,包括发生的事故和存在的隐患。真实性是对所有文档资料的共同要求,但在工程建设领域对这方面要求更加迫切。

(4) 随机性

建设项目文档资料可能产生于工程建设的整个过程中,工程开工、施工、竣工等各个阶段和各个环节都会产生各种文档资料,部分建设项目文档资料的产生有规律性(如各类报批文件),但还有相当一部分文档资料产生是由具体工程事件引发的,因此建设项目文档资料具有随机性。

(5) 多专业性和综合性

建设项目文档资料赋予不同的专业对象而存在,又依赖不同的载体而流动。它涉及建筑、市政、公用、消防、保安等多种专业,也涉及电子、力学、声学、美学等多种学科,并同时综合了质量、进度、造价、合同、组织协调等多方面内容。

13.3.2 建设项目档案资料管理职责

建设项目档案资料的管理涉及建设单位、工程监理单位、施工单位以及地方城建档案部门。根据我国目前政府主管部门有关文件规定,将对工程建筑参与有关各方面管理职责进行介绍。

1. 通用职责

① 工程各参建单位填写的工程档案资料应以工程合同、设计文件、工程质量验收标准、施工及验收规范等为依据。

② 工程档案资料应随工程进度及时收集、整理,并应按专业归类,认真书写、字迹清楚、项目齐全、准确、真实、无未了事项。表格应采取统一表格,特殊要求需增加的表格应统一归类。

③ 工程档案资料进行分级管理,各单位技术负责人负责本单位工程档案资料的全过程组织工作,工程档案资料的收集、整理和审核工作由单位档案管理员负责。

④ 对工程档案资料进行涂改、伪造、随意抽撤或损毁、丢失等,应按有关规定予以处罚。

2. 建设单位职责

① 应加强对基建文件的管理工作,并设专人负责基建文件的收集、整理和归档工作。

② 在与勘察、设计单位、监理单位、施工单位签订勘察、设计、监理、施工合同时,应对监理文件、施工文件和工程档案的编制责任、编制套数和移交期限做出明确规定。

③ 必须向参见的勘察设计、施工、监理等单位提供与建设项目有关的原始资料,原始资料必须真实、准确、齐全。

④ 负责在工程建设过程中对工程档案资料进行检查并签署意见。

⑤ 负责组织工程档案的编制工作,可委托总承包单位和监理单位组织该项工作;负责组织竣工图的绘制工作,可委托总承包单位、监理单位和设计单位具体执行。

⑥ 编制基建文件的套数不得少于地方城建档案部门要求,但应有完整基建文件归入地方城建档案部门及移交产权单位,保存期应与工程合理使用年限相同。

⑦ 应严格按照国家和地方有关诚信档案管理的规定,及时收集、整理建设、项目各环节的资料,建立、健全工程档案,并在建设项目竣工验收后,按规定及时向地方城建档案部门移交工程档案。

3. 工程监理单位职责

① 应加强监理资料的管理工作,并设专人负责监理资料的收集、整理和归档工作。

② 监督检查工程资料的真实性、完整性和准确性。在设计阶段,对勘察、测绘、设计单位的工程资料进行监督、检查;在施工阶段,对施工单位的工程资料进行监督、检查。

③ 接收建设单位的委托进行工程档案的组织编制工作。

④ 在工程竣工验收后 3 个月内,由项目总监理工程师组织对监理档案资料进行整理、装订与归档。监理档案资料在归档前必须由项目总监理工程师审核。

⑤ 编制的监理文件的套数不得少于地方城建档案部门要求,但应有完整监理文件移交建设单位自行保存,保存期根据工程性质以及地方城建档案部门有关要求确定。如建设单位对监理档案资料的编制套数有特殊要求,可另行约定。

4. 工程施工单位职责

① 应加强施工文件的管理工作,实行技术负责人负责制,逐级建立健全施工文件管理工作。建设项目的施工文件应设专人负责收集和整理。

② 总承包单位负责汇总整理各分包单位编制的全部施工文件,分承包单位应各自负责对分承包范围内的施工文件进行收集和整理,各承包单位应对其施工文件的真实性和完整性负责。

③ 接受建设单位的委托进行工程档案的组织编制工作。

④ 按要求在竣工前将施工文件整理汇总完毕并移交建设单位进行工程竣工验收。

⑤ 负责编制的施工文件的套数不得少于地方城建档案部门要求,但应有完整施工文件移交建设单位自行保存,保存期根据工程性质以及地方城建档案部门有关要求确定。如建设单位对施工文件的编制套数有特殊要求,可另行约定。

5. 地方城建档案部门职责

① 负责接收和保管所辖范围应当永久和长期保存的工程档案和有关资料。

② 负责对城建档案工作进行业务指导,监督和检查有关城建档案法规的实施。

③ 列入向本部门报送工程档案范围的建设项目,其竣工验收应由本部门参加,并负责对移交的工程档案进行验收。

13.3.3　建设项目档案资料编制质量要求与组卷方法

对建设项目档案资料编制质量要求与组卷方法,各行政管理区域以及各行业都有自己的要求,但就全国来讲,还没有统一的标准体系。以下介绍我国对地方城建档案部门的一般性要求。

1. 编制质量要求

① 工程档案资料必须真实地反映工程实际情况,具有永久和长期保存价值的文件资料必须完整、准确、系统,责任人的签章手续必须齐全。

② 工程档案资料必须使用原件,如有特殊原因不能使用原件的,应在复印件和抄件上加盖公章并注明原件存放处。

③ 工程档案资料的签字必须使用档案规定用笔,工程资料宜采用打印的形式并应手工签字。

④ 工程档案资料的编制和填写应适应档案微缩管理和计算机输入的要求,凡采用施工蓝图改绘竣工图的,必须使用新蓝图并反差明显,修改后的竣工图必须图面整洁,文字材料字迹工整、清楚。

⑤ 工程档案资料的微缩制品必须按国家微缩标准进行制作,主要技术指标(解像力、密

度、海波残留量等)要符合国家标准,保证质量,以适应长期安全保管。

⑥ 工程档案资料的照片(含底片)及声像档案要求图像清晰,声音清晰,文字说明和内容准确。

2. 组卷一般要求

(1) 组卷的质量要求

组卷前要详细检查建设单位文件、工程监理文件、工程施工文件和竣工图,按要求收集齐全、完整。达不到质量要求的文字材料和图纸一律重做。

(2) 组卷的基本原则

建设项目工程档案组卷应遵从以下基本原则。

① 建设项目按单位工程组卷;

② 工程档案资料应按建设单位文件、工程监理文件、施工文件和竣工图分别进行组卷,施工文件、竣工图还应按专业分别组卷,以便于保管和利用;

③ 工程档案资料应根据保存单位和专业工程分类进行组卷;

④ 卷内资料排列顺序要依据资料内容构成而定,一般顺序为:封面、目录、文件部分、备考表、封底,组成的案卷力求美观、整齐;

⑤ 卷内若有多种资料时,同类资料按日期顺序排序,不同资料之间的排列顺序应按资料分类排列。

(3) 组卷的具体要求

工程建设各参与单位的档案资料文件可根据数量的多少组成一卷或多卷,如建设单位的建设项目报批卷、用地拆迁卷、地质勘探卷、工程竣工总结卷、工程照片卷、录音录像卷等。工程监理单位和施工要根据文档资料数量的多少组成一卷或多卷。整个组卷可以参考地方城建档案馆专业工程分类编码参考表的类别进行组卷。

工程建设的竣工图一般按专业进行组卷,可分综合图卷、建筑、结构、给排水、燃气、电气、通风与空调、电梯、工艺卷等,每一专业根据图纸多少可组成一卷或多卷。

文字材料和图纸材料原则上不能混装在一个装具内;如文件材料较少需装在一个装具内,文字材料和图纸材料必须装订。

工程档案资料应按小工程编制总目录卷和总目录卷汇总表。

(4) 案卷页号的编写

编写页号以独立卷为单位。在案卷内文件材料排列顺序确定后,均以有书写内容的页面编写页号。

用打号机和钢笔依次逐张标注页号,采用黑色、蓝色油墨或墨水。

工程档案资料以及折叠后图纸页号的编写位置应按城建档案馆要求统一。

(5) 案卷封面、案卷脊背、工程档案卷内目录、卷内备考表的编制填写

编制填写方法应按照地方城建档案部门具体填写说明执行。

13.3.4 建设项目档案资料验收与移交

1. 档案资料的验收

工程档案资料的验收是工程竣工验收的重要内容。在工程竣工验收时,建设单位必须

先提供一套工程竣工档案,报请有关部门进行审查、验收。

工程档案资料由建设单位进行验收,属于向地方城建档案部门报送工程档案资料的建设项目还应会同地方城建档案部门共同验收。

国家、省市重点建设项目或一些特大型、大型的建设项目的预验收和验收会,应由地方城建档案部门参加验收。

为确保工程档案资料的质量,各编制单位、监理单位、建设单位、地方城建档案部门、档案行政管理部门等要严格进行检查、验收。编制单位、制图人、审核人、技术负责人必须进行签字和盖章。对不符合技术要求的,一律退回编制单位进行改正、补齐,问题严重者可令其重做,不符合要求者不能交工验收。

凡报送的工程档案资料,如验收不合格将其退回建设单位,由建设单位责成责任者重新进行编制,待达到要求后重新报送。检查验收人员应对接收的档案负责。

地方城建档案部门负责工程档案资料的最后验收,并对编制报送工程档案资料进行业务指导、督促和检查。

2. 档案资料的验收移交

施工单位、监理单位等有关单位应在工程竣工验收前将工程档案资料按合同或协议规定的时间、套数移交给建设单位办理移交手续。

竣工验收通过后3个月内建设单位将汇总的全部工程档案资料移交地方城建档案部门。如遇特殊情况需要推迟报送日期,必须在规定报送时间内向地方城建档案部门申请延期报送并申明延期报送原因,经同意后办理延期报送手续。

13.3.5 建设项目档案资料的分类

建设项目档案资料归档过程的组卷工作应按照当地城建档案主管部门的有关要求进行。本部分内容反映了对一般性城建档案主管单位对工程建设过程档案资料的总体管理情况。

1. 基建文件

(1) 决策立项文件

项目建议书;对项目建议书的批复文件;可行性研究报告;对可行性报告的批复文件;关于立项的会议纪要、领导批示;专家对项目的有关建议文件;项目评估研究资料;计划部门批准的立项文件;计划部门批准的计划任务。

(2) 建设用地、征地、拆迁文件

政府计划管理部门批准征用土地的计划任务;国有土地使用证;政府部门批准用农田的文件;使用国有土地时,房屋土地管理部门拆迁安置意见;选址意见通知书及附图;建设用地规划许可证、许可证附件及附图。

(3) 勘察、测绘、设计文件

工程地质勘察报告;水文地质勘察报告;建筑用地界桩通知单;验线通知单;规划设计条件通知书及附图;审定设计方案通知书及附图;审定设计方案通知书要求征求有关人防、环保、消防、交通、园林、市政、文物、通信、保密、河湖、教育等部门的审查意见和要求取得的有关协议;初步设计图纸及说明;施工图设计及说明;设计计算书;消防设计审核意见;

政府有关部门对施工图设计文件的审核意见。

(4) 工程招标投标及承包合同文件

建设项目的招标投标文件包括勘察招标投标文件；设计招标投标文件；施工招标投标文件；设备材料采购招标投标文件、工程监理招标投标文件等。

建设项目的合同文件包括工程勘察合同，设计合同，施工合同，供货合同，监理合同等。

(5) 工程开工文件

年度施工任务批准文件；工程施工图纸修改通知书；建设项目规划许可证、附件及附图；固定资产投资许可证；建设工程开工证；工程质量监督手续。

(6) 商务文件

工程投资估算材料；工程设计概算；施工图预算；施工预算；工程决算；交付使用固定资产清单；建设工程概况。

(7) 工程竣工备案文件

工程竣工验收备案表；工程竣工验收报告；由规划、公安消防、环保等部门出具的认可文件或准许使用文件；工程质量保证书、保修书、住宅使用说明书。

(8) 其他文件

工程竣工总结；由建设单位委托长期进行的工程沉降观测记录；工程未开工前的原貌、竣工新貌照片；工程开工、施工、竣工的录音录像资料。

2. 工程监理资料

(1) 监理合同类文件

委托工程监理合同；有关合同变更的协议文件。

(2) 工程的监理管理资料

工程监理规划、监理实施细则；监理月报；监理会议纪要；监理通知；监理工作总结。

(3) 监理工程记录

工程技术文件报审表；工程质量控制报验审批文件(工程物资进场报验表；施工测量放线报审文件；见证取样记录文件；分部分项工程施工报验表；监理抽检文件；质量事故报告及处理资料)；工程进度控制报验审批文件(工程开工报审文件；施工进度计划(年、季、月)报审文件；月工、料、机动态文件；停、复工、工程延期文件)；造价控制报验、审批文件。

(4) 监理验收资料

竣工移交证书；工程质量评估报告。

3. 施工资料

(1) 施工管理资料

工程概况表；施工进度计划；分析项目大事记；施工日志；不合格项处置记录；工程质量事故报告(建设工程质量事故调(勘)查笔录、建设工程质量事故报告书)；施工总结。

(2) 施工技术资料

工程技术文件报审表；技术管理资料(技术交底记录；施工组织设计；施工方案)；设计变更文件(图纸审查记录；设计交底记录设计变更；洽商记录)。

(3) 施工物质资料

工厂物资选样送审表；物资进场报验表；产品质量证明书(半成品钢筋出厂合格证；预

拌混凝土构件出厂合格证；钢构件出厂合格证）；材料、设备进厂检验记录（设备开箱检查记录；材料、配件检验记录；设备及管道附件试验记录）；产品复试记录、报告（材料试验报告（通用）；水泥试验报告；钢筋原材试验报告；砌墙砖（砖块）试验报告；砂试验报告；碎（卵）石试验报告；轻骨料试验报告；防水卷材试验报告；防水涂料试验报告；混凝土掺合料试验报告；钢材机械性能试验报告；金相试验报告）。

(4) 施工测量记录

工程定位测量记录；基槽验线记录；楼层放线记录；沉降观测记录。

(5) 工程施工记录

① 通用记录。隐蔽工程检查记录表；预检工程检查记录表；施工通用记录表；中间检查交接记录。

② 土建专用施工记录。地基处理记录；地基勘察记录；桩基施工记录；混凝土搅拌测温记录表；混凝土养护测温记录表；砂浆配合比申请表、通知单；混凝土配合比申请表、通知单；混凝土开盘鉴定；预应力筋张拉记录；有黏结预应力结构灌浆记录；建筑烟（风）道、垃圾道检查记录。

③ 电梯专用施工技术。电梯承重梁、起重吊环埋设隐蔽工程检查记录；电梯钢丝绳头灌注隐蔽工程检查记录；自动扶梯、自动人行道安装条件记录。

(6) 施工试验记录

① 施工试验记录（通用）。

② 设备试运转记录。设备单机试运转记录；调试报告。

③ 土建专用施工试验记录。钢筋连接试验报告；回填土干密度试验报告；土工击实试验报告；砌筑砂浆抗压强度试验报告；混凝土抗压强度试验报告；混凝土抗渗试验报告；超声波探伤报告；超声波探伤记录；钢构件射线探伤记录；砌筑砂浆试块强度统计、评定记录；混凝土试块强度统计、评定记录；防水工程试水检查记录。

④ 电器专用施工试验记录。电气接地电阻试验记录；电气绝缘电阻试验记录；电气器具通电安全检查记录；电气照明、动力试运行记录；综合布线测试记录；光纤损耗测试记录；视频系统末端测试记录。

⑤ 管道专用施工试验记录。管道灌水试验记录；管道强度严密性试验记录；管道通水试验记录；管道冲洗试验记录；室内排水管道通球试验记录；伸缩器安装记录表。

⑥ 通风空调专用施工试验记录。现场组装除尘器、空调机漏风检测记录；风管漏风检测记录；各房间室内风量测量记录；管网漏风平衡记录；通风系统试运行记录；制冷系统气密性试验记录。

⑦ 电梯专用施工试验记录。电梯主要功能检查试验记录表；电梯电气安全装置检查试验记录；电梯整机功能检验记录；电梯层门安全装置检查试验记录；电梯符合运行试验记录；轿厢平层准确度测量记录表；电梯负荷运行试验曲线图表；电梯噪声测试记录表；自动扶梯、自动人行道运行试验记录。

(7) 施工验收资料

分部分项工程施工报验表；分部工程验收记录；单位工程验收记录；工程竣工报告；质量评定资料。

(8) 竣工图

(9) 工程资料档案封面和目录

① 工程资料总目录卷汇总表。

② 工程资料封面和目录。工程资料案卷封面；工程资料卷内目录；工程资料卷内备考表。

③ 工程档案封面和目录。城市建设档案封面；城建档案卷内目录；城建档案案卷审核备考表。

④ 移交资料。城市档案移交书；城市建设档案微缩品移交书；城市建设档案移交目录。

13.4 工程项目管理信息化的实施

13.4.1 工程项目管理信息化的内涵

工程项目管理信息化指的是工程项目管理信息资源的开发和利用以及信息技术在建设项目管理中的开发和应用。在投资建设一个新的工程项目时应重视开发和充分利用国内和国外同类或类似建设工程项目的有关信息资源。

信息技术在建设项目管理中的开发和应用包括在建设项目决策阶段的开发管理、实施阶段的项目管理和使用阶段的设施管理中的开发和应用信息技术。目前总的发展趋势是基于网络的建设项目管理平台的开发和应用。

建设项目管理信息资源的开发和信息资源的充分利用可吸取类似建设项目的正反两方面的经验和教训，许多有价值的组织类信息、管理类信息、经济类信息、技术类信息和法规类信息将有助于项目决策期多种可能方案的选择，有利于建设项目实施期的项目目标控制，也有利于项目建成后的运行。

随着信息及通信技术在各行业的应用，各行业的生产效率发生了大幅度的提高，但建筑业依然固守着传统的生产方式和管理方式，降低了建筑业生产效率。现在很多建设项目，地域跨度越来越大，项目参与单位分布越来越广，项目信息呈指数级增长，信息交流问题成为影响建设项目实施的主要问题。目前信息交流手段还较为落后，使用纸质文档、电话、传真、邮政快递、项目协调会等方式作为信息交换的手段，容易造成信息沟通的延迟，而且大大增加了信息沟通的费用。就国际有关文献资料介绍，建设工程项目实施过程中存在的诸多问题，其中 2/3 与信息交流的问题有关；建设工程项目 10%~33% 的费用增加与信息交流存在的问题有关；在大型建设工程项目中信息交流的问题导致工程变更和工程实施的错误占工程总成本的 3%~5%。

通过信息技术在建设项目管理中的开发和应用能实现：

① 信息存储数字化和存储相对集中；

② 信息处理和变换的程序化；

③ 传输的数字化和电子化；

④ 信息获取便捷；

⑤ 信息透明度提高；

⑥ 信息流扁平化。

信息技术在建设项目管理中的开发和应用的意义在于:

① 信息存储数字化和存储相对集中,有利于项目信息的检索和查询,有利于数据和文件版本的统一,并有利于建设项目的文档管理。

② 信息处理和变换的程序化,有利于提高数据处理的准确性,并可提高数据处理的效率。

③ 信息传输的数字化和电子化可提高数据传输的抗干扰能力,使数据传输不受距离限制并可提高数据传输的保真度和保密性。

④ 信息获取便捷、信息透明度提高以及信息流扁平化,有利于建设项目参与方之间的信息交流和协同工作。

13.4.2 工程项目管理信息化的发展趋势

1. 建筑业信息孤岛的产生和解决途径

建筑也是信息技术较早涉足的领域之一,早在20世纪60年代,结构工程师就开始利用有限元分析软件进行结构计算。20世纪80年代以来,随着个人计算机(PC)的迅速普及和各种软、硬件的飞速发展,信息技术在工程建设领域应用的广度和深度都有了质的飞跃。计算机已广泛应用于建筑业领域,涉及计算机辅助设计(CAD)、投资控制、进度控制、合同管理、信息管理以及办公自动化的各个方面;同时涉及建设项目全寿命周期的各个阶段,包括决策阶段、实施阶段和运营阶段,如开发管理信息系统(development management information system, DMS)、项目管理信息系统(project management information system, PMIS)和设施管理信息系统(facility management information system, FMIS)等。但必须指出,所有这些专业软件的开发仅仅面向工程建设中特定领域中的特定问题,没有从整个建筑业的角度考虑到信息传递与共享的需求。这些专业软件通常是片面和孤立的,彼此之间很难进行有效的信息沟通,从而导致了"自动化孤岛"(island of automation)或"信息孤岛"(island of information)现象。

"信息孤岛"产生的根源大致可归纳为以下三个方面。

1) 项目实施的纵向沟通方式

传统的组织理论强调分工和集权,结果导致了层层繁复、等级森严的金字塔结构,其纵向沟通方向决定了信息往往通过自上而下层层传达方式发送给相应的接收方,结果往往会导致信息的延误、失真等。

2) 建筑业"分裂"(fragmentation)的特性

随着项目和组织规模的不断增长、技术复杂性的不断增加,工程建设领域的分工越来越细,一个大型建设项目可能会牵涉到成百上千个参与单位。而这些不同的参与单位之间呈分裂状态,对项目实施有着不同的理解和经验,对相同的信息内容也往往会有不同的表达形式。

3) 缺乏先进的信息技术与通信技术的支持

建筑业对信息技术的应用能力与制造业等行业相比明显滞后。信息技术尽管在20世纪60年代就引入建筑业,但在相当长的时间内主要用于产生信息,比如有限元分析、CAD以及各种办公自动化软件,而普遍忽略了对所产生信息的传递与共享。20世纪90年代以来,以Internet技术为代表的通信革命,为改善传统建筑业中落后的信息沟通状况提供了前所未有的机遇。

目前,"信息孤岛"现象已经严重制约了信息技术在工程建设中的充分应用和进一步发展,越来越多的专家开始关注不同应用领域的信息交换与系统集成问题。消除"信息孤岛"成为建筑业信息化的重要课题之一。目前已经有两大国际标准来试图解决这一问题,即国际互用联盟(international alliance for interoperability,IAI)提出了行业基准分类(industry foundation classes,IFC);国际标准化组织(international standard organization,ISO)提出了产品模型数据交换标准(standard for the exchange of product model data,STEP)。这两个标准正得到越来越多国家的认可和越来越广泛的应用,很多应用于建筑业的专业软件也以这两个标准作为基础展开研究与开发。

随着建筑业中信息和通信技术的应用以及相对标准的研究和应用,信息和通信技术的应用体现出标准化、集成化、网络化和虚拟化等特点。应用的趋势主要包括以下几个方面。

① 基于建设产品和建设过程(而非文件)的信息模型和信息管理,如建筑信息模型(building information model,BIM);

② 建设项目全寿命周期各阶段之间信息的无遗漏、无重复传递和处理,即建筑全寿命周期管理(building lifecycle management,BLM);

③ 模拟技术、虚拟技术(仿真技术)在建设业中的应用,如虚拟建筑(virtual construction)等;

④ 基于网络的项目管理、信息交流以及协同工作等,如基于网络的项目采购、项目信息门户(project information portal,PIP)可视化技术的应用等。

集成化和网络化是两个重要发展方向。集成化主要是有独立系统向集成系统发展,其主要目的是加强数据的共享性(与所采用的标准有关)以适应全寿命周期管理的要求。网络化则是改变建筑业生产方式和管理方式的重要手段。网络技术的应用对建筑业管理信息化发展方向起着决定性的影响,包括信息管理、信息共享以及在线协同作业等。从目前的发展趋势来看,建设项目管理信息化的主要发展趋势之一就是基于网络的工程项目管理。

2. 建设项目管理信息化的发展过程

建设项目管理信息化一直伴随着信息技术的发展而发展,自20世纪70年代开始,信息技术经历了一个迅速发展的过程,信息技术在建设项目管理中的应用也经历了如下的发展过程。

① 20世纪70年代,单项程序的应用,如工程网络计划时间参数的计算程序,施工图预算程序等;

② 20世纪80年代,程序系统的应用,如项目管理信息系统设施管理信息系统等;

③ 20世纪90年代,程序系统的集成,它是随着建设项目管理的进程而发展等;

④ 20世纪90年代末期至今,基于网络平台的建设项目管理,其中项目信息门户(PIP)、建设项目全寿命周期管理是重要内容。

3. 建设项目全寿命周期管理

建设项目全寿命周期管理的产生主要来源于建筑业所面临的挑战。据统计,1964—1998年期间,包括机械制造、建筑、服务等所有非农业行业的平均劳动生产率指标提高了约80%,而建筑行业企业劳动生产率指标却有所下降。有研究人员甚至指出,整个建筑行业需要用创新的手段以达到突破性的目标。在以上背景情况下,以美国Autodesk公司为代表,建筑业信息化倡导者提出了建设项目全寿命周期管理的概念。

Autodesk 公司的研究成果认为，建设项目信息全寿命周期的行为本质就是创建（create）、管理（manage）和共享（share）。

Autodesk 公司提出了建筑业信息化解决方案的两个轮子。

1) 第一个轮子：改变信息创建过程——采用建筑信息模型（BIM）技术

由二维（2D）到三维（3D）、由图形（drawing）到建筑信息模型的转换，从而改变信息的创建过程，该方案是解决建筑业面临挑战的一个轮子。在产品支持上，Autodesk 提出了从 AutoCAD 到 3D 和 Revit 的思路。

Civil3D 是 Autodesk 公司开发的一款土木工程设计软件，应用于土木工程和基础设施领域。Revit 是 Autodesk 推出的建筑信息模型平台，它支持新的 AutoCAD 平台，并提供了参数更改技术，因此建筑设计人员可以提高设计工作效率，并能更好地控制设计质量。Revit 系统能够自动协调所有设计信息。

2) 第二个轮子：改变信息的管理和共享过程——采用建筑全寿命周期管理技术

改变信息的管理和共享过程，采用建筑全寿命周期管理技术是解决建筑业面临挑战的另一个轮子，在技术上要实现从杂乱无序的沟通方式到在线协同作业。在产品支持上，Autodesk 提出了从 Email 和 DWG 到 Buzzsaw 和 DWF 的思路。

Buzzsaw 是一个基于 Internet 的在线协同作业平台，概括来说，其主要功能包括四个方面，即项目资料完整信息的存储中心、项目成员协同作业的沟通平台、项目进展动态跟踪的检测手段和版本控制浏览批注的实施工具。

DWG 和 DWF 都是一种文件格式。DWG 是 AutoCAD 产生的图形文件格式，而 DWF 文件格式是 Autodesk 公司推出的文件 WEB 发布格式，它为共享设计数据提供了一种简单安全的方法。DWF 可以为所有设计信息的有效管理提供很好的保障，确保发布的信息能被项目参与成员在授权范围内在线阅读或修改。DWF 是一种开放的格式，可由多种不同的设计应用程序发布；同时又是一种紧凑的、可以快速共享和查看的格式。DWF 与 Autodesk 查看工具一起构成了建筑全寿命周期管理的基础，架起了设计者与其他项目参与单位和成员之间沟通的技术桥梁。

13.4.3　建设项目管理信息化的实施

建设项目管理信息化是解决目前建筑业存在问题的重要方法。要解决建设项目管理信息化问题，单从单个项目的信息化来实现是不够的。当前建设项目管理信息化水平不高，从客观背景来看，其和建筑业整体信息化水平不高是直接相关的。因此，要实施建设项目信息管理信息化，从宏观层面来讲，必须大力推动建筑业行业信息化以及建筑业企业信息化。

建设项目管理信息化的实施涉及更多的是微观方面，这也是建设项目管理信息化推进过程中需要解决的实际问题，如单个项目信息化实施的组织与管理方案、相关人员思想意识的转变、项目管理软件的选择、项目文化的建立、信息管理手册的制定等。微观问题并不是小问题，只是相对于宏观问题而言在整个信息化体系中所处的层次较低，但却是影响建设项目信息化的关键问题，甚至某个细节问题（如文件分类标准的确定）的处理不当也会导致整个建设项目系统管理信息化的失败。比如，由于网络速度的限制，可能促使整个建设项目管理信息平台运行效率降低，甚至崩溃，并最终导致平台应用的失败。

1. 建设项目管理信息化实施的组织

建设项目管理信息化的实施首先要明确在整个建设项目组织结构里实施建设项目管理信息化的单位或部门,确定各个单位、部门以及个人在建设项目管理信息化中的任务和管理职能分工,选择符合建设项目管理信息化岗位要求的专人负责信息化工作,制定并绘制建设项目信息分解图、与信息化相关的工作流程图和信息流程图等。建设项目管理信息化实施的组织方面应主要关注以下几点。

1) 强调业主方在建设项目管理信息化实施过程中的主导地位

业主方是建设项目生产过程的总集者,也是建设项目生产过程的总组织者,所以业主方是推动建设项目管理信息化的"发动机",是实施建设项目管理信息化的关键一方。业主方不仅参与了大部分信息交流的全过程,也是实施建设项目信息管理化的最大受益者,他们可以要求设计团队和施工团队采用新的建设项目管理信息化手段或者新的工作模式来适应自己,因此激发业主的积极性是成功实施建设项目管理信息化的主要因素。但在建设项目管理环境变化日趋复杂的情况下,业主方的集成能力和组织能力受到了挑战,业主方对信息化的认知程度和掌握程度直接影响了建设项目管理信息化的开展。越来越多的业主聘请专业顾问机构进行建设项目管理咨询,建设项目管理信息化咨询已达到为项目增值的目的。

2) 确定建设项目管理信息化实施的组织机构

建设项目管理信息化涉及不同项目参与方,必须建立强有力的组织机构。根据我国建设项目管理的实际情况,一般设置领导层和实施层两个层面,在一些较为复杂的大型建设项目中实施建设项目管理信息化可设置更多层次的组织结构。如某大桥建设项目管理信息化实施的组织机构由实施领导小组、项目管理顾问组、项目实施核心工作组、内部实施与支持团队和系统实施总包(可能包括多个分包)组成,项目经理由项目实施核心工作组组长担任。如图 13-6 所示。各实施单位或部门人员组成如表 13-1 所示。

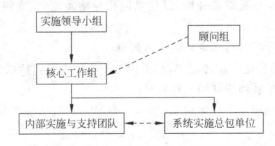

图 13-6 某项目建设项目管理信息化实施组织结构示意

表 13-1 某桥梁项目建设项目管理信息化实施单位或部门人员组成

序号	实施单位或部门	人员组成
1	实施领导小组	由大桥指挥部主要领导与核心部门领导组成
2	项目管理顾问组	由大桥指挥部聘请的项目管理专家组成
3	核心工作组	由大桥指挥部抽调的人员与系统实施总包单位人员组成,由大桥指挥部制定核心工作组组长,也即本项目的项目经理。组员包括项目管理专家、软件应用专家、信息技术专家等

续表

序号	实施单位或部门	人员组成
4	内部实施与支持团队	大桥指挥部与项目实施各方专门人员组成的项目管理软件应用与信息化建设的支持团队
5	系统实施总包单位	根据项目的软件应用环境建设、硬件环境建设和集成开发等需要,配备相关专业技术人员或管理人员

如果项目较小,建设项目管理信息化则较为简单,如进度控制软件的应用、文档管理软件的应用等,则不需要设置太多的组织机构,一般只设置领导层和实施层。领导层负责组织协调、重要管理制度的制定和批准;而实施层则负责信息化实施过程中的具体工作,如软件的选定、系统的架构、实施模式的确定、软件操作培训、日常维护等。

3) 确定建设项目管理信息化实施的组织分工

在建设项目管理信息化的实施过程中,确定相关单位、部门和参与人员的工作任务分工至关重要。如在某化工项目上,为了使所选定的项目信息门户在整个项目中得到有效推广和应用,专门组建了协调小组、协调小组人员由业主方、施工总承包方和工程建立方的有关人员构成,同时聘请专业咨询公司协助协调小组的工作。协调小组的组织分工如下:

① 在软件试运行阶段,组织项目参与各方尽快启动软件的运行,协商建立项目信息管理制度;

② 在软件正式运行过程中,协调项目各参与方,以保证软件的正常运行,监督项目信息管理制度的执行,协调小组中设项目系统管理员(不同于集团总部的系统管理员)一名,由业主方人员担任,负责软件应用中与本项目有关的重要设置工作及日常运行维护。

在利用项目管理软件辅助建设项目管理的过程中,信息化相关工作和组织分工往往和工程项目管理组织分工结合在一起。在国际上,许多建设项目都专门设立信息管理部门(或称为信息中心),以确保信息管理工作的顺利进行;也有一些大型建设项目专门委托专业咨询公司从事项目信息动态跟踪和分析,以信息流指导物质流,从宏观上对项目的实施进行控制。

4) 确定建设项目管理信息化实施的工作流程

在建设项目管理信息化实施过程中,相关的工作流程主要包括以下几方面。

① 信息管理手册编制和修订的工作流程;

② 未形成各类报表和报告收集信息、录入信息、审核信息、加工信息、信息传播和发布的工作流程;

③ 工程档案管理的流程,如设计图纸、文件的提交和分发流程;

④ 信息技术的二次开发工程流程等。

在确定各项工作流程时需强调每个环节的责任单位或部门的责任人,相应的时间要求以及每一个环节所产生的工作成果。确定的工作流程用于指导建设项目管理信息化的实施过程,但工作流程并不是一成不变的,它可以根据实际情况进行调整,以适应变化着的工作实施环境。

2. 建设项目管理信息化实施的管理

建设项目管理信息化涉及项目参与各方,甚至涉及不直接参与项目的相关利益群体,如政府有关部门、普通民众等。这些相关项目参与方或相关群众对信息化的理解和掌握的程度不同,给建设项目管理信息化的实施带来一定的困难。此外,建设项目管理信息化不仅涉及信息技术问题,也涉及建设项目管理的规范化和标准化以及对工程项目管理内涵的理解和掌握等各方面。

目前,由于建设项目管理信息化整体水平比较低,还存在一些错误认识,在实施过程中也存在一些不正确的做法,主要包括:

① 缺乏对项目管理信息系统、信息处理平台和专业项目管理转件等的正确认识,认为建设项目管理信息化就是购买和开发这些系统、平台和软件。

② 缺乏对建设项目管理信息化参与主体的正确认识,认为建设项目管理信息化是信息技术和文档管理人员的事,和专业技术人员和管理人员无关。

③ 缺乏对项目管理系统与建设项目管理信息化之间关系的正确认识,认为建设项目管理信息化和建设项目管理系统的建立无关,不愿意在建设项目管理系统的设计、有效运行以及项目管理的规范化等方面下功夫;不愿意改变传统的管理体系和管理方法;不愿意进行标准化、规范化相关建设项目管理工作(包括工作流程、组织责任、信息整合等);不愿意建立适应现代项目管理体系及建设项目管理信息化的组织文化。

④ 缺乏对建设项目管理信息化所需技能的正确认识,认为建设项目管理信息化只需要信息技术和软件操作知识,或者认为掌握建设项目管理理论知识自然就掌握了建设项目管理信息化相关知识,因此只进行软件操作培训或者建设项目管理基础理论知识的培训,不进行综合培训。

在建设项目管理信息化过程中会遇到各种困难和阻力,要解决这些问题,就需要采取多种措施,包括构建科学的项目管理体系、强调全员参与、采取合同措施、加强管理制度建设、采取经济措施、培育良好的项目文化以及加强教育和培训等。在理顺组织的前提下,科学和严谨的管理显得十分重要。建设项目管理信息化实施的管理主要包括以下几项内容。

1) 构建科学的工程项目管理体系和制定规范的管理程序

由于建设项目管理信息化是在一定的行业和企业中运行的,特别是在为企业开发基于网络平台的多项目管理系统和大型、特大型项目的管理系统过程中,必须解决企业管理系统对项目的影响,或将项目管理系统的设计纳入企业管理系统中通盘考虑。必须建设项目实施过程中推行现代项目管理的方法和制度,改革企业传统的业务流程,制定合理的建设项目管理流程,优化企业的管理职能分工,使其符合项目管理的要求。

许多人企图在企业内推广项目管理方法,同时又不想对企业的管理系统做任何改变,不想改变企业管理组织、管理模式、企业的业务流程和企业管理组织的责权利划分,这就不可能实现真正意义上的建设项目管理信息化。构建科学的工程项目管理体系是建设项目管理信息化的基础保证。

拥有管理程序是工程项目管理得以规范化实施的关键部分。遵循的一些成熟的项目管理方法的指导方针会增加成功实现目标的机会。如果每次都为新项目重新设计管理过程,只会增加犯错误的机会。管理程序手册是一个组织规范其标准管理过程的方法,也是建设项目管理信息化实施的基础保障。

2) 强调全员参与

建设项目管理信息化成果能很好地帮助项目参与各方成员进行高效的信息交流和协同

工作。由于信息交流是一个双向和多向的过程,若一方发送的信息没有得到及时的反馈,将使信息交流流于形式,无法得到有效实施。因此,建设项目管理信息化的实施需强调全员(包括全部相关参与单位与参与人员)参与,尤其是关键项目参与方和人员的参与,才能使信息交流顺畅,产生信息化应有的效益。根据 E-Builder 在对工程项目实施的统计资料表明,要取得基于互联网的系统应用的成功依赖于项目团队关键成员的参与,一旦其中某个关键成员拒绝参与,整个基于互联网的系统应用将迅速失去作用。在实施建设项目管理信息化时,应考虑激发关键成员的积极性才能保证实施的成功。

3) 采取合同措施

由于建设项目管理信息化的实施涉及项目参与各方的利益,因此在相关合同中应对相关问题做出明确规定,以免发生争议。合同措施在信息化实施过程中经常被采用。在北京奥运建设规划中明确了参与方实施项目信息门户(PIP)的规章条文。在某工业项目应用的 P3E/C(primavera project planner for construction)软件中,业主与施工总承包单位签订合同时通过协商将应用 P3E/C 的有关要求以合同条文形式予以确定。通过合同可以明确各方的责权利关系,保障了建设项目管理信息化的顺利实施。

4) 加强管理制度建设

制度不同于规划和项目管理程序,后者是规定"如何做"以及按"什么样的规则做",而制度则是"如果做得好如何,没有按规则做的结果如何"。制度和实施程序的区别在于制度列出各种行为准则,而程序则是说明实施这些行为准则的过程。因此,只有项目管理方法与程序并不能保证建设项目管理信息化的正确实施和运行,尤其在我国目前管理观念的转型期,还不能缺少相关制度的制约。

目前,建设项目管理信息化的意义、作用和价值并没有得到深刻认识和理解,因此在实施过程中遭遇到很多阻力和困难,主要表现在建筑业内"根深蒂固的思维和行为模式"。尤其是一些领导或者高级管理人员,对建设项目管理信息化存在偏见,认为建设项目管理信息化就是先进的计算机和网络系统及其购买先进的项目管理应用软件,而在企业项目管理系统的设计、有效运作、项目管理的规范化等方面不愿花时间和费用。人们缺乏对项目管理的知识、能力和素质的真正了解和掌握,没有养成建设项目管理信息化运行所必需的按程序及规定工作的习惯。因此,目前阶段,制定相关制度来规范和约束参与者的行为就显得相当重要。通过制定相关管理制度,明确实施建设项目管理信息化的各种要求,对各参与单位形成一定的约束。

5) 采取经济措施

建设项目管理信息化的经济措施涉及资金需求计划、资金供应条件以及经济激励措施等。

为保证信息化的顺利实施,应制定必要的资金需求计划以及确定资金供应条件,包括资金需求计划、资金需求总量、资金来源等。由于业主方是建设项目管理信息化实施的最终受益者,因此,整个建设项目管理信息化的实施费用主要由业主方承担,避免其他参与单位产生抵触情绪。如果采用建设项目总承包或者针对某一个方面(如进度计划)实施信息化时,项目总承包单位或者施工总承包单位等也可能是建设项目管理信息化实施的组织者,其实施费用由实施方承担。

在建设项目管理信息化实施的过程中,经济措施往往是最容易被人接受的措施。因此,项目可采取必要的经济奖励措施，推动相关单位积极参与信息化实施过程。如某电厂为了推进 P3 软件的实施制定了奖励机制，其中的一个条款为"从进度计划专项考核基金中提取 33.3% 作为 P3 软件使用的专项考核基金，该基金按月考核，按季发放，发放范围为使用 P3 软件的技术人员及主要责任人"。

6）培养良好的项目文化

建设项目参与各方代表了不同利益主体，在很多项目实践中，由于参与各方片面追求自身经济利益，忽视项目利益，而使其目标与项目目标不一致。导致相互之间利益冲突增多，互相扯皮和推卸责任，从而发生各种争议、索赔甚至是诉讼。这不但损害了业主利益，而且也损害了其他参与各方的利益，并最终导致项目目标失控和项目利益受损。

因此，在建设项目管理信息化实施和成果应用过程中，最重要的是在所有参与到建设项目管理信息化建设中的各方之间形成一种共享、平等、信任和协作的关系，形成组织间、成员之间合作的气氛，提倡"项目利益高于一切"的项目文化。项目文化不同于企业文化，企业文化是在单个企业和企业集团内部形成的一种特定的组织气氛，而项目文化强调在同一项目上各参与方为项目的共同利益而形成的一种信任合作的组织气氛。

在建设项目管理信息化的过程中，必须抛弃与现代项目管理不相容的传统观念，形成共享、平等、信任和协作的关系，以项目利益高于一切为准则，通过项目利益的实现来实现参与各方的利益。

7）加强教育和培训

由于对于建设项目管理和建设项目管理信息化的理解还存在一些误区，尤其是一些领导和高层管理人员对此还认识不足，因此需要对相关人员进行教育和培训，消除一些误会和错误认识。培训的对象应是全员培训，但可根据培训对象的不同侧重于不同的内容，包括项目领导者的培训、开发人员的学习与培训和使用人员的培训。

（1）项目领导者的培训

按照信息化的"一把手"原则，项目领导者对待信息化的态度是建设项目管理信息化实施成败的关键因素，对项目领导者的培训主要侧重于现代工程项目管理和建设项目管理信息化的基本理论。

（2）开发人员的学习与培训

开发团体中由于人员知识结构的差异，形成跨学科的学习和培训是十分重要的，包括工程项目管理人员对信息处理技术和信息系统开发方法的学习，软件开发人员对工程项目管理知识的系统学习等。

（3）使用人员的培训

对系统使用人员的培训直接关系到系统实际运行的效率，培训的内容包括信息管理制度的学习、计算机软硬件技术支持的学习和系统操作的学习。

3. 建设项目管理信息化实施的方法

建设项目管理信息化实施的重要方法就是编制信息管理规划、程序与管理制度。信息管理规划、程序与制度是整个建设项目系统管理信息化得以正常实施与运行的基础，其内容包括信息分类、编码设计、信息分析、信息流程与信息制度等，具体包括以下主要内容。

① 建立统一的建设项目信息编码体系，包括建设项目编码、建设项目各参与单位组织

编码、投资控制编码、进度控制编码、质量控制编码和合同管理编码等；

② 对信息系统的输入输出报表进行规范和统一，并以信息目录表的形式固定下来；

③ 建立完善的建设项目信息流程，使建设项目各参与单位之间的信息关系得以明确化，同时结合项目的实施情况，对信息流程进行不断的优化和调整，剔除一些不合理或冗余的流程，以适应信息系统运行的需要；

④ 注重基础数据的收集和传递，建立基础数据管理的制度，保证基础数据全面、及时和准确地按统一格式输入信息系统；

⑤ 对信息系统中有关人员的任务、职能进行分工，明确有关人员的数据收集和处理过程中的任务分工；

⑥ 建立数据保护制度，保证数据的安全性、完整性和一致性。

信息管理规划、程序与制度（简称信息管理规划）和项目管理规划、程序与制度（简称项目管理规划）是相互联系的，在内容上也是相互支持的，因此在实践中往往把信息管理规划纳入项目管理规划中。

1）进行建设项目信息分类和编码

（1）建设项目信息分类和编码的含义

一个建设项目有不同类型和不同用途的信息，为了有组织地存储信息、方便信息的检索和信息的加工整理，必须对建设项目的信息进行编码。

所谓信息分类就是把具有相同属性（特征）的信息归并在一起，把不具有这种共同属性（特征）的信息区别开来的过程。信息分类的产物是各式各样的分类或者分类表，并建立起一定的分类系统和排列顺序，以便管理和使用信息。对信息分类体系的研究一直是信息管理科学的一项重要课题，信息分类的理论与方法广泛应用于信息管理的各个分支，如图书管理、情报档案管理等。这些理论与方法是进行信息分类体系研究的主要依据。在建筑业内，针对不同的应用需求，各国的研究者也开发设计了大量的信息分类标准。

编码由一系列符号（如文字）和数字组成，编码是信息处理的一项重要基础工作。建设项目信息的分类（classification）、编码（coding）和控制术语（controlled terminology）是进行计算机辅助建设项目信息管理的基础和前提；也是不同项目参与方之间、不同组织之间消除界面障碍，保持信息交流和信息传递流畅、准确和有效的保证。

建设项目信息分类和编码体系的统一体现在两个方面：① 不同项目参与方（如业主、设计单位、施工单位和项目管理单位）的信息分类和编码体系统一，即横向统一；② 项目在整个实施周期（包括设计、招标投标、施工、动用准备）等各个阶段的划分体系统一，即纵向统一。横向统一有利于不同项目参与者之间的信息传递和信息共享；纵向统一有利于项目实施周期信息管理工作的一致性和项目实施情况的跟踪与比较。

（2）建设项目信息的分类

建设项目业主方和项目参与各方可根据各自项目管理的需求确定其信息管理的分类，但为了信息交流的方便和实现部分信息共享，应尽可能地做一些统一分类的规定，如项目的分解结构应统一。在进行项目信息分类时，可以从不同的角度对建设项目的信息进行分类。

① 按项目管理工作的对象，即按项目的分解结构，如按子项目1、子项目2等进行信息分类；

② 按项目实施的工作过程，如按设计准备、设计、招标投标和施工过程等进行信息

分类；

③ 按项目管理工作的任务，如按投资控制、进度控制、质量控制等进行信息分类；

④ 按信息的内容属性，如按组织类信息、管理类信息、经济类信息、技术类信息和法规类信息等进行信息分类。

为满足项目管理工作的要求，往往需要对建设项目信息进行综合，即按多维进行分类。

第一维：按项目的分解结构；

第二维：按项目实施的工作过程；

第三维：按项目管理工作的任务。

(3) 建设项目信息分类和编码的内容和方法

建设项目信息的分类和编码可以有很多种。

① 建设项目的结构编码；

② 建设项目管理组织结构编码；

③ 建设项目的各参与单位编码(组织编码)；

④ 建设项目实施的工作项编码(建设项目实施的工作过程的编码)；

⑤ 建设项目的投资项编码(业主方)或成本项编码(施工方)；

⑥ 建设项目的进度项(进度计划的工作项)编码；

⑦ 建设项目进展报告和各类报表编码；

⑧ 合同编码；

⑨ 函件编码；

⑩ 工程档案编码等。

以上这些编码是因不同的用途而编制的，如投资项编码(业主方)或成本项编码(施工方)服务于投资控制工程或成本控制工作；进度项编码服务于进度控制工作。但是有些编码并不是针对某一管理工作而编制的，如投资控制或成本控制、进度控制、质量控制、合同管理、编制建设项目进展报告等都要使用项目分解结构编码，因此需要进行编码的组合。建设项目信息分类和编码的主要方法如下。

A. 建设工程项目和结构编码依据项目结构图，对项目结构的每一层的每一个组成部分进行编码。

B. 项目管理组织结构编码依据项目管理的组织结构图，对每一个工作部门进行编码。

C. 建设项目的各参与单位包括政府主管部门、业主方的上级单位和部门、金融机构、工程咨询单位、设计单位、施工单位、物资供应单位和物业管理单位等，需要对以上单位进行编码。

D. 在进行建设项目无信息分类和编码时，建设项目实施的工作项编码应覆盖项目实施全过程工作任务目录的全部内容，它包括设计准备阶段的工作项、设计阶段的工作项、招标投标工作项、施工和设备安装工作项和项目动用前准备工作项等。

E. 建设项目的投资项编码并不是概预算定额确定的分部分项工程的编码，它应综合考虑概算、预算、标底、合同价和工程款的支付等因素，建立统一的编码，以服务于项目投资目标的动态控制。建设项目成本项编码也不是预算定额确定的分部分项工程的编码，它应综合投标价估算、合同价、施工成本分析和工程款的支付等因素，建立统一的编码，以服务于项目成本目标的动态控制。

F. 建设项目的进度项编码应综合考虑不同层次、不同深度和不同用途的进度计划工作项的需要,建立统一的编码,服务于建设项目进度目标的动态控制。

G. 建设项目进展报告和各类报表编码应包括建设项目管理过程中形成的各种报告和报表的编码。

H. 合同编码应参考项目合同结构和合同分类,应反映合同的类型、相应的项目结构和合同签订的时间等特征。

I. 函件编码应反映发函者、收函者、函件内容所涉及的分类和时间等,以便函件的查询和整理。

J. 工程档案的编码应根据有关工程档案的规定,建设项目的特点和建设项目实施单位的需求而建立。

【案例 13-1】 某建设项目信息分类和编码。以下是对某体育馆项目的信息分类与编码的介绍,该文档类别编码分为四个层次,每一个层次由 1 位字母或数字构成。

① 文档类别编码第 1 层次的划分主要是按项目的阶段进行划分,编码比较确定,如表 13-2 所示。

表 13-2 文档类别编码(按阶段划分)

阶段名称	编码	阶段名称	编码
项目总体	G	施工	C
项目前期	I	动用准备	O
勘察设计	D	保修期	B

② 信息类别编码的第 2~4 层次均由一位数构成,元素组成可以是 1~9、英文 26 个字母的大小写,共 61 个编码值,可以满足信息分类扩充的需要,详见表 13-3。表 13-3 是文档类别编码列表,其中出现不需要涉及所有预设 4 个层次的情况时,相应的层次编码用 0 表示。

表 13-3 某文档类别编码列表

第 1 层次	第 2 层次	第 3 层次	第 4 层次
项目总体 G	政府主管部门批文 G1	项目建议书审批 G11	
		可行性研究报告审批 G12	
		征地、拆迁审批资料 G13	
		土地规划许可证审批 G14	
		建设工程规划许可证审批 G15	
		初步设计审批 G16	
		施工许可证审批 G17	
		工程建设报表备案 G18	
		工程质量监督注册备案 G19	
		建设工程施工招标方式备案 G1a	
		招标文件备案 G1b	
		建设工程竣工验收备案 G1c	
		其他 G1d	

续表

第1层次	第2层次	第3层次	第4层次
	项目基本信息 G2	项目实施大事记 G21	
		组委会有关信息 G22	
		政府部门有关信息 G23	
		业主方有关信息 G24	
		设计(咨询)单位有关信息 G25	
		施工、监理单位有关信息 G26	
		承包商有关信息 G27	
		供货商有关信息 G28	
		专家信息 G29	
	往来函件 G3	组委会工程部函 G31	
		政府部门函 G32	
		业主函 G33	
		项目管理咨询单位函 G34	
		设计单位函 G35	
		监理工程师函 G36	
		设备供应商函 G37	
		材料供应商函 G38	
		其他 G39	
项目前期 I	可行性研究报告 I4		
	项目策划报告 I5		
	环境调查报告 I6		
勘察设计 D	地基地质勘察资料 D7	初堪资料 D71	
		详勘资料 D72	
	方案设计 D8	设计竞赛文件 D81	
		设计竞赛的组织文件 D82	
		设计竞赛方案 D83	
		设计竞赛的评审 D84	
		方案设计图纸 XD85	
	初步设计与施工图设计 D9	设计招标文件 D91	
		设计招标的组织文件 D92	
		设计招标的评审 D93	
		初步设计图纸 D94	
		初步设计评审资料 D95	
		施工图设计图纸 D96	建筑、结构施工图 D961
			暖通空调施工图 D962
			给排水施工图 D963
			强电施工图 D964
			弱电施工图 D965
		图纸变更 D97	建筑结构施工图 D971
			暖通空调施工图 D972
			给排水施工图 D973
			强电施工图 D974
			弱电施工图 D975

续表

第1层次	第2层次	第3层次	第4层次
施工 C	项目管理咨询资料 Ca	项目管理建议书 Ca1	
		项目管理大纲 Ca2	
		项目管理规划报告 Ca3	
		项目管理月报 Ca4	
	招标投标 Cb	总承包招标投标 Cb1	
		专业招标投标 Cb2	
		施工监理招标 Cb3	
		设备采购招标投标 Cb4	
	合同管理 Cc	合同版本 Cc1	
		合同管理 Cc2	
		合同支付 Cc3	
		索赔 Cc4	
	进度管理 Cd	业主确认的项目计划报告 Cd1	
		设计方进度报告 Cd2	
		施工监理单位进度报告 Cd3	
		施工总承包单位进度报告 Cd4	
		土建分包单位进度报告 Cd5	
		设备安装单位进度报告 Cd6	
		装修单位进度报告 Cd7	
	投资管理 Ce	估算资料预审批报告 Ce1	
		概算资料与审批报告 Ce2	
		预算资料与审批报告 Ce3	
		资金到位情况报告 Ce4	
		投资使用计划报告 Ce5	
		工程实际投资报告 Ce6	
		投资计划与实际投资比较分析报告 Ce7	
		付款申请与审批 Ce8	
	质量管理 Cf	质量保证体系资料 Cf1	
		施工技术与质量验收标准 Cf2	
		材料合格证明及检测资料 Cf3	
		半成品检测资料 Cf4	
		隐蔽工程检测资料 Cf5	
		工序验收资料 Cf6	
		分部分项工程质量评定及验收资料 Cf7	
		关键节点及竣工验收报告 Cf8	
		质量事故处理报告 Cf9	
		质量管理月报 Cfa	
	施工技术 Cg	施工组织设计 Cg1	
		关键施工节点的施工方案 Cg2	
		其他 Cg3	

续表

第1层次	第2层次	第3层次	第4层次
	设备采购 Ch	电梯设备资料 Ch1	
		给排水设备资料 Ch2	
		暖通空调设备资料 Ch3	
		强电设备资料 Ch4	
		智能化设备资料 Ch5	
		比赛设备资料 Ch6	
		其他 Ch7	
	施工监理报告 Ci	施工监理大纲 Ci1	
		施工监理规划 Ci2	
		施工监理实施细则 Ci3	
		施工监理周报、月报 Ci4	
		其他 Ci5	
	安全管理 Cj	安全保证体系资料 Cj1	
		安全操作规程 Cj2	
		安全管理周报、月报 Cj3	
		安全事故处理报告 Cj4	
		其他 Cj5	
动用准备 O			
保修期 B			

(3) 信息分析

在对建设项目进行信息分类和编码的基础上,信息管理规划的重要成果是信息分析表。信息分析重点是分析在建设项目实施各个阶段列出所有需要共享的文档信息(用信息编码表示),并分析每一个文档信息的发送方和接收方,这样有助于建设项目管理信息平台中对信息访问权限的设定。

以下列举了施工阶段信息分析示意表。其中相关参与方主要分为业主方(简称 O)、工程监理方(简称 P)、设计方(简称 D)、施工方(简称 C)和供货方(简称 S)以及第三方(T)六大类,如表 13-4 所示。

表 13-4 施工阶段信息分析示意表

信息类别	信息名称	信息编码	格式	发送方	接收方
编码信息	施工阶段统一的信息编码体系和管理制度	4110112	文本	P	O,P,D,C,S,T
单位组织信息	业主方单位组织信息变动	4120111	文本	O	O,P,D,C,S,T
	业主方项目管理班子变动信息	4120211	文本	O	O,P,D,C,S,T
	业主方项目管理班子增减人员的照片	4120321	图像	O	O,P,D,C,S,T
	项目管理方的组织手册	4120412	文本	P	O,D,C,S
	项目管理方的资质文件	4120512	文本	P	O,D,C,S
	各专业设计人员的个人简介、资质证书等	4120913	文本	D	O,P,D,C,S,T
	⋮	⋮	⋮	⋮	⋮

续表

信息类别	信息名称	信息编码	格式	发送方	接收方
项目组织信息	业主方对项目组织结构的变更信息	4130111	文本	O	O,P,D,C,S,T
	项目规划许可证	4130211	文本	O	O,T
	项目开工许可证	4130311	文本	O	O,T
	设计质量监督合格证或施工设计质量审核文件	4130411	文本	O	O,P,D
	施工阶段的项目组织结构图	4130512	文本	P	O,P,D,C,S,T
	政府下发的有关工程建设管理的文件	4140111	文本	O	O,P,D,C,S,T
	⋮	⋮	⋮	⋮	⋮
进度控制信息	业主方对项目动用目标的变更文件	4210111	文本	O	O,P,D,S
	业主方在施工阶段的工作计划	4210211	文本	O	O,P
	业主方在施工阶段的进度工作总结报告	4210311	文本	O	O,P
	施工阶段进度控制规划	4210412	文本	P	O,P,D,C,S
	施工阶段总进度计划	4210512	文本	P	O,P,D,C,S
	⋮	⋮	⋮	⋮	⋮
进度控制信息	施工方的施工总进度计划	4211914	文本	C	O,P,C,S
	施工方的各分项进度计划	4212014	文本	C	O,P,C,S
	施工方的各专业工程施工进度计划	4212114	文本	C	O,P,C,S
	施工方的年、季、月、旬、周施工进度计划	4212214	文本	C	O,P,C,S
	施工方的实际进度统计报表	4212314	文本	C	O,P,C
	施工方的进度预测报告	4212414	文本	C	O,P,C,S
	⋮	⋮	⋮	⋮	⋮
合同管理信息	业主方在施工阶段提出的关于设计的合同变更文件、工程合同补充协议以及合同索赔资料等	4220111	文本	O	O,P,D
	业主方在施工阶段提出的关于施工的合同变更文件、工程合同补充协议以及合同索赔资料等	4220211	文本	O	O,P,C
	业主方在施工阶段提出的关于供货的合同变更文件、工程合同补充协议以及合同索赔资料等	4220311	文本	O	O,P,S
	业主方在施工阶段对各种已付工程合同款的统计报表	4220411	文本	O	O,P
	⋮	⋮	⋮	⋮	⋮

(4) 信息组织与管理手册的编制

在建设项目决策和实施过程中,业主方和其他项目参与方都有各自信息化的组织与管理任务。为充分利用和发挥信息资源的价值,提高信息管理的效率以及实现有序和科学的信息管理,各方都应编制各自的信息组织与管理手册,以规范信息管理工作。信息组织与管理手册描述和定义了信息管理做什么、谁做、什么时候做和其工作成果是什么等,除了信息分类和信息编码外,主要内容还包括:

① 信息管理的任务(信息管理任务目录);

② 信息管理的任务分工表和管理职能分工表；
③ 信息输入输出模型；
④ 各项信息管理工作的工作流程图；
⑤ 信息流程图；
⑥ 信息处理的工作平台及其使用规定；
⑦ 各种报表和报告的格式以及报告周期；
⑧ 项目进展的月度报告、季度报告、年度报告和工作总报告的内容及其编制；
⑨ 工程档案管理制度；
⑩ 信息管理的保密制度等。

13.4.4 建设项目管理信息化实施的手段

1. 建立建设项目信息中心

在国际上，许多建设项目实施过程中都专门设立信息管理部门（或称信息中心），以确保信息管理工作的顺利进行。

许多研究在分析未来建设项目信息管理发展趋势时，都把信息交流和沟通置于非常重要的位置。未来建设项目信息资源的组织和管理具有以下特征。

① 在工程建设各阶段，参建各方都能随时随地获得所需要的各种项目信息；
② 用基于虚拟现实（virtual reality）的、逼真的工程项目模型指导工程建设的设计与施工全过程；
③ 在工程项目各组成部分之间、工程建设实施各阶段之间以及在各参与方之间不再有分离现象；
④ 减少距离的影响，使项目团队成员相互进行信息交通和沟通时有同处一地的感觉；
⑤ 对信息的产生、保存及分发进行有效管理。

信息资源的组织与管理就是交换和共享数据、信息和知识的过程，可理解为工程参建各方在项目建设全过程中，运用现代信息和通信技术及其他合适的手段，互相传递、交流和共享项目信息和知识的行为及过程，主要包括以下几方面的内涵。

① 信息的交流与沟通包括建设项目参建各方；
② 时间贯穿工程建设全过程；
③ 信息交流与沟通手段主要是基于计算机网络的现代信息技术和通信技术，但也不排除传统的信息交流与沟通方式；
④ 信息交流与沟通内容包括与项目建设有关的所有知识的信息，特别是需要在参建各方之间共享的核心知识和信息。

信息交流与沟通的重要目的是在建设项目参建各方之间共享项目信息和知识，具体目标是努力做到在恰当的时间、恰当的地点、为恰当的人及时提供恰当的项目信息和知识。随着现代信息和通信技术的发展，如视频会议、远程在线讨论组等，传统的时空观在信息交流和沟通中的重要性越来越低。

2. 建立建设项目信息处理平台

在当今世界，信息处理已逐步向电子化和数字化方向发展，但建设领域的信息化已明显落后于其他许多行业,建设项目信息处理基本上还沿用传统的方法和模式。应采取措施,使项目处理朝基于网络的信息处理平台方向发展,以充分发挥信息资源对项目目标控制的作用。

投资建设项目的业主方和项目参与各方往往发生在不同的地点,或不同的城市,或不同的国家,因此其信息处理应考虑充分利用远程数据通信的方式。

① 通过电子邮件收集信息和发布信息;

② 通过基于互联网的项目专用网站(project specific web site,PSWS)实现业主方内部、业主方和项目参与各方以及项目参与各方之间的信息交流、协同工作和文档管理;

③ 通过基于互联网的项目信息门户(project information portal,PIP)为众多项目服务的公共信息平台实现业主方内部、业主方和项目参与各方,以及项目参与各方之间的信息交流、协同工作和文档管理;

④ 召开网络会议;

⑤ 基于互联网的远程教育与培训等。

13.5 BIM和网络技术在项目管理中的应用

13.5.1 建筑信息模型(BIM)的基本概念

建筑信息模型是 Building Information Modeling 最普遍的中文解释,尽管该中文解释并不能完整和准确地描述 BIM 的内涵。

1986年,美国学者罗伯特·艾什(Robert Aish)提出了 Building Modeling 的概念,此概念主要包括三维特征、自动化的图纸创建功能、智能化的参数构件等,与目前现阶段被普遍接受的 BIM 概念比较接近。尤其是21世纪后,随着计算机技术的发展,Building Information Modeling 的概念被提出,BIM 相关的软件及操作标准快速发展。Autodesk、Bentley 等全球知名建筑软件开发企业纷纷推出自己的产品,BIM 也从学者概念性的研究逐步进入工程实践中。

当前,BIM 的定义或解释有多种版本,相比较而言,美国国家 BIM 标准的定义是比较完整的。"BIM 是一个设施(建设项目)物理和功能特性的数字表达;BIM 是一个共享的知识资源,是一个分享这个设施的有关信息,为该设施从概念到拆除的全生命周期中的所有决策提供可靠依据的过程;在项目不同阶段,不同利益相关方通过在 BIM 中插入、提取、更新和修改信息,以支持和反映其各自职责的协同作业。"

美国国家 BIM 标准由此提出 BIM 以及 BIM 交互的需求,这些需求均应该基于如下几个方面。

① 一个共享的数字表达。

② 包含的信息应具有协调性、一致性和可计算性,是可以由计算机自动处理的结构化信息。

③ 基于开放标准的信息互用。

④ 能以合同语言定义信息互用的需求。

落实到实际应用的层面,从不同的层面可以将其通俗地解读为:

① 将BIM应用到具体的一个工程项目中,它代表着项目的完善信息管理,在BIM技术的平台上,信息可以被项目的所有参与方提供和共享,确保项目参与各方在有效的时点得到正确的信息。

② 对于工程项目的所有参与方,BIM代表着一种项目交付的协同过程,规定项目所需要的团队组成,定义每个团队如何开展工作,如何共同协作去进行工程项目的设计、建造及运营管理。

③ 对于设计方,BIM代表集成化设计,优化技术方案,提供更有效的、及时的反馈,提高整体的设计团队水平。

④ 对于项目管理者,BIM的应用可以对项目进行实体对象实施过程的集中管理,以克服传统管理模式和技术的诸多问题,实现项目管理中如信息的传递渠道等方面的变化。

随着BIM应用范围的日益广泛和应用层次的逐渐深入,BIM的内涵也会不断地发生变化。应用BIM技术对建筑全生命周期进行全方位管理,是实现建筑业信息化跨越式发展的必然趋势,也是实现工程项目精细化管理、建筑企业集约化经营的最有效途径。

13.5.2 BIM技术在国内外的应用

BIM是从美国发展起来的,逐渐扩展到欧洲、日韩等发达国家或地区,目前BIM在这些国家的发展态势和应用水平都达到了一定的程度,其中BIM的应用在美国最为广泛和深入。

1. 美国

在美国,关于BIM的研究和应用起步较早,发展到目前为止,BIM的应用已初具规模。业主、各大设计事务所及建设企业等相关单位纷纷主动在项目中应用BIM,政府和行业协会也出台了各种BIM标准。有统计数据表明,2009年美国建筑业300强企业中80%以上都应用了BIM技术。

早在2003年,为了提高建筑行业的生产效率,支持整个建筑行业信息化水平的提升,美国总务管理局(GSA)推出了国家3D-4D-BIM计划,在GSA的实际建筑工程项目中挑选BIM试点项目,探索和验证BIM应用的模式、规则、流程等一整套建筑全生命周期的解决方案。同时,在所有的GSA项目中,GSA鼓励采用3D-4D-BIM技术,并对采用该技术的项目承包方给予不同程度的资金资助。截至目前,所有的GSA项目均被要求使用3D-4D-BIM技术。从2007年起,GSA陆续发布系列BIM指南,用于规范和引导BIM在实际项目中的应用。

有数据显示,2007年美国28%的工程项目使用BIM技术,2012年比例达到了71%。截至2014年,在工程项目的建造过程中使用BIM技术的比例达到了74%,近3/4的施工企业使用了BIM技术。在这些施工企业中,有36%的企业具有5年以上的BIM应用经验,而且其中34%是大型施工企业。

同时,自2007年开始,美国建筑科学研究院(NIBS)发布美国国家BIM标准(NBIMS),旗下的Building SMART联盟负责研究BIM,探讨通过应用BIM来提高美国建筑行业生产力的方法。在美国BIM标准的现有版本中,主要包括了关于信息交换和开发过程等方面的内容。计划中,美国BIM标准将由使用BIM过程和工具的各方定义、相互之间数据交换要求的明细和编码组成。

2. 其他国家

在日本,BIM 应用已扩展到全国范围,并上升到政府推进的层面。日本的国土交通省负责全国各级政府投资工程,包括建筑物、道路等的建设、运营和工程造价的管理。国土交通省的大臣官房(办公厅)下设官厅营缮部,主要负责组织政府投资工程建设、运营和造价管理等具体工作。在 2010 年 3 月,国土交通省的官厅营缮部门宣布,将在其管辖的建筑项目中推进 BIM 技术,根据今后施行对象的设计业务来具体推行 BIM 应用。

在韩国,已有很多政府机关致力于 BIM 应用标准的制定,如韩国国土海洋部、韩国教育科学技术部、韩国公共采购服务中心(public procurement service)等。其中,韩国公共采购服务中心下属的建设事业局制定了 BIM 实施指南和路线图。具体路线图为 2012—2015 年 500 亿韩元以上建筑项目全部采用 4D 的设计管理系统;2016 年将实现全部公共设施项目使用 BIM 技术。韩国国土海洋部分别在建筑领域和土木领域制定 BIM 应用指南。其中,《建筑领域 BIM 应用指南》于 2010 年 1 月完成发布。该指南是建筑业主、建筑师、设计师等采用 BIM 技术时必需的要素条件以及方法等的详细说明。同时,Building SMART 在韩国的分会表现也很活跃,它们和韩国的一些大型建筑公司和大学院校正在共同努力,致力于 BIM 在韩国建设领域的研究、普及和应用。

3. BIM 技术在我国的应用

在我国,一向是亚洲潮流风向标的香港地区,BIM 技术已经广泛应用于各类型房地产开发项目中,并于 2009 年成立香港 BIM 学会。

在中国大陆地区,BIM 已经成为行业内的热点词汇,中国建筑学会的建筑施工分会、工程管理研究分会等也建立了 BIM 专业委员会。然而,大部分业内同行对 BIM 的理解还相对比较片面,由于受软件厂商的"流毒"较深,有相当大比例的同行片面地认为 BIM 只是一种三维设计的软件。目前,国内有一定数量的项目和同行在不同项目阶段、不同程度上使用了 BIM。其中最值得关注的是,位于中国上海浦东陆家嘴金融贸易核心区的上海中心大厦项目(图 13-7),BIM 对项目设计、施工和运营的全过程进行了全面规划,成为一个由业主主导、在项目全生命周期中应用 BIM 的标杆。

目前,国内建筑业企业开始有对 BIM 人才的需求,BIM 人才的商业培训和学校教育已经逐步开始启动。建设行业现行法律、法规、标准、规范对 BIM 的支持和适应已经提到议事日程。

13.5.3 BIM 的技术特征及实践特质

1. BIM 技术应用的三个维度

简单地说,BIM 是利用数字模型对项目进行设计、施工和运营的过程。BIM 的应用涉及建筑物所有的项目阶段、项目参与方与利益相关方,以及相当数量的技术或方法。

实践表明,从项目阶段、项目参与方和 BIM 应用层次三个维度去理解 BIM 是一个全面认识 BIM 的有效途径,可以系统地理解 BIM 的应用范围、应用主体及未来的发展趋势等,如图 13-8 所示。

图 13-7 上海中心大厦项目 BIM 模型

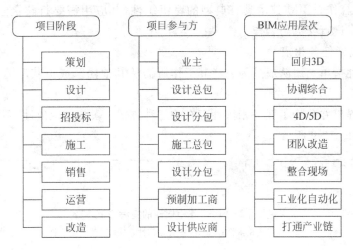

图 13-8 BIM 应用的三维示例图

2. BIM 的技术特征

（1）信息存储结构多元化

BIM 具有信息存储结构多元化的技术特征。相比 CAD 等相关的设计软件，BIM 最大的技术特点就是摆脱了几何模型的束缚，开始并着重在模型中承载更多的非几何信息。例如，在 BIM 模型中含有建筑材料的耐火等级、建筑材料的传热系数、结构构件的造价与采购信息、质量、受力状况等一系列扩展信息。在 BIM 模型中的基本构件元素被称为"族",它不仅包括了构件的几何信息,同时还包括构件的物理信息和功能信息。

(2) 以参数化建模为核心技术

BIM 的核心技术是参数化建模技术。操作的对象不再是传统的点、线、各类平面形状等这些简单的几何对象,而是墙体、门、窗、梁及屋盖等建筑构件。BIM 立足于在数据关联的技术上进行三维建模,模型建立后,可随意生成各种平面、立面及剖面等二维图纸,并能够保持视图之间实时、一致的关联。

(3) 以联合数据库的分类模型作为模型系统的实现方法

由于 BIM 内含的信息覆盖范围包括工程项目的整个建设周期,因此模型必须包含相当多的建筑元素才能满足各项目参与方对信息的需求。目前 BIM 系统大多使用的是联合数据库的分类模型,其最终的信息集成是依靠专门的集成软件来实现的。这种方式可以有效地规避统一的、庞大的中央数据库所要耗费的相关维护风险问题。

(4) 以通用数据交换标准作为系统间信息交换的基础

BIM 的核心是数据的交换与共享,而解决信息交换与共享的核心在于标准的建立。只有制定合理的、统一的数据表达和交换标准,不同系统之间有共同语言,数据的交换和共享才能够实现。

3. BIM 的实践特质

(1) 技术跨组织性

BIM 技术潜在价值的有效实现需要单个建筑企业部门之间以及工程项目参与方之间的交流、协调与合作。BIM 技术具有典型的跨组织性,其应用需要打破企业内部门边界和项目参与方边界进行交流与合作。

(2) 内嵌高度任务相依性

任务相依性指单个团队成员为完成其工作所需从其他团队成员获取的信息、物质和支持的程度。

许多学者提出并分析了任务相依性存在的三种方式:联营式相依性、顺序式相依性、互动式相依性,如图 13-9 所示。

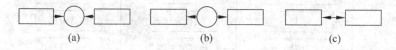

图 13-9 任务相依性的三种方式
(a) 联营式相依性;(b) 顺序式相依性;(c) 互动式相依性

基于 BIM 技术的应用过程,可以将其应用任务活动分为两种:模型构建及功能分析、基于模型的信息沟通与协调。根据任务相依性的定义及相关理论,下面分别说明以上两种任务活动中内嵌的高度任务相依性。

① 模型构建及功能分析。由于模型包含信息的多样性和丰富性,模型构建过程需要多专业合作,如建筑、结构及给排水等专业工程师的协同工作,共同完成 BIM 模型所需的各专业信息。依据美国建筑信息标准(NBIMS)的内容,BIM 的主要功能有 25 种,而其中比较常用的就有 14 种之多,如碰撞检查、耗能分析、光照分析及进度模拟等。这些 BIM 技术功能

点的应用需要多专业集成，同时功能分析之间也具有一定的优先级及前后逻辑关系，因此增加了 BIM 技术应用功能分析的任务相依性。

② 基于模型的信息沟通与协调。一般来说，对于许多特定工程项目 BIM 技术的应用，由于 BIM 技术自身对其多专业跨组织合作的需求，需要参与方之间跨越传统组织界面进行信息沟通与协调，且传统 2D 的 CAD 技术信息载体下点对点的沟通转变为基于 BIM 的信息共享，组织内部间的协调与参与方之间跨组织的协调更进一步地加剧了任务相依性，从点对点的沟通变为网状沟通。

（3）外源非定制性

外源非定制性是指一个组织所使用的技术是另一个组织的产品，使用技术的组织不掌握该使用技术的核心结构，同时，也没有能力对该使用技术进行结构调整和技术改造。技术外源性与技术内源性二者的主要区别在于，技术的设计者是来自组织内部还是组织外部。

一般来说，BIM 技术及相应软件产品具有较高的复杂性，单个的 BIM 应用组织（如某个设计院、施工企业等）通常不具备相应软件开发能力，并且由于软件开发也不是这些 BIM 应用组织的主营业务，因此多数组织并不会在 BIM 技术开发上有过多的投入。

目前，建筑企业所应用的 BIM 技术源自软件开发商所提供的通用产品，尚未出现针对企业业务及流程管理等情景提供定制性软件开发的企业，BIM 技术具有显著的外源非定制性特征。

13.5.4 BIM 与工程项目的信息互用

1. 工程项目的信息互用

信息互用是指在项目建设过程中项目参与方之间、不同应用系统工具之间对项目信息的交换和共享。互用是协调与合作的前提和基础，对项目进展有着非常重要的影响。

工程项目的信息互用效率是行业中的难题之一，究其原因在于工程建设的信息数量庞大、类型复杂、来源广泛且存储分散。工程项目各参与方、与项目相关的各软件系统之间信息沟通和交流的有效性和效率，对于工程项目的成功实施至关重要。工程项目中的每个参与方都可能成为信息的提供者，大量的项目信息存储在信息提供者自己的信息系统中，由于信息的形式和格式不同，无法与其他参与方分享，造成信息流失、信息孤岛等问题，这就是建筑业的信息互用难题，该问题的解决对提高建筑业的生产效率具有重大的意义。

2. BIM 环境下的工程信息互用

信息是 BIM 的核心，它是一个富含项目信息的三维或多维建筑模型。在项目的全生命周期内使用 BIM，被认为是目前解决建筑业信息互用效率低下的有效途径。换句话说，高效的信息互用正是 BIM 的核心价值所在。BIM 技术让工程师们拥有更加丰富、准确及动态的建筑全生命周期数据，用来分析、计算各类建设项目。当 BIM 用户获得更多的专业知识与技术时，相应地对信息互用的关注度也会增加。随着越来越多的用户迅速获得 BIM 的应用经验，信息互用解决方案的需求将更为显著。

13.5.5 网络平台上的信息管理

传统的建设项目实施过程中，信息管理是一项任务非常繁重的工作，琐碎而繁杂。项目管理网络平台的应用在很大程度上改变了项目信息管理的工作性质和工作方式。这种改变涉及项目信息管理的各个环节,信息的收集、管理和交流共享等。

1. 网络平台上项目信息管理的特点

1) 项目信息管理的特征

在具体的实践中建设项目的信息和信息管理工作表现出几个比较明显的特征。

(1) 信息创建者和信息使用者的分离

这种情况在建设项目实施过程中非常普遍,如工程设计人员所完成的设计文件资料的使用者是承包商和设施管理方,施工和安装过程形成的文档资料最后将移交给设施管理方使用等。这两者的分离使信息在传输和交流过程中频繁出现问题。

(2) 信息交流的复杂和多样

建设项目的实施过程有多方参与其中,相互之间的信息交流是日常工作的一个主要部分。信息交流有两方参与的,有三方参与的,也有多个方面参与的交流;有单向的指令或申请,也有双向的沟通和协作,更有面向众多方面的信息发布和共享等;信息交流的过程有简单的,一到两个环节的工作程序,也有复杂的、多个环节的处理流程。这时信息管理的工作任务非常繁重,在传统的工作方式下,信息管理的准确性很难得以保证。

(3) 以业主方为主导,多方参与的信息沟通和共享

业主方自始至终参与建设项目实施,他在项目实施的过程中起主导作用,对项目信息管理的主导作用也十分明显。在业主方的主导下参与建设项目的设计、咨询、施工、安装、制造等多个方面的人员共同参与建筑项目的信息交流和管理工作的一部分,每一方的参与都不可或缺,各个方面的配合和协调对信息管理工作的准确性和可靠性都非常重要。

2) 项目信息管理工作的环节

针对上述建设项目实施过程中的几个特点,建设项目信息管理的工作任务主要集中在如何消除信息沟通中的障碍,保障信息交流畅通。信息管理的工作任务主要分为几个环节。

(1) 信息的收集

将不同方面创建的信息集中起来,尤其是对项目实施至关重要的信息。通过制定严格的规章制度和工作流程,确保与项目实施有关的信息能被有效地保存下来,并集中到信息管理工作人员的手中,形成一个完整的建设项目文档系统。

(2) 信息的管理

整个项目实施过程中需要有一个较为完整的建设项目数据资料库,对主要的建设项目文件资料进行集中存放和管理,以备随时查阅和调阅。传统上,往往有一个专门的资料室或文档库来存放项目文件和资料,作为信息管理的场所。

(3) 信息的共享

参与建设项目实施的各方之间的信息共享是消除所谓的"信息孤岛",保障信息畅通的根本途径,也是信息管理工作的主要目的。信息的共享主要通过在参与项目实施的各方之间建立信息沟通机制、设定信息处理工作流程、制定信息的报告制度等方法来保证整个建设项目信息的透明性。传统的建设项目实施过程中,主要通过会议制度、报告系统等方式来实

现信息的共享。

(4) 信息的安全

信息共享的另外一个方面是信息的安全问题。工程信息并不是对任何人或任何方面都透明的，对某一方面比较敏感的信息则不应该被其他方面获得，尤其是对业主方的敏感信息而言。信息的沟通机制既要保证信息的充分共享，也要确保信息的安全。对于信息管理工作而言，这两方面不能有任何一个方面的偏颇。

从上述的信息管理的工作特点和工作任务可以了解到，在传统的建设项目实施方式下，信息管理工作通过人工方式进行，很难保持工作连续性和一致性，信息的重复、失误、疏漏等问题在所难免。这也是造成建筑行业效率低下、浪费惊人的一个主要原因。

3) 项目信息管理的新特征

在建设领域信息技术得到长足发展的今天，出现了解决信息管理问题的新机遇。项目管理网络平台的出现也为信息管理工作提供新的发展方向。建设项目的信息管理工作出现了几个新的特点。

(1) 信息的自动收集

由相应软件创建的数字化信息可以自动地或按照指令直接发送到相应的数据库中，不再需要经过人工的数据采集和汇总。例如国外的一些市场材料价格信息就是由有关的软件通过网络连接自动汇总并对相应的数据库进行自动更新，实现了部分信息的自动收集。

(2) 信息的集中管理

所有重要信息全部集中到项目管理网络平台上的数据库中进行集中管理，提高工作效率。任何其他方面单独掌握的信息资料将不再作为有效的工作文件。

(3) 信息的高度共享

项目信息通过网络平台与其他项目参与方相连，按照一定的权限和职能为各个参与方提供数据库入口，利用现代通信工具的高效和便携实现高度的信息共享，并提供有效的信息安全保证。

建设项目实践中信息管理工作的新特点代表了信息技术在建设领域应用的最新发展方向，也是项目管理网络平台的应用所造成的结果。这些特点的实质是保证信息在项目实施全过程中的充分共享，消除传统方式下的信息孤岛，从而提高项目实施的效率。

2. 项目信息的创建

在传统的建设项目实施过程中，不同类型的信息来源于项目实施的不同阶段，或由参与建设项目的不同方直接生成，或通过对其他来源的信息加工处理而成。信息种类繁多，来源繁杂，信息的创建过程也各不相同。项目管理网络平台的出现也使很多信息创建过程与网络平台的使用结合起来，有了比较根本的改变，表现出新的特征。

(1) 建设项目信息分类

按照建设项目信息不同的类型、内容、项目实施的主要工作环节以及参与项目的各个方面等，可以分为不同的情况进行分析(图13-10)。

按照信息的存在方式和表现形式，建设项目信息可分为几种基本的类型，如数字、文字、图纸及说明、图片及照片、图像、声音等。传统情况下，文字、图纸及说明占了建设项目信息

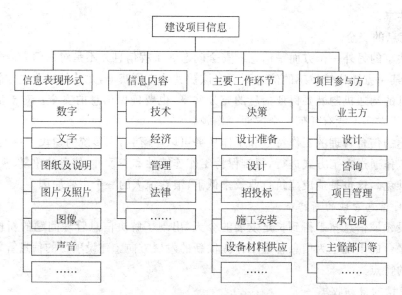

图 13-10　建设项目信息分类方法

的很大一部分，人们主要通过纸张的交流和保存对项目的信息进行管理。随着信息存储形式的多样化和信息交流公司的发展，图片、照片、图像、声音等多媒体信息开始在建设项目信息中占有一席之地，并开始发挥一些重要作用。项目管理网络平台的出现对信息的存在方式和表现形式提出规范化的要求，以便于统一处理、集中管理和多方共享。

　　按照信息的内容，建设项目信息可以大致分为技术信息、经济信息和管理信息、法律和其他方面的信息等。对一个建设项目，技术信息是最基本的组成部分，如工程的设计、技术要求、规范、施工要求、操作和使用说明等。经济信息是建设项目信息的一个重要组成部分，也经常是受到各方面关注的部分，如材料价格、人工成本、项目的财务资料、现金流情况等。管理信息有时在建设项目现实中并不引人注目，如项目的组织结构、具体的职能分工、人员的岗位责任、有关的工作流程等，但它设定了一个项目运转的基本机制，是保证一个项目顺利实施的关键因素。法律信息指项目实施过程中的一些法规、强制性规范、合同条款等。还有其他的一些信息，或者不属于上面的分类范畴，或者介于上面的两个和三个信息类型之间，如强制性的技术规范，有关材料价格的合同条款等。建设项目信息按照内容的分类仅仅提供一个参照性的方法并不是一种严格的信息管理的标准分类方法。

　　按照建设项目实施过程中的一些主要工作环节，建设项目信息则可以分为决策阶段的信息、设计准备阶段及设计阶段的信息、招标投标阶段的信息、施工安装信息设备和材料供应信息等。决策阶段的信息多为宏观层面的，不太涉及建筑项目的有关技术细节，主要是分析报告、可行性研究、审批报告等综合性的文件。设计准备和设计阶段的信息则较多的涉及技术层面的问题和细节，也会有一部分经济和管理方面的信息，包括设计要求、设计说明、设计图纸、造价估算等。招标投标阶段的信息主要偏重于经济和一部分法律方面的问题，如造价、合同条件、法律约束等文件。施工安装阶段的系统非常复杂，大量的涉及细节问题，如工程技术、工作计划、材料价格、付款、合同索赔等，这也是建设项目实施过程中信息管理任务最为繁重的一个环节。和施工安装相比，设备和材料供应工作中的信息比较单一，主要是一些技术要求、进度条件和合同条款等。建设项目几个主要工作环节的信息各有一定的特征，但并非与其他环节的信息截然不同,不同工作环节之间的资料、文件等还往往有一定的关联和延续性。

按照参与项目的各个方面,建设项目信息可以分为业主方的信息、设计方的信息、项目管理方的信息、承包商的信息、设备和材料供应方的信息等,包括某个参与方生成的信息以及围绕某个参与方可以系统性地组织起来的信息。如业主方的信息一般包括业主方内部的文件资料和发送给其他方面的文件信函等。在建设项目的信息管理工作中,有时采用这种方式作为一种信息分类方法,以便于将一些系统性不是很强的文件资料组织起来,如一般性的介绍、通知、信函等。

建设项目信息是一个庞大、复杂的系统,不同的建设项目、不同的实施方式,其信息的构成往往有相当大的差异。因而,对建设项目信息的分类和处理必须具体考虑,考虑项目的具体情况,考虑项目实施的实际工作需要。

(2) 建设项目实施各阶段信息的创建

建设项目实施的各个阶段主要包括前期的决策阶段,设计、施工和运营等几个阶段。各个阶段的信息在特征上有着明显的不同,对项目实施的影响也表现在不同的方面,其创建过程也有较大的差异。

决策阶段的信心主要以宏观的项目描述为主,如项目的整体定位、可行性研究报告、总进度要求等。除个别标志性的特征和要求外,这些信息一般不涉及具体的技术和管理细节。决策性阶段信息对项目实施的影响范围较广,是一种全面的影响,与工程的个别工作环节、个别岗位、个别工程部位等一般不会有直接关系。所以,决策阶段信息的创建基本上都是在一个综合性的层次上,涉及多个领域、多个阶段和参与工程的多个方面。

在决策阶段所创建的信息虽然比较宏观、概括,但它会在设计阶段以及施工安装阶段中被逐步分解,成为详细的、系统性的技术、经济和其他信息。决策阶段的信息在网络平台上也是被作为宏观的信息进行处理的,对其他阶段的信息起着方向性的作用。

设计阶段的信息大量的涉及建设项目的技术细节,如建设项目的技术设计和施工图设计文件等,同时也包括一些宏观的施工和安装阶段的技术、管理、经济问题,如工程的造价估算、工期安排、招标投标计划和设备采购计划等。设计阶段创建信息的过程仍然是一个渐进的过程,从宏观的、综合的概述到详细的、具体的技术细节,逐步分解、细化。

由于设计阶段信息对以后的建设项目实施的主要影响,这些信息构成了项目管理网络平台上工作的主要对象和基本组成部分。

施工安装阶段的信息以项目实施的技术数据为主,如施工方案、技术操作要求等,也包括大量的经济、管理及其他方面的资料数据,如合同资料决算数据等。在这些信息的创建中,有些方面已经有比较成熟的应用软件,如价格信息管理、造价估算、进度计划等,有些方面则缺乏相应的软件工具,需要依靠人工来进行。在项目管理网络平台上,这一阶段的工作主要在设计阶段工作的基础上展开,在信息的管理、处理和贡献等很多方面,都是前一阶段工作的延续和发展。

运营阶段的工作以建设项目的维护和使用为主,这一阶段的信息也主要以设施维护的技术和经济数据为主,如日常维护的材料消耗、资金投入等。运营阶段与项目的建设阶段有较大的差异,这一阶段信息的创建和管理工作也有比较明显的特点,有专用的软件工具进行有关的数据处理和管理。对于很多建设项目而言,在这一阶段将不再使用项目管理网络平台,有关信息的管理和共享会转移到对外的系统中进行。

3. 项目信息的收集

建设项目信息的收集工作是信息管理工作中一项单调、烦琐而又持续时间很长的任务。因为建设项目的各种信息来自所有的项目参与方,在项目实施的全过程中不断产生,信息的收集工作不能遗漏任何一个方面和任何一类的信息,不能忽视项目实施的任何一个阶段。

传统的信息管理工作中,主要通过严格的规章制度来保证信息收集的全面、完整和详细,由专职的信息管理人员以人工的方式逐日、逐月通过问询、函件、会议、报告等多种手段来进行信息的收集。近十多年来,随着信息技术的发展和各种软件工具的广泛使用,信息收集的手段有了新变化;一方面,部分信息已经可以通过软件之间直接的数据传输进行收集,不再需要繁琐的人工操作,例如材料的市场价格信息等;另一方面,项目管理网络平台的应用使多数的管理和工程技术人员可以直接面对并参与信息管理工作,直接把有关的数据资料传送到数据库中,既减少了信息收集的工作环节,又保证了信息的准确程度。

不论信息的收集采用何种方法、手段和工具,整个信息收集工作的主导都应该是建设项目的业主方。作为建设项目实际上或名义上的拥有者,业主方也拥有对所有建设项目信息的所有权,应该也是信息管理工作的主要负责方。同时,信息工作更需要参与项目各个方面的共同努力。建设项目的信息大量的产生与设计、施工、安装、材料供应、咨询和项目管理等方面,没有这些方面的配合和共同参与,很难保证收集到的信息的准确性和完整性。另外,在使用项目管理网络平台进行工作的今天,上述的各个方面直接地负责信息的收集工作,他们的积极参与更成为信息收集不可缺少的组成部分。所以,从根本上,建设项目信息的收集需要业主方为主导,其他方面积极参与、主动配合,共同保证信息收集工作的准确性和完整性。

4. 项目信息的集中管理

和建设项目信息的收集工作类似,在项目管理网络平台上信息的集中管理仍然需要以业主方为主导,需要其他方面的参与。但不同的方面、不同的部门在信息的集中管理工作中的职责和权限将会有比较明显的差异。有的单位和部门间可以接触到某一方面或某一阶段的信息,而有的单位和部门则可以接触到较为广泛的信息内容。有的单位和部门只被允许调阅和浏览,而有的单位和部门则可以进行文件的修改和文档管理和调整等工作。信息集中管理工作的职责和权限是建设项目信息管理工作中一个比较复杂和敏感的内容,也是项目管理网络平台功能中一个最为重要的核心部分。

在项目管理网络平台上进行信息集中管理的对象是建设项目的信息文档,而其第一个步骤则是在网络平台上建立信息文档。在项目管理工作中并不存在一个适合所有建设项目的标准文档。文档的结构和内容需要从几个方面来确定。

① 建设项目结构,子项目、分部工程、分项工程等,这是信息分类的基础;

② 建设项目经过的阶段决策、设计、施工、运营等,往往与信息的收集和使用有着密切的关系;

③ 项目参与方,业主方、设计单位、承包方等是信息的创建者、所有者和使用者,也是文档使用者的分类基础;

④ 信息内容的类别,如投资信息、技术信息、合同信息等,这是对信息进行分类检索的

一个参照标准。

文档结构的建立往往需要综合考虑上述几个方面的情况，根据项目实施工作的实际需要，有针对性地建立一套多层次的、严密的文档结构。同时，所建立的文档结构还需要尽可能保持一定的灵活性，因为随着工作需要的变化，文档结构也往往需要进行相应的调整，文档结构的灵活性可以适应信息管理工作的变化。另外，还要考虑到项目管理网络平台上信息管理的特殊性，更多地针对各个参与方、针对各个工作岗位建立文档结构，以便于各个方面对信息处理工作的直接参与。

针对特定的文档结构，应该有一个完整的文档编码系统。文档编码系统是文档管理的核心手段，往往可以显著地提高文档管理的效率和准确性，某些项目管理网络平台的系统软件更是在文档编码的基础上设立了强大的文档管理功能，如以文档编码为线索自动地变换文档结构以适应不同的工作需要等。随着信息技术的发展和不同文档管理系统软件的应用，编码系统的重要性变得越来越明显。

5. 项目信息的共享

建设项目信息管理工作的信息收集和信息集中管理的一个主要目的是为了实现工程信息在各参与方之间的共享，在一定程度上消除项目实施过程中的信息孤岛。

在传统的建设项目实施过程中，主要通过会议、讨论、函件、公告等双方的或多方的信息交流方式来实现部分的信息共享，但在交流的过程中很难保证信息的完整性和准确性。项目管理网络平台的出现为充分的信息共享提供了更多的机会和更大的可能性。传统方式下空间上的和通信手段上的限制都已不再成为问题，信息以快捷、准确的方式进行管理和交流。信息管理工作的重心摆脱了事务性的信息交流安排的束缚，转移到了信息交流过程中的程序、权限、职能等功能性的任务上，使信息交流的效率和信息安全得到更加充分的保障。

在项目管理网络平台环境下的信息共享包括了信息在平台上的公开发布、信息的定时、定向自动发送和信息的多方间的交流等方式。在网络平台所提供的便利条件下，这些信息共享方式都可以很方便地得到实现，也很容易进行控制。

类似于其他的信息管理工作，信息的共享也需要以业主方为主导，由业主方根据其需要确定信息交流的范围、方式、方法、程序以及参与信息交流各方的权限、职责等。信息的共享应该以项目的需要为出发点，以业主方的安排为中心，由各方共同参与、积极协作，尽可能地消除建设项目信息沟通中的障碍，达到所期望的在整个项目实施过程和实施范围内的充分的信息共享。

13.6 结　　语

项目信息管理是建设工程项目管理中重要的一部分。本章主要介绍了工程项目信息管理的概述、工程项目管理系统、工程项目文档管理、工程项目管理信息化的实施、BIM和网络技术在项目管理中的应用。其中，概述部分介绍项目中的信息流、项目中的信息及特征以及工程项目信息管理的工作内容；工程项目管理系统部分介绍了管理系统的模式、特性和管理系统的建立过程；工程项目文档管理部分介绍了文档资料概念与特性、建设项目档案资料的管理职责、编制质量要求与组卷方法、档案资料的验收与移交及其档案资料的分类；

工程项目管理信息化的实施部分介绍了工程项目管理信息化的内涵、发展趋势及其实施与实施手段；最后 BIM 和网络技术在项目管理中的应用部分介绍 BIM 的基本概念、BIM 技术在国内外的应用、BIM 的技术特征及实践特质、BIM 与工程项目的信息互用和网络平台上的信息管理。

思 考 题

1. 何谓信息管理？信息有哪些基本特征？
2. 何谓工程项目信息管理？
3. 建设项目管理信息化实施的手段主要包括哪些？
4. 如何在网络平台上进行信息管理？

参 考 文 献

[1] 梁世连. 工程项目管理[M]. 2版. 北京：清华大学出版社，2011.
[2] 张建新，杜亚丽，等. 工程项目管理学[M]. 3版. 大连：东北财经大学出版社，2015.
[3] 丁士昭. 工程项目管理[M]. 2版. 北京：中国建筑工业出版社，2014.
[4] 成虎，陈群. 工程项目管理[M]. 3版. 北京：中国建筑工业出版社，2009.
[5] 任宏. 建设工程管理概论[M]. 武汉：武汉理工大学出版社，2008.
[6] 成虎. 工程全寿命期管理[M]. 北京：中国建筑工业出版社，2011.
[7] 何清华. 项目管理[M]. 上海：同济大学出版社，2011.
[8] 邱国林，等. 工程项目管理[M]. 2版. 北京：中国电力出版社，2014.
[9] 何佰洲，刘禹，等. 工程建设合同与合同管理[M]. 4版. 大连：东北财经大学出版社，2014.
[10] 陆惠民，苏振民，等. 工程项目管理[M]. 南京：东南大学出版社，2010.
[11] 汪应洛. 工程管理概论[M]. 西安：西安交通大学出版社，2013.
[12] 王立国. 工程项目可行性研究[M]. 大连：东北财经大学出版社，2008.
[13] 张建新. 工程项目管理——进度控制管理实务[M]. 北京：中国水利水电出版社，2008.
[14] 周和生，尹贻林. 以工程造价为核心的项目管理——基于价值、成本及风险的多视角[M]. 天津：天津大学出版社，2015.
[15] 邓铁军，杨亚频. 工程项目管理[M]. 北京：北京大学出版社，2012.
[16] 何关培. BIM总论[M]. 北京：中国建筑工业出版社，2011.
[17] 贺成龙. 工程项目管理[M]. 北京：中国电力出版社，2014.
[18] 乐云. 工程项目管理（上册）[M]. 武汉：武汉理工大学出版社，2008.
[19] 邓铁军. 工程建设项目管理[M]. 武汉：武汉理工大学出版社，2009.
[20] 仲景冰，唐菁菁. 工程项目管理[M]. 武汉：华中科技大学出版社，2009.
[21] 王旭，马广儒. 建设工程项目管理[M]. 北京：中国水利水电出版社，2009.
[22] 邱国林，杜祖起. 建设工程项目管理[M]. 北京：科学出版社，2009.
[23] 顾慰慈. 工程项目质量管理[M]. 北京：机械工业出版社，2009.
[24] 中国就业培训技术指导中心. 企业人力资源管理师[M]. 北京：中国劳动社会保障出版社，2012.
[25] 谢亚伟，金德民. 工程项目风险管理与保险[M]. 北京：清华大学出版社，2009.
[26] 吴涛，丛培经. 中国工程项目管理知识体系[M]. 北京：中国建筑工业出版社，2003.
[27] 方东平. 建筑安全监督与管理[M]. 北京：中国水利水电出版社，2005.
[28] 张仕廉. 建筑安全管理[M]. 北京：中国建筑工业出版社，2005.
[29] HAROLD K. Project Management: a Systems Approach to Planning, Scheduling and Controllin[M]. 11th ed. John Wiley & Sons, Inc., 2013.
[30] A Guide to the Project Management Body of Knowledge (PMBOK® Guide)[M]. 5th ed. Project Management Institute, 2013.
[31] KEOKI S S, Glenn A S, Clough Richard H, et al. Construction Project Management-a Practical Guide to Field Construction Management[M]. 5th ed. John Wiley & Sons, Inc., 2015.
[32] CARMICHAEL D G. Contracts and International Project Management[M]. A. A. BalkemaPublishers, 2000.